普通高等教育“十一五”国家级规划教材
高等院校电子商务专业系列教材

电子商务概论

（第二版）

陈德人　主编

ZHEJIANG UNIVERSITY PRESS
浙江大学出版社

图书在版编目（CIP）数据

电子商务概论/陈德人主编．—2版．—杭州：浙江大学出版社，2002.4（2021.8重印）

ISBN 978-7-308-02539-3

Ⅰ.电… Ⅱ.陈… Ⅲ.电子商务—概论
Ⅳ.F713.36

中国版本图书馆 CIP 数据核字（2002）第 016011 号

电子商务概论（第二版）

陈德人　主编

丛书策划　许佳颖　希　言
责任编辑　吴昌雷
封面设计　氧化光阴
出版发行　浙江大学出版社
（杭州市天目山路 148 号　邮政编码 310007）
（网址：http://www.zjupress.com）
排　　版　杭州青翊图文设计有限公司
印　　刷　浙江新华数码印务有限公司
开　　本　787mm×1092mm　1/16
印　　张　25
字　　数　490 千
版 印 次　2008 年 10 月第 2 版　2021 年 8 月第 18 次印刷
书　　号　ISBN 978-7-308-02539-3
定　　价　59.00 元（含光盘）

电子商务概论（第二版）

编著者名单

主　编　陈德人

编著者　徐林海　刘　渊　郑小林

冯　雁　王　东　郑加成

卓　骏　李小东

序

电子商务的发展虽然只有短短十余年的时间，但却经历了两次大的浪潮。大部分学者和专家也由此将电子商务的发展划分为两个阶段。第一阶段是电子商务从默默无闻到快速知名的爆炸性成长时期，从1995年首次广泛使用Web来宣传产品，至2000年Dot.com公司进入低迷期为止。其后的两三年是电子商务的围坑期，随着悲观的气氛笼罩硅谷，媒体天天在宣告电子商务的死亡。但很快，电子商务的销售额又开始增长，有很多电子商务公司获得投资，新的互联网公司纷纷诞生，进而开始了第二次浪潮。这第二次浪潮显然比第一次更加理性、更加成熟。联合国贸易和发展会议(UNCTAD)在日内瓦发表的题为《2004年电子商务及其发展状况》报告所列的很多数据表明，电子商务已经进入了一个新的发展阶段，特别是中国的电子商务应用。2005年初，国务院办公厅专门发布关于加快电子商务发展的若干意见(国办发〔2005〕2号)，表明了中国政府对电子商务发展前景的信心和决心。

浙江大学出版社2001年在国内较早地推出了“电子商务系列教材”，并受到了国内高校和读者的欢迎和关注。由于浙江大学是我国学科最为齐全的重点大学，具有国内一流的计算机科学、经济学、管理学等学科的教学与科研师资队伍，适应于转向，因此，浙江大学成为国内最早开展电子商务学科建设的高校之一，并且取得了许多成绩。浙江大学2002年就有了电子商务第二专业二学位的毕业生；2005年产生了教育部批准开设电子商务本科专业以来的第一批毕业生；期间还先后培养了

20多名电子商务学科方向的博士。

信息技术的发展日新月异，网络经济的理论和管理方法与时俱进，电子商务创新模式不断涌现，所有这一切都需要我们进行新的研究和总结，并且将这些新的研究成果反映到大学的教学中。这次浙江大学出版社邀请专家、教授，特别是教育部电子商务专业教学指导委员会的主要成员组成编委会，在原来“电子商务系列教材”的基础上，重新组织、开发了一套“高等院校电子商务专业系列教材”，除了对原先广受国内高校和读者的欢迎并被评为国家级“十一五”规划教材的《电子商务概论》、《客户关系管理》、《供应链与物流管理》等一批优秀教材组织修订外，还增加了《电子商务及其在电信行业中的应用》、《电子商务英语》等许多新书，从而使得这套教材，更适应当前电子商务专业教学发展的需要。相信新开发的这套教材对于推动我国电子商务教学水平的提高、促进电子商务人才的培养能够发挥更加积极的作用。

潘云鹤

2008年8月

第二版前言

经过十来年的快速发展，可以毫不夸张地说电子商务已经成为国家社会经济建设的一个基本组成部分和国家未来重点发展的方向。越来越多的企业活动和个人行为都不得不依靠电子商务来完成，人们对电子商务的认识和接受也从初期的阳春白雪进入到现在大众化的“下里巴人”阶段。

现在大家都在说电子商务、用电子商务，但是今天的电子商务与十年以前的电子商务已经有了很大的区别。如果说昨天的电子商务还是沉湎于网络和信息化过程所带来的变化，那么今天的电子商务则更强调它所衍生出的创新、创业、创意结果以及所产生出来的巨大社会和经济贡献。电子商务更需要的不是空谈，而是在行动和实践中了解问题、发现问题、解决问题，再上升到知识和理论的层面，推动技术和实务的进步。

2000 年开始出现的很多关于电子商务介绍的书籍和教材已经不能适应今天电子商务的需求，行业的发展需要我们用一种更务实的教学方法来让学生学习和掌握电子商务。

本书是国家“十一五”规划教材，是高等院校电子商务专业的一本专业基础课教材。自 2002 年第一版推出以来，受到了广泛的欢迎，至今已添印了 9 次，许多如今在电子商务领域大展宏图的业内人士，正是学了本教材而跨入电子商务这一领域的。为配合教育部电子商务专业知识体系全新框架的推出，顺应电子商务发展的要求，我们在第一版的基础上进行了全面的修订。

全书采用开篇导引、案例点评、知识体系介绍、实战训练、内容小结的编排方式，内容涵盖电子商务的基本概念、应用模式、支撑环境、网络营销、网络支付、安全和物流等核心部分，涉及电子商务服务与应用、创业实践及最新发展。在内容上力求做到与企业电子商务实际应用的最新技术及商业模式保持同步，并通过独有和完整的电子商务实践、实战和创业设计训练，全面提升读者对电子商务的理解和应用。本教材有配套光盘，内容包括配套网络教学支持网络（http://www. studyeb .com）、实践软件和考试考评系统。这种通过立体化教材把传统教学模式的优点与现代化教学方式结合起来的新型教学模式，既有利于培养学生的知识素养，又利于培养学生动手能力和支持学生的个性化发展。

本教材的知识点不仅覆盖了教育部电子商务专业知识体系导引模块的全部3个知识单元内容，也涉及综合、经济、管理和技术4个领域的7个知识模块的部分知识单元的相关内容。其中综合领域涉及电子商务导引和电子商务服务两个知识模块；经济领域涉及网络经济与财务和网络经济两个知识模块；管理领域涉及营销管理和物流管理两个知识模块；技术领域涉及网络技术和安全技术两个知识模块。所有章节可以分成必修部分和选修部分，在教学中可以根据课程内容对选修部分的知识点和实践的技能点进行选择性教学。

全书由陈德人主编，由计算机、管理和经济三个学科的9位教授、博士和企业家三结合共同完成。其中，郑加成参加了第2章编写，卓骏、李小东参加了第3章编写，郑小林参加了第4章编写，冯雁参加了第5章编写，王东参加了第6章编写，刘渊参加了第7章编写，徐林海参加了第3,6,7,8章的编写，陈德人参加了第1,2,7,9章的编写并对全书统稿。南京奥派信息技术公司编制并提供了本书所需的实践内容和材料。王波等参加了其中的工作。

本书力图能够反映电子商务这个新兴交叉学科所涉及的专业基础知识和实践技能要求，但难免会有不足之处，真诚希望读者能够提出宝贵的意见。

陈德人

2008年8月于浙江大学求是园

目　录

第 1 章　电子商务导引 ……………………………………………… (1)

本章导读 …………………………………………………………… (1)

开篇案例——一个电子商务企业的两个主页 ……………………… (1)

1.1　电子商务的发展历程 ………………………………………… (4)

1.1.1　从传统商务到电子商务 ………………………………… (4)

1.1.2　电子商务发展的两次浪潮 ……………………………… (5)

1.1.3　中国电子商务的发展趋势 ……………………………… (7)

1.2　电子商务定义 ………………………………………………… (10)

1.3　电子商务分类 ………………………………………………… (12)

1.4　电子商务学习内容 …………………………………………… (15)

1.4.1　电子商务的专业教育 …………………………………… (15)

1.4.2　电子商务专业知识体系概述 …………………………… (16)

1.4.3　知识体系定义 …………………………………………… (16)

1.5　电子商务应用模型实践 ……………………………………… (18)

1.5.1　B2B 实践 ………………………………………………… (18)

1.5.2　B2C 实践 ………………………………………………… (22)

1.5.3　C2C 实践 ………………………………………………… (26)

1.5.4　G2B 实践 ………………………………………………… (31)

本章小结 …………………………………………………………… (38)

思考与练习 ………………………………………………………… (39)

第 2 章　电子商务支撑环境 ………………………………………… (40)

本章导读 …………………………………………………………… (40)

2.1　电子商务的技术支撑环境 …………………………………… (40)

2.1.1 计算机网络环境 …… (40)
2.1.2 互联网接入方式 …… (42)
2.1.3 网络标准协议 …… (45)
2.1.4 WWW 技术 …… (52)
2.2 电子商务的社会环境 …… (57)
2.2.1 经济环境 …… (57)
2.2.2 信用环境 …… (59)
2.2.3 人文环境 …… (61)
2.2.4 政策与法规环境 …… (63)
2.3 电子商务环境实践 …… (67)
2.3.1 局域网搭建实践 …… (67)
2.3.2 网页的设计与制作实践 …… (68)
本章小结 …… (69)
思考与练习 …… (69)

第 3 章 网络营销 …… (70)

本章导读 …… (70)
开篇案例——网络营销造就江苏首富 …… (70)
3.1 网络营销概述 …… (72)
3.1.1 网络营销的基本概念 …… (72)
3.1.2 网络营销的职能 …… (74)
3.1.3 网络营销战略 …… (76)
3.2 网络市场与网络消费者行为分析 …… (78)
3.2.1 网络市场特征分析 …… (78)
3.2.2 网络消费者的购买动机 …… (81)
3.2.3 影响网络消费者购买的主要因素 …… (84)
3.2.4 网络消费者的购买过程 …… (85)
3.3 网络营销策略 …… (87)
3.3.1 网络营销产品与服务的内容和策略 …… (87)
3.3.2 网络产品价格策略及定价方法 …… (89)
3.3.3 网络渠道策略及营销渠道应用 …… (93)
3.4 网络营销的常用方法 …… (96)
3.4.1 企业网站 …… (96)
3.4.2 域名、网络实名和通用网址 …… (98)

3.4.3 网络调研 …… (98)
3.4.4 信息发布 …… (100)
3.4.5 搜索引擎营销 …… (101)
3.4.6 电子邮件营销 …… (102)
3.4.7 网络广告 …… (104)
3.4.8 Web 2.0 与网络营销 …… (106)
3.5 网络营销实践 …… (107)
3.5.1 域名服务实践 …… (107)
3.5.2 网站优化实践 …… (113)
3.5.3 搜索引擎实践 …… (117)
3.5.4 网络广告实践 …… (121)
3.5.5 邮件推广实践 …… (127)
3.5.6 网络调研实践 …… (131)
本章小结 …… (133)
思考与练习 …… (133)

第 4 章 电子支付系统 …… (135)

本章导读 …… (135)
开篇案例——电子商务大众支付服务平台:支付宝 …… (136)
4.1 支付与清算 …… (137)
4.1.1 发达国家的支付与清算体系 …… (137)
4.1.2 中国的现代化支付清算体系 …… (138)
4.2 电子支付系统概述 …… (138)
4.3 电子货币 …… (140)
4.3.1 电子货币的基本概念 …… (140)
4.3.2 电子支票 …… (142)
4.3.3 网上信用卡支付系统 …… (146)
4.3.4 电子现金 …… (149)
4.3.5 小额付款系统 …… (151)
4.3.6 智能卡 …… (153)
4.3.7 电子货币与犯罪问题 …… (158)
4.4 网络银行 …… (160)
4.4.1 网络银行的概念 …… (160)
4.4.2 网络银行的安全 …… (161)

4.4.3　典型的网络银行 …………………………………………………… (162)
4.5　第三方电子支付平台 …………………………………………………… (164)
4.5.1　第三方支付交易流程 ……………………………………………… (165)
4.5.2　第三方支付的特点 ………………………………………………… (166)
4.5.3　中国第三方支付发展现状 ………………………………………… (166)
4.6　移动支付 ……………………………………………………………… (168)
4.6.1　移动支付的种类 …………………………………………………… (168)
4.6.2　移动支付体系架构及流程 ………………………………………… (169)
4.6.3　移动支付发展现状 ………………………………………………… (170)
4.6.4　移动支付发展趋势分析 …………………………………………… (172)
4.7　电子支付实践 ………………………………………………………… (172)
4.7.1　网上银行实践 ……………………………………………………… (172)
4.7.2　第三方支付平台应用实践 ………………………………………… (180)
本章小结 …………………………………………………………………… (185)
思考与练习 ………………………………………………………………… (186)

第 5 章　电子商务安全 …………………………………………………… (187)

本章导读 …………………………………………………………………… (187)
开篇案例——黑客盗走 4570 万个客户的资料 …………………………… (187)
5.1　电子商务安全概述 …………………………………………………… (188)
5.1.1　电子商务的安全问题 ……………………………………………… (188)
5.1.2　电子商务的安全目标 ……………………………………………… (191)
5.2　电子商务安全中的加密技术 ………………………………………… (192)
5.2.1　加密技术概述 ……………………………………………………… (192)
5.2.2　对称密钥密码体制 ………………………………………………… (193)
5.2.3　非对称密钥密码体制 ……………………………………………… (194)
5.2.4　密钥管理 …………………………………………………………… (196)
5.3　电子商务安全中的认证技术 ………………………………………… (197)
5.3.1　数字签名 …………………………………………………………… (197)
5.3.2　数字摘要技术 ……………………………………………………… (198)
5.3.3　数字时间戳 ………………………………………………………… (199)
5.3.4　身份认证技术 ……………………………………………………… (200)
5.3.5　报文认证技术 ……………………………………………………… (201)
5.4　电子商务安全认证体系 ……………………………………………… (202)

5.4.1 数字证书及证书授权(CA)中心 …… (202)
5.4.2 PKI安全体系 …… (205)
5.4.3 SET安全体系 …… (206)
5.4.4 中国CA认证系统建设情况 …… (209)
5.5 电子商务安全协议 …… (211)
5.5.1 安全协议概述 …… (211)
5.5.2 电子商务安全协议分类 …… (211)
5.5.3 电子商务基本密码协议 …… (212)
5.5.4 国际通用电子商务安全协议 …… (212)
5.6 电子商务网站常用防御方法 …… (216)
5.6.1 防火墙 …… (216)
5.6.2 非军事区域 …… (222)
5.6.3 虚拟专用网 …… (224)
5.6.4 入侵检测系统 …… (227)
5.6.5 认证 …… (229)
5.7 电子商务安全实践 …… (231)
5.7.1 CA认证实践 …… (231)
5.7.2 信用认证实践 …… (243)
5.7.3 电子签章实践 …… (247)
本章小结 …… (248)
思考与练习 …… (249)

第6章 电子商务物流 …… (250)

本章导读 …… (250)
开篇案例——安得物流的发展历程 …… (250)
6.1 物流的概念 …… (253)
6.1.1 物流的产生 …… (253)
6.1.2 物流的定义 …… (254)
6.2 物流的分类 …… (257)
6.3 物流的功能 …… (259)
6.4 电子商务与物流的关系 …… (261)
6.4.1 电子商务发展过程中物流的变化 …… (262)
6.4.2 电子商务对物流各功能环节的影响 …… (263)
6.4.3 电子商务环境下的物流信息技术应用 …… (265)

6.4.4 电子商务物流的概念与特征 …… (266)
6.5 物流实践 …… (267)
6.5.1 仓储实践 …… (267)
6.5.2 运输实践 …… (273)
本章小结 …… (279)
思考与练习 …… (279)

第7章 电子商务服务与应用 …… (281)

本章导读 …… (281)
开篇案例——旅游电子商务服务的成功定位 …… (281)
7.1 电子商务服务 …… (282)
7.1.1 电子商务服务业的内涵 …… (283)
7.1.2 电子商务服务的特征 …… (283)
7.1.3 电子商务服务的分类 …… (284)
7.2 旅游电子商务 …… (284)
7.3 网上人才市场 …… (287)
7.3.1 网上人才市场的功能 …… (287)
7.3.2 网上人才市场的类别 …… (287)
7.3.3 网上人才市场的优势 …… (288)
7.3.4 网上人才市场存在的问题 …… (289)
7.3.5 网上人才市场的发展趋势 …… (290)
7.4 房地产电子商务 …… (291)
7.4.1 房地产电子商务的内容与优势 …… (291)
7.4.2 房地产电子商务的模式 …… (292)
7.4.3 国内房地产电子商务应用 …… (293)
7.4.4 国内房地产电子商务发展趋势 …… (294)
7.5 基于 Web 2.0 的电子商务信息服务 …… (294)
7.5.1 Web 2.0 的概念 …… (294)
7.5.2 基于 Web 2.0 的电子商务模式 …… (297)
7.5.3 Web 2.0 的典型应用 …… (299)
7.6 电子商务服务与应用实践 …… (316)
7.6.1 旅游电子商务实践 …… (316)
7.6.2 博客实践 …… (321)
7.6.3 网上人才市场实践 …… (325)

7.6.4　网站交友实践 …… (326)
7.6.5　Wiki 实践 …… (327)
7.6.6　SNS 实践 …… (328)
本章小结 …… (329)
思考与练习 …… (329)

第 8 章　电子商务创业实战 …… (331)

本章导读 …… (331)
8.1　B2C 平台的构建与运营 …… (331)
8.1.1　运作思路 …… (331)
8.1.2　实战目的 …… (331)
8.1.3　实战流程 …… (332)
8.1.4　实战内容 …… (333)
8.2　网上开店 …… (361)
8.2.1　实战目的 …… (361)
8.2.2　实战内容及实战步骤 …… (361)
本章小结 …… (370)
思考与练习 …… (370)

第 9 章　电子商务发展趋势 …… (371)

本章导读 …… (371)
9.1　“十一五”国家电子商务发展目标 …… (371)
9.2　移动商务 …… (372)
9.3　电子商务服务业 …… (372)
9.4　现代物流体系 …… (373)
9.5　电子商务信用体系 …… (374)
9.6　电子商务标准体系 …… (374)
9.7　电子商务评测指标体系 …… (376)
本章小结 …… (377)
思考与练习 …… (377)

参考文献 …… (378)

第1章

电子商务导引

本章导读

这一章是对电子商务概念和专业学习入门的首个门槛。我们首先从一个著名电子商务企业在两个不同时代的主页对比来回顾电子商务发展这十年间的变化，然后从三个方面来介绍电子商务：第一，从传统商务到电子商务和电子商务两次浪潮阐述电子商务的发展历程；第二，从不同角度给出电子商务定义的表述；第三，介绍电子商务的模式分类。通过这些内容使大家能够对电子商务有一个基本的了解。然后介绍了电子商务作为一个专业学科所需要了解和掌握的知识体系的概貌，包括电子商务的知识领域、知识模块、知识单元三层架构的内容，特别针对本书所涉及的知识内容给出了相关知识点和技能点的列表。使读者既对电子商务整体又对本书的电子商务概论内容有一个全面的了解。

开篇案例——一个电子商务企业的两个主页

Amazon公司（亚马逊）是世界著名的第一代电子商务企业，从成立到现在已经14年了。图1和图2是Amazon成立之初和今天的两个主页图片，从用户的角度，它们主要有以下几点区别：

（1）前者内容简洁、外观单调、信息量小；后者在内容清晰的基础上，将大量的图片、文字、动画效果甚至音频糅合在一起，极大地丰富了信息量，并增强了用户体验。网页技术（如动态网页、内嵌播放器等）的发展和带宽的增加在这里起到了重要作用。

（2）前者信息的呈现是平面化、单一形式的；后者利用多级目录、页面分块、项目聚合、大量超链接等手段，使信息结构化、层次化、重点突出，便于不同用户浏览（开发者、广告商、合作伙伴、商家等）和组织页面信息，增大了页面信息量。

图 1　Amazon 十几年前的主页

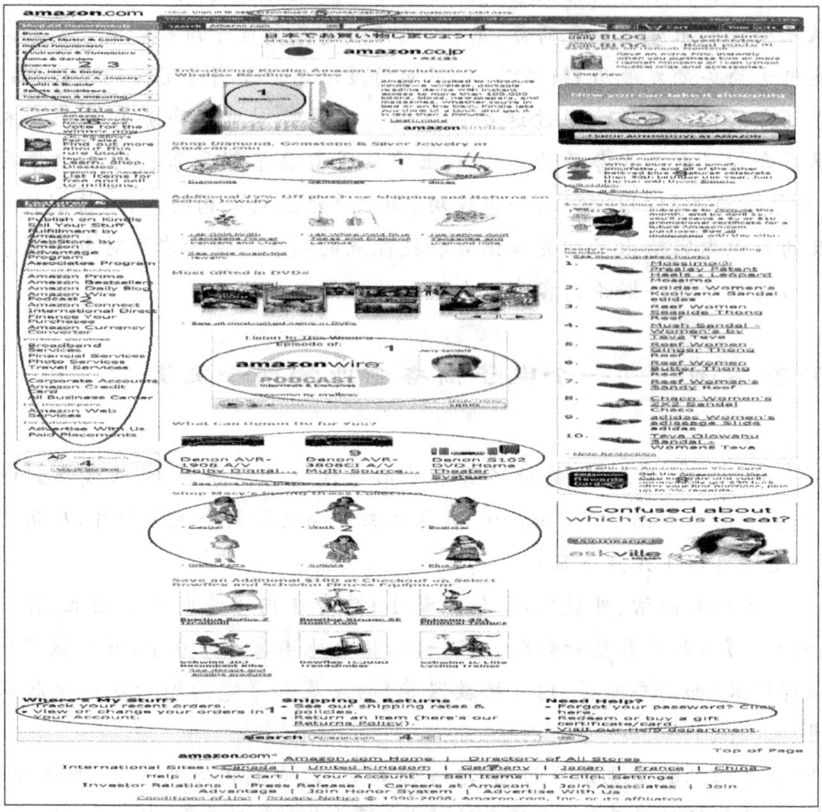

图 2　Amazon 今天的主页

(3)前者的产品仅是书籍,客户定位局限于读者群体;后者在主营书籍的基础上,将产品拓展到包括音像、电子、数码、家居、饮食、儿童、服饰、健美、体育等在内的多种周边产品,以点带面,大大地增加了产品多样性和用户覆盖率,满足各类浏览者的需求、兴趣和目的。这也说明了电子商务(B2C)营销模式已经深入人心,涉及我们生活中的方方面面。

(4)前者虽然具有搜索功能,但并没有将搜索框放在首页;而后者将搜索框放在首页的顶部和下部。同时在左边还有页面搜索框。显然,由于海量的物品和搜索引擎的影响,利用关键字而非分类浏览找到自己需要的物品已经成为大多数网民的习惯。

(5)对于个性化定制,后者明显更加全面。不仅有个性化推荐,还增加了 Wish list, Shopping list, Wedding/Baby registry 等,这使得网站服务更有针对性,更加人性化。

(6)前者的运营模式主要是读者—网站的单一模式;后者通过投票系统、用户博客等交互形式,将网站的商务功能社区化,促进了读者与作者、读者与读者、用户与网站以及用户之间的交流与分享,完善了网络信息的组织与传递,使用户在购买商品时能够做到兼听则明,在购买后能在庞大的用户群中找到与自己想法相近的群体。这无疑可以增加网站的点击率和人气。

(7)后者通过在不同的国家和地区建立分站,构建了国际化的电子商务网络,市场较前者大大扩展。本土化是否完善是电子商务能否成功的一个重要方面。例如中国的亚马逊卓越网,其网站风格和所卖商品和主站都有比较大的区别,以适应中国人的习惯。

(8)后者不仅将电子支付的功能充分利用,还推出了 Amazon 自身的 Visa 信用卡。使用这种信用卡的客户若订购金额达到或超过 200 美元,就可享受 3 个月的账期(购物后 3 个月内无需付款)和无息假日购物。这样就进一步刺激了消费者网上购物的欲望。这也同时说明,电子支付在技术上的成熟和规范也是电子商务发展不可或缺的因素。

(9)前者无广告;后者有效利用页面布局,插入了大量的产品广告。这已经成为网络经济很重要的利润增长点。

综上,无论是媒体表现形式、商品展示内容、互动手段和搜索功能等,后者都有了质的变化。这既是技术发展的结果,更是电子商务进入实用化和人性化的体现。

1.1 电子商务的发展历程

1.1.1 从传统商务到电子商务

要全面地了解和认识“电子商务”，首先要明确“商务”的概念。我们这里所说的商务按照一般的理解(即英文 commerce 对应的解释)，就是商品的买卖或交易活动。进一步的推敲，就要对什么才算是商品、服务是否也是商品、买卖或者交易活动的范围和对象等进行深入的探讨了。

回顾人类发展的历史，我们的祖先很早就开始了商品交易的活动。当人类伴随缓慢的生产力进步，社会出现了剩余产品；当社会化分工开始形成，最早的“以物易货”的交易模式就产生了。但最初的物与物的交换不是必需的，后来随着分工越来越细，交换就逐步变得是必需的，而且越来越复杂。例如有些家庭只种地，有些只放牧，有些只织布。他们不能靠单一的物质来维持生活，所以交换就变得必然和复杂。如种粮的想换牲畜，放牧的却想换布匹，而织布的需要粮食，等等。由此就出现了一般等价物的中介物品，即以一般等价物为中介的交易模式。一般等价物的高级阶段就是货币的产生。但是货币和其他一般等价物又不同，只有当贵金属用来固定充当一般等价物时，才标志货币的正式产生。货币的出现以及后来纸币的替代形成了以币为中介的交易模式，交易活动变得更方便和容易，以至于一直延续至今。然而无论是“以货易货”、以一般等价物为中介，还是以币为中介的交易模式，商品交易的原理并没有发生任何本质的变化，不断延伸和扩大的是其内涵。

由此可以广义地来描述商务活动，即商务活动是一种至少由两方参与的有价值物品或服务的协商交换过程，它包括买卖各方为完成交易所进行的各种活动。

在人类几千年的商务活动发展过程中，人们总是随着环境和社会的演变及时地利用各种新方法、新技术、新工具等手段来使交易活动变得更快捷、更准确、更便宜、更有效率。例如，帆船的出现为买卖双方的水上交易开辟了新的舞台；印刷术、蒸汽机、电话和传真机等的发明，也都显著改变了人们的交易方式；20 世纪后半叶以来的电子化的商务活动，则使人们可以在虚拟的时空中进行商务活动。

从传统商务到电子商务的形成大约经历了三个阶段。

(1)第一阶段：20 世纪 50 年代中期，美国出现了“商业电子化”的概念，即利用电子数据处理设备使簿记工作自动化。1964 年，美国 IBM 公司研制成用磁带存储数据的打印机，第一次在办公室中引入了商业文书处理的概念。1969 年，IBM 又研制出磁卡打印机进行文字处理。至 70 年代中期，工业化国家已经普遍采用文字处理机、复印机、传真机、专用交换机等商业电子化设备，实现了商业单项业务的电子化。

(2)第二阶段:20 世纪 70 年代,随着微电子技术的发展,特别是个人计算机的出现,商业电子化进入了以微型计算机、文字处理机和局部网络为特征的新阶段,以计算机、网络通信和数据标准为框架的电子商业系统应运而生。所谓电子商业系统是指把分散在各商业领域的计算机系统连接成计算机局域网络,通常采用电子报表、电子文档、电子邮件等新技术和高功能的商业电子化设备。

(3)第三阶段:从 20 世纪 80 年代后期开始,商业电子化向建立商业综合业务数字网的方向发展,出现了高性能的电子商业软件包、多功能的电子商业工作站和各种联机电子商业设备,如电子白板、智能复印机、智能传真机、电子照排轻印刷设备、复合电子文件系统等。随着电子通信标准的研究和电子数据交换系统开发以及计算机运用于商业数据的采集、处理,真正的电子商务时代到来了。

1.1.2 电子商务发展的两次浪潮

电子商务时代的真正来临一般认为是 20 世纪 90 年代中后期。随着信息和网络技术的快速发展和普及应用,特别是 WWW 的推广,计算机和网络成为大众化的工具和环境,因此作为社会经济主体的商务活动也自然逐步转移到电子商务上来。大部分专家学者认为:电子商务的十几年发展经历了两次浪潮。第一次浪潮从 1995 年到 2001 年,电子商务从默默无闻到快速知名,经历了一个由爆炸性成长,又快速滑向寒冬的时期,称之为探索和理性调整时期。而随后从 2001 年开始迄今为止的第二次浪潮,则是回归理性的稳定和快速发展时期。从前面 Amazon 案例(图 1 和图 2)的介绍,可以看出这十几年来的变化。

下面从几个方面对这两次浪潮的前因后果进行回顾与分析。

(1)从投资角度去看,第一次浪潮开始时,由于互联网的快速普及,新兴企业很容易得到“创投”基金,这些乐观情绪的传染和四处弥漫的非理性情绪,使投资者因担心错过终生难遇的赚钱机会而过分强调创建大企业,他们根本不考虑成本或可能的风险就急于投资。仅 1997 年到 2000 年间,美国投资者就在本土投入了 1000 多亿美元,创建了 1.2 万家互联网公司。由于好想法数量有限,投资者却越来越多,好想法的价格不断攀升,以至于很多不成熟的或者不可能实现的想法也得到了投资。然而,好景不长,在 2000 年开始的低迷期中,5000 多家互联网公司倒闭或被并购,各媒体的头版充斥了“.com 泡沫破灭”的报道。

在第二次浪潮中,许多企业汲取了前车之鉴,用自有资金逐步开展电子商务。这些审慎的投资使得电子商务的增长稳健而理性,尽管放慢了增长速度。据行业调查公司 WebMergers 统计,从 2000 年到 2003 年间,又有 2000 多亿美元用于收购处于困境中的电子商务公司或者开办新的互联网公司。这第二次投资浪潮尽管没有得到大众媒体和商业媒体的关注，但却普遍带来了网上企业的重生。

（2）从技术角度去看，第一次浪潮的电子商务尤其是企业—消费者间电子商务(B2C)采用的是低速廉价的互联网技术，多数消费者是拨号上网。互联网技术在支持企业间交易和企业内部流程时，配套的技术是使用条形码及扫描设备对零部件、组装、库存和生产状态进行跟踪，这些跟踪技术彼此并没有很好地集成。此时，企业传递交易信息采用的是传真、电子邮件和 EDI 混合的通信手段。

宽带网是电子商务第二次浪潮的关键技术推广要素之一。虽然这种接入方式成本高，但是上网速度提高 10 倍以上。高速上网不仅提高了互联网使用效率，也改变了人们使用 WWW 的方式。在第二次浪潮中，电子商务还整合无线射频标签(RFID)设备、智能卡、指纹识别与视网膜扫描等生物特征识别技术来全面跟踪货位和人员。这些技术彼此集成并与通信系统进行整合，使企业能够彼此有效地沟通并共享交易、库存水平及客户需求信息。

（3）从内容角度去看，第一次浪潮中的电子商务主要特征是大规模的网络信息发布，以至于很多人对电子商务存在一种误解，以为电子商务只是把个人或企业的产品目录放到网站、网页上去，然后等客户来订货或者来买。这种认识把电子商务看做另一类的商品广告和推销形式，其实这只是电子商务的第一步。真正的电子商务是将其后的许多步骤，包括讨价还价、草签合同、合同审批、成交执行、资金转账、递送服务、售后服务等一系列商务活动流程在网上利用各种各样的软件，通过电子化的方式来完成。显然，电子商务是对传统商务活动的一场革命。而要实现这样的电子商务，不仅需要对企业信息化提出新的要求，还需要对企业的业务流程和业务活动方式进行根本的改造。

第二次浪潮中的电子商务运行内容更多地将电子签名体系、网上支付体系、信用认证体系、标准体系和物流体系等包含在里面，同时更多的第三方增值服务也不断涌现。

（4）从经济角度去看，在线广告在电子商务第一次浪潮中是许多倒闭的“.com公司”的主要收入来源。经历了两年的低谷后，企业又开始重燃将互联网用作有效广告媒体的兴趣。诸如招聘等某些类型的在线广告增长很快，已经取代了同类传统广告。数字化产品的销售在电子商务第一次浪潮中问题重重。音像业无法（有人认为是不愿）解决数字化音乐的网上分销，这就造成数字盗版——侵犯音乐家知识产权——十分猖獗。电子图书也未能成功。第二次浪潮则为音像制品和其他数字化产品的合法进行网上分销提供了保证。Apple 公司的 iTunes 网站是在第二次浪潮中数字化产品网上分销的先行者之一。

（5）从政策角度去看，无论是在第一次浪潮还是第二次浪潮中，各国政府和各行业机构都对电子商务的发展给予了积极的关注和支持，在两次浪潮中出台的政策法规具有不同的意义。例如在第一次浪潮期间，1996 年联合国国际贸易法委员会发布的《联合国国际贸易法委员会电子商务示范法》(以下简称《示范法》)、1997 年欧盟提出的《欧盟电子商务行动方案》、同年美国政府发表的《全球电子商务框架》白皮书，以及 1998 年 IBM 等跨国公司相继宣布该年度为“电子商务年”等，更多地体现出电子商务需要宣传、支持和行动的含义。而在第二次浪潮期间各类法规的内容则表现出已经行动、需要标准和安全保障的实际。例如 2001 年联合国贸易和发展会议发布的《2001 年电子商务和发展报告》、2002 年联合国第 56 届会议通过的《联合国国际贸易法委员会电子签字示范法》、2004 年全国人大常委会通过的《中华人民共和国电子签名法》、国务院办公厅发布的《关于加快电子商务发展的若干意见》等。有关具体内容在下节有相应的介绍。

表 1-1 列出了电子商务两次浪潮期间的一些特征情况。

表 1-1　电子商务发展两次浪潮的特征

特　征	第一次浪潮	第二次浪潮
国际特征	主要是美国公司	各国企业参与电子商务
语言	大部分电子商务网站都是英语	很多电子商务网站都有多种语言
资金	很多公司是靠外部投资创立的	企业用自有资金启动电子商务计划
接入技术	多用低速方式接入网络	网络宽带接入方式迅速增长
B2B 采用的技术	主要采用多种通信方式和库存管理技术	更多地利用无线射频标签等外围设备的整合
与客户的电子邮件接触	与客户的非结构化电子邮件通信	定制的电子邮件整合进客户接触
广告与电子商务的整合	过分依赖简单形式的在线广告作为主要的收入来源	采用多种复杂的广告方式，与电子商务更好地结合，整合进现有的业务流程和策略之中
数字化产品的分销	低效分销导致大规模的盗版	不断推出新的销售与分销方法

1.1.3　中国电子商务的发展趋势

电子商务的发展虽然只有短短十多年时间，但已经成为国家发展、社会活动以及人们生活的不可分割的有机组成部分。表 1-2 列出了 CNNIC(中国互联网络信息中心)从 1997 年开始统计的中国互联网用户数量以及网上购物者数量的变化情况。

表 1-2 中国互联网用户以及网上购物者数量的变化(单位:万人)

年　度	网名人数	与上年相比的增长率	网上购物人数	与上年相比的增长率
1997	62.0		15.41	
1998	117.5	89.5%	20.0	29.8%
1999	210	78.7%	31.5	57.7%
2000	890	122.5%	69.153	90.0%
2001	2250	33.1%	282.15	156.6%
2002	3370	27.2%	313	7.9%
2003	5910	29.0%	679.65	44.7%
2004	7950	16.9%	790.0	1.5%
2005	9400	18.2%	1304.9	61.1%
2006	11100	7.8%	2719.5	34.7%
2007	13700	11.4%	3233.2	11.0%
2008	21000	53.3%	4641.0	43.5%

说明:除了前面两年以外,其他各年度都是按照前一年 12 月 31 日的统计计算。

中国电子商务国家发展改革委员会和国务院信息办 2007 年 6 月发布的国家《电子商务发展“十一五”规划》指出:电子商务是网络化的新型经济活动,正以前所未有的速度迅猛发展,已经成为主要发达国家增强经济竞争实力、赢得全球资源配置优势的有效手段。

从这几年的最新数据可以证明电子商务在中国快速发展的良好势头。

• 国家《电子商务发展“十一五”规划》指出:2005 年全国企业网上采购商品和服务达到 16889 亿元,占采购总额的 8.5%;企业网上销售商品和服务总额9095 亿元,占主营业务收入的比重近 2%。国民经济重点行业和骨干企业电子商务应用不断深化,网络化生产经营与消费方式逐渐形成,中小企业成为电子商务的积极实践者。

•《中国行业电子商务网站调查报告》指出,到 2006 年底数量超过 2000 家的行业电子商务网站已经初步成为新兴电子商务服务业中的重要组成部分,总体服务收入约 100 亿元,专业从业人员 12 万以上。

• CNNIC 2008 年 1 月发布的《第 21 次中国互联网络发展状况统计报告》显示,中国网民网络购物人数规模达到 4640 万,约占网民总数的 1/4。

图 1-1 是商务部《2006－2007 年中国电子商务报告》中的统计图表。

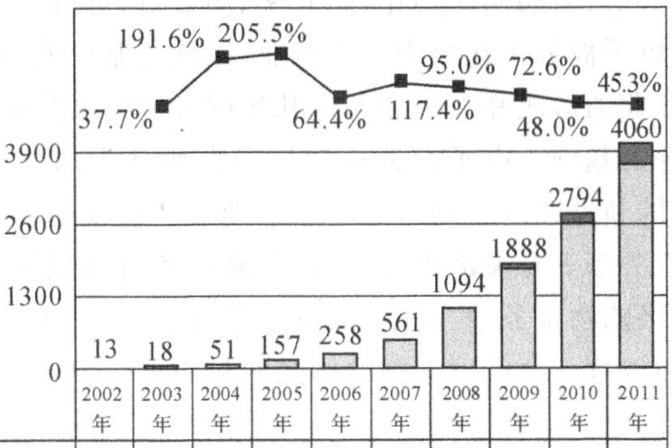

	2002年	2003年	2004年	2005年	2006年	2007年	2008年	2009年	2010年	2011年
网络购物总体交易规模（亿元）	13	18	51	157	258	561	1094	1888	2794	4060
B2C电子商务销管规模（亿元）	4	6	13	20	28	43	80	127	209	422
C2C电子商务交易规模（亿元）	9	12	39	137	230	518	1014	1761	2585	3638
网络购物总体交易规模增长率		37.7%	191.6%	205.5%	64.4%	117.4%	95.0%	72.6%	48.0%	45.3%

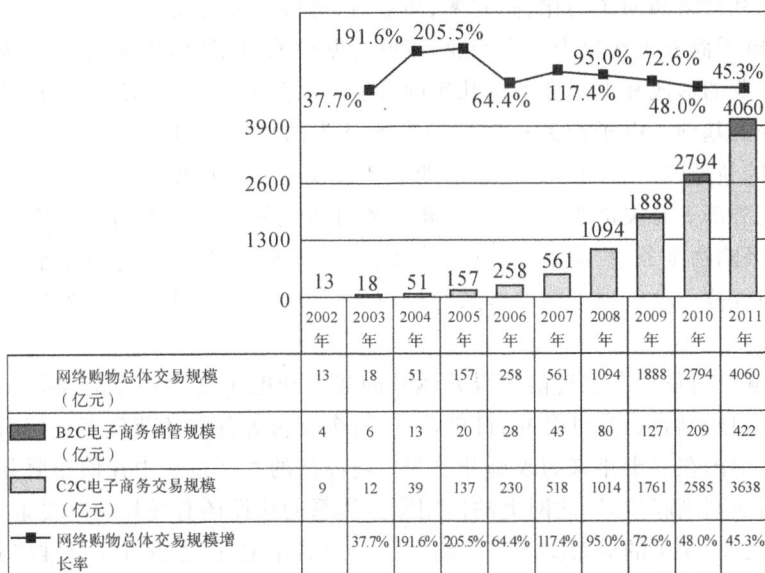

注：B2C电子商务销售规模统计为网络相关销售额，不包含在线旅行业务销售额。

图 1-1　中国网络购物市场交易规模统计

可以说，与全球电子商务的日趋活跃相比，我国的电子商务发展与国际同步，正在进入快速发展机遇期；从某种意义上说，我国电子商务发展的创新性更具特色和代表性。2007 年 11 月，阿里巴巴在香港的成功上市就是一个非常有说服力的典型。

未来电子商务从政治、社会、经济、文化等综合方面形成新的发展趋势，主要体现在以下几个方面：

(1)电子商务与产业发展的深度融合加速形成经济竞争新态势。电子商务正在广泛深入地渗透到生产、流通、消费等各个领域，改变着传统经营管理模式和生产组织形态；正在突破国家和地区局限，影响着世界范围内的产业结构调整和资源配置，加速经济全球化进程。电子商务与产业发展的深度融合还形成了以电子商务为代表的现代服务业的快速发展，形成了制造业服务化、服务业产品化的多产业的深度融合。

(2)电子商务服务业正在成为国民经济新的增长点。技术创新加速社会专业化分工，为电子商务服务业提供了广阔的发展空间。基于网络的交易服务、业务外包服务、信息技术外包服务规模逐渐扩大，模式不断创新。网络消费文化逐步形成，面向消费者的电子商务服务范围不断拓宽，网上消费服务模式日渐丰富。更多网络增值服务模式的不断涌现，使电子商务服务业作为新的经济增长点，有力地推动了经济社会活动向集约化、高效率、高效益、可持续方向发展。

(3)电子商务正在成为一个产业,以此为基础的国家标准体系正在形成。电子商务服务业的形成和电子商务这几年的务实发展为电子商务的经济和产业地位打下了良好的基础。电子商务从发展初期所认为的仅仅是"网上商店"已经发展到"网络化的新型经济活动",其支撑基础也从仅仅是互联网发展到所有网络与通信手段。商务部等有关部委、企业联合高校和科研机构已经开始研究制定电子商务模式、网络购物服务、物品编码、电子单证、信息交换、业务流程等电子商务关键技术标准和规范。这些国家标准体系的形成,将为电子商务的进一步发展打下更坚实的基础。

(4)电子商务正在推进信用服务体系的建设和电子支付体系的完善。网上的洽谈交流、身份确认、签订合同、订单认证、资金支付等各个环节都需要信用和安全的保障。中国在三十年来的改革开放和市场经济的发展过程中在信用服务体系的建设方面还刚刚起步,因此网上的信用服务体系的建设还有漫长的路要走。《电子签名法》在 2004 年的颁布实施尽管起到了一定的作用,但还没有完全推广开来,需要通过加强政府监管、行业自律及部门间协调与联合、企业积极参与,建立健全信用信息资源的共享机制,推进在线信用信息服务平台建设,实现信用数据的动态采集、处理、交换,完善信用监督和失信惩戒机制,最终形成既符合我国国情又与国际接轨的信用服务体系电子认证体系以及在线支付体系。

1.2 电子商务定义

关于电子商务的定义从最早的 20 世纪 90 年代中期开始到今天,至少有 30 种以上,区别主要涉及电子化和网络支撑的范围以及商务应用深度的不同。最常用的英文名称是 e-commerce 和 e-business 两个。

在电子商务的第一次浪潮里,e-commerce 和 e-business 两个名称都被广泛地接受。学者较多使用 e-commerce,而企业更愿意使用 e-business,区别在于它们涉及的范围和内涵。commerce 在英文中是指商业,有商品买卖或者贸易的内容,而 business 是指业务、工作或交易活动。显然从范围的角度来说,business 的概念要比 commerce 更宽泛。因为 business 所涉及的业务范围包括个人、企业、单位、政府等不同对象和内容,而 commerce 更多地限于有交易的对象。但是另一方面,从名称的内涵来看,commerce 更多地描述交易双方或多方之间的关系,而 business 则更关注对象本身甚至包括它的内部流程。

综上,我们认为 business 与 commerce 两者不能完全等同。虽然我们仍然可以将 e-business 和 e-commerce 都称为电子商务,但需要将它们的确切内涵描述清楚。为了方便起见，我们在下面也经常会将 e-business 用电子业务的称谓来表达。这里主要采用 OECD(经济合作与发展组织)等一些官方或者半官方的机构关于电子商务的定义。

(1)关于 e-commerce 的定义：

• UNCITRAL(联合国国际贸易法委员会)于 1996 年 12 月通过的《示范法》描述了 e-commerce 的内涵，强调其交易手段的特殊性，即在商业交易中使用数据电文作为交易信息的载体。《示范法》对 commerce(商务)一词作了广义解释："使其包括不论是契约型或非契约型的一切商务性质的关系所引起的种种事项。商务性质的关系包括但不限于下列交易：供应或交换货物或服务的任何贸易交易，分销协议，商务代表或代理，客账代理，租赁，工厂建造，咨询，工程设计，许可贸易，投资，融资，银行业务，保险，开发协议或特许，合营或其他形式的工业或商务合作，空中、海上、铁路或公路的客、货运输。"同时，《示范法》对数据电文作了明确的定义："'数据电文'系指经由电子手段、光学手段或类似手段生成、储存或传递的信息，这些手段包括但不限于电子数据交换(EDI)、电子邮件、电报、电传或传真。"

• 1997 年 11 月，国际商会在法国首都巴黎举行的世界电子商务会议上从商业角度提出了 e-commerce 的概念：是指实现整个贸易活动的电子化。这从涵盖范围方面可以定义为：交易各方以电子交易方式而不是通过当面交换或直接面谈方式进行的任何形式的商业交易。从技术方面可以定义为：一种多技术的集合体，包括交换数据(如电子数据交换、电子邮件)、获得数据(如共享数据库、电子公告牌)以及自动捕获数据(如条形码)等。从涵盖的业务来看，又可以包括：信息交换，售前售后服务(如提供产品和服务的细节、产品使用技术指南、回答顾客意见)，销售，电子支付(如使用电子资金转账、信用卡、电子支票、电子现金)，运输(包括商品的发送管理和运输跟踪以及可以电子化传送的产品的实际发送)，组建虚拟企业(组建一个物理上不存在的企业，集中一批独立中小公司的权限，提供比任何单独公司多得多的产品和服务)，公司和贸易伙伴可以共同拥有和运营共享的商业方法，等等。

• OECD 于 2002 年在《2002 信息技术展望》中对于 e-commerce 有如下的定义："e-commerce 是企业、家庭、个人、政府以及其他公共或私人机构之间通过以计算机为媒介的网络进行的产品或服务的买卖活动。买卖的产品或服务是通过网络进行的，至于付款和产品或服务的最终递送则既可以在网上完成，也可以在网下完成。"OECD 同时也给出了一个狭义的 e-commerce 定义，其与广义定义的主要区别在于将"以计算机为媒介的网络"替换为"互联网"。比较起来，广义的 e-commerce 定义更切合实际一些。

• 联合国统计局在 2002 年发表的《全部经济活动的产业分类国际标准》中给

出的 e-commerce 的定义:“业务部门在接收订单和办理货物与服务的销售时,采用各种不同的方式进行的商务活动,例如电话、传真、电视、电子数据交换(EDI)、小型电传以及互联网。”

• 美国普查局 2001 年 8 月发布的《关于电子业务的测度》报告中对 e-commerce的定义:“商品和服务的价值在以计算机为媒介的网络上出售。当买卖双方在网上达成了商品或服务的所有权或使用权的转让协议,一个 e-commerce 的事务就完成了。启动一个 e-commerce 事务的决定性因素是网上协议的达成,而与网上付款与否无关。”

• 国务院信息化工作办公室 2007 年 12 月提交的《中国电子商务发展指标体系研究》报告中建议电子商务的定义为:电子商务是指通过以互联网为主的各种计算机网络所进行的、以签订电子合同(订单)为前提的各种类型的商业交易。

(2)关于 e-business 的定义:

• OECD 对于 e-business 的定义是“基于计算机网络进行的、自动化的业务流程,既可在机构内部也可在机构之间进行”。这个定义包含了电子业务的两个重要的特征:第一,电子业务的业务流程一定是数字化的,否则,它不能在基于计算机的网络上进行;第二,电子业务的业务流程一定是通过网络传输的,这个网络可以是互联网(在一般情况下),也可以是局域网、城域网或其他各种专用计算机网络。

• 美国普查局关于 e-business 的定义是“一个业务机构经由以计算机为媒介的网络所进行的任何业务流程”。这里,“业务机构”可以是营利性的,也可以是非营利性的;而“任何业务流程”既包括销售和采购,也包括生产管理、物流、内部通信以及支撑服务,如电子邮件、人员招聘、员工服务、培训、信息共享、视频会议、家庭办公等。

• 中国国家商务部在其发布的《电子商务模式规范》(Specification for E-Business Model)(草案)中对其作的定义:依托计算机网络进行货物贸易和服务贸易交易,提供相关服务的商业形态。

1.3 电子商务分类

由于电子商务的发展只有短短十多年的时间,并且还在快速变化和发展中,因此要对电子商务给出一个明确和一致的分类是不可能的。围绕电子商务模式,国外近年来提出了多种不同的分类方法:Michael Rappa 提出根据企业获得收益的方式进行分类,Paul Timmers 提出基于价值链的拆分和重构进行分类,Linder 和 Cantrell 提出按照获取利润的核心活动和价格价值间的相对定位进行分类,Tapscott 等提出按照经济控制方式和价值整合进行分类,Kaplan 等认为应该基于企业的购买对象和购买方式两个方面进行分类，McKinsky 公司提出从商务模式的控制主体进行分类等。国内也有人从商务主体所属行业角度提出 77 种模式分类和 5P4F 的分类方式，我们这里只能依据通常理解方式给出关于电子商务的大概分类模式。

商务部提出的《电子商务模式规范》(草案)根据电子商务是依托计算机网络进行货物贸易和服务贸易交易，提供相关服务的商业形态的定义，具体将电子商务通过网络通信手段缔结的商品或服务交易主要划分为 B2B、B2C、C2C 三类。

(1)B2B(Business to Business)。B2B 是企业之间通过网络通信手段缔结的商品或服务交易模式。它又包括网上交易市场和网上交易两类。

- 网上交易市场 B2B 是指提供给具有法人资质的企业间进行实物和服务交易的由第三方经营的电子商务平台。这种模式由中立的第三方负责经营，服务提供方必须具备法人资格，买卖双方都必须是企业法人，有工商报备的独立的固定网址，在网上交易市场上提供实物交易和服务，商品(服务)描述真实详细，具备安全可靠的支付功能和物流解决方案，服务功能齐全，包括咨询服务、交易服务、售后服务等。

- 网上交易 B2B 是指具有法人资质的企业在互联网上注册网站，向其他企业提供或采购实物和服务。这种模式由具备独立法人资格的企业负责经营，交易对象也具有法人资格，在网上提供实物(服务)交易，商品(服务)描述真实详细，具备安全可靠的支付功能和物流解决方案，服务功能齐全，包括咨询服务、交易服务、售后服务等。

(2)B2C(Business to Consumer)。B2C 是指企业和消费者之间通过网络通信手段缔结的商品或服务交易模式。它又包括网上商厦和网上商店两类。

- 网上商厦 B2C 是指提供给具有法人资质的企业在互联网上独立注册开设网上虚拟商店，出售实物或提供服务给消费者的由第三方经营的电子商务平台。这种模式由中立的第三方负责经营，有工商报备的独立的固定网址，服务提供方与服务对象具备法人资格，参与网上商厦的卖方在网上商厦开店，提供实物交易和服务，实现在线支付，具有物流解决方案，商品(服务)描述真实详细，服务功能齐全，市场经营者必须具备完善与方便的服务功能，包括咨询服务、交易服务、退换货服务、三包服务、赔偿服务等，并在网站页面上明显标出。

- 网上商店 B2C 是指具有法人资质的企业或个人在互联网上独立注册网站、开设网上虚拟商店，出售实物或提供服务给消费者。这种模式下的服务提供方具备法人资格，有工商报备的独立的固定网址，服务对象是消费者；经营者在网站上提供实物交易和服务，实现在线支付，具有物流解决方案，采取定价销售，服务功能包括咨询服务、退换货服务、三包服务、赔偿服务等，并在网站页面上明显标出。

(3)C2C(Consumer to Consumer)。C2C是个人之间通过网络通信手段缔结的商品或服务交易模式。它的实现方式是C2C网上交易市场。

• 网上交易市场C2C是指提供给个人间在网上进行实物和服务交易的由第三方经营的电子商务平台。这种模式要求具有在线支付、定价销售的功能。这种模式由中立的第三方负责经营，有工商报备的独立的固定网址，具有在线支付和物流解决方案，在网上交易市场上提供实物和服务交易；商品（服务）描述真实详细；服务功能齐全；网站具备身份认证和电子签名的功能。从事C2C交易的市场经营者必须具备完善与方便的服务功能，包括咨询服务、交易服务、售后服务等，并在网站页面上明显标出。

根据赛迪顾问对电子商务三种主要业务模式的分析，B2B一直是电子商务市场的主体。2006年B2B交易额占中国电子商务总体交易额的91.3%，而B2C交易额占整体交易额的6.4%，C2C交易额占整体交易额的2.3%。2007年，中国B2B电子商务交易规模为12500亿元，比2006年增长25.5%；C2C交易规模为410.4亿元，同比增长90%；B2C网站总收入为52.2亿元，同比增长33.5%。

艾瑞咨询从不同的角度对电子商务市场的分析也得出相似的结论。图1-2更是预测了中国B2B电子商务市场在未来五年的快速增长趋势。

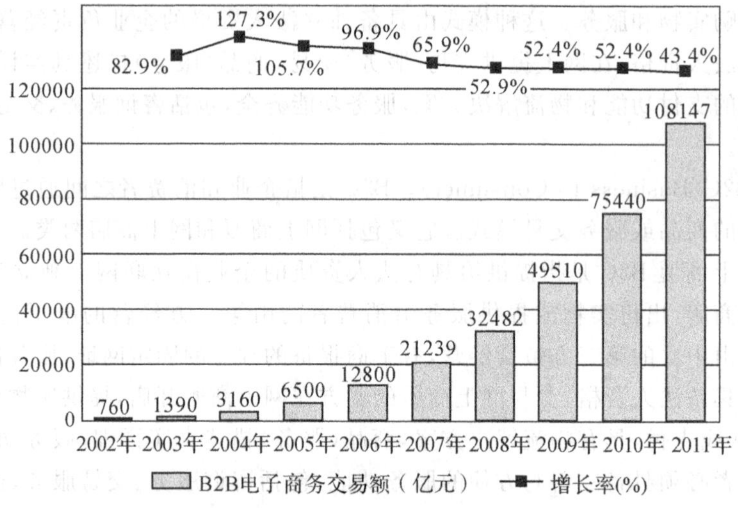

图1-2　中国B2B电子商务交易规模及发展趋势

（源自www.iresearch.com.cn，2008－02－13，艾瑞咨询）

除了上述三种分类以外，一般还可以将电子商务细分出包括企业与政府部门之间(Business to Government，B2G)和个人与政府部门之间(Consumer to Government，C2G)通过网络通信手段进行的商品或服务交易模式。例如政府采购属于前者,而网上办税则属于后者。

1.4　电子商务学习内容

电子商务是现代管理学、经济学和以信息技术为主的工学融合形成的综合性、复合型学科。电子商务专业培养的是适应现代社会需要的、信息技术与经济管理学科交叉的复合型人才,在掌握专业知识体系的基础上,特别需要理论与实践的紧密结合、网上与网下的业务沟通、创新与创业的素质培养,还需要能够结合行业和地区经济发展特色为行业经济和地方经济服务。

1.4.1　电子商务的专业教育

电子商务本科专业的教育涉及通识教育、综合教育和专业教育三大部分,其中通识教育包括人文社会科学、自然科学、经济管理、外语与体育等,综合教育包括思想教育、学术科技、文艺体育以及社会实践等,而专业教育可以从几个方面进行描述。从知识层面划分,电子商务专业教育包括专业基础知识和专业知识两个层次;从教学内容划分,电子商务专业教育包括课堂教学和实践教学两个方面;从教学计划考虑,电子商务专业教育包括知识体系和课程体系两方面的组织;从学科要求考虑,电子商务专业教育涉及的综合要求包括知识要求、能力要求和素质要求。

目前,我国电子商务本科专业人才基本上按照经管类和工程类两个类别制定培养目标,各自在经济管理知识体系和信息技术知识体系方面有所侧重。以下是建议的两个专业培养目标。

(1)经管类电子商务本科专业的培养目标:

在电子商务本科专业目标的基础上侧重培养能掌握现代经济科学、管理科学的基本原理与商务活动的知识与技能,较好掌握网络化计算机和信息化商务技术的基本技能与方法,能够较好地利用电子信息技术从事商业、贸易和营销管理等的实践或研究、教学活动等工作的复合型、专门化人才。

(2)工程类电子商务本科专业的培养目标:

在电子商务本科专业目标的基础上侧重培养能掌握计算机科学、网络通信和信息处理技术等的基本理论和实践技能,较好地掌握现代经济与管理的知识与方法,熟练运用电子网络和信息技术,从事电子商务系统的规划、分析、设计、开发、管理和评价等的实践或研究、教学活动等工作的复合型、专门化人才。

1.4.2 电子商务专业知识体系概述

电子商务专业知识体系是电子商务专业教育的核心，它在高校本科通识教育基础上的，将本专业人才培养所需要的专业基础知识和专业知识按照学科类别、知识层次以及课堂教学与实践教学等多方面进行横向和纵向的划分和描述。

这里所描述的电子商务专业教育的知识体系是建立在大学本科通识教育和综合教育基础上的，因此一些作为本科阶段必须掌握的基本概念和基本知识（如大学计算机基础、管理学基础等）不再纳入到专业教育的知识体系部分。

电子商务专业教育的知识体系依据专业学科分类和知识内容，分解形成知识领域、知识模块、知识单元以及知识点（实践技能点）四个层次。其中，知识单元是教学的基本单元，又可以分为核心知识单元、可选知识单元以及自定义知识单元三类。本节根据教育部高等学校电子商务专业教学委员会编制的《普通高等学校电子商务本科专业知识体系（试行版）》提供了建议的核心知识单元和可选知识单元两部分。

1.4.3 知识体系定义

电子商务专业的知识体系给出了电子商务专业的整体知识框架及其结构，是电子商务专业学科所需知识的汇集。

电子商务专业知识体系依据专业学科分类和知识内容，分解形成知识领域、知识模块、知识单元以及知识点和实践技能点四个层次的树状结构分布。

1. 知识领域

我们把电子商务专业涉及的知识领域划分为四个，它们分别与学科领域密切相关。与管理学科相关的通称为电子商务管理知识领域，与经济学科相关的通称为电子商务经济知识领域，与计算机和信息技术相关的通称为电子商务技术知识领域，另外涉及电子商务基本概念、法律法规、标准体系、发展战略等其他综合内容都统一归入电子商务综合知识领域。

每一个知识领域由若干个知识模块组成。

电子商务综合：包括电子商务知识体系概述、电子商务法规、电子商务标准与规范和电子商务服务等 4 个知识模块。

电子商务经济：包括信息经济、电子商务经济、网络经济、网络金融与财务和网络贸易等 5 个知识模块。

电子商务管理：包括组织管理、战略管理、信息流管理、物流管理、运营管理、安全管理、营销管理、项目管理、管理工具与方法等 9 个知识模块。

电子商务技术:包括网络技术、数据管理技术、系统分析与设计方法、应用开发技术、电子商务安全技术、物流信息技术等6个知识模块。

2. 知识模块

知识模块是针对电子商务专业基本要求在知识领域范围内对专业整体知识的一种分解,描述特定的学科子领域方向。每一个知识模块由若干个知识单元组成。

3. 知识单元

知识单元是知识模块中的一个单元内容,描述该知识模块中的一个具体分支或知识章节,是专业知识体系中的基本教学或实践单位。知识单元分为核心知识单元、可选知识单元以及自定义知识单元三类。

核心知识单元:本专业所有学科方向知识内容的公共部分。

可选知识单元:侧重于一个学科方向的知识内容。

自定义知识单元:各个高校根据自身的学科优势方向和专业人才培养目标按照一定的要求建立起来的知识单元。

每一个知识单元由若干个相关知识点组成;每一个知识单元都有一个建议的最少教学时数或最少实践时数。各高校可以依据本专业人才培养特色和教学计划有重点地选择其中的知识单元、加深知识单元内容或者扩充知识点(或针对实践部分的技能点)并调整相应的教学时数(或针对实践部分的实践时数)。

各个知识模块关联的知识单元数共计158个。其中,核心类知识单元数96个(含教学类77个和实践类19个),可选类知识单元数62个(含教学类46个和实践类16个)。

4. 知识点和实践技能点

知识点是整个知识体系结构描述中主要用于课堂教学的最小单位,代表所属知识单元中一个相对独立含义的学习内容。

实践技能点是整个知识体系结构描述中主要用于实践实训的最小单位,代表所属知识单元中的一个相对独立含义的实践内容。

本教材主要介绍的是电子商务的基本内容,所涉及的知识模块包括电子商务综合、电子商务经济、电子商务管理和电子商务技术全部4个领域的8个知识模块。其中,电子商务综合领域涉及电子商务导引和电子商务服务两个知识模块,电子商务经济涉及网络经济与财务和网络经济两个知识模块,电子商务管理领域涉及营销管理和物流管理两个知识模块,电子商务技术涉及网络技术和安全技术两个知识模块。所有章节可以分成必修和选修部分,读者可以根据课程内容对选修部分的知识点和实践的技能点进行选择性学习。

表 1-3 本书相关的知识模块与知识单元列表

章名	知识模块	知识单元	实践单元	类别
一、导引	电子商务导引/INT	电子商务知识体系基础/INT1	电子商务应用模型实践/INT3	必修
二、支撑环境	电子商务导引/INT;网络技术/NET	计算机网络体系结构/NET1;电子商务支撑环境/INT2	局域网搭建实践/NET8	必修
三、网络营销	网络营销/MARK	网络营销战略/MARK1;网络市场与消费者行为/MARK3;网络营销策略/MARK4;网络营销方法/MRAK6	网络营销实验/MARK11	必修
四、电子支付	网络金融与财务/FIN	电子支付/FIN3;网络银行/FIN4	电子支付实践/FIN7	必修
五、安全	安全技术/SET	加密技术基础/SET1;数字签名与身份认证/SET2	数字证书应用实践/SET6	必修
六、物流	物流管理/LOG	电子商务物流基础/LOG1	物流管理实践/LOG5	必修
七、服务与应用	电子商务服务/SER	电子商务服务概述/SER1	电子商务服务业应用实践/SER4;基于 Web 2.0 的电子商务服务实践/SER5	选修
八、实战	网络经济/NEC		网上创业与创业资本/NEC8	选修
九、展望				选修
合　计	8	13	9	

注:合计中的统计数据是指全书所涉及的模块和单元数量。

1.5 电子商务应用模型实践

1.5.1 B2B 实践

【实践目的】

了解电子商务 B2B 的含义与 B2B 网站的结构特点及运作方式,了解网上商场、企业和物流中心在电子商务 B2B 中所起的作用,掌握电子商务资金流、物流、信息流一体化内涵和流程,了解支付、结算业务和物流、配送业务的流程。

【实践流程图】

电子商务 B2B 就是企业与企业之间的电子商务。它是企业与企业之间通过互联网进行产品、服务及信息的交换。其业务流程一般是由商业机构(企业)使用因特网或各种网络发布供求信息,并向供应商订货或接受客户订货,完成支付过程及票据的签发、传送和接受,确定配送方案等。如图 1-3 所示为 B2B 交易的主要流程。

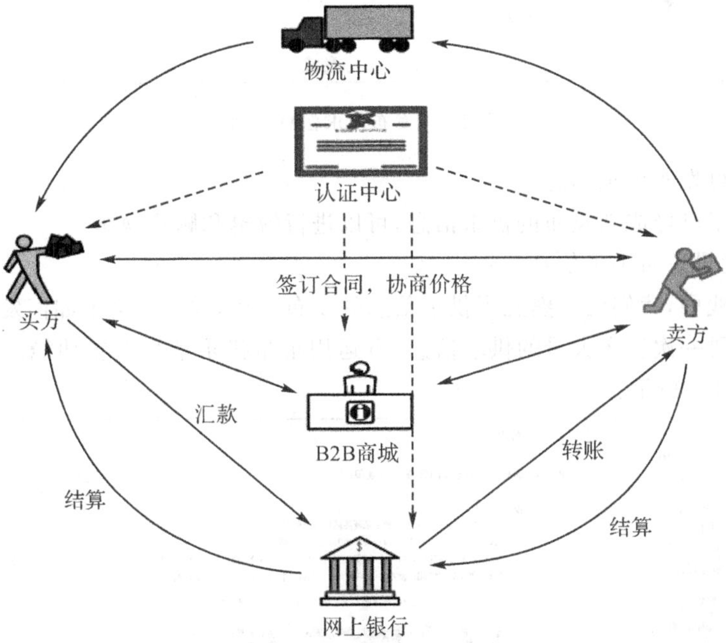

图 1-3　B2B 交易的主要流程

【实践步骤】

(1)会员注册

第一次进入该系统的用户,必须注册成为会员。按系统的要求规范填写会员注册信息。

(2)发布供求信息

企业都希望在互联网上找到适合自己的商业伙伴。供求信息按照类型可以分为产品信息、加工信息、代理招商信息、服务信息、合作信息和招聘信息。学生在实验当中要熟悉这 6 类供求信息的发布流程,在供求信息发布成功后,最好再核查一下已经发布的信息,确保信息完整和正确。如图 1-4 所示为发布供求信息的页面。

①选择适合自身企业的供求信息类型。

②确定好企业自身的供求信息发布类型后,按要求填写基本信息和详细信息,

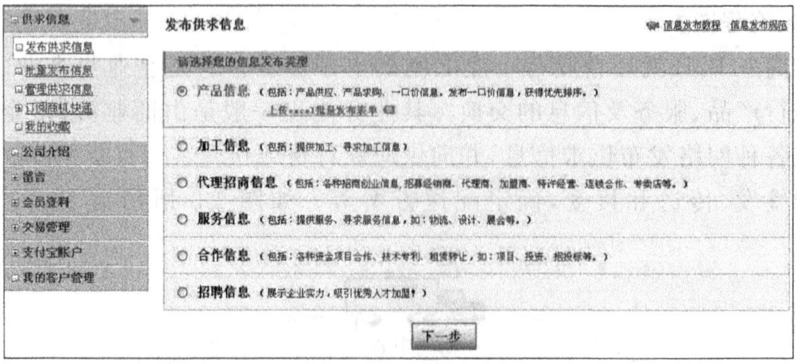

图 1-4　发布供求信息页面

确认后即可发布供求信息。

③对于已经成功发布的供求信息，可以进行编辑和删除操作。

(3)批量发布供求信息

在实践中，我们已经熟悉了供求信息的发布流程，并且学会了如何发布供求信息。如果要一次发布大量的供求信息，可运用批量供求信息发布功能。具体操作页面如图 1-5 所示：

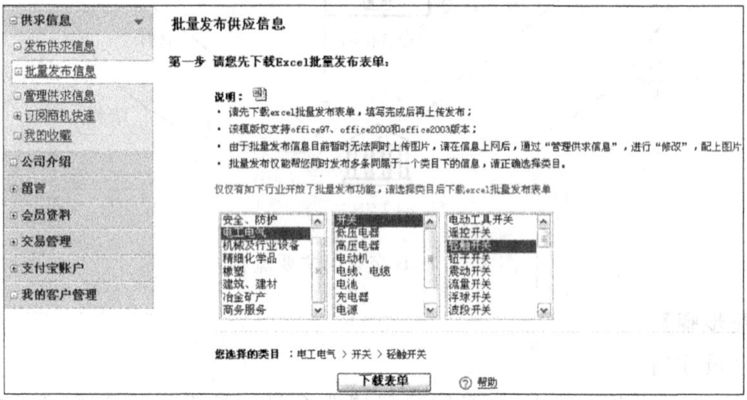

图 1-5　批量发布供求信息

①下载表单模版文件(一般为 Excel 格式)，并保存。

②打开下载的表单模版文件，按照格式要求输入供求信息。

③输入信息后保存表单，点击页面中的“浏览”找到表单的文件并上传。

④对于已经成功发布的批量供求信息，可进行编辑和删除操作。

(4)商品目录和分类管理

在线交易的商品种类繁多，因此要对产品做好分类工作。如图 1-6 所示为各种商品的分类信息。

图 1-6 商品分类信息

(5)交易管理

当成功发布了供求信息后,便可以和商业合作伙伴进行商品交易了。本次实践主要是模拟买卖双方如何进行 B2B 交易,并且让读者掌握 B2B 交易流程。在实践中,需要让一名学生模拟买家角色,另一名学生模拟卖家角色,买家先在线生成订单,接着由卖家来处理生成的订单,这样就成功进行了一次交易。图 1-7所示为发起订单的页面。

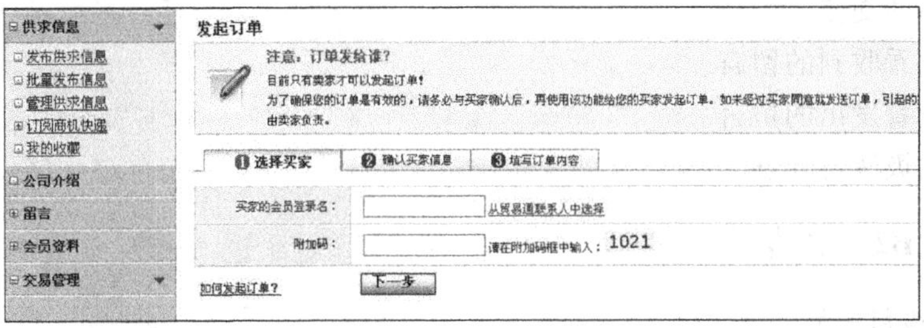

图 1-7 发起订单页面

(6)会员资料修改

在电子商务 B2B 交易活动中,企业或是个人不仅需要提供真实的信息,同时在日常的交易活动中,也需要及时的修改自身资料信息,从而使网上交易更加安全。

①修改会员个人信息。

②修改会员企业信息。

③修改其他相关信息。

(7)客户管理

在B2B的电子商务活动中,对客户和供应商进行合理的管理是非常重要的。对客户的管理不仅仅是对客户信息进行维护,更重要的是要对客户关怀的安排。做好了客户的管理工作,才可以更熟练的驾驭电子商务B2B交易活动。客户管理页面如图1-8所示。

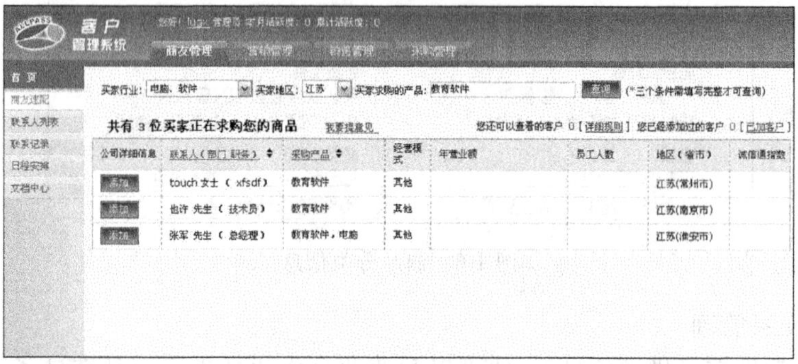

图1-8 客户管理页面

(8)留言管理

在电子商务B2B的交易活动中,商户之间可以通过电话、电子邮件、传真和网络留言等多种方式来进行沟通和联系。本实践平台提供了网络留言功能,方便和客户之间的交流。

①查看收到的留言。

②查看发出的留言。

③垃圾留言处理。

1.5.2 B2C实践

【实践目的】

熟悉电子商务B2C平台的交易环境;了解电子商务网站的结构特点,掌握和体验网上购物的运作模式;了解B2C的后台服务商所具备的功能。

【实践流程图】

B2C实践流程如图1-9所示。

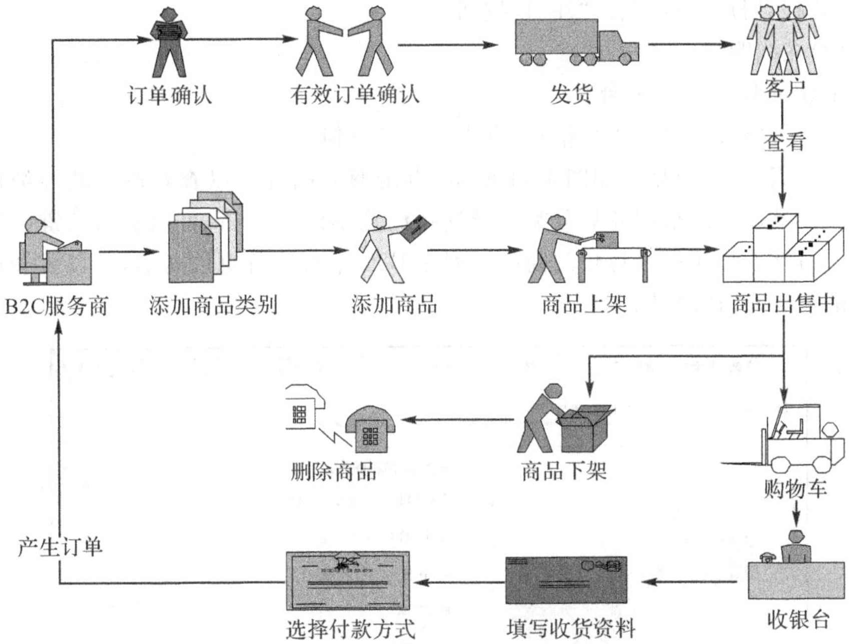

图 1-9　B2C 实践主要流程

【实践步骤】

1. B2C 前台

(1)会员注册

①进入 B2C 交易平台。

②在 B2C 交易平台上，点击“注册”按钮，进入会员注册界面，如图 1-10 所示。

图 1-10　会员注册界面

③输入用户信息，点击“注册”按钮。

(2)在线购物

①登录 B2C 交易平台。

②会员登录。输入用户信息，点击“登录”按钮。

③浏览、查询商品。如图 1-11 所示，点击商品图标可以查看商品的详细信息资料。会员还可以根据商品分类目录选择浏览不同的商品，可以输入关键字查找商品。另外系统还提供将热门商品罗列在 B2C 平台的首页的功能，可以供会员更方便的查看、选择商品。

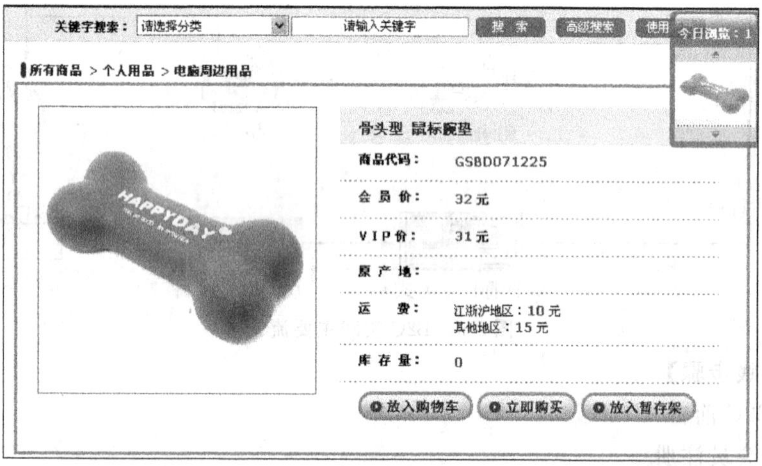

图 1-11 商品详细信息界面

④购物。会员查看了商品的详细资料之后，可以将想购买的商品放入购买车。

⑤购物车管理。在到收银台结账之前，会员还可以对购物车进行管理。可以查看购物车的内容是否正确，还可以删除购物车中的部分商品或全部商品。

⑥下订单。会员在确定要购买的商品后，就可以点击“去收银台”，填写收货人的姓名、电子邮件、邮编、电话、收货人地址及付款方式，然后在线提交。

⑦购物完成之后，等待商家对该份订单的处理。会员可以随时登录平台，查看订单的处理状态。

2. B2C 后台(商家)

(1)会员管理

①登录 B2C 服务商后台。

②系统提供了非常完善的后台管理功能，包括会员管理、商品类别管理、商品管理、礼金券管理、订单管理、广告管理、链接管理、库存管理、网站管理等。

③点击目录结构中的“会员管理”展开目录，显示会员管理的功能，其中包括会

员的用户信息的查看和用户信息处理。

(2)商品管理

①登录 B2C 服务商后台。

②首先,点击目录结构中"类别管理"进行商品类别的管理。

③其次,发布商品,"商品管理"→"添加商品"→"商品上架"。

④还可以添加商品品牌信息,如图 1-12 所示。

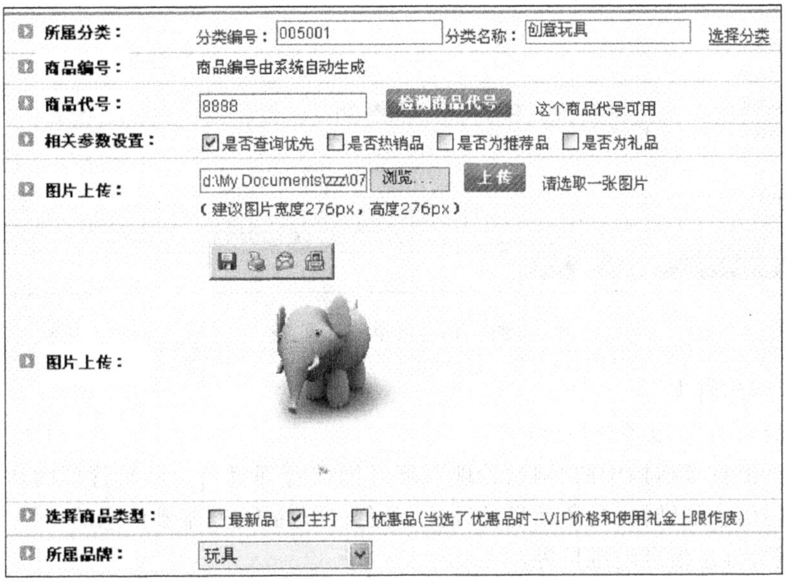

图 1-12　商品添加页面

(3)订单管理

①订单确认。在"待确认的订单"目录下,显示所有订单信息,查看详细的订单信息,确认无误后,点击"确认为有效订单",如图 1-13 所示。

②付款确认。在"有效订单确认"目录下,显示所有订单信息,查看详细的付款情况,确认无误后,点击"转为待处理订单"。

③发货处理。

(4)库存管理

①登录 B2C 服务商后台。

②点击目录结构中的"库存管理",展开库存管理目录。库存管理的功能主要包括出入库管理;查看库存报警;查看库存异动等信息。

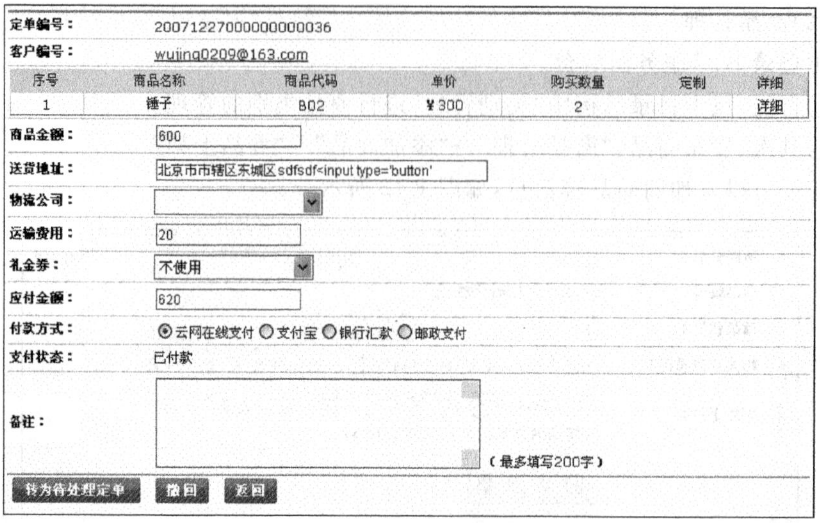

图 1-13　订单确认页面

(5)网站管理

①登录 B2C 服务商后台。

②点击目录结构中的“网站管理”，展开网站管理目录。网站管理的功能主要包括部门信息的维护、角色信息的维护、角色权限的维护、基础信息的维护、物流公司的维护、日志信息的维护等。

(6)留言管理

①登录 B2C 服务商后台。

②“留言查看”→“留言回复”。

1.5.3　C2C 实践

【实践目的】

熟悉并了解 C2C 交易模式的运营环境，了解 C2C 交易模式中各角色的功能，了解并掌握电子商务 C2C 在线购物流程和商品出售流程。

【实践流程图】

C2C 实践流程如图 1-14 所示。

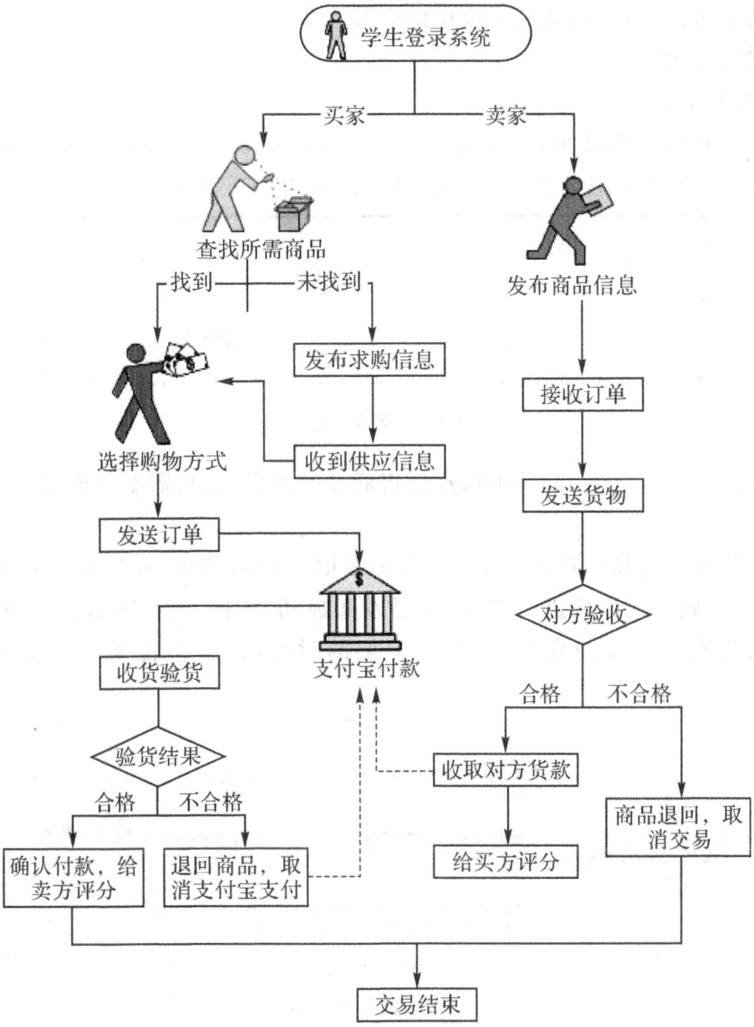

图 1-14　C2C 实践主要流程

【实践步骤】

1. 会员注册

①登录 C2C 模块，点击页面顶部“免费注册”。

②进入注册页面，填写会员名和密码。

③输入一个您的电子邮件地址，用于激活您的会员名。

④将校验码添入右侧的输入框中。

⑤此时，系统将发送一封确认信到刚才您所填写的电子邮箱中。

⑥请登录该邮箱，确认后完成您的会员注册。

2. 卖家管理

(1)发布商品

①进入商品发布页面后，系统提供了两种商品发布方式："拍卖"、"一口价"。会员可以选择其中一种方式，进行商品发布，如图 1-15 所示。

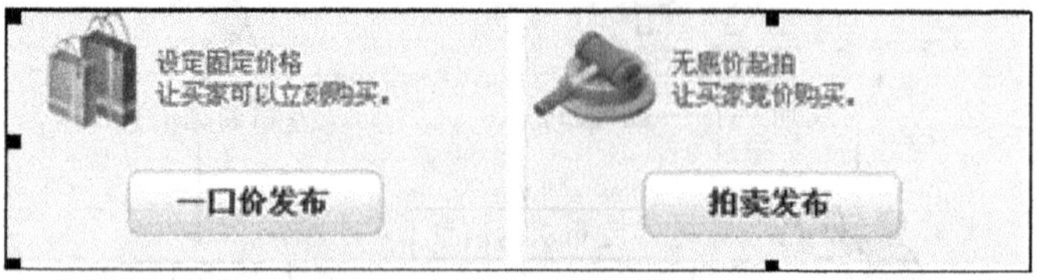

图 1-15　商品发布方式

②选择发布方式后，需要再选择出售商品的类目，类目需要与商品的属性类别等相对应。

③最后进入商品信息填写页面，请详细填写商品信息，并选择送货方式和价格，填写完并确认无误后进行提交，商品发布成功，如图 1-16 所示；也可将发布的商品暂时放入到个人的仓库中，设定上架的时间，系统会自动到期将商品上架销售。

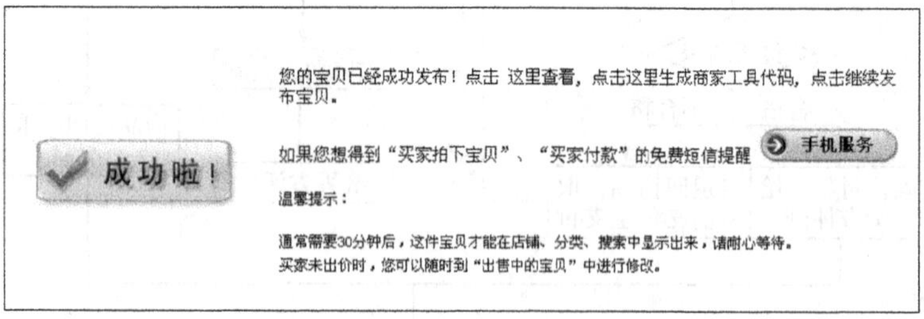

图 1-16　商品发布成功

④卖家在后台可以对自己已经上架的商品进行橱窗推荐，推荐的数量根据卖家信用等级等条件决定。

⑤在卖家后台，可以看到销售商品的状态。查看买家已付款的商品，选择发货操作，则商品状态变成卖家已发货，等待买家确认；如是拍卖的商品，已有买家拍下但未付款，可进行催款或者取消交易。

⑥卖家在发完货后等待买家确认支付宝付款。交易完成后可以对买家进行评价。

⑦在卖家销售商品到达一定数量，信用等级到达要求可以申请消费者保障服务(简称消保)，这样，销售的商品中即显示消保的服务，使买家更容易相信和购买

该卖家的商品。

(2)申请店铺

①会员在成功发布了 10 件商品后,便可以申请开设网店。

②进入后台的页面,单击“免费开店”,进入开设店铺页面,如图 1-17 所示。

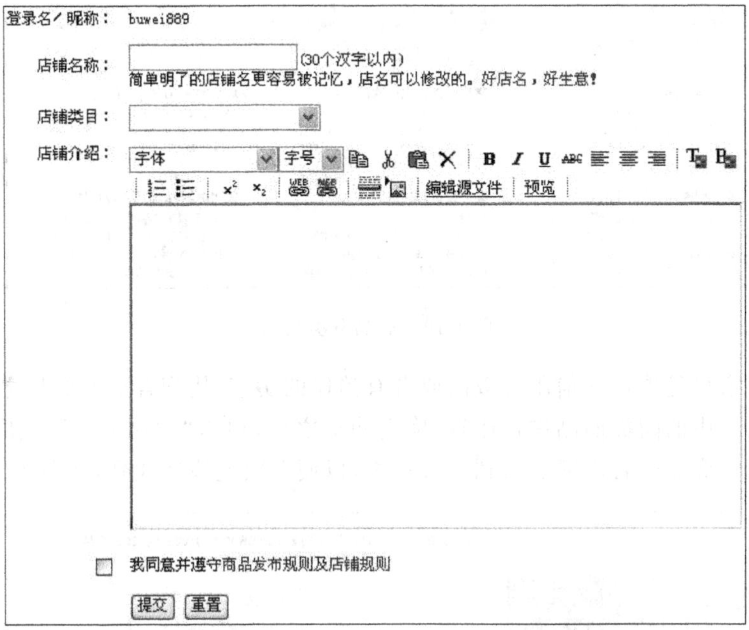

图 1-17　编辑店铺信息

③输入相关信息,完毕后单击“提交”按钮,店铺就成功创建。

④店铺创建后,需要对店铺进行信息设置,如店标、店铺公告等信息设置,设置后单击“确定”按钮。

⑤在制作好店表和店铺公告后,接着需要对店铺中的商品进行分类,这样可以让出售中的商品类目更加清晰,使得买家方便浏览与查找。界面如图 1-18 所示。

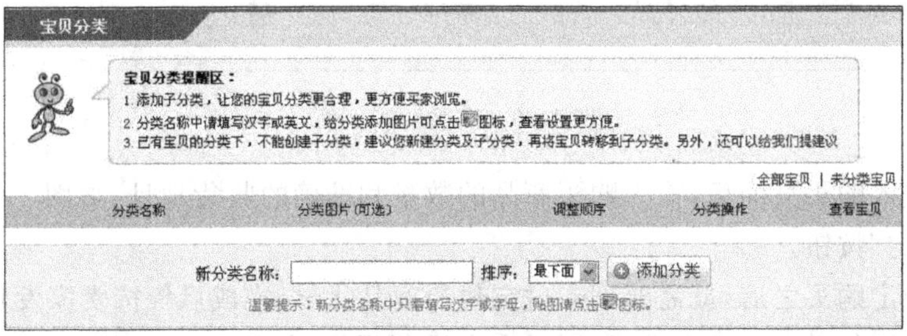

图 1-18　添加商品分类

(3)买家管理

①学生登录后可以进行商品选购;或者可以发布求购信息,等待卖家联系。

②在商品分类页面,找到需要购买商品的分类。界面如图 1-19 所示。

图 1-19　商品分类页面

③买家可优先选择信用等级高或者有消保的卖家,找到合适的商品之后,可以对所有出售中的同类商品进行比较,确定购买之后,单击“立刻购买”按钮即可;也可选择将该商品或者商铺加入到收藏夹中,以便下次能快速找到,如图 1-20 所示。

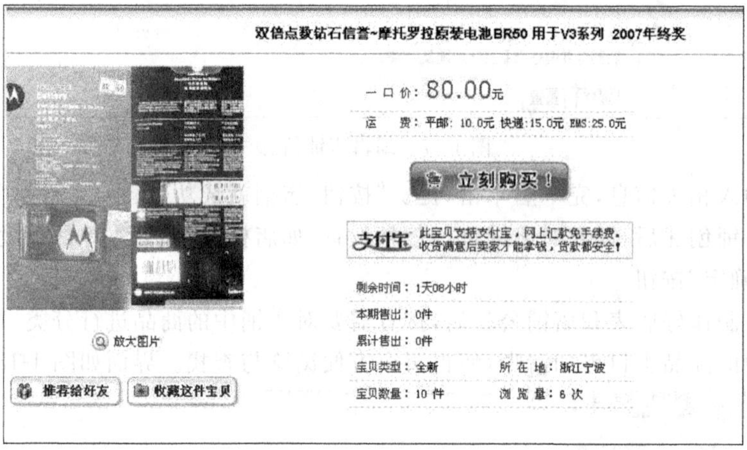

图 1-20　商品购买页面

④进入购买页面后,输入购买商品的数量和准确的收货地址,如图 1-21 所示,单击“确定”按钮。

⑤确定购买之后,就需要到支付宝付清商品货款,完成后等待卖家发货。

⑥在汇款后卖家没有发货,可对卖家进行提醒,如提醒后还未发货,则可向服务商进行投诉,在系统确认后可将支付宝中的货款退还给买家。

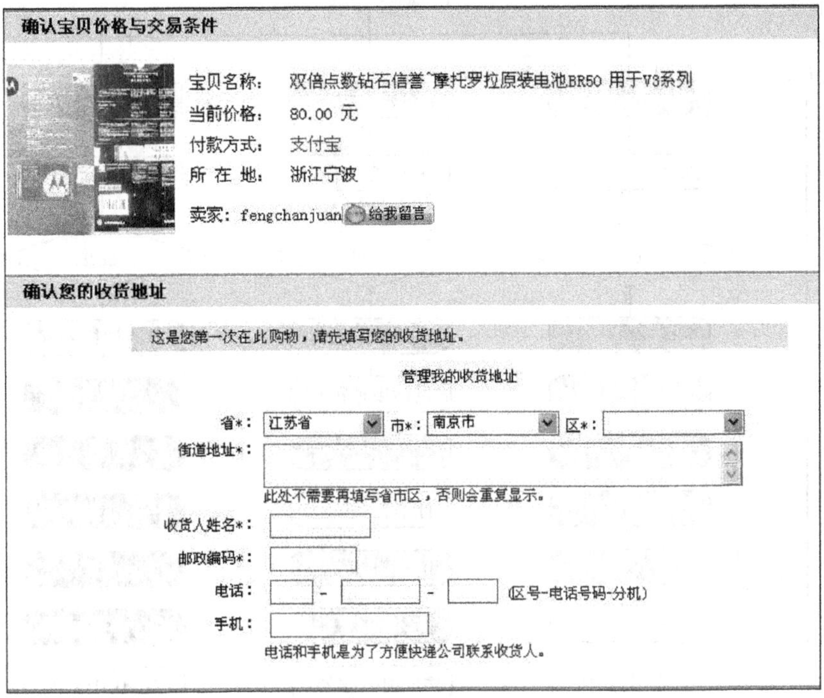

图 1-21　填写收货地址

⑦在收到且查看了卖家发过来的商品后，对商品表示满意，即可以通知支付宝给卖家付款；如不满意，可和卖家协商解决。

⑧在商品交易完成后，还需要对此次购买商品的卖家进行信用评价。

1.5.4　G2B 实践

【实践目的】

通过模拟各种角色的操作，了解招标采购的流程和注意事项；了解招投标管理者、采购商、供应商三者之间的关系；认识评标专家在招投标过程中的重要性。

【实践流程图】

G2B 实践流程如图 1-22 所示。

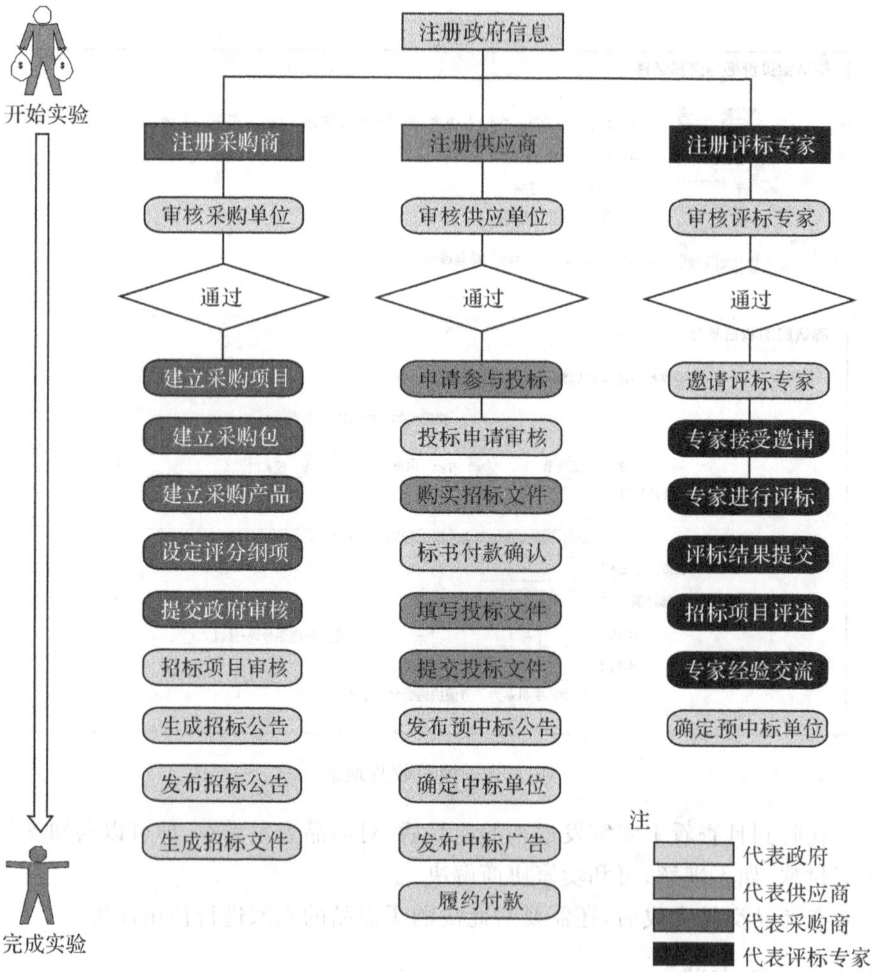

图 1-22　G2B 实践流程图

【实践步骤】

1. 招投标管理者角色

(1)进入系统

单击“招标采购平台”图标，进入学生管理平台。首先单击“进入主页”按钮，将弹出系统自动生成的政府招标采购网主页。通过这个平台，可以了解招标采购信息、新闻，并可以熟悉采购的相关政策法规，参与用户调查，查看供应商信息等。

(2)进入招投标管理后台管理平台

以招投标管理角色进入招投标管理后台管理平台。招投标管理后台包括了基本信息、供应信息管理、招标项目管理、投标管理、评标管理、质疑管理、供应商管理、采购商管理以及专家管理等功能模块。如图 1-23 所示。

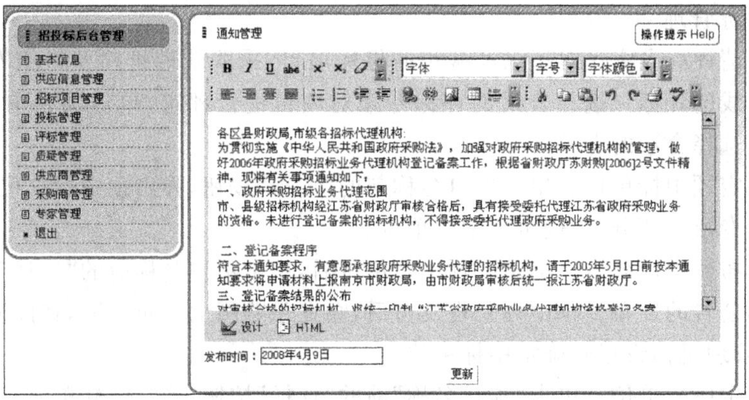

图 1-23　招投标后台管理页面

• 基本信息

可添加、修改采购网的通知、新闻、办事指南信息、采购中心银行账号信息。所有信息添加提交后，其他实践用户便可以在采购网上查看这些信息。

• 供应信息管理

可设置供应类别，管理供应商发布的供货信息。

• 招标项目管理

招标项目管理模块主要包括了项目审核、生成招标公告、招标公告管理、生成招标文件和项目查询等功能模块。

①项目审核。单击"管理"按钮，审核采购商提交的采购项目，需要设置投标申请截止日期、标书购买截止日期、标书质疑截止日期、投标截止日期等信息。

②生成标书公告。项目被审核通过后，会自动转入生成招标公告程序，单击"生成公告"下的"生成"按钮即可。

③招标公告管理。在招标公告列表中选择相应的公告，单击"管理"按钮，确定发布公告。

④生成招标文件。单击"生成标书"下的"生成"按钮，即可生成标书(投标供应商达到三家以上才可以生成标书文件)。

⑤项目查询。可根据项目状态和招标模式两种方式查询采购项目。

• 投标管理

①投标申请审核。单击"审核"按钮，即可对供应商投标进行审核。

②标书付款确认。供应商在购买标书时，系统已经划款至招标管理机构。单击"付款确认"下的"确认"按钮，供应商便可以进行标书填写和投递了。

③截止投标。单击"选择"按钮，确定截止投标。截止投标后供应商将不能再

提交投标文件。

• 评标管理

①邀请评标专家。对于已经截止的投标项目，采购管理机构要组织专家对项目进行在线的评标。选择合适的评标专家对项目进行评定，单击项目前面的“选择”按钮，选择合适的专家。

②确定预中标单位。单击项目名称前的“选择”按钮，弹出预中标单位列表，可根据评标专家的评分，来确定预中标单位。

③发布预中标公告。确定了预中标单位后，单击项目名称前的“选择”按钮，进行预中标公告的发布。预中标公告发布后，会在采购网上公布 3 天，在此期间无异议，采购管理机构将正式确定中标单位。

④确定中标单位。单击“项目名称”前的“选择”按钮，确定中标单位。

⑤发布中标公告。确定了中标单位后，单击“项目名称”前的“选择”按钮，进行中标公告的发布。

⑥投标保证金管理。单击“项目名称”前的“选择”按钮，便可对各投标公司的保证金进行处理(中标单位的投标保证金转成履约保证金，未中标单位保证金给予退还)。

⑦履约付款。当中标企业履约后，采购方便需要进行付款。本套模拟系统的付款方式:采购中心付款(采购方在中标方履约前，货款先支付给采购管理中心，由采购管理中心支付给供货方)。单击“项目名称”前的“选择”按钮，进行付款操作。

• 质疑管理

招标管理机构通过这个平台与供应商进行交流，回复咨询及解答质疑。单击“回复”按钮进行质疑解答。

• 供应商管理

①资格审核。在招标活动开始之前，应提前确定供应商身份，并对其提交的资料进行审核。单击“审核”按钮，对供应商进行审核。

②资料查询。可以通过机构代码和公司名称，单击“查找”按钮对供应商资料进行查询。

• 采购商管理

①资格审核。在招标活动开始之前，应提前确定采购商身份，并对其提交的资料进行审核。单击“审核”按钮，对采购商进行审核。

②资料查询。可通过机构代码和公司名称，单击“查找”按钮对采购商资料进行查询。

• 专家管理

①资格审核。在招标活动开始之前，采购管理机构需对评标专家的资格进行

审核。单击“审核”按钮，对评标专家进行审核。

②专家查询。可通过专家姓名和审核状态，单击“查找”按钮对评标专家进行查询。

2. 采购公司角色

(1)注册公司

以采购公司角色进入平台，如果是首次登录，需要进行采购公司注册，提交注册信息后，等待招投标管理机构审核。

(2)进入采购公司后台管理平台

以采购公司角色进入采购公司后台管理平台。采购公司后台包括了单位信息维护、添加项目、评分细项设定、邀请招标设定、项目提交、项目查询、项目进度查询等功能模块。如图 1-24 所示。

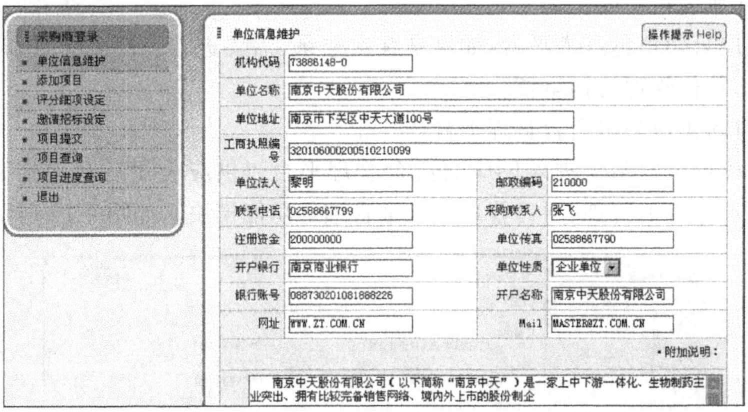

图 1-24　采购商后台管理平台页面

- 单位信息维护

可对采购公司基本注册信息进行更新维护。

- 添加项目

①实践时新增采购项目，同时可对项目进行修改、删除操作。此外在添加项目时可设置项目的紧急程度。

②采购项目添加后，需要添加采购包，选择相应项目，单击“添加采购包”下的“添加”按钮，同时需要设定采购预算和投标保证金。

③添加采购包后，需要对各个包添加具体产品。选择相应的采购包，单击“添加产品”下的“添加”按钮，同时需要填写数量和规格说明。

- 评分细项设定

①单击项目名称前的“选择”按钮，弹出该项目所有的包列表。

②单击包编号前的“设定”按钮，根据实际情况设定评分细项。

• 邀请招标设定

单击“项目名称”前的“选择”按钮，在待受邀投标供应商中选择供应商。

• 项目提交

完成对采购项目的各项设定后，便可以将采购项目提交给招标管理机构，单击“项目名称”前的“管理”按钮。

• 项目查询

可根据项目状态和招标模式，单击“查找”按钮对采购项目进行查询。

• 项目进度查询

可根据招标模式，单击“查找”按钮对项目进度情况进行查询。

3. 供应公司角色

(1)注册公司

以供应公司角色进入平台，如果是首次登录，需要进行供应公司注册，提交注册信息后，等待管理机构审核。

(2)进入供应公司后台管理平台

模拟供应公司角色进入供应商后台管理平台。供应公司后台包括了信息维护、申请投标、标书管理、项目管理和资金管理等功能模块。如图 1-25 所示。

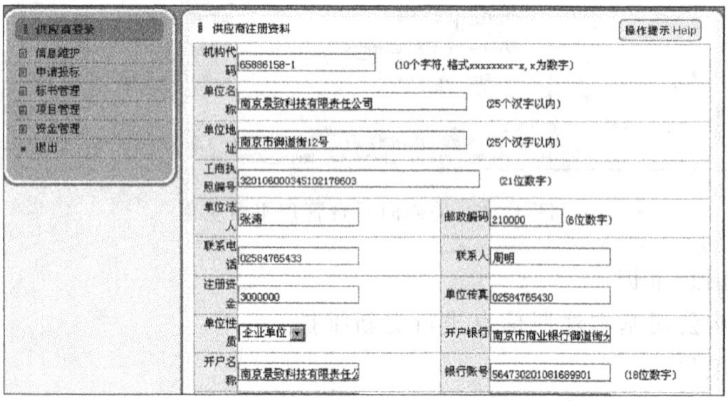

图 1-25　供应商后台管理页面

• 信息维护

①注册资料。可修改供应商的注册资料。

②供应产品。可管理供应商供应的商品，可以对商品进行添加、删除等。

③资质文件。管理供应商的资质文件信息，可以对资质信息进行添加、删除等(供应商投标时，提供权威的资格认证证书可以增加中标几率)。

④厂家授权。管理供应商的厂家授权文件，可以对授权证书进行添加、删除等

（原厂商对供应商授权，供应商才可以经销其产品）。

• 申请投标

①招标公告。查看项目进度，项目进度为“接收投标申请”时，可以单击“申请投标”下的按钮进行投标申请。

②标书购买。采购管理机构生成标书后，便可以开始购买标书了，单击“购标书”下的按钮即可购买。

• 标书管理

①标书填写。单击“标书填写”下的按钮，便进入标书填写页面，需要填写投标价格、服务承诺、优惠条件等内容。

②标书投递。单击“投递标书”下的按钮即可完成投递，投递标书前，可对标书进行修改。

③标书查询。可单击“查询”按钮，对标书的提交情况进行查询。

• 项目管理

①采购项目。可随时查看当前项目进度。

②预中标公告。可单击“查看”按钮，来了解预中标单位情况。

③中标公告。可单击“查看”按钮，来了解中标单位情况。

④中标项目。可查看供应商已经中标项目。

⑤质疑投诉。可查看供应商提出的质疑，并可以点击“查看”按钮来了解管理机构对质疑的答复。

• 资金管理

①账户管理。可进行账户充值，查看账户余额和充值记录。

②付款记录。可查看在招投标过程中的付款记录。

③收款记录。可查看在招投标过程中的收款记录。

4. 评标专家角色

(1)注册用户

在实践刚开始时，进入招标采购平台后，需要先注册评标专家。

(2)进入评标专家后台管理平台

评标专家注册成功后，以评标专家角色进入评标专家后台管理平台，如图1-26所示，评标专家后台包括了注册资料、资质文件、邀请函、评标项目、项目评述以及经验交流等功能模块。

• 资质文件

评标专家可以上传资质文件，以证明评标专家所具有的资格认证。

①单击“资质文件”，右框架将显示资质文件列表。

②单击“添加”按钮，右框架将显示添加资质文件页面，单击“保存”按钮即可。

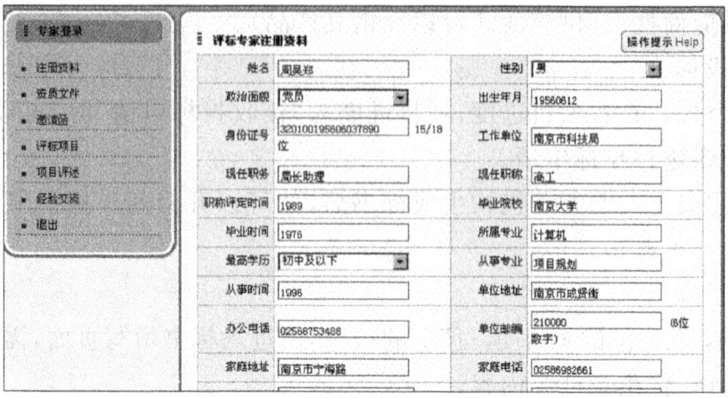

图 1-26　专家后台管理页面

• 邀请函

评标专家可以查看是否获得评标邀请，如获得邀请，评标专家可以根据自身情况接受或拒绝评标邀请。

• 评标项目

受邀专家单击“评标”下的按钮，选择采购包单击评标。

• 项目评述

单击“发表评述”下的“发表”按钮，便可以对项目发表评述内容。

• 经验交流

评标专家可以将自己的一些评标经验与其他评标专家交流，输入标题名称和评述内容，单击“保存”按钮即可。

本章小结

在电子商务第一次浪潮最汹涌的 1999 年，《时代周刊》将亚马逊的掌门人杰夫·贝索斯评为当年的风云人物。到了电子商务第二次浪潮最趋成熟的 2008 年，《商业周刊》将亚马逊评为世界 IT 百强的第一名。由此可以看出亚马逊经历十年的发展后已经将 IT 和商务两者很好地结合起来了，这是电子商务成熟的一个典型案例。

本章对电子商务的定义、电子商务的分类与模式等基本概念给出了一个清晰的描述。在这些描述中，我们尽可能从不同的视角、从国内外政府和行业角度、从国际和国内标准化组织角度进行介绍并通过平台训练的方法让读者在实训过程中掌握这些知识。所有数据和资料也尽可能采用最新的统计源。另外也从教师教学和学生学习的角度介绍了本书所对应的电子商务知识体系需要掌握的几个知识单元以及相应的知识点和技能点。让读者对后面的学习内容和方向有一个初步的准备。

思考与练习

1. 请按照你的实践或认识给出电子商务的定义。

2. 相对于传统商务，你认为电子商务有哪些优势？

3. 电子商务的参与对象有哪些？以及他们在电子商务运行中的作用是什么？

4. 电子商务目前的主要分类有哪些？它们之间的共性和差异各有哪些？

5. 从一个你认为最熟悉的电子商务网站上进行一次购物的体验，根据购物的过程给出电子商务的运行流程图。如果可能也提出该网站你认为可以改进或完善的地方。

6. 在完成四个类型实践的基础上，选择一种类型进入一个实际网站进行对比和分析，给出实际运行网站服务特色与改进建议。

第 2 章

电子商务支撑环境

本章导读

广义概念的环境(environment)是指除人以外的一切，并且每个人都是他人环境的组成部分。标准的环境定义相对于某一中心事物而言，围绕中心事物的外部空间、条件和状况，构成中心事物的环境。

电子商务赖以发展的支撑环境主要包括技术支撑环境和社会支撑环境两大部分。没有技术支撑，电子商务就回归传统商务；没有社会支撑，电子商务就像不在水里的鱼。当然这两类环境涉及的内容非常广泛，我们这里介绍的技术支撑环境主要是以计算机网络为基础的支撑标准环境；社会支撑环境主要包括经济环境、信用环境、人文环境、政策与法规环境等。本章将对这些环境进行逐一的介绍，其中一些概念可能比较难以分类，例如诚信问题，它既属于信用体系也属于人文体系的范畴，这里就只能归类于其中的一个。

2.1 电子商务的技术支撑环境

电子商务的技术支撑环境涉及计算机网络环境、互联网接入方式、网络标准协议、WWW 技术，与通常从技术本身的角度介绍不同的是我们这里主要从电子商务应用的角度来描述。

2.1.1 计算机网络环境

所谓计算机网络，就是把分布在不同地理区域的具有独立功能的计算机与专门的外部设备用通信线路按照网络协议互连成一个信息系统，从而使众多的计算机可以方便地互相传递信息，共享硬件、软件、数据信息等资源。一个计算机系统连入网络以后，具有共享资源、提高可靠性、分担负荷和实现实时管理等优点，是电子商务赖以生存的最基本环境。

在计算机网络环境下，计算机之间的连接是物理的，由硬件实现。计算机连接所使用的介质的种类是多样的，既可以是双绞线、同轴电缆或光纤等有线介质，也可以是无线电、激光、大地微波或卫星微波等无线介质。计算机之间的信息交换具有物理和逻辑上的双重含义。计算机网络的通信是分层的，在计算机网络的最底层（通常为物理层），信息交换体现为直接相连的两台机器之间比特流的传输；而在物理层之上的各层所交换的信息有一定的逻辑结构，越往上逻辑结构越复杂，也越接近用户真正需要的形式。信息交换在低层由硬件实现，而到了高层则由软件实现。

综观计算机网络的发展历史可以发现，它也经历了从简单到复杂、从低级到高级的过程。从 1946 年第一台计算机诞生以来，计算机技术与通信技术一直紧密结合，相互促进发展。20 世纪 60 年代初以前的以一台主机为中心的远程联机系统是第一代计算机网络；70 年代前后以 ARPANET 为代表的多台主机互联的通信系统是第二代计算机网络；80 年代初期以 ISO 发布“开放式系统互连参考模型”（OSI/RM）标准和后期 TCP/IP 协议支持的互联网（Internet）广泛使用则是第三代计算机网络。目前正在逐步向基于 IPv6 的下一代互联网络为中心推进。这些阶段的变化总体上说明了计算机网络正在向传输环境更无所不在、传输范围更广、传输速度更快、传输内容更适应多媒体化以及传输更安全等方向发展，为电子商务创造更良好的信息流、资金流和物流运行环境。

计算机网络的分类标准很多，比如按拓扑结构、介质访问方式、交换方式以及数据传输率等，通常我们按网络覆盖范围的大小将计算机网络分为局域网（LAN）、城域网（MAN）、广域网（WAN）等，它们分别以最短距离达到百米、十公里、百公里等基本数据来划分，也可能与按照办公楼、街区、城市间的基本划分关联。电子商务则一定是建立能够在面向全球访问的互联网基础上运行的计算机网络环境。

计算机网络的良好运行需要网络操作系统的支持，网络操作系统（Network Operation System，NOS）是网络的心脏和灵魂，是向网络计算机提供服务的特殊的操作系统，它在计算机操作系统下工作，使计算机操作系统增加了网络操作所需要的能力。现在大家都知道的计算机操作系统 Unix、Linux、Windows 也是网络操作系统，而 NetWare 则是专门的网络操作系统。

网络操作系统运行在称为服务器的计算机上，并由联网的计算机用户共享，这类用户就称为客户。

网络操作系统的应用模式与局域网上的工作模式有关。目前常用的有 C/S（Client/Server，客户机/服务器）模式和 B/S（Browser/Server，浏览器/服务器）模式，而它们是经对等模式、集中模式和文件服务器逐步演变而来的。

如果 NOS 软件相等地分布在网络上的所有节点，这种机制下的 NOS 称之为对等模式。对等式网络不需要专用服务器，每一台工作站都能充当网络服务的请求者和提供者，都有绝对自主权，也可以互相交换文件。这种类型的网络软件被设计成每一个实体都能完成相同或相似的功能。对等式网络的优点是使用方便，且工作站上资源可直接共享；容易安装与维护；价格比较便宜；不需专用服务器。其缺点是数据的保密性差，文件管理分散。

如果NOS的主要部分驻留在中心节点，则称为集中式NOS。集中式NOS下的中心节点称为服务器。这种机制下的网络以服务器为中心，严格地定义了每一个实体的工作角色，即网络上的工作站无法在彼此间直接进行文件传输，需通过服务器作为媒介，所有的文件读取、消息传送等也都在服务器的掌握之中。这种模式的网络的优点是对数据的保密性非常严格，可以按照不同的需要给予使用者相应的权限；文件的安全管理较好；可靠性好。其缺点是当多个使用者在同一时间内都要获得应用程序或数据时，效率可能降低；工作站上的资源不能直接共享；安装与维护比对等式网络困难；服务器的运算功能没有发挥。

C/S模式是指将需要处理的工作分配给客户端和服务器端处理，所谓的客户机和服务器并没有一定的界限，只取决于运行什么软件。简单地讲，客户机是提出服务请求的一方，而服务器是提供服务的一方。在主从式结构中服务端所提供的功能不仅仅是文件、数据库服务，还有计算、通信等能力。工作时不只是工作站端点负担沉重的运算方式，而是改由客户机和服务器各自负担一部分计算或通信的功能。这种结构是当前最优的结构之一，早期的软件系统多以此作为首选设计标准。主从式网络的优点是有效使用资源，增进生产力；成本降低；提高可靠性；缩短响应时间。其缺点是管理较为困难，开发环境较为困难。

B/S模式是随着Internet技术的兴起，对C/S结构的一种变化或者改进的结构。在这种结构下，用户工作界面是通过WWW浏览器来实现的，极少部分事务逻辑在浏览器端实现，但是主要事务逻辑在服务器端实现，形成所谓三层结构。这样就大大简化了客户端电脑载荷，减轻了系统维护与升级的成本和工作量。

2.1.2 互联网接入方式

计算机网络特别是互联网的接入是电子商务交易的首要条件，互联网接入服务商(IAP)或互联网服务商(ISP)是为其他企业提供互联网接入服务的企业，它们可以提供多种接入服务。电话、宽带、专线和无线是ISP为客户提供多种互联网接入方式中最常见的互联网方式。个人接入互联网一般使用电话拨号、ADSL和LAN三种方式，而服务器托管和虚拟主机是两种企业连接互联网的常用方法。各种常用接入方式的特点和用途比较见表2-1。

表 2-1　常见互联网接入方式的特点和用途

接入方式	速度	特　点	成本	适用对象
电话拨号	56Kbps	使用方便，速度慢	低	个人用户、临时用户上网访问
ISDN	128Kbps	使用较方便，速度慢	低	个人用户上网访问
ADSL	512Kbps～8Mbps	速度较快	较低	个人用户、小企业上网访问
Cable Modem	8～48Mbps	利用有线电视的同轴电缆来传送数据信息，速度快	较低	个人用户、小企业上网访问
LAN 接入	10～100Mbps	附近有 ISP，速度快	较低	个人用户、小企业上网访问，常称为“宽带接入”
光纤	≥100Mbps	速度快、稳定	高	大中型企业用户全功能应用
无线 LAN	11～54Mbps	使用方便，速度较快	较高	移动笔记本用户
无线 GPRS、CDMA、3G		速度较慢	较低	智能手机和 PCMCIA 卡插入笔记本移动用户

(1)电话拨号。拨号接入是个人用户接入 Internet 最早的方式之一，也是目前为止我国个人用户接入 Internet 最广泛的方式之一。它的接入非常简单，只要具备一条能打通 ISP 特服电话(如 16300、16900 等)的电话线、一台计算机、一台调制解调器(Modem，一般笔记本都有配置)，并且办理了必要的手续后(得到用户名和口令)，就可以轻轻松松上网了。与其他入网方式相比，它的收费也较为低廉。电话拨号方式致命的缺点在于它的接入速度慢，它的最高接入速度一般只能达到 56Kbps。

(2)ADSL。ADSL 是运行在原有普通电话线上的一种新的高速、宽带技术，具有较高的带宽及安全性，是局域网互联远程访问的理想选择之一。ADSL 接入 Internet 有虚拟拨号和专线接入两种方式。采用虚拟拨号方式的用户采用类似调制解调器和 ISDN 的拨号程序，在使用习惯上与原来的方式没什么不同。采用专线接入的用户只要开机即可接入 Internet。ADSL 往往被电信供应商称作宽带，实际上和 LAN 还有很大的差距。

(3)LAN。如果所在的单位、社区或者宾馆已经建成了局域网并与 Internet 相连接，而且已经布置了信息接口，只要通过双绞线连接电脑网卡和信息接口，即可以使用局域网方式接入 Internet。随着网络的普及和发展，高速度正在成为使用局域网的最大优势。

(4)专线。专用线路是一种通过公用电信介质建立起的永久性专用连接，并且向用户收取基本月租费的线路，当网络专家使用专用线路这个术语时，他们指的通常都是 T1、部分 T1 或 T3 线路，统称为 T 介质。

T介质传输使用一种叫做多路复用的技术。它把单个信道划分成能传输话音、数据、视频或其他信号的多个信道，并为每个信道分配它们自己的时间片。T1总共提供了24个可用的信道，被称为多路复用器的设备在电路发送的最后时刻把数据流安排给各个不同的时间片（多路复用），然后，接收端的设备在接收的最后时刻把数据流还原成独立的信号（逆多路复用）。随着数据通信需求的不断增加，T1几乎成了中长距离连接的必需品。

(5)无线。无线技术给人们带来的影响是无可争议的，无线局域网（WLAN）主要面向高速数据（通常大于1Mbps）传输。推动无线局域网市场发展的因素有多种，首先是产品价格，其次是标准，最后是共享外设和宽带Internet连接的家庭，应用前景诱人。

(6)卫星互联网。有两种互联网传输卫星解决方案，一种是利用宽带卫星的双向传输，如Teledesic系统可以给用户提供16Kbps～2.048Mbps的传输速率；一种是利用卫星的高速下载和地面反馈的外交互方式。该网有如下优点：一是传输绕过用户的公众电信网络，直接通过卫星链路到Internet下载文件。二是卫星不对称线路方案，可使ISP根据其业务需求租用所需转发器的容量，深受ISP欢迎。三是经济高效。光缆建设通常要花几年的时间及几十亿美元的投资，而卫星的建设要比光缆快和经济得多。即使是点到点的业务，非对称链路的卫星也比光纤经济有效。四是更适于局域网。由于短距离互联网的需求，通过卫星连到骨干网的局域网连接越来越多。五是可作为多信道广播业务的平台。

(7)WAP手机。WAP(Wireless Application Protocol)无线应用协议，即移动通信与Internet加以综合，成为“移动Internet”，就可以实现“无论何时何地的接入”与“丰富的信息资源共享”的优势互补。WAP的作用就是在无线移动通信与Internet之间架设一座“桥梁”，通常称为“WAP网关”，使移动通信用户可以通过它方便地接入Internet。目前，具有WAP功能的移动通信终端可以通过WAP网关支持一些新业务，如短消息浏览（股票行情、天气预报、体育新闻、路况信息、航班信息等），收发电子邮件，进行电子购物，等等。由于目前移动通信终端的资源条件的限制，业务能力还不能够像固网那样强大。

(8)服务器托管。它是指客户自身拥有一台服务器，并把它放置在Internet数据中心的机房，由客户自己进行维护，或者由其他签约人进行远程维护。如果企业想拥有自己独立的Web服务器，同时又不想花费更多的资金进行通信线路、网络环境、机房环境的投资，更不想投入人力进行24小时的网络维护，可以尝试主机托管服务。主机托管的特点是投资有限，周期短，无线路拥塞之忧。

(9)虚拟主机。它是指采用特殊的软硬件技术，把一台真正的主机分为若干台主机对外提供服务，每一台虚拟主机都可以具有独立的域名和地址，具有完整的互联网服务器(WWW、FTP、E-mail)等功能。虚拟主机之间完全独立,并可由用户自行管理,可以大大地缓解互联网上 IP 及服务器等资源的不足,同时降低用户的硬件费用、网络维护费用和通信服务费用。把一台机器的资源分配给多个虚拟主机,主机的性能及所开设虚拟主机的数量,决定了每个虚拟主机的性能是否会下降。为在充分利用主机性能的同时又能保障用户利益,每台主机的用户数量控制在一定量的范围内。

主机托管和虚拟主机的区别在于:主机托管是用户独享一台服务器,而虚拟主机是多个用户共享一台服务器;主机托管用户可以自己设置硬盘,创造数十 GB 以上的空间,而虚拟主机空间则相对狭小;主机托管用户可以自行选择操作系统,而虚拟主机用户只能选择指定范围内的操作系统;主机托管业务主要是针对 ICP 和企业用户,他们有能力管理自己的服务器,提供诸如 Web、E-mail、数据库等服务。但是他们需要借助 IDC 提升网络性能,而不必建设自己的高速骨干网的连接。

2.1.3　网络标准协议

这里介绍的网络标准协议包括 TCP/IP、IP 地址与域名标准、HTTP、电子邮件、远程登录、即时通信、无线通信等电子商务常用的标准协议。

1. TCP/IP 协议

(1)TCP/IP 协议。TCP/IP 是为 Internet 开发的第一套协议,在网络互联中用得最为广泛,也是 Internet 的核心协议。它是一套工业标准协议集,主要针对广域网而设计,目的是使不同厂家生产的计算机能在共同网络环境下运行。它包括 TCP、IP、UDP、ARP、ICMP 以及其他一些被称为子协议的协议。大部分网络管理员将整组协议称为 TCP/IP,有时简称为 IP。

(2)TCP 和 IP 的工作过程。TCP 和 IP 是两个协议,其中 IP 协议负责数据的传输,TCP 协议负责数据传输的可靠性。首先由 TCP 协议把数据分成若干数据段,称为数据报,给每个数据报加上一个 TCP 信封(实际上是报头),上面写上数据报的编号,以便在接收端把数据还原成原来的格式。

IP 协议把每个 TCP 信封再套上一个 IP 信封,在上面写上接收主机的地址。一旦准备好 IP 信封,就可以在物理网上传送数据了。IP 协议还具有利用路由算法进行路由选择的功能。这些 IP 信封可以通过不同的传输途径(路由)进行传输。由于路径的不同,再加上其他原因,可能出现顺序颠倒、数据丢失、数据失真甚至重复的现象。这些问题都由 TCP 协议来处理,它具有检查和处理错误的功能,必要时还可以请求发送端重发。

(3)TCP/IP 的体系结构。TCP/IP 分层模型也被称为 Internet 分层模型或 Internet 参考模型,从下到上,包括 4 层:物理链路层、网络层(也叫 IP 层)、运输层(也叫 TCP 层)、应用层。

(4)TCP 协议与 UDP 协议。传输层定义了两种协议:TCP(Transmission Control Protocol,传输控制协议)与 UDP(User Datagram Protocol,用户数据报协议)。TCP 协议是一种可靠的面向连接的协议,主要功能是保证信息无差错地传输到目的主机。UDP 协议是一种不可靠的无连接协议,它与 TCP 协议不同的是它不进行分组顺序的检查和差错控制,而是把这些工作交给上一级应用层完成。

2. IP 地址与域名标准

(1)IP 地址。Internet 上计算机之间的通信是靠 Internet 地址来定位的,两台计算机在相互通信时,在它们所传送的数据包里都会含有某些附加信息,这些附加信息包括发送数据的计算机地址和接受数据的计算机地址。为了方便通信需要每一台计算机都事先分配一个类似我们日常生活中的电话号码一样的标识地址,该标识地址就是 IP 地址。TCP/IP 协议规定 IP 地址是由 32 位二进制数组成,而且在 Internet 范围内是唯一的。例如,某台联在 Internet 上的计算机的 IP 地址为:11001010 11000100 01110000 10100110,进一步为了方便记忆,IP 地址的 32 位二进制分成四段,每段 8 位,中间用小数点隔开,然后将每 8 位二进制转换成十进制数,这样上述计算机的 IP 地址就变成:202.196.112.166。

一台计算机可以有一个或多个 IP 地址,但两台或多台计算机却不能共用一个 IP 地址。

(2)网关和路由器。从一个网络向另一个网络发送信息,必须经过一道"关口",这道关口就是网关(gateway)。只有设置好网关的 IP 地址,TCP/IP 协议才能实现不同网络之间的相互通信。网关的 IP 地址是具有路由功能的设备的 IP 地址,具有路由功能的设备有路由器、启用了路由协议的服务器(实质上相当于一台路由器)、代理服务器(也相当于一台路由器)等。

一台主机可以有多个网关。默认网关的意思是一台主机如果找不到可用的网关,就把数据包发给默认指定的网关,由这个网关来处理数据包。现在主机使用的网关,一般指的是默认网关。

(3)子网掩码。一个大的物理网络可以划分成若干个逻辑子网络,通过子网划分,既可以有效避免地址浪费,同时也减少了子网内地址的冲突情况。在 Internet 上有成千百万台主机(host),每个主机都有一个 IP 地址。子网掩码的作用是用来区分网络上的主机是否在同一网络段内。子网掩码不能单独存在,它必须结合 IP

地址一起使用。子网掩码只有一个作用，就是将某个 IP 地址划分成网络地址和主机地址两部分。

（4）网络参数的设置。对于连接 Internet 的每一台主机，都需要有确定的网络参数，包括 IP 地址、子网掩码、网关地址及域名系统 DNS(Domain Name System) 服务器地址。这些参数的设定有手动设置和自动设置两种方式。

①手动设置。手动设置适用于计算机数量比较少、TCP/IP 参数基本不变的情况，比如只有几台到十几台计算机。因为这种方法需要在联入网络的每台计算机上设置上述网络参数，非常费劲，一旦因为迁移等原因导致必须修改网络参数，就会给网管带来很大的麻烦。

②自动设置。自动设置就是利用 DHCP 服务器来自动给网络中的计算机分配 IP 地址、子网掩码和默认网关。这样做的好处是一旦网络参数发生了变化时，只要更改了 DHCP 服务器中相关的设置，那么网络中所有的计算机均获得了新的网络参数。这种方法适用于网络规模较大、TCP/IP 参数有可能变动的网络。

另外一种自动获得网关的办法是通过安装代理服务器软件（如 MS Proxy）的客户端程序来自动获得，其原理和方法与 DHCP 有相似之处。

（5）域名系统。Internet 是一个信息的海洋，所有这些信息存放在世界各地称为"站点"的计算机上，各个站点由拥有该站点的单位或个人维护和发布信息。

互联网上的每个站点都分配一个 IP 地址，如浙江大学网站地址 202.196.64.4，但这些数字比较难记，所以就有一种方法来代替这种数字，即"域名"地址，域名是层次化的，如 www.zju.edu.cn。

域名可分为不同级别，包括顶级域名、二级域名等。顶级域名又分为两类：一是国家顶级域名(National Top-Lenel Domainnames，nTLDs)，二是国际顶级域名(International Top-Lenel Domainnames，iTDs)；二级域名是指顶级域名之下的域名。为了表示主机所属的机构的性质，Internet 的管理机构给出了 14 个顶级域名。其中前 7 个顶级域名定义于 20 世纪 80 年代，后 7 个顶级域名于 2000 年启用。美国之外的其他国家的 Internet 管理机构还使用 ISO 组织规定的国别代码作为域名后缀来表示主机所属的国家和地区，也是顶级域名。大多数美国以外的域名地址中都有国别代码，美国的机构直接使用 14 个顶级域名。机构性域名和常见的地理性域名见表 2-2。

表 2-2 机构性域名和常见的地理性域名

机构性域名		常见的地理性域名	
域 名	含 义	域 名	含 义
com	商业机构	cn	中国内地
edu	教育机构	hk	中国香港
net	网络服务提供者	tw	中国台湾
gov	政府机构	mo	中国澳门
org	非营利组织	us	美国
mil	军事机构	uk	英国
int	国际机构,主要指北约组织	ca	加拿大
nfo	一般用途	fr	法国
biz	商务	in	印度
name	个人	au	澳大利亚
pro	专业人士	de	德国
museum	博物馆	ru	俄罗斯
coop	商业合作团体	jp	日本
aero	航空工业	……	

3. HTTP 协议

WWW 服务器使用的主要协议是 HTTP 协议(Hyper Text Transfer Protocol),即超文本传输协议,它负责传输和显示 WWW 页面的因特网协议,也是Internet上最常见的一种协议。它用于传输超文本标记语言(Hyper Text Markup Language,HTML)写的文件,也就是我们通常说的网页,通过这个协议,我们可以浏览网页上的各种信息,在浏览器上看到丰富多彩的文字与图片。由于 HTTP 协议支持的服务不限于 WWW,还可以是其他服务,因而 HTTP 协议允许用户在统一的界面下,采用不同的协议访问不同的服务,如 FTP、Archie、SMTP、NNTP 等。另外,HTTP 协议还可用于名字服务器和分布式对象管理。HTTP 协议采用客户机/服务器模式,它使 Web 服务器和浏览器可以通过 Web 交换数据,是一种请求/响应协议,即服务器等待并响应客户方请求。当用户的 WWW 浏览器打开一个 HTTP 会话并向远程服务器发出 WWW 页面请求。作为回答,服务器产生一个 HTTP 应答信息,并把它送回到客户机的 WWW 浏览器,应答包括客户机/服务器上显示过的页面。如果客户机确定收到的信息是正确的，就断开TCP/IP连接，HTTP会话结束。HTTP不维护与客户方的连接，它使用可靠的TCP连接，通常采用TCP80端口。

客户请求，包含以下信息：请求方法、请求头、请求数据。请求方法是用于特定URL或Web页面的程序。头信息是可选项，它用于向服务器提供客户端的其他信息。如果客户机采用某种方法获取数据(如POST)，数据就放在头(header)之后；否则客户机等待从服务器传来的响应。服务器响应，包括以下关键部分：状态码、响应头、响应数据。HTTP定义了多组返回给浏览器的状态码。由于HTTP协议是基于请求/响应范式的(相当于客户机/服务器)，一个客户机与服务器建立连接后，发送一个请求给服务器，请求方式的格式为：统一资源标识符(URL)、协议版本号，后边是MIME信息包括请求修饰符、客户机信息和可能的内容。服务器接到请求后，给予相应的响应信息，其格式为一个状态行，包括信息的协议版本号、一个成功或错误的代码，后边是MIME信息包括服务器信息、实体信息或其他需要说明的内容。在Internet上，HTTP通信通常发生在TCP/IP连接之上。缺省端口是TCP80，但其他端口也是可用的。但这并不预示着HTTP协议在Internet或其他网络的协议之上才能完成。HTTP只预示着一个可靠的传输。

4. 电子邮件相关协议

(1)SMTP协议。SMTP是通过网络(主要是Internet)传输电子邮件的标准。它所规定的是在两个相互通信的SMTP进程之间应如何交换信息，而无须知道收信人和发信人是连接在同一个本地网络上的用户，还是因特网上其他网络的用户，或者是与因特网相联但不是TCP/IP网络上的用户。由于SMTP使用客户机/服务器方式，因此负责发送邮件的SMTP进程就是SMTP客户机，而负责接收邮件的SMTP进程就是SMTP服务器。

(2)POP协议。现在常用的邮件读取协议有邮局协议第三版POP3和因特网报文存取协议(Internet Mail Access Protocol，IMAP)两种。前者已经成为因特网的标准，后者较新的版本是IMAP4。

POP协议于1984年定义，并于1988年提出了POP2协议。目前的标准是POP3协议。POP是一个脱机协议。因为从网上收到的邮件根据收信人的邮件地址交付给目的ISP邮件服务器的POP服务器后，收信人用PC机不定期地连接到这个邮件服务器下载发送给他的邮件，并中断与POP服务器的连接。一旦邮件交付给用户的PC机，POP服务器就不再保存这些邮件(事先设置除外)所有的邮件服务器的处理都在用户的PC机上进行。因此，POP服务器是一个具有存储转发功能的中间服务器。

(3) IMAP 协议。互联网邮件访问协议（Internet Mail Access Protocol，IMAP）的出现是为弥补 POP3 的不足。尽管 POP3 是将消息取回到用户 UA 的最好并且最简单协议，但是它的简单性导致其缺少许多必要的特性。例如，POP3 仅能工作于离线模式，即消息下载到 UA 时从服务器上删除。IMAP 首先于 1986 年在斯坦福大学被提出。1987 年实现了 IMAP2。目前最高版本为 IMAP4，并于 1994 年被接收为互联网标准。IMAP4 使用 TCP 端口 143。

在 IMAP 协议中，虽然所有收到的邮件同样是先送到 ISP 邮件服务器的 IMAP 服务器，在用户的 PC 机上运行 IMAP 客户程序，然后与 ISP 邮件服务器的 IMAP 服务器程序建立 TCP 连接。但是，用户在自己的 PC 机上，就可以像本地操纵一样操纵 ISP 邮件服务器的邮箱。因此 IMAP 是联机协议。用户可以在 PC 机上通过 IMAP 客户程序打开 IMAP 服务器的邮箱，查询和管理邮件。当用户需要打开某个邮件时，该邮件才传到用户的计算机上，而且 IMAP 还允许收信人只读取邮件中的某一部分。只要用户未发出删除邮件的命令，邮件就保存在 IMAP 服务器的邮箱中。如果用户没有将邮件复制到自己的 PC 机上，当用户处理邮件时需要与 IMAP 服务器建立连接，花费上网费用，好处是用户可以在不同的地方使用不同的计算机阅读或处理自己的邮件。若使用 POP3 就不具有这一优点，但可以不上网就可以在自己的 PC 机上处理收到邮件。

5. 远程登录协议

Telnet 协议是登录远程主机的标准互联网应用协议。它提供编码规则和其他必要的服务以便用户系统与远程主机连接。使用 Telnet 服务，必须在你的计算机上运行一个特殊的 Telnet 程序。该程序通过 Internet 连接指定的计算机。一旦连接成功，Telnet 就作为与另一台计算机之间的中介而工作。用键盘录入的所有东西都将传给另一台计算机，而另一台计算机显示的一切东西也将送到指定计算机并在屏幕上显示出来。其结果，该键盘及屏幕似乎与远程计算机直接连在一起。

远程登录（RemoteLogin）是 Internet 上最广泛的应用之一。Telnet 是标准的提供远程登录功能的应用，几乎每个 TCP/IP 的实现都提供这个功能。它能够运行在不同操作系统的主机之间。Telnet 通过客户进程和服务器进程之间的选项协商机制，从而确定通信双方可以提供的功能特性。采用客户机/服务器模式的远程登录使用户可以在一台终端前与多台互相区别的主机系统连接。Telnet 使用可靠的 TCP 传输机制以维护可靠、稳定的连接。

6. 即时通信与网络电话

即时通信作为使用频率最高的网络软件，已经突破了作为技术工具的极限，被认为是现代交流方式的象征，并构建起一种新的社会关系。它是迄今为止对人类社会生活改变最为深刻的一种网络新形态。聊天是网民上网的主要活动之一，也是电子商务活动中的常用交流模式。网上主要聊天工具已经经历从初期的聊天室、论坛到 MSN、OICQ(又称 QQ)为代表的即时通信软件的演变。大部分人只要上网就会开着自己的 MSN 或 QQ。

网络电话运用独特的编程技术，具有强大的 IP 寻址功能，可穿透一切私网和层层防火墙，其语音清晰、流畅程度完全超越现有 IP 电话，是真正意义的 IP 电话。无论是在公司的局域网内，还是在学校或网吧的防火墙背后，均可使用网络电话，实现计算机—计算机的自如交流；也可通过计算机拨打全国的固定电话、小灵通和手机，与平时打电话完全一样，输入对方区号和电话号码即可，并享受 IP 电话的最低资费标准。网络电话是基于 VoIP 技术的语音通信软件，与语音交换服务器、电话网关和接点交换服务器构成完整的语音通信平台，还支持包括 USB 语音通信手柄、USB-RJ11 转换盒和 PCI-RJ11 转换卡等硬件产品。其中语音交换服务器是网络电话系统的核心，任何一个网络电话的用户只有登录到语音交换服务器上后，才可以使用网络电话软件进行语音通信。这不仅提高了 VoIP 通信的可管理性，更使得提供 VoIP 通信服务成为一种可以运营的电信服务业务。在网络语音通信平台中，信令和语音数据的传输全部通过无连接的 UDP 协议实现，放弃了 TCP 传输控制协议，因此突破了在 TCP 协议中最大连接数的限制，打破了网络连接的瓶颈，极大地降低了运营成本。

7. WAP 协议

WAP(无线通信协议)是在数字移动电话、互联网或其他个人数字助理机(PDA)、计算机应用乃至未来的信息家电之间进行通信的全球性开放标准。通过 WAP 技术，就可以将 Internet 的大量信息及各种各样的业务引入到移动电话、PALM 等无线终端中。无论你在何地、何时只要你需要信息，你就可以打开你的 WAP 手机，享受无穷无尽的网上信息或者网上资源。WAP 能够运行于各种无线网络上，如 GSM、GPRS、CDMA 等。

WML 是无线注标语言(Wireless Makeup Language)的英文缩写。支持 WAP 技术的手机能浏览由 WML 描述的 Internet 内容。WML 是以 XML 为基础的标记语言，用在规范窄频设备，如手机、呼叫器等如何显示内容和使用者接口的语言。因为窄频使得 WML 受到部分限制，如较小型的显示器、有限的使用者输入设备、窄频网络联机、有限的内存和资源等。WML 支持文字和图片显示，内容组织上，一个页面为一个 Card，而一组 Card 则构成一个 Deck。当使用者向服务器提出浏览要求后，WML 会将整个 Deck 发送至客户端的浏览器，使用者就可以浏览 Deck 里面所有 Card 的内容，而不需要从网络上单独下载每个 Card。

WAP 协议包括以下几种：Wireless Application Environment（WAE）、Wireless Session Layer（WSL）、Wireless Transaction Layer（WTP）、Wireless Transport Layer Security（WTLS）、Wireless Transport Layer（WDP）。其中，WAE 层含有微型浏览器、WML、WMLSCRIPT 的解释器等功能。WTLS 层为无线电子商务及无线加密传输数据时提供安全方面的基本功能。

在带宽考虑方面，WAP 用“轻量级协议栈”优化现在的协议层对话，将无线手机接入 Internet 的带宽需求降到最低，保证了现有无线网络能够符合 WAP 规范。目前，WAP 在很多方面还不够成熟，但是已经足够打开一个新的通信领域，为无线网络提供了足够的技术标准基础，让互联网能够真正无所不在。

2.1.4 WWW 技术

互联网能够真正实现大众化的应用主要应该归功于 WWW 技术（或称 Web 技术）。WWW 技术从 20 世纪 80 年代后期研制并开始应用以来，先后经历了三个阶段的发展。

第一阶段的 Web，主要是用于静态 Web 页面的浏览。用户使用客户机端的 Web 浏览器，可以访问 Internet 上各个 Web 网站，在每一个网站上都有一个主页（Home Page）作为进入一个 Web 网站的入口。每一 Web 页中都可以含有信息及超文本链接，超文本链接可以带用户到另一 Web 网站或是其他 Web 页。从服务器端来看，每一个 Web 网站由一台主机、Web 服务器及许多 Web 页所组成，以一个主页为首，其他 Web 页为支点，形成一个树状的结构。每一个 Web 页都是以 HTML 的格式编写的。

Web 技术发展的第二阶段是为了克服静态页面的不足，人们将传统单机环境下的编程技术引入互联网络与 Web 技术相结合，从而形成新的网络编程技术。网络编程技术通过在传统的静态页面中加入各种程序和逻辑控制，在网络的客户端和服务端实现动态和个性化的交流与互动。人们将这种使用网络编程技术创建的页面称为动态页面。

Web 技术发展的第三阶段就是我们正在开始广泛应用的 Web 2.0 时代。它是以 Blog、Tag、SNS、RSS、Wiki 等社会软件的应用为核心实现超媒体实时交互的互联网新模式。

这里介绍的一些技术包括了基于 WWW 环境的 HTML、XML 和 AJAX 应用技术以及 JScript、ASP、PHP、JSP 等嵌入式脚本语言。它们都是用于电子商务系统维护和应用的基本开发工具。其中 HTML 是 Web 第一阶段的典型工具，而 XML 和 AJAX 则是 Web 第二和第三阶段的实用技术。

1. HTML

HTML(Hypertext Markup Language)源于 SGML。SGML 是标准通用标记语言(Standard Generalized Markup Language)的缩写。由于 SGML 的元语言特性和复杂化的描述，因而它的实际应用相当困难。HTML 则是 SGML 的一个应用，它是在 SGML 定义下的一个描述性语言，与 C++和 Java 之类程序设计语言不同，它只是一种标记语言，只要你熟悉了解各种标记的用法，便基本上学会和掌握了 HTML 语言。HTML 仅仅由文字及标记组合而成，可以使用任何文字编辑器进行编辑，并将文件另存为 ASCII 纯文字格式即可。一个 HTML 文件像一封电子邮件或一个 Word 字处理文档，是一页文字信息，用户完全可以使用 Word 字处理软件或者其他字处理软件来编写一个 HTML 网页。但网络浏览器只能处理文本信息。一个 HTML 文件中包含了所有将显示在网页上的文字信息，以及指示浏览器哪些文字应放置在何处，显示模式是什么样的，等等。HTML 文件通过标志符(tag)来告诉浏览器到哪里去查找一些图片、动画、声音或是任何其他形式的资源，以及这些资源将放置在网页的什么位置。

2. JScript

世界上第一个 JavaScript 语言是在 1996 年由网景公司(NetScape)开发的。1997 年 6 月，ECMA(一个国际电信和计算机标准化组织)根据 JavaScript 1.1 规格制定发布了 Web Scripting Language 标准(ECMA-262)。JScript 则是微软根据该标准开发的并在广泛的应用过程中不断得到完善。

JScript 是一种基于对象、解释型的脚本语言。除了少数为了保持向后兼容的除外，JScript 完全实现了 ECMA 标准。从功能层面上来看，JavaScript 可视为 JScript 的子集合，因为 JScript 除了包含 JavaScript 所有的特性之外，更增加了实时等功能。最新发布的 JScript 8.0 版本同时提供了对公共语言运行库和.NET Framework 的访问等多种新功能。

JScript 也是一种宽松类型的语言，用户不必显示定义变量的数据类型。在多数情况下，JScript 将根据需要自动进行转换。例如，如果将一个数值添加到了一个字符串上，那么该数值将会自动被转换为文本。

3. ASP

ASP 是服务器端脚本编写环境的简称(Active Server Pages)。ASP 应用程序容易开发和修改,通过使用 ASP 可以实现组合 HTML 页、脚本命令和 ActiveX 组件以创建和运行动态、交互的 Web 服务器和基于 Web 的功能强大应用程序。

ASP 脚本在浏览器从 Web 服务器上请求.asp文件时,就开始运行。然后 Web 服务器调用 ASP,ASP 全面读取请求的文件,执行所有脚本命令,并将 Web 页传送给浏览器。不用担心浏览器能否处理脚本,因为脚本是在服务器上运行的,因此传送到浏览器上的 Web 页是在 Web 服务器上生成的。Web 服务器完成了所有脚本的处理,将标准的 HTML 传输到浏览器。返回到浏览器的只有脚本的结果,所以服务器端脚本不易被复制。用户也看不到创建他们浏览的页脚本命令。

ASP 文件是以.asp为扩展名的文本文件,这个文本文件可由文本、HTML 标记、ASP 脚本命令部分任意组成。

创建.asp文件很容易。如果要在 HTML 文件中添加脚本,只需将该文件的扩展名.htm或.html 改为.asp就可以了。如要使.asp文件可用于 Web 用户,只要把这个新文件保存在 Web 网站上的目录中,当然要确定该目录的脚本和执行权限已经被启用了。当浏览器查看该文件,看到 ASP 处理并返回了 HTML 页时,就可以将脚本命令添加到.asp文件中去了。由于.asp文件需要额外的处理,所以只需要包含脚本命令的文件转换为.asp文件而不要用 ASP 页去替换所有的 HTML 页。.asp和.htm文件可放置在相同的目录中。

4. PHP

PHP 是英文 Hypertext Preprocessor 的缩写,是一个递归的缩写名称。PHP 与 IIS 上的 ASP 类似,是一种 HTML 内嵌式的语言。C、Java、Perl 以及 PHP 式的新语法混合成了 PHP 独特的语法了。与 CGI 或者 Perl 相比,PHP 可以更快速的执行动态网页。

PHP 能够被广泛使用的原因之一是因为它在数据库方面有丰富支持,而且在 Internet 上它也支持很多的通信协议,包括与电子邮件相关的 IMAP、POP3、网络新闻 NNTP、网管系统 SNMP、全球信息网 HTTP、账号共用 NIS 及 Apache 服务器、目录协议 LDAP,以及其他的网络相关函数。

5. JSP

JSP(Java Server Pages)是一种已经广泛应用的动态网页技术标准。JSP 技术有点类似 ASP 技术,它是在传统的网页 HTML 文件(*.htm, *.html)中插入

Java 程序段(Scriptlet)和 JSP 标记(tag),从而形成 JSP 文件(*.jsp)。用 JSP 开发的 Web 应用是跨平台的,即能在 Linux 下运行,也能在其他操作系统上运行。

JSP 技术使用 Java 编程语言编写类 XML 的 tags 和 scriptlets 来封装产生动态网页的处理逻辑。网页还能通过 tags 和 scriptlets 访问存在于服务端的资源的应用逻辑。JSP 将网页逻辑与网页设计和显示分离,支持可重用的基于组件的设计,使基于 Web 的应用程序的开发变得迅速和容易。Web 服务器在遇到访问 JSP 网页的请求时,首先执行其中的程序段,然后将执行结果连同 JSP 文件中的 HTML代码一起返回给客户。插入的 Java 程序段可以操作数据库、重新定向网页等,以实现建立动态网页所需要的功能。

JSP 技术具有很多编程优势,包括:

①一次编写,到处运行。在这一点上 Java 比 PHP 更出色,除了系统之外,代码不用做任何更改。

②系统的多平台支持。基本上可以在所有平台上的任意环境中进行开发、系统部署和扩展。相比 ASP/PHP 的局限性是显而易见的。

③强大的可伸缩性。从只有一个小的 Jar 文件就可以运行 Servlet/JSP,到由多台服务器进行集群和负载均衡,到多台 Application 进行事务处理、消息处理,一台服务器到无数台服务器,Java 显示了一个巨大的生命力。

④多样化和功能强大的开发工具支持。现在已经有许多非常优秀的开发工具,而且许多可以免费得到,它们可以顺利地运行于多种平台之下。

6. XML

XML(eXtensible Markup Language)即可扩展标记语言。它与 HTML 一样是属于 SGML 系列的一种标准通用语言。作为 Internet 环境中跨平台的,依赖于内容的技术,XML 是当前处理结构化文档信息的最有力工具之一。它使用一系列简单的标记描述数据,而这些标记可以用方便的方式建立,虽然 XML 占用的空间比二进制数据要占用更多的空间,但带来的是 XML 极其简单易于掌握和使用。XML 的简单使其易于在任何应用程序中读写数据,这使 XML 很快成为数据交换的唯一公共语言,虽然不同的应用软件也支持其他数据交换格式,但不久之后他们都将支持 XML,那就意味着程序可以更容易的与 Windows、Mac OS,Linux 以及其他平台下产生的信息结合,然后可以很容易加载 XML 数据到程序中并分析他,并以 XML 格式输出结果。

在电子商务的应用方面。基于 XML 的 EDI 系统是一个成功的范例。其基本思想是在文档中增加足够的智能处理信息使得文档(以及以文档为中心的文档处理工具)成为电子商务的框架。例如在企业之中的供应商供应链的管理、客户服务的支持、资源整合和物流管理等的应用，通常会牵涉很多不同的处理过程和步骤，文件需要转送很多部门，而且文件之中的资料内容和结构又不尽相同，这些工作HTML根本就不能胜任。而XML却提供了各种完整的解决方案和功能，包括资料传递、资料采撷、资料结构与资料呈现等，让设计流程大为简化。XML可以让电子商务拥有更多的资源选择，并且与消费者或供应商与合作伙伴之间维持更密切、更有效率的关系。

有关XML的进一步介绍和应用在第6章有相应的描述。

7. AJAX

AJAX全称为Asynchronous JavaScript and XML(异步JavaScript和XML)，是指一种创建交互式网页应用的网页开发技术，用来描述一组技术。它包含基于XHTML和CSS标准的表示、使用Document Object Model进行动态显示和交互、使用XMLHttpRequest与服务器进行异步通信、使用JavaScript绑定一切。这类方法可以将笨拙的Web界面转化成交互性的AJAX应用程序。它使浏览器可以为用户提供更为自然的浏览体验。在AJAX之前，Web网站强制用户进入提交/等待/重新显示范例，用户的动作总是与服务器的“思考时间”同步。AJAX提供与服务器异步通信的能力，从而使用户从请求/响应的循环中解脱出来。借助AJAX，用户可以在单击按钮时，使用JavaScript和DHTML立即更新UI，并向服务器发出异步请求，以执行更新或查询数据库。当请求返回时，就可以使用JavaScript和CSS来相应地更新UI，而不是刷新整个页面。最重要的是，用户甚至不知道浏览器正在与服务器通信：Web网站看起来是即时响应的。

下面是使用AJAX可以完成的一些电子商务功能例子：

• 动态更新购物车的物品总数，无需用户单击“Update”并等待服务器重新发送整个页面。

• 提升网站的性能。这是通过减少从服务器下载的数据量而实现的。例如在Amazon的购物车页面，当更新篮子中的一项物品的数量时，会重新载入整个页面，这必须下载32KB的数据。如果使用AJAX计算新的总量，服务器只会返回新的总量值，因此所需的带宽仅为原来的1%。

• 消除了每次用户输入时的页面刷新。例如，在AJAX中，如果用户在分页列表上单击“Next”，则服务器数据只刷新列表而不是整个页面。

• 直接编辑表格数据，而不是要求用户导航到新的页面来编辑数据。对于AJAX，当用户单击“Edit”时，可以将静态表格刷新为内容可编辑的表格。用户单击“Done”之后，就可以发出一个AJAX请求来更新服务器，并刷新表格，使其包含静态、只读的数据。

2.2　电子商务的社会环境

电子商务发展的社会环境主要包括经济环境、信用环境、人文环境、政策与法规环境。

2.2.1　经济环境

电子商务发展的经济环境主要是指以计算机和网络为基础的支撑平台上开展商务活动的各种客观经济条件和因素，除了商务信息传播活动需要的各类信息网络基础环境在前面已经介绍以外，还包括现代物流基础环境、金融电子化环境、企业信息化环境、第三方现代服务环境等方面。从经济活动层面上同样包括了政策、通货膨胀、利率与汇率、税收、法律法规、人文等因素，从专业层面上还包括中小企业网络成长环境和全球网络贸易政策等因素。这里主要涉及：

1. 企业信息化环境

企业信息化环境是指企业在生产、经营、管理和决策的过程中，不断开发和广泛运用信息和网络科学技术，使企业经济效益和竞争能力不断提高的过程，是企业开展电子商务的前提条件。企业信息化的内容包括产品设计信息化、资源管理信息化、决策信息化和信息化的人力资源培养等诸多方面。企业能否利用电子商务带来很好的经济效益和社会效益，依赖于企业信息化的水平。

2. 金融信息化环境

作为电子商务三流(通常是指信息流、物流和资金流)之一的资金流，金融信息化应用程度是发展电子商务的关键。金融信息化是指金融机构在其为客户提供金融服务和进行经营管理的过程中，通过对信息资源的深入开发和广泛运用，使金融服务更加及时、便捷、安全、准确、多功能和全球化。在金融信息化的条件下，各类金融机构通过信息网络开展业务，为广大企事业和社会大众提供各种金融信息服务，包括网上银行、电子现金、电子票据、电子化现金传递、电子支付与结算、电子保险箱等，客户在网上只需访问相应金融机构的网站就可以办理所需的各种业务：可以进行支付、转账、存款、取款，可以买卖证券、期货、股票、外汇、基金等，可以修改密码、挂失存单和购买股票，可以查询账户信息、交易明细账、对账单及各种金融交易情况，可以了解政府金融政策、金融组织动态、风险控制等各种金融信息。

一个良好的金融信息化环境除了要提供更好的各类增值服务以外，还必须保障网上银行的运营安全、金融信息传输安全以及个人隐私安全等。

3. 第三方现代服务环境

无论是 B2B、B2C、C2C 或 B2G 等各类电子商务模式，都通过第三方平台来提供服务和支持。

4. 现代物流环境

产品和服务的传递送达是商务活动的重要环节，是电子商务运营的三流之一。虽然电子商务本身并不明确要求产品和服务的传递送达一定以何种方式完成，但是电子商务的顺利发展离不开递送，离不开一个高效、便捷的现代物流体系。

一个良好的现代物流体系和环境就是充分利用铁道、交通、民航、邮政、仓储、商业网点等现有物流资源和网络信息技术环境，完善物流基础设施建设；广泛采用先进的物流技术与装备，优化业务流程，提升物流业信息化水平，提高现代物流基础设施与装备的使用效率和经济效益；特别是发挥电子商务与现代物流的整合优势，大力发展第三方物流配送体系，有效地支撑电子商务的广泛应用。

5. 电子商务的税收环境

与几千年来传统商务运营相对成熟的税收制度和政策相比，电子商务作为才新起十多年的新兴事物，显然还无法在短期内建立起一套面向世界各国能够统一接受的税收体系。主要的原因在于电子商务的特殊运营环境，这里主要涉及：

(1)由于电子商务的无国界性和经济全球化(跨国、跨地区的贸易日益增多)因素，从而引发国际税收收入分配和国内财政收入等诸多需要解决的双边和多边问题。

(2)由电子商务涉及的税收规定的重新认定而引发的问题，即由于电子商务“虚拟化”而出现的“交易时空”概念模糊所引发的有关税收规定的重新界定问题。

(3)由电子商务交易“隐匿化”而引发的税收征管问题等。

就像企业信息化是企业电子商务发展的基础一样，目前大多数发展中国家的国家信息化基础还非常薄弱，还无法面对全球化的电子商务环境以及相应的电子税收体系的运营，特别是与电子政务相关的体系，例如，专门的电子商务税务登记制度；网络申报和税款结算制度，用电子发票代替手工发票进行管理；完善的电子账簿，要求纳税人在网上交易进行会计记录等。因此大部分发展中国家希望对电子商务(特别是电子数字化产品)征收关税，从而保护民族产业和维护国家权益。

电子商务的飞速发展，它不断向人们沿袭多年的税收理论、税收原则、税收要素以及国际税收管辖权等提出了新的挑战。我国的税务部门也正在加强调查研究，一方面要积极鼓励和支持电子商务的快速发展，同时也要在制定电子商务的税收对策遵守一些基本原则，包括以现行税制为基础的原则、不单独开征新税的原则、保持中性的原则、税收政策和税务管理相结合的原则、前瞻性原则、维护国家税收利益的原则。

2.2.2 信用环境

社会道德意义上的信用，是指人们在为人处事及进行社会交往中应当遵循的道德规范和行为准则，它要求人们遵守诺言，实践成约，以取得他人的信任。经济学意义上的信用，是指以偿还为条件的价值运动的特殊形式，它主要存在于交易双方非同一时空的交易过程中。电子商务环境下的信用，则是满足网络环境下交易过程中的互信，它兼顾了社会道德意义和经济学意义两个层面。信用是现代市场经济的基石，完善的信用体系是社会主义市场经济运行机制不可或缺的重要组成部分。信用体系及其相关的法律法规也是电子商务发展的基石。如果只注意电子商务网站建设、物流配送、在线支付等"硬件"因素，忽略隐藏其后的信用体系构建，那么即使少数的网上欺诈行为也会产生灾难性的后果，由此可见电子商务信用环境建设的重要意义。

在电子商务发展的第一次浪潮期间，人们在投入了巨大的热情的背后，也伴随着一些失望，其中有很大一部分就是由信用产生出来的信心问题。由此可见电子商务发展中要解决的一个核心问题应该是信心问题，而不是技术问题。目前来说最重要的信心是建立电子商务发展的"可信、可行、可靠"的体系，即建立可信的信用体系、可行的支付体系以及可靠的认证体系。

1. 信用体系

信用体系是一个可以查询卖方信用的第三方系统。

第三方信用服务具有完全透明的过程。第一，信用机构采集任何企业、单位或个人的信息必须征得被采集者的同意。例如客户在申请信用卡的时候，信用卡的发卡机构(银行或信用卡公司)一定会要求客户填写申请表，该表在"客户承担的义务"栏中，会要求客户同意发卡机构有权使用客户的信用信息，甚至转售信用信息给信用机构。一般情况下，客户为了取得信用卡，都会同意发卡机构要求承担的义务，没有什么选择权。第二，任何企业、单位向信用机构查询某人或某企业的信息，必须先征得被查询者的同意。例如企业或个人向银行申请贷款，银行就会要求贷款申请者签字，同意银行调查其信用信息。否则银行将拒绝给予贷款。此时被查询者也没有选择的权利，如果他想要贷款的话，必须让银行采取必要的手段查询其信用信息。第三，查询所得的被查询者的信用信息，被查询者有权知悉。在上述申请贷款的例子中，通常银行都会将信用机构提供的、贷款申请者的信用信息告知申请者，并做出同意或不同意提供贷款的决定。第四，被查询者有权对查询所得的、与其相关的信用信息提出异议或做出解释。如果信用机构做出了对贷款申请者不利的信用信息，贷款申请者可以对这些不利信息向银行做出解释，或者提出抗辩，要求银行从新核实调查内容，等等。这样对于信用服务所涉及的三个方面，即信用调查方、被调查方以及信用服务提供方都很公平，而且每一个环节都需要由相关法律予以保证。

2. 支付体系

电子支付对电子商务运营过程的效率有很大的影响，并进而影响人们使用电子商务的积极性。

PayPal 是在线电子支付的最知名系统，在全世界有超过 1 亿个注册账户。它可以在 190 个市场以 6 种货币使用，是跨国交易中最有效的付款方式。任何人只要有一个电子邮件地址，都可以方便而安全地使用 PayPal 在线发送和接收付款。PayPal 提供的服务具有国际化、安全、快速、方便等特点。在国内，支付宝也已经成为大家所常用的电子支付系统。

随着移动和无线技术的普及应用，支付方式的电子化为支付服务提供了更方便的途径和更多样化的选择。近年来，对于一个稳定的、多样化的电子支付系统的需求不断增加，也使得电子支付成为整个支付体系中一个生机勃勃，最具发展前途的支付方式。

3. 认证体系

为了在开放的网络系统中建立一个安全可信的网上交易服务平台，必须管理好与电子支付相关的、可能的风险，通过使用新的电子手段以及新的技术，不断地改造传统的、原来是“面对面”的支付方式。公钥加密（Public Key Cryptograph，PKC）、公钥基础设施（Public Key Infrastructure，PKI）以及数字签名（Digital Signature）就是在电子商务中广泛应用的确保创造一个安全、可信环境的认证技术。

我国这几年全面推行了电子认证服务。截至 2007 年 12 月，全国已有 26 家电子认证机构获得了认证证书，包括中国电信 CA 安全认证系统（CATA）、中国金融认证中心（CFCA）、国富安电子商务安全认证中心、天威诚信、上海市电子商务安全证书管理中心（SHECA）等。累计发放证书 700 多万张，应用对象涉及工商、税务、海关、商贸、质监、药检等政府部门和城市网上交易的企事业单位。应用的项目涉及工商年检、网上报税、网上采购、网上交易、网上支付等。

2006 年到 2007 年期间，中国商务部在商务领域开展了一系列诚信经商的主题活动。在 2006 年中央电视台“3.15 晚会”上，商务部开通了“中国反商业欺诈网"(www.antifraud.gov.cn)。以此为切入点,推动建立部门间信息共享和失信惩戒机制。

2006 年 1 月和 7 月,全国集中统一的企业和个人信用信息基础数据库分别建成。按照世界银行集团《全球商业环境报告》中的指标衡量,中国的信用信息指数从 2005 年的 3 上升到了 4,而亚洲地区的平均水平是 1.9,经合组织成员国的平均水平是 5,美国的水平是 6。中国获得信贷容易程度在世界各国中的排名也因此前进了 16 名。截至 2007 年 6 月,企业和个人信用信息基础数据库已经为 5.6 亿多自然人和 1160 多万个企业建立了统一的信用档案。因此可以说,一个良好的电子商务信用环境正在逐步形成。

2.2.3 人文环境

电子商务的社会与人文环境包括大众参与环境、媒体宣传环境、人才培养环境等。

1. 大众参与环境

电子商务得以发展和普及的主要标志是大众参与的程度,包括参与层次的广度和参与内容的深度。据统计,中国网民数量已经成为世界第一,但是参与网上交易的网民数量还不足三成。因此需要不断建设和形成电子商务大众参与的热情和可持续投入。一些相关的体系建设内容包括:

(1)建立面向社会大众的电子商务网站信用评估中介。对电子商务网站的服务和产品的质量给予客观公正的评价,并以量化的方式向大众公布。在评估的过程中,既要注重评估中的公正、客观,主观上绝不能因为一己私利和个人偏好而进行任何不公正的评估,同时又要建立一套集各方面评估结果为一体的综合评估体系。

(2)建立大众参与的网上交易诚信评估体系。类似于淘宝网的由网民自我参与形成的评价体系。这种评价体系在淘宝网的发展过程中起到了良好的效果。

(3)培养全社会的诚信意识和信用消费习惯。在我国信用评价和监管机制还不健全的环境下,人们在交易过程中诚实守信的意识淡薄的一个原因是因为人们的失信成本很低,或者说有时还不存在失信成本,这使得部分人越来越不诚实、不守信。电子商务相对于传统商务模式更需要诚实守信,没有全社会的诚信支持,电子商务就是在沙滩上建大厦,信用机制也会是水中浮萍。需要积极稳妥地引导消费者采用先进的信用消费手段。如果更多人接受了这种电子信用支付模式,就会逐渐将这种消费行为演化为习惯,而这种习惯会大大提高人们的诚信意识,会推进电子商务诚信机制的日益完善。

(4)建立信用奖惩机制。无论企业还是个人,都需要有信用奖惩机制做支撑,建立诚实守信行为或不诚实不守信行为的奖惩机制,如对信誉良好的网站企业给予优惠政策,对于失信网站和个人,应让其受到应有的行政或司法处罚,不仅使他们在经济上受到损失,并对其进行重点监管,同时将失信企业或个人的不良行为记录在案,让失信者难以再次重犯。

2. 人才培养环境

电子商务发展不仅需要参与网民的数量,更重要的是网民的质量。目前社会大众学习电子商务知识除了一般普及性教育和接受被动的宣传教育以外,主要包括学历教育和职业培训两条人才培养主要途径。

在学历教育方面,截至2007年底,教育部批准开设电子商务本科专业的学校已达327所,有近百所学校开始招收该方向的硕士研究生或博士研究生并设立了研究院所。高职高专院校至2005年底已有736所学校开设了电子商务专业。2006年初教育部成立了高等学校电子商务专业教学指导委员会,全面开展电子商务专业教学指导工作,2008年4月推出了普通高等学校电子商务本科专业知识体系的标准,电子商务学科体系建设进入规范化阶段。

在职业培训和技能认证领域,中国电子商务协会在教育部的支持下,广泛联合钢铁、煤炭、机械、建筑等22个全国性行业协会成立了中国电子商务技能委员会。制定了电子商务职业技能标准,组织开展了电子商务的职业技能培训,推出了国际电子商务培训认证、电子商务职业经理人等行业培训项目。

2006年"电子商务师"被列入国家职业资格全国统一鉴定考试科目。2007年劳动和社会保障部颁布了《高技能人才培养体系建设"十一五"规划纲要》,进一步强调了包括电子商务在内的高技能人才培养的紧迫性。全国30个省区市已设立了电子商务师职业资格培训中心和考试中心,2003年到2006年底期间共有10万余人参加了电子商务师职业资格培训,其中6.8万人分别取得了初级、中级和高级资格证书。

2007年工业与信息化部电子人才交流中心开始组织实施全国网络商务应用能力考试(NCBA)。该考试是一套以商务运营为核心,以行业应用为重点的电子商务职业教育和考评体系,面向经济活动各领域电子商务"非技术类"从业人员和相关专业的在校学生,立足在产业发展新的阶段培养出大量应用型的合格人才,为企业提供运营型岗位的任用和选聘标准。其组织机构全国网络商务应用能力考试认证考试中心在学术和知识体系上受全国网络商务应用能力考试专家委员会的指导和监督下开展工作。

目前开展职业技能培训和认证的还有中国商业联合会开展的商业电子商务师

执业资格认证、阿里巴巴推出的企业电子商务认证等。

3. 媒体宣传环境

电子商务极大地推进了中国社会经济的发展和创新体系的建设，国务院信息化工作办公室等各级政府和部门积极推动了电子商务发展的进程，社会媒体和宣传机构也在推进电子商务大众化的过程中发挥了重要的作用。几个代表性的机构所做的典型工作有：

(1)商务部。高度重视电子商务的宣传和推广工作，积极主办 APEC 电子商务会议、电子商务理论高级研讨会等多个年度会议，每两年组织发布的《中国电子商务报告》，真实客观地反映了我国电子商务的发展现状。

2006 年，商务部网站(www.mofcom.gov.cn)访问量达到 72 亿次(日均 2000 万人次)，2007 年又达到 122 亿次，日均发布信息 3000 条。在 2007 年国务院信息化工作办公室开展的政府网站绩效评估活动中，商务部网站第四次获得第一名。

(2)中国电子商务协会。中国电子商务协会每年召开一次的国际电子商务大会已经在国内外产生了较大的影响。每年的大会都有一个主题，例如 2006 年第九届大会以“诚信、健康、和谐、机遇”为主题词，以“推进电子商务诚信体系建设”为中心任务；2007 年第十届大会以“守信用、创和谐、促发展”为主题词；2007 年第十一届大会则以“加快电子商务发展，助力科技奥运”为主题。

(3)阿里巴巴。作为中国电子商务发展的典型代表和拥有几千万电子商务用户的行业龙头，从 2005 年开始每年与中国电子商务协会和政府联合举办网商大会，开展评选年度十大网商和举办各类论坛，很大程度上推动了网民深入参与电子商务的能动性，也提升了企业本身的层次。

2.2.4　政策与法规环境

电子商务从起步开始就受到了包括联合国在内的国际行业组织和各国政府的高度重视，先后出台了从政策立法到经济扶植的各项措施予以支持。我们以美国、其他国家和国际组织以及中国三部分为例介绍形成的有关电子商务的法律法规。

1. 美国的相关法律法规

仅从 20 世纪 90 年代起这十年间，美国颁布了几十部相关的法律法规来支持电子商务的发展。例如：

- 1991 年，美国参议院公布《高性能计算机法规网络案》，用于敷设全美的信息网络。1992 年克林顿提出“信息高速公路”的构架方案。
- 1995 年，美国犹他州颁布世界上第一部全面规范电子交易行为的法律《犹他州数字签名法》。1998 年 8 月，美国伊利诺伊州通过世界上第一部关于电子商务安全专门立法《电子商务安全法》。

• 1997 年，美国政府发表《全球电子商务框架》白皮书。这份政策性宣言包括一般原则与问题处理建议两个部分。提出开展电子商务的基本原则、方法和措施。该文件第一次将因特网的影响与 2000 年前的工业革命相提并论，极大地推动了美国和世界电子商务的发展。

• 1998 年美国参众两院分别通过互联网免税法案。1999 年美国政府公布互联网上个人隐私的保护政策。1999 年，全美通用州立法委员会(NCCUSL)草拟《计算机及信息交易统一法》(Uniform Computer and Information Transaction Act，UCITA)，推荐给各州进行表决以决定是否在本州适用。这部法律实际上是一部网络商业合同法，其中许多规定是根据美国《合同法》和《统一商法典》制定。它的立法目的主要有四个：①支持和促进网络环境下的计算机信息交易；②明确管辖计算机信息交易的法律；③通过商业惯例以及当事人的协议扩大商业惯例在计算机信息交易中的使用范围；④使之成为不同管辖范围共同适用的统一法。这部法律将美国传统商业合同法原则和现代电子信息紧密结合，有力促进了电子交易的发展。

• 2000 年，美国众议院通过《电子签名法》，使电子签名与书面签名具有同等法律效力，从而为电子交易顺利进行扫清了障碍。

2. 其他国家与国际组织的相关法律法规

国际组织和各国政府在推进电子商务发展的过程中起到了积极的作用。下面列出一些重要的或典型的法律法规颁布情况。

• 1990 年，联合国正式推出 20 世纪 60 年代末就开始采用的 EDI(Electric Data Interchange，电子数据交换)UN/EDIFACT 标准，后来被 ISO 批准成为国际标准 ISO9735。这套标准为电子商务的推广奠定了基础。

• 1993 年，联合国国际贸易法委员会在维也纳召开第 26 届大会，审议通过世界上第一部 EDI 统一法草案《电子数据交换及贸易数据通信手段有关法律方面的统一规则草案》。

• 1996 年，联合国第 85 次全体会议通过第 51/162 号决议，正式颁布《联合国国际贸易法委员会电子商务示范法》(简称《示范法》)及其《联合国国际贸易法委员会电子商务示范法颁布指南》(简称《颁布指南》)。虽然《示范法》在性质上既非国际公约也非国际惯例，不具任何强制性，但正如《示范法》的《颁布指南》中所言，《示范法》的作用重点在“示范”而不在“强制”，“其目的是要向各国立法提供一套国际公认的规则，说明怎样清除此类法律障碍，如何为‘电子商务’创造一种比较可靠的法律环境。”自《示范法》颁布以后，世界各国关于电子商务的立法都在不同程度上参考了《示范法》的规定，对各国的电子商务立法活动产生了重大的推动作用。

• 1996 年，日本成立“电子商务促进委员会”(ECOM)。

• 1997 年，欧盟提出《欧盟电子商务行动方案》，要求欧洲各国政府必须要以“电子政府”的工作方式适应和促进电子商务的发展。提出了制定适应电子商务发展的单一市场管理框架。

• 1998 年，IBM 等跨国公司相继宣布该年度为“电子商务年”，得到众多信息技术公司和商务公司的响应。

• 1998 年，WTO 的 132 个成员国签署了《关于电子商务的宣言》；9 月 WTO 总务理事会通过一个极具影响力的《电子商务工作方案》；1999 年 9 月通过一项《数字签名统一规则草案》，就电子合同实施中的电子签名问题作了初步的规定。

• 1998 年，世界电信联盟提出“电子商务为发展中国家服务”的特别计划，在南非等地的示范中获得成功；1999 年 5 月 17 日的世界电信日主题就定义为电子商务。

• 1998 年，新加坡颁布《1998 电子交易法令》。这是一部内容比较全面和完善的专门立法，它采纳了联合国国际贸易法委员会《示范法》的绝大部分条文，但它远较《示范法》复杂和完备，因为它还规定了许多后者并未涉及的内容。法案包括 12 部分：前言、电子记录与签名概述、网络服务供应者的义务、电子合同、安全电子记录与签字、电子签字的效力、与电子签字有关的一般责任、证明机构的责任、签署者的责任、证明机构的管理、政府对电子记录与签字的应用等。

• 1999 年，欧盟通过《统一数字签名规则》(简称《统一法令》)，明确规定在某一成员国签订的电子商务合同，其效力在其他任何一个成员国都应被承认等重要问题。

• 2000 年，英国政府颁布的《电子通信法案》生效，该法案包括了加密服务提供商、便利化的电子商务和数据存储、对被保护的电子数据的调查及附录等四章。规定自愿的许可登记制、电子签名的有效性、电子签名的证据力、取消其他法律中对以电子媒介替代纸张的限制等内容。

• 2001 年，亚太经济合作组织(APEC)是亚太地区最具影响的经济合作官方论坛，成立于 1989 年。中国在 2001 年 APEC 无纸贸易高级别研讨会上倡议成立 APEC 电子商务工商联盟，并于同年 10 月获 APEC 第 13 届部长会议的批准，常设执行机构秘书处设在中国北京。联盟的宗旨是服务于亚太地区工商企业，全面促进 APEC 各成员经济体企业在电子商务领域的交流与合作，促进政府优化电子商务发展环境，推动亚太地区电子商务整体发展进程。

• 2001 年，联合国促进贸易和电子商务中心(UN/CEFACT)与结构化信息标准发展组织(OASIS)正式批准 ebXML(Electronic Business eXtensile Markup Language)标准,为拓展统一的全球性的电子商务交易市场奠定了基础。

• 2001 年,联合国贸易和发展委员会发表由联合国秘书长安南亲自作序的《2001 年电子商务和发展报告》。这一长达 40 万字的报告,在充分考察电子商务发展过程的基础上,深入分析了电子商务对发达国家和发展中国家的影响,构造了电子商务发展环境模式和实践方法,并对电子商务的应用进行了全面总结。

• 2002 年,联合国第 56 届会议通过《联合国国际贸易法委员会电子签字示范法》,这是联合国继《电子商务示范法》后通过的又一部涉及电子商务的重要法律。

• 2004 年,召开首届 APEC 电子商务工商联盟论坛。

• 2005 年,联合国第 60 届会议通过《联合国国际合同使用电子通信公约》,对营业地位于不同国家的当事人之间订立或履行合同使用电子通信作出了具体规定。

• 2005 年,联合国统计委员会第 37 届会议将"电子商务"列入"国际经济和社会分类"考虑的范畴。

• 2008 年,召开第三届 APEC 电子商务工商联盟论坛,主题是"模式创新——APEC 电子商务发展新动力"。

3. 中国的相关法律法规

中国真正开始制定电子商务的法律法规是从 2003 年开始的。但是前期应该说做了很多基础性的工作。

• 1994 年起我国已经颁布了一系列的关于电子交易方面的局部法律规范。关于网络支付方面,有 1994 年人民银行颁布的《中国人民银行关于改变电子联行业务处理方式的通知》;关于数据传输方面,有海关总署于 1999 年颁布的《海关舱单电子数据传输管理办法》;关于网络管理方面,有国务院 1997 年颁布的《计算机信息网络国际互联网管理暂行规定》以及 1998 年颁布的关于上述规定的《实施办法》、公安部 1997 年颁布的《计算机信息网络国际联网安全保护管理办法》。

• 1999 年 3 月,全国人民代表大会常务委员会通过的《中华人民共和国合同法》已经注意到了电子交易迅速发展对法律规范所提出的要求,《中华人民共和国合同法》专门对数据电文作出了数条规定(如第 11、16、26、33、34 条等)。规定了实行电子交易所必须的数个重要问题,扩展了传统观念上的"书面形式",将"数据电文"收编入内。在刑法方面,《刑法》285 条、286 条、287 条对破坏作为网络交易基础设施的计算机系统或者利用计算机网络系统进行犯罪的行为作出了处罚规定。

• 2004 年 8 月 28 日,国家主席胡锦涛签署的第 18 号主席令发布第十届全国人民代表大会常务委员会第十一次会议通过的《中华人民共和国电子签名法》(简称《电子签名法》)。这是中国在电子商务领域通过的第一个法律法规。

• 2005 年 1 月 8 号,国务院办公厅发布《关于加快电子商务发展的若干意见》。提出了八条 25 点具体的意见。特别指出发展电子商务是国家的战略决策的高度。

• 2005 年 4 月 1 日,《电子签名法》正式实施。《电子签名法》共分 5 章 36 条,重点解决了以下五个方面的问题。一是确立电子签名的法律效力;二是规范电子签名的行为;三是明确认证机构的法律地位及认证程序,并给认证机构设置了市场准入条件和行政许可的程序;四是规定电子签名的安全保障措施;五是明确认证机构行政许可的实施主体是国务院信息产业主管部门。

• 2005 年 4 月,信息产业部发布《电子认证服务管理办法》。它是与《电子签名法》配套同步实施的法规,对我国电子认证服务业的规范发展有重要意义。

• 2005 年 10 月,中国人民银行发布《电子支付指引(第一号)》。对电子支付业务的申请、电子支付指令的发起和接收、安全控制、差错与责任作了详细规定。

• 2006 年 2 月,国务院办公厅转发国家网络与信息安全协调小组《关于网络信任体系建设的若干意见》,提出建设以"身份认证、授权管理和责任认定"为主要内容的网络信任体系的基本构想。

• 2007 年 3 月,商务部发布《关于网上交易的指导意见(暂行)》。该意见首次对网上交易以及交易的买、卖方进行了界定,同时还提醒用户,网上交易当事人在使用网上交易之前要尽可能地多了解对方的真实身份,防范交易风险。

• 2007 年 12 月,商务部发布《商务部关于促进电子商务规范发展的意见》。该意见从规范电子商务信息传播行为、规范电子商务交易行为、规范电子支付行为、规范电子商务商品配送行为等四个方面提出了电子商务规范发展的意见。

2.3　电子商务环境实践

2.3.1　局域网搭建实践

【实践目的】

掌握网络连接设备的知识,掌握网络的接入方式,熟悉局域网搭建的方法。

【实践流程图】

实践流程如图 2-1 所示。

【实践步骤】

实践步骤详见本书所附光盘。

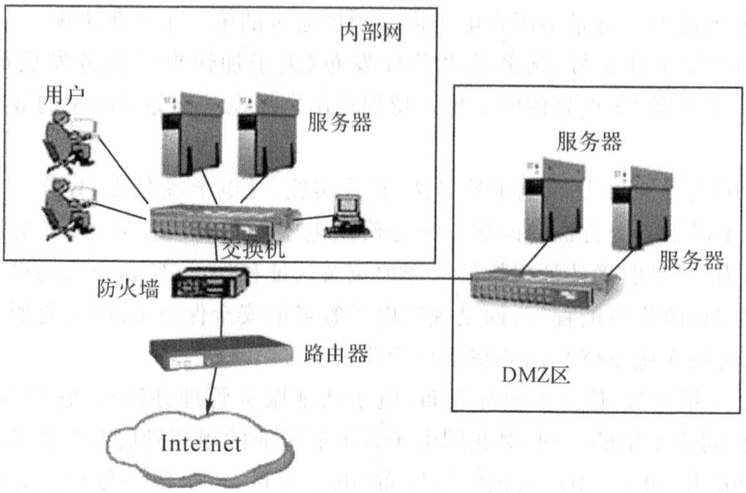

图 2-1 局域网搭建示例图

2.3.2 网页的设计与制作实践

【实践目的】

通过使用 ASP 掌握典型网站页面的设计制作。

【实践流程图】

实践流程如图 2-2 所示。

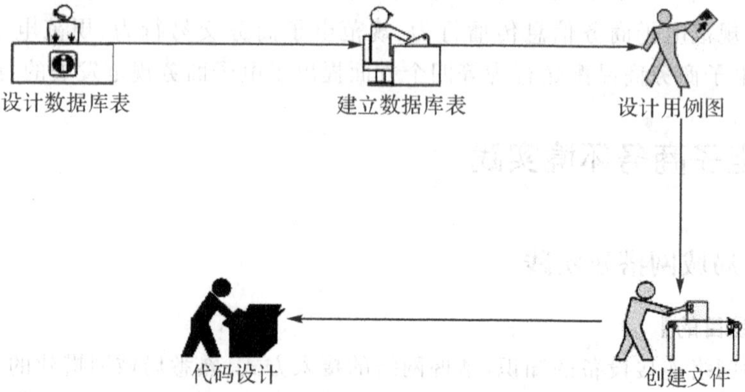

图 2-2 网站页面的设计与制作实践流程图

【实践步骤】

实践步骤详见本书所附光盘。

本章小结

随着 Internet 的发展，电子商务已经逐渐成为人们进行商务活动的新模式。越来越多的人通过 Internet 进行商务活动，而对发展支撑环境的要求也变得越来越高。如何建立一个安全、便捷的电子商务应用环境，对商务活动提供足够的保护，已经成为商家、用户乃至社会都十分关心的话题。

电子商务这种新兴交易模式的出现，在为人们的消费生活带来新体验的同时，不仅大大改变了交易各方的交易过程，也在很大程度上改变了市场的组成结构和交易规则。传统的市场交易链是在商品、服务和货币的交换过程中形成的，电子商务则强化了信息因素的重要性，派生出了信息商品、信息服务和电子货币，并不断随着技术的发展产生出新的创新模式，整个商业的格局呈现出崭新的面貌。尽管如此，电子商务的发展依然离不开传统商务活动的过程，虚拟经济的蓬勃必须依托线下的实体经济。离开了现实环境的物质和技术等的支撑，电子商务将显得虚无缥缈。在现实中，电子商务的支撑环境除了传统商业的因素之外，还包括网络基础设施的建设、电子商务技术标准的制定、信息传播工具的开发、金融电子化的建设、电子商务的安全保证系统、政策与法律环境等。

电子商务既是一种技术行为，也是一种新的社会观念，更是一个新的社会发展基础。作为一种技术，电子商务提供了能满足商务活动中各种信息处理和商务活动要求的几乎全部技术手段。作为一种新的社会观念，电子商务将对社会的基本行为特征提出新的要求。建立在新的社会观念和技术之上，电子商务必然成为以信息技术为基础的知识经济时代的社会发展基础。作为一种新的社会活动形式，建立在信息技术基础之上的电子商务还处于起步阶段。

思考与练习

1. 电子商务的支撑环境除了传统商业的因素之外，还包括哪些方面？
2. 什么是计算机网络？它有哪些基本组成部分？
3. 什么是网络协议？它的作用是什么？举例说明。
4. 请分别说出 OSI 参考模型和 TCP/IP 参考模型中各层次的主要功能，并说出两个参考模型的异同点。
5. 介绍一下电子邮件程序用来收发邮件的几个协议。
6. 目前电子商务的税收征收存在几种方案，你认为采取哪种方式比较可行？
7. 结合电子商务在中国的发展历程，谈谈你对电子商务的信用与人文环境建设的建议。

第3章

网络营销

本章导读

网络营销是电子商务的基础和核心，随着网络全面地渗透到企业运营和个人生活当中，网络营销也逐渐为越来越多的企业所认识与采用，在企业的经营策略中发挥着越来越重要的作用；它的价值也被越来越多的实践应用所证实。企业通过网络营销能够迅速把企业形象、企业产品、企业信息推销给潜在客户，快速建立品牌和获取商机，并使其扎根于网络世界，建立起企业网络品牌。

本章在对网络营销的概念进行描述的基础上，重点介绍了网络市场、消费者行为分析、网络营销的策略以及常用的网络营销方法，同时也给出了五个网络营销相关的实践，以供读者在实践中体会网络营销的功能。

开篇案例——网络营销造就江苏首富

位于江苏昆山陆家镇的好孩子集团已经是世界上最大的儿童用品公司之一。在没有选择以铺天盖地的广告来轰炸，也没有连篇累牍地大肆炒作的情况下，却成功地由当年一家濒临破产的校办工厂，变身为如今年纯利润已经超过1亿元的现代化国际企业。总裁宋郑还也由当年一名普通的中学老师摇身变为今天身价5亿元的企业总裁、江苏首富。有数据显示：它已经连续10年占据了80%的中国童车市场，5年蝉联美国销量冠军，全球有4亿家庭都在使用它的产品……

对于好孩子集团来说，由于儿童用品消费者都属于事先计划购买型，互联网信息在其决策过程中起到了决定性作用，因此好孩子集团平均每年会投入大约400万元的费用来实施网络营销战略，仅在通用网址一项的投入便有几十万元。从最初的“好孩子”、“好孩子集团”，到“儿童用品”、“婴儿”等白金通用词汇，再到“努比”、“奇妙鸭”等子品牌地通用网址等，好孩子注册了20多个与企业、产品相关的词汇，在互联网上编织了一张无形的营销大网。

同时好孩子集团积极参与全球市场的竞争。目前，好孩子集团年销售收入中有将近80%的销售额都是来自海外市场，长期稳居于美国市场童车销售量之首，并成功进入欧盟市场。2008年2月集团成功获得境外融资，更是让16岁的中国“好孩子”在国际资本市场名声大噪，而集团海外上市也提到了重要日程上来。如何让全球5亿网民在第一时间了解到企业和产品信息，成为下一步网络营销不得不面对的问题。基于此，好孩子集团将通用网址的功能再次深挖，2007年注册了数十个英文通用网址，以适应海外市场的需要。好孩子不仅注册了自己的英文品牌标识“gbaby”、“geoby”、“goodbabygroup”等，还将企业各产品的英文品牌，如“antiduck”、“littledinosaur”、“nuby”的通用网址也都逐一注册启用，从而为国际采购商及合作伙伴等访问“好孩子育儿网”建立了清晰的网络路标。好孩子还注册了多个类似“mommy”、“mammy”、“mummy”的英文营销关键词，把通用网址的营销功效充分地发挥在了对海外市场的开拓之中。

在尝到通用网址为企业带来巨大财富的甜头之后，宋郑还誓将网络营销进行到底，计划把企业官网“好孩子育儿网”打造成科学育儿类的国内第一门户网站，作为塑造企业品牌文化的首要平台。为此，“第一父母网”、“第一家庭网”等通用网址又相继被启用。有数据显示，迄今为止好孩子育儿网已经被上百万网民点击了24.88亿次，即平均每天要被网民光顾110多万次。

调查显示，国内大多数企业的网站还没在网络营销上发挥很好的作用。然而事实却是，企业网站恰恰是塑造企业形象以及实现网络营销的一个最佳平台，让企业网站“活”起来，是企业实现赢利的又一重要途径。据统计，正确使用通用网址可以为网站拉动近六成的流量。于是，好孩子为网站推广已先后投入了3000多万元。依据ALEXA数据显示，该网站近年来流量始终保持稳步上扬趋势，截至2007年9月流量更是突破了200多倍。由此看来，借力通用网址，“好孩子育儿网”在不久的将来极有可能成为好孩子下一次飞跃的一根“金拐杖”。

网络营销能发生“使大企业变小，小企业变大”的魔术般效果，也就是说，利用网络营销既可以让机构臃肿的大企业变得精简而高效，也可以帮助中小企业迅速做大做强。网络营销和传统营销的根本区别在客户了解产品信息的渠道不同。传统营销中单向式的信息沟通方式，被网络营销中交互式的、指向性更明确的沟通方式取而代之，这种交互式的沟通方式是以消费者为主导而非以往强迫性营销推广。因此，如何让目标客户便利地进入公司网站成为网络营销中的难题。我国的域名总量早已突破百万，任何网站都极易被淹没在其中。调查显示，87.6%的用户得知新网站主要是通过地址栏直达，而通用网址正好契合了这一企业网络营销需求。在宋郑还看来利用地址栏直达的用户，消费目的性很强，是购买兴趣最强的客户。因此，能够第一时间在网络上拦截到目标客户，网络营销便成功了第一步。

3.1 网络营销概述

网络营销是借助计算机网络开展的营销实践。从实践发展的一般轨迹看，网络营销是在传统营销基础上演变而来的一种新的形态，从运行的角度，网络营销几乎在所有层面都与传统营销有着明显的差异。

3.1.1 网络营销的基本概念

1. 网络营销的定义

由于网络最早是在美国兴起，Internet 的商业应用也始于美国，因此，网络营销在美国以及整个西方社会的发展也远较我国成熟。在英文中，网络营销这一术语也有多种表述，如 Cyber Marketing，Internet Marketing，Online Marketing，Network Marketing，Electronic Marketing 或 E-Marketing，Web marketing 等，这些都是指网络营销。尽管不同的表述方式在具体内容上有所差异，如 Online Marketing主要强调“在线”的形式，Cyber Marketing 则更多地突出虚拟的计算机空间。但是理论界对网络营销内涵的认识不存在本质的区别。

科特勒认为，网络营销（Online Marketing）是以电子方式将客户与经销商连接起来，通过网络计算机系统进行的营销。相对于前述的市场营销，科特勒对网络营销的界定显得比较直白。这实际上也从一个侧面表明，在科特勒的意识中，过于关注定义的文字描述或许是不必要的。对于网络营销的实际运行，科特勒也没有给太多的关注，他认为，营销人员可以通过四种途径实施网络营销：在网上展示自己，在网上做广告，参与互联网论坛、新闻组或“网络社区”，使用电子邮件或网络广播等。

美国学者穆罕默德（Mahammed）及菲谢尔（Fisher）等认为，网络营销是通过在线活动建立和维持客户关系，以协调满足公司与客户之间交换概念、产品和服务的目标。他们指出，网络营销的这一定义包含五个要素，即过程，建立和维持客户关系，在线，交换，以及公司和客户双方需要的满足。

国内学者也从不同的角度对网络营销的理论内涵进行了描述。如李琪等认为，网络营销是以互联网作为传播手段，通过对市场的循环营销传播，达到满足消费者需求和商家需求的过程。网络营销不仅是企业面临的机遇和挑战，还是经营方式和管理手段的创新。孔伟成等则认为，网络营销（Cyber Marketing 或 Online Marketing）是企业整体营销战略的一个组成部分，是建立在互联网基础之上，借助于互联网特性来实现一定营销目标的一种营销手段。

冯英健等指出，网络营销是企业整体营销战略的一个组成部分，是为实现企业总体经营目标所进行的、以互联网为基本手段营造网上经营活动的各种活动。这一定义强调网络营销作为企业整体营销战略组成部分的属性，以及对于网上经营环境的营造，是对网络营销内涵的一个比较有特点的描述。

与电子商务(e-business)相对应，人们习惯上用 e-marketing 来表示网络营销，就是借助于网络及其先进技术开展的营销活动。

2. 网络营销的内涵

网络营销的基本内涵，可以从以下几个方面加以描述：

(1)网络营销不是市场营销的手段。我们可以将网络视为手段或者路径，而网络营销绝非是某种意义上的营销手段，与传统营销一样，网络营销是一种整体性的营销活动，尽管两者在许多方面存在差别。

(2)网络营销依存于网络环境。网络营销必须是在网络环境下开展的营销实践，网络营销并不意味着营销的所有流程都必须通过网络实现，但必须以现代化的网络及其先进的信息技术为支撑，这是关于网络营销的一个最基本的判断。纯粹的虚拟企业开展的是网络营销活动，传统公司也可以通过网络实施营销行为。这里的所谓网络环境主要是指 Internet。离开 Internet，网络营销就将回归到它起始的位置。

(3)网络本身不是市场，因而不是网络营销的对象或者客体。将网络描述为市场，就从根本上曲解了市场的本性。在市场营销领域，市场从来都是指消费者或者客户。网络是我们通达市场的新的路径，但网络不等于市场。

(4)各种先进的网络技术，特别是信息技术，是网络营销赖以实现的基础。先进技术的广泛运用不仅改变了营销沟通的固有程式，企业的组织结构、营销业务流程、管理模式等也发生了极为深刻的变化。技术变迁是网络所引致的一切变革的基础和前提，这也是研究网络营销必须坚持的一个基本方向。

3. 网络营销的特点

随着互联网技术发展的成熟以及互联网成本的低廉，互联网好比是一种“万能胶”，将企业、团体、组织以及个人跨时空联结在一起，使他们之间信息的交换变得“唾手可得”。市场营销中最重要也最本质的是组织与个人之间进行信息传播和交换。如果没有信息交换，那么交易也就是无本之源。正因为如此，互联网具有营销所要求的某些特性，使得网络营销呈现出以下一些特点：

(1)跨时空。营销的最终目的是占有市场份额，由于互联网具有可超越时间约束和空间限制进行信息交换的特点，因此使得脱离时空限制达成交易成为可能，企业可有更多时间和更大的空间进行营销，可每周 7 天、每天 24 小时随时随地提供全球性营销服务。

(2)多媒体。互联网被设计成可以传输多种媒体的信息，如文字、声音、图像等信息，使得为达成交易进行的信息交换能以多种形式存在和交换，可以充分发挥营销人员的创造性和能动性。

(3)交互式。互联网通过展示商品图像、利用商品信息资料库提供有关的查询，来实现供需互动与双向沟通，还可以进行产品测试与消费者满意调查等活动。互联网为产品联合设计、商品信息发布以及各项技术服务提供了最佳工具。

(4)个性化。互联网上的促销是一对一的、理性的、消费者主导的、非强迫性的、循序渐进式的，而且是一种低成本与人性化的促销，避免推销员强势推销的干扰，并通过信息提供与交互式交谈，与消费者建立长期良好的关系。

(5)成长性。互联网使用者数量快速成长并遍及全球，使用者多属年轻、中产阶级、高教育水准，由于这部分群体购买力强而且具有很强市场影响力，因此是一项极具开发潜力的市场渠道。

(6)整合性。互联网上的营销可由商品信息至收款、售后服务一气呵成，因此也是一种全程的营销渠道。另一方面，企业可以借助互联网将不同的传播营销活动进行统一设计规划和协调实施，以统一的传播资讯向消费者传达信息，避免不同传播中不一致性产生的消极影响。

(7)超前性。互联网是一种功能最强大的营销工具，它同时兼具渠道、促销、电子交易、互动客户服务以及市场信息分析与提供的多种功能。它所具备的一对一营销能力，正是符合定制营销与直复营销的未来趋势。

(8)高效性。计算机可储存大量的信息，代消费者查询，可传送的信息数量与精确度，远超过其他媒体，并能应市场需求，及时更新产品或调整价格，因此能及时有效了解并满足客户的需求。

(9)经济性。通过互联网进行信息交换，代替以前的实物交换，一方面可以减少印刷与邮递成本，可以无店面销售，免交租金，节约水电与人工成本，另一方面可以减少由于迂回多次交换带来的损耗。

(10)技术性。网络营销是建立在高技术作为支撑的互联网的基础上的，企业实施网络营销必须有一定的技术投入和技术支持，改变传统的组织形态，提升信息管理部门的功能，引进懂营销与计算机技术的复合型人才，未来才能具备市场的竞争优势。

3.1.2 网络营销的职能

网络营销的职能可归纳为八个方面：网络品牌、网址推广、信息发布、销售促进、销售渠道、客户服务、客户关系、网上调研。网络营销的职能不仅表明了网络营销的作用和网络营销工作的主要内容,同时也说明了网络营销应该可以实现的效果,对网络营销职能的认识有助于全面理解网络营销的价值和网络营销的内容体系,网络营销的职能是网络营销的理论基础之一。

(1)网络品牌。网络营销的重要任务之一就是在互联网上建立并推广企业的品牌,知名企业的网下品牌可以在网上得以延伸,一般企业则可以通过互联网快速树立品牌形象,并提升企业整体形象。网络品牌建设是以企业网站建设为基础,通过一系列的推广措施,达到客户和公众对企业的认知和认可。在一定程度上说,网络品牌的价值甚至高于通过网络获得的直接收益。

(2)网址推广。这是网络营销最基本的职能之一,在几年前,甚至认为网络营销就是网址推广。相对于其他功能来说,网址推广显得更为迫切和重要,网站所有功能的发挥都要以一定的访问量为基础,所以,网址推广是网络营销的核心工作。

(3)信息发布。网站是一种信息载体,通过网站发布信息是网络营销的主要方法之一,同时,信息发布也是网络营销的基本职能,所以也可以这样理解,无论哪种网络营销方式,结果都是将一定的信息传递给目标人群,包括客户/潜在客户、媒体、合作伙伴、竞争者等。

(4)销售促进。营销的基本目的是为增加销售提供帮助,网络营销也不例外,大部分网络营销方法都与直接或间接促进销售有关,但促进销售并不限于促进网上销售,事实上,网络营销在很多情况下对于促进网下销售十分有价值。

(5)销售渠道。一个具备网上交易功能的企业网站本身就是一个网上交易场所,网上销售是企业销售渠道在网上的延伸,网上销售渠道建设也不限于网站本身,还包括建立在综合电子商务平台上的网上商店,以及与其他电子商务网站不同形式的合作等。

(6)客户服务。互联网提供了更加方便的在线客户服务手段,从形式最简单的FAQ(常见问题解答),到邮件列表,以及BBS、聊天室等各种即时信息服务,客户服务质量对于网络营销效果具有重要影响。

(7)客户关系。良好的客户关系是网络营销取得成效的必要条件,通过网站的交互性、客户参与等方式在开展客户服务的同时,也增进了客户关系。

(8)网上调研。通过在线调查表或者电子邮件等方式,可以完成网上市场调研,相对传统市场调研,网上调研具有高效率、低成本的特点,因此,网上调研成为网络营销的主要职能之一。

开展网络营销的意义就在于充分发挥各种职能,让网上经营的整体效益最大化,因此,仅仅由于某些方面效果欠佳就否认网络营销的作用是不合适的。网络营销的职能是通过各种网络营销方法来实现的,网络营销的各个职能之间并非相互独立,同一个职能可能需要多种网络营销方法的共同作用,而同一种网络营销方法也可能适用于多个网络营销职能。

3.1.3 网络营销战略

1. 网络营销战略分析

企业战略是指企业为了适应未来环境的变化寻找长期生存和稳定发展的途径,并为实现这一途径优化配置企业资源,制定总体性和长远性的谋划与方略。营销战略是企业战略的重点,因为企业战略的实质是企业外部环境、企业内部实力与企业目标三者的动态平衡。

随着互联网的发展,从有形市场转向网络市场使企业的目标市场、客户关系、企业组织、竞争形态及营销手段等发生了变化,企业既面临着新的挑战,也面临着无限的市场机会。企业必须制定相应的网络营销战略,提供比竞争者更有价值、更有效率的产品和服务,扩大市场营销规模,实现企业的战略目标。

网络营销战略目标,就是确定开展网络营销后达到的预期目的,以及制订相应的步骤,组织有关部门和人员参与。一般网络营销目标考虑以下几个类型:

(1)销售型网络营销目标。销售型网络营销目标是指企业为拓宽网络销售,借助网上的交互性、直接性、实时性和全球性为客户提供方便快捷的网上销售点。

(2)服务型网络营销目标。服务型网络营销目标主要为客户提供网上联机服务,客户通过网上服务人员可以远距离进行咨询和售后服务。

(3)品牌型网络营销目标。品牌型网络营销目标主要是在网上建立自己的品牌形象,加强与客户的直接联系和沟通,建立客户的品牌忠诚度,为企业的后续发展打下基础并配合企业现行营销目标的实现。

(4)提升型网络营销目标。提升型网络营销目标主要通过网络营销替代传统营销手段,全面降低营销费用,改进营销效率,改善营销管理和提高企业竞争力。

传统的营销战略分析的内容可以归纳为三部分内容:一是客户的需要,二是企业(公司)的目标与资源的情况,三是竞争对手的情况。下面针对网络营销的特点,重点谈几个方面。

①客户关系的再造。在网络环境下,企业规模的大小、资金的雄厚实力从某种意义上已不再是企业成功的关键要素,企业都站在一条起跑线上,通过网页走向世界,展示自己的产品。消费者较之以往也有了更多的主动性,面对着数以十万计的网址有了更广泛的选择。为此,网络营销能否成功的关键是如何跨越地域、文化、空间的差距,再造客户关系,发掘网络客户、吸引客户、留住客户,了解客户的愿望以及利用个人互动服务与客户维持关系,即企业如何建立自己的客户网络、如何巩

固自己的客户网络。

②定制化营销。网络环境下，巩固客户、扩大网上销售的重要战略手段是通过定制化营销提升客户满意度。所谓定制化营销是指利用网络优势，一对一地向客户提供独特化、个人化的产品或服务。

2. 网络营销竞争战略分析

要了解这些竞争优势如何给企业带来战略优势以及企业如何选择竞争战略，就必须分析网络营销对组织业务提供的策略机会和威胁。哈佛大学商学院波特(Porter)教授指出企业竞争中面对五种力量。企业面临的一系列外部威胁和机会有：新的进入者威胁、供应商要价能力、现有竞争者之间的对抗、消费者要价能力，替代产品或服务威胁。企业必须加强自身能力对付新的进入者、供应者、现有的竞争者、消费者、替代产品或服务带来的问题，改变企业与其他竞争者之间的竞争对比力量。企业可以采取以下几个竞争战略提高竞争力。

(1)成本领先战略。提供低成本的产品或服务，降低与购买者和供应者之间的交易成本。

(2)差异战略。提供与竞争者不同的产品和服务，定位于差异的市场以保持竞争力。

(3)创新战略。开发新产品和服务，拓展新市场，建立新的商业联盟、新的分销网络。

(4)目标聚集战略。采用上述的某一种战略优势占领某一细分市场。

3. 网络营销战略规划与实施

企业在确立采取网络营销战略后，要组织战略的规划和执行。网络营销不仅是一种简单的新营销方法，它通过采取新技术来改造和改进目前的营销渠道和方法，涉及企业的组织文化和管理各方面。如果不进行有效的规划和执行，该战略可能只是一种附加的营销方法，不能体现出战略的竞争优势，相反只会增加企业的营销成本和管理复杂性。战略规划分为下面几个阶段：

(1)目标规划。在确定使用某一战略的同时，识别与之相联系的营销渠道和组织，提出改进目标和方法。

(2)技术规划。网络营销很重要的一点是要有强大的技术投入和支持，因此资金投入和系统购买安装以及人员培训都应该统筹安排。

(3)组织规划。实行数据库营销后，企业的组织需进行调整以配合该策略的实施，如增加技术支持部门、数据采集处理部门，同时调整原有的推销部门等。

(4)管理规划。组织变化后必须要求管理的变化，公司的管理必须适应网络营销的需要，如销售人员在销售产品的同时，还应记录客户的购买情况；个人推销应严格控制以减少费用等。

网络营销战略的实施是系统工程，首先应加强对规划执行情况的评估，判定是否充分发挥此战略的竞争优势和有无改进余地；其次对执行规划时的问题应及时识别和加以改进；再次是对技术的评估和采用。采用新技术可能改变原有的组织和管理规划，因此对技术进行控制也是网络营销中的一个显著特点。

3.2 网络市场与网络消费者行为分析

3.2.1 网络市场特征分析

1. 网络市场规模

中国的网民规模从 1997 年的 63 万人开始起步，呈现持续快速发展的趋势。截至 2008 年 6 月底，中国网民数量达到 2.53 亿人，已跃居世界第一位。越来越多的人认识到互联网的便捷作用，随着上网设备成本的下降和国民收入水平的提高，互联网正逐步走进千家万户。

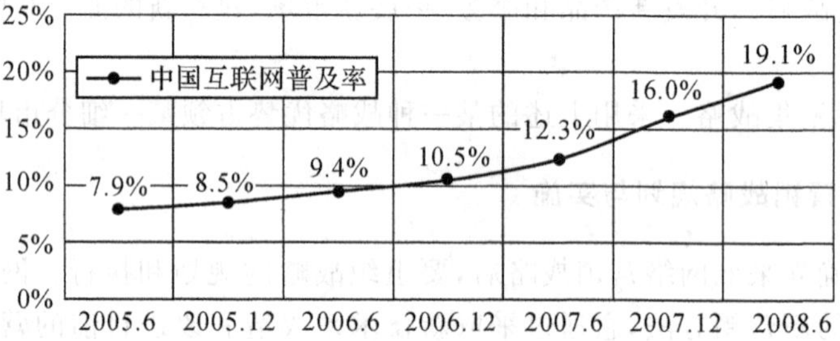

图 3-1 中国互联网 2005—2008 年的普及率

截至 2008 年 6 月底，中国互联网普及率达到 19.1%，虽然比三年前的 7.9% 大大提高了，但仍仅占中国人口的不到 1/5。低于全球 21.1% 的平均互联网普及率，远低于韩国(71.2%)、日本(68.4%)的普及率。图 3-1 显示中国互联网 2005—2008 年的普及率变化。

一方面，中国的互联网水平与互联网发达国家还存在较大的发展差距，只有当中国整体经济水平、居民文化水平再上一个台阶，才能够更快地促进中国互联网的发展；另一方面，这种互联网普及状况说明，中国的互联网处在发展的上升阶段，发展潜力较大。

网络购物是互联网作为网民实用性工具的重要体现。随着中国整体网络购物环境的改善,网络购物市场的增长趋势明显。截至 2008 年 6 月的中国网络购物用户人数已经达到 6329 万人,有 25.0%的网民青睐网上购物。网络购物跻身十大网络应用之列。

经济发达城市的网络购物普及率更高。根据中国互联网络信息中心(CNNIC)2008 年 6 月发布的统计报告,上海网民的网络购物使用率达到 45.2%,是网络购物最为普及的城市。其次是北京,网民中的网络购物使用率为 38.9%。

在经济发达城市中,网络购物中电子支付和物流环节等对网络购物的限制要比其他低一级城市更小一些,且这些城市中的网民网龄相对较长,对互联网的使用较为熟悉,也带动了网络购物的发展。

比较国外的发展状况,韩国网民的网络购物比率为 57.3%,美国为 66%。均高于中国网络购物的使用率。

网上支付和网上银行是与网络购物密切关联的两个网络应用。在网络购物、尤其是 C2C 网络购物中,网上支付手段的使用已经较为普遍,B2C 网络购物在网上支付手段方面也逐渐丰富,这两项网络应用的发展可以促进网络购物的发展。

2. 网民的基本特征

由于 Internet 的技术性,上网网民一般学历较高、年龄低、购买能力比较强,因此从市场营销角度看这些网民属于消费领导型而且具有很高的购买潜力和消费能力,它是一个巨大的网上商机等待开发。据 CNNIC 第 22 次中国互联网络统计报告显示,2008 年 6 月中国网民中女性比率已经上升到 46.4%,比 2007 年 12 月 42.8%的女性网民比率上升了 3.6 个百分点。中国网民逐渐走向性别均衡,这一特点受中国整体居民性别比率影响。与 2007 年 12 月相比,男女性互联网普及率均在上升,女性互联网普及率上升略快。目前中国男性居民中的互联网普及率为 19.9%,即已有接近 1/5 的男性居民是网民。中国网民的主体仍旧是 30 岁及以下的年轻群体,这一网民群体占中国网民的 68.6%,超过网民总数的 2/3。网民这一较为年轻的年龄结构对中国互联网深层应用影响较大,中国互联网应用呈现出与年轻网民特征较为相符、仍以娱乐为主的特点。上网用户主要集中在城市,而且是沿海比较发达的城市,内地上网人数比率还非常低。目前高中学历的网民比率最大,占 39%。随着网民规模的逐渐扩大,网民的学历结构正逐渐向中国总人口的学历结构靠拢,这是互联网大众化的表现。学生所占的比率最大,占 30%,学生网民规模达到 7600 万人,比 2007 年 12 月增长了 1552 万人。网民规模居于第二位的企事业单位工作人员,比率占 25.5%。此外,网民中的管理层包括党政机关干部和企事业单位管理者,这两者的比率占网民总数 10.7%。目前网民中 500 元以下收入的网民占30.5%，是网民中比率最大的一个群体。从学生/非学生网民来看，学生网民的月收入90%以上都在1000元以下，而学生网民在网民中占30%，是引致总体网民月收入中1000元以下的比率较高的重要原因。

3. 我国网民的网络应用特征

据CNNIC第22次中国互联网络统计报告显示，目前排名前十位的网络应用是：网络音乐、网络新闻、即时通信、网络视频、搜索引擎、电子邮件、网络游戏、博客/个人空间、论坛/BBS和网络购物。这十大网络应用中，三大娱乐类网络应用——网络音乐、网络视频和网络游戏都分列其中，娱乐仍旧是中国网民的主要互联网活动之一。此外，即时通信、搜索引擎和电子邮件三大互联网基础应用也位列前十，使用率均超过60%，说明互联网基础应用是网民使用互联网的重要方面，在网民中有很强的生命力。

博客/个人空间拥有率和论坛/BBS访问率跻身前十大网络应用，反映了中国网络应用的新特点，社交类网络应用在中国呈兴起之势。

网络购物位列十大网络应用之一，标志着以电子商务为代表的实用性网络应用已经在网民生活中占据一定的地位。

表3-1 网络应用使用率和用户规模

网络应用		比率	用户规模(万人)
互联网基础应用	搜索引擎	69.2%	17508
	电子邮件	62.6%	15838
	即时通信	77.2%	19536
网络媒体	网络新闻	81.5%	20620
	拥有博客/个人空间	42.3%	10706
	更新博客/个人空间	28.0%	7092
数字娱乐	网络游戏	58.3%	14746
	网络音乐	84.5%	21366
	网络视频	71.0%	17963
电子商务	网络购物	25.0%	6329
	网上支付	22.5%	5697
网络社区	论坛/BBS访问	38.8%	9822
	论坛/BBS发帖	23.4%	5931

续表

网络应用		比率	用户规模(万人)
其他	网上银行	23.4%	5931
	网上炒股/基金	16.9%	4288
	网络求职	14.9%	3775
	网络教育	18.5%	4669

注:源于 www.cnnic.cn,2008－06,中国互联网络信息中心。

3.2.2　网络消费者的购买动机

1. 网络消费者购买动机概述

所谓动机,是指推动人进行活动的内部原动力(内在的驱动力),即激励人行动的原因。人只要处于清醒的状态之中,就要从事这样或那样的活动。无论这些活动对主体具有多大的意义和影响,对主体需要的满足具有怎样的吸引力,也无论这些活动是长久的还是短暂的,它们都是由一定的动机所引起的。网络消费者的购买动机是指在网络购买活动中,能使网络消费者产生购买行为的某些内在的驱动力。

动机是一种内在的心理状态,不容易被直接观察到或被直接测量出来,但它可根据人们的长期的行为表现或自我陈说加以了解和归纳。对于企业促销部门来说,通过了解消费者的动机,就能有依据地说明和预测消费者的行为,采取相应的促销手段。而对于网络促销来说,动机研究更为重要。因为网络促销是一种不见面的销售,网络消费者复杂的、多层次的、交织的和多变的购买行为不能直接观察到,只能够通过文字或语言的交流加以想象和体会。

2. 网络消费者的购买动机

网络消费者的购买动机基本上可以分为两大类:需求动机和心理动机。前者是指人们由于各种需求,包括低级的和高级的需求而引起的购买动机,而后者则是由于人们的认识、感情、意志等心理过程而引起的购买动机。

(1)网络消费者的需求动机:

研究人们的网络购买行为,首先要研究人们的网络购买需求。在传统的营销过程中,需求层次理论被广泛应用。需求层次理论是研究人的需求结构的理论,它是由美国心理学家马斯洛在 1943 年出版的《人类动机的理论》一书中提出来的。马斯洛把人的需求划分为五个层次:生理的需求、安全的需求、社交的需求、尊重的需求和自我实现的需求。马斯洛的需求层次理论对网络消费需求层次分析也有重要的指导作用。

马斯洛的需求层次理论可以解释虚拟市场中消费者的许多购买行为，但是，虚拟社会与现实社会毕竟有很大的差别，马斯洛的需求层次理论也面临着不断补充的要求。而虚拟社会中人们联系的基础实质是人们希望满足虚拟环境下三种基本的需要：兴趣、聚集和交流。

①兴趣。分析畅游在虚拟社会的网民，可以发现，每个网民之所以热衷于网络漫游，是因为对网络活动抱有极大的兴趣。这种兴趣的产生，主要出自两种内在驱动。一是探索的内在驱动力。人们出于好奇的心理探究秘密，驱动自己沿着网络提供的线索不断地向下查询，希望能够找出符合自己预想的结果，有时甚至到了不能自拔的境地。二是成功的内在驱动力。当人们在网络上找到自己需求的资料、软件、游戏，或者进入某个重要机关的信息库时，自然产生一种成功的满足感。

②聚集。虚拟社会提供了具有相似经历的人们聚集的机会，这种聚集不受时间和空间的限制，并形成富有意义的个人关系。通过网络而聚集起来的群体是一个极具民主性的群体。在这样一个群体中，所有成员都是平等的，每个成员都有独立发表自己意见的权利，使得在现实社会中经常处于紧张状态的人们渴望在虚拟社会中寻求到解脱。

③交流。聚集起来的网民，自然产生一种交流的需求。随着这种信息交流的频率的增加，交流的范围也在不断地扩大，从而产生示范效应，带动对某些种类的产品和服务有相同兴趣的成员聚集在一起，形成商品信息交易的网络，即网络商品交易市场。这不仅是一个虚拟社会而且是高一级的虚拟社会。在这个虚拟社会中，参加者大多是有目的的，所谈论的问题集中在商品质量的好坏、价格的高低、库存量的多少、新产品的种类等。他们所交流的是买卖的信息和经验，以便最大限度地占领市场，降低生产成本，提高劳动生产率。对于这方面信息的需求，人们永远是无止境的。这就是电子商务出现之后迅速发展的根本原因。

(2)网络消费者的心理动机：

网络消费者购买行为的心理动机主要体现在三个方面。

①理智动机。这种购买动机是建立在人们对于在线商场推销的商品的客观认识基础上的。众多网络购物者大多是中青年，具有较高的分析判断能力。他们的购买动机是在反复比较各个在线商场的商品之后才作出的，对所要购买的商品的特点、性能和使用方法，早已心中有数。理智购买动机具有客观性、周密性和控制性的特点。在理智购买动机驱使下的网络消费购买动机，首先注意的是商品的先进性、科学性和质量高低，其次才注意商品的经济性。这种购买动机的形成，基本上受控于理智，而较少受到外界气氛的影响。

②感情动机。感情动机是由于人的情绪和感情所引起的购买动机。这种购买动机还可以分为两种形态。一种是低级形态的感情购买动机，它是由于喜欢、满意、快乐、好奇而引起的。这种购买动机一般具有冲动性、不稳定性的特点。还有一种是高级形态的感情购买动机，它是由于人们的道德感、美感、群体感所起的，具有较大的稳定性、深刻性的特点。而且，由于在线商场提供异地买卖送货的业务，大大促进了这类购买动机的形成。

③惠顾动机。这是基于理智经验和感情之上的，对特定的网站、图标广告、商品产生特殊的信任与偏好而重复地、习惯性地前往访问并购买的一种动机。惠顾动机的形成，经历了人的意志过程。从它的产生来说，或者是由于搜索引擎的便利、图标广告的醒目、站点内容的吸引；或者是由于某一驰名商标具有相当的地位和权威性；或者是因为产品质量在网络消费者心目树立了可靠的信誉。这样，网络消费者在为自己作出购买决策时，心目中首先确立了购买目标，并在各次购买活动中克服和排除其他的同类水平产品的吸引和干扰，按照事先购买行动。具有惠顾动机的网络消费者，往往是某一站点的忠实浏览者。他们不仅自己经常光顾这一站点，而且对众多网民也具有较大的宣传和影响功能，甚至在企业的商品或服务一时出现某种过失的时候，也能予以谅解。

3. 网络消费需求的特征

由于互联网商务的出现，消费观念、消费方式和消费者的地位正在发生着重要的变化，使当代消费者心理与以往相比呈现出新的特点和趋势：

(1)个性消费的回归。在过去相当长的一个历史时期内，工商业都是将消费者作为单独个体进行服务的。在这一时期内，个性消费是主流。只是到了近代，工业化和标准化的生产方式才使消费者的个性被淹没于大量低成本、单一化的产品洪流之中。然而，没有一个消费者的心理是完全一样的，每一个消费者都是一个细分市场。心理上的认同感已成为消费者作出购买品牌和产品决策的先决条件，个性化消费正在也必将再度成为消费的主流。

(2)消费需求的差异性。不仅仅是消费者的个性化消费使网络消费需求呈现出差异性。对于不同的网络消费者因所处的时代、环境不同而产生不同的需求，不同的网络消费者在同一需求层次上的需求也会有所不同。所以，从事网络营销的厂商要想取得成功，必须在整个生产过程中，从产品的构思、设计、制造，到产品的包装、运输、销售，认真思考这种差异性，并针对不同消费者的特点，采取有针对性的方法和措施。

(3)消费主动性增强。在社会化分工日益细化和专业化的趋势下，消费者对消费的风险感随着选择的增多而上升。在许多大额或高档的消费中，消费者往往会主动通过各种可能的渠道获取与商品有关的信息并进行分析和比较。或许这种分析、比较不是很充分和合理，但消费者能从中得到心理的平衡以减轻风险感或减少购买后产生的后悔感，增加对产品的信任程度和心理上的满足感。消费主动性的增强来源于现代社会不确定性的增加以及人类需求心理稳定和平衡的欲望。

3.2.3 影响网络消费者购买的主要因素

1. 产品的特性

首先，由于网上市场不同于传统市场，网上消费者有着区别于传统市场的消费需求特征，因此并不是所有的产品都适合在网上销售和开展网上营销活动的。根据网上消费者的特征，网上销售的产品一般要考虑产品的新颖性，即是新产品或者是时尚类产品，比较能吸引人的注意。追求商品的时尚和新颖是许多消费者，特别是青年消费者重要的购买动机。

其次，考虑产品的购买参与程度，一些产品要求消费者参与程度比较高，消费者一般需要现场购物体验，而且需要很多人提供参考意见，这些产品不太适合网上销售。对于消费者需要购买体验的产品，可以采用网络营销推广功能，辅助传统营销活动进行，或者将网络营销与传统营销进行整合。可以通过网上来宣传和展示产品，消费者在充分了解产品的性能后，可以到相关商场再进行选购。

2. 产品的价格

从消费者的角度说，价格不是决定消费者购买的唯一因素，但却是消费者购买商品时肯定要考虑的因素，而且是一个非常重要的因素。对一般商品来讲，价格与需求量之间经常表现为反比关系，同样的商品，价格越低，销售量越大。网上购物之所以具有生命力，重要的原因之一是网上销售的商品价格普遍低廉。

此外，消费者对于互联网有一个免费的价格心理预期，那就是即使网上商品是要花钱的，那价格也应该比传统渠道的价格要低。这一方面是因为互联网的起步和发展都依托了免费策略，因此互联网的免费策略深入人心，而且免费策略也得到了成功的商业运作。另一方面，互联网作为新兴市场可以减少传统营销中的中间费用和一些额外的信息费用，可以大大削减产品的成本和销售费用，这也是互联网商业应用的巨大增长潜力所在。

3. 购物的便捷性

购物的便捷性是消费者选择购物的首要考虑因素之一。一般而言，消费者选择网上购物时考虑的便捷性，一方面是时间上的便捷性，可以不受时间的限制并节省时间；另一方面是可以足不出户，能在很大范围内选择商品。

4. 安全可靠性

网络购买另外一个必须考虑的是网上购买的安全性和可靠性问题。由于在网上消费，消费者一般需要先付款后送货，这使过去购物的一手交钱、一手交货的现场购买方式发生了变化，网上购物中的时空发生了分离，消费者有失去控制的离心感。因此，为降低网上购物的这种失落感，在网上购物各个环节必须加强安全措施和控制措施，保护消费者在购物过程的信息传输安全和个人隐私，树立消费者对网站的信心。

3.2.4 网络消费者的购买过程

网络消费者的购买过程，也就是网络消费者购买行为形成和实现的过程。网络消费者的购买过程可以粗略地分为五个阶段：唤起需求、收集信息、比较选择、购买决策和购后评价。

1. 唤起需求

网络购买过程的起点是诱发需求。消费者的需求是在内外因素的刺激下产生的。当消费者对市场中出现的某种商品或某种服务发生兴趣后，才可能产生购买欲望。这是消费者作出消费决定的过程中所不可缺少的基本前提。如若不具备这一基本前提，消费者也就无从作出购买决定。

对于网络营销来说，诱发需求的动因只能局限于视觉和听觉。文字的表述、图片的设计、声音的配置是网络营销诱发消费者购买的直接动因。从这方面讲，网络营销对消费者的吸引具有相当的难度。这要求从事网络营销的企业或中介商注意了解与自己产品有关的实际需求和潜在需求，了解这些需求在不同时间的不同程度，了解这些需求是由哪些刺激因素诱发的，进而巧妙地设计促销手段去吸引更多的消费者浏览网页，诱导他们的需求欲望。

2. 收集信息

在购买过程，收集信息的渠道主要有内部渠道和外部渠道。内部渠道是指消费者个人所储存、保留的市场信息，包括购买商品的实际经验、对市场的观察以及个人购买活动的记忆等。外部渠道则是指消费者可以从外界收集信息的通道，包括个人渠道、商业渠道和公共渠道等。个人渠道主要提供来自消费者的亲戚、朋友和同事的购买信息和体会。这种信息和体会在某种情况下对购买者的购买决策起着决定性的作用。网络营销绝不可忽视这一渠道的作用。商业渠道，如展览推销、上门推销、中介推销、各类广告宣传等，主要是通过厂商的有意识的活动把商品信息传播给消费者。网络营销的信息传递主要依靠网络广告和检索系统中的产品介绍，包括在信息服务商网页上所做广告、中介商检索系统上的条目以及自己主页上的广告和产品介绍。

一般说来，在传统的购买过程中，消费者对于信息的收集大多出于被动进行的状况。与传统购买时信息的收集不同，网络购买的信息收集带有较大主动性。在网络购买过程中，商品信息的收集主要是通过因特网进行的。一方面，上网消费者可以根据已经了解的信息，通过因特网跟踪查询；另一方面，上网消费者又不断地在网上浏览，寻找新的购买机会。由于消费层次的不同，上网消费者大多具有敏锐的购买意识，始终领导着消费潮流。

3. 比较选择

消费者需求的满足是有条件的，这个条件就是实际支付能力。没有实际支付能力的购买欲望只是一种空中楼阁，不可能导致实际的购买。为了使消费需求与自己的购买能力相匹配，比较选择是购买过程中必不可少的环节。消费者对各条渠道汇集而来的资料进行比较、分析、研究，了解各种商品的特点和性能，从中选择最为满意的一种。一般说来，消费者的综合评价主要考虑产品的功能、可靠性、性能、样式、价格和售后服务等。

网络购物不直接接触实物。消费者对网上商品的比较依赖于厂商对商品的描述，包括文字的描述和图片的描述。网络营销商对自己的产品描述不充分，就不能吸引众多的客户。而如果对产品的描述过分夸张，甚至带有虚假的成分，则可能永久地失去客户。

4. 购买决策

网络消费者在完成了对商品的比较选择之后，便进入到购买决策阶段。与传统的购买方式相比，网络购买者的购买决策有许多独特的特点。首先，网络购买者理智动机所占比重较大，而感情动机的比重较小。其次，网络购买受外界影响较小，大部分的购买决策是自己作出的或是与家人商量后作出的。第三，网上购物的决策行为较之传统的购买决策要快得多。

网络消费者在决策购买某种商品时，一般必须具备三个条件：第一，对厂商有信任感；第二，对支付有安全感；第三，对产品有好感。所以，树立企业形象，改进货款支付办法和商品邮寄办法，全面提高产品质量，是每一个参与网络营销的厂商必须重点抓好的三项工作。三项工作抓好了，才能促使消费者毫不犹豫地作出购买决策。

5. 购后评价

消费者购买商品后，往往通过使用，对自己的购买选择进行检验和反省，重新考虑这种购买是否正确、效用是否理想以及服务是否周到等问题。这种购后评价往往决定了消费者今后的购买动向。

为了提高企业的竞争力，最大限度地占领市场，企业必须虚心倾听客户反馈的意见和建议。因特网为网络营销者收集消费者购后评价提供了得天独厚的优势。方便、快捷、便宜的电子邮件紧紧连接着厂商和消费者。厂商可以在订单的后边附上一张意见表，消费者购买商品的同时，就可以同时填写自己对厂商、产品及整个销售过程的评价。厂商从网络上收集到这些评价之后，通过计算机的分析、归纳，可以迅速找出工作中的缺陷和不足，及时了解到消费者的意见和建议，随时改进自己的产品性能和售后服务。

3.3 网络营销策略

3.3.1 网络营销产品与服务的内容和策略

1. 网络营销产品概述

网络营销产品内涵与传统产品内涵有一定的差异性，主要是网络营销中产品的层次与传统营销中产品的层次有很大的不同。开展网络营销的企业，必然存在本企业向市场提供主体产品（或服务），而主体产品的展示必然要附加相关咨询，这些主体产品（或服务）和咨询都要借助网站平台来实现。因此，网络产品是基于网

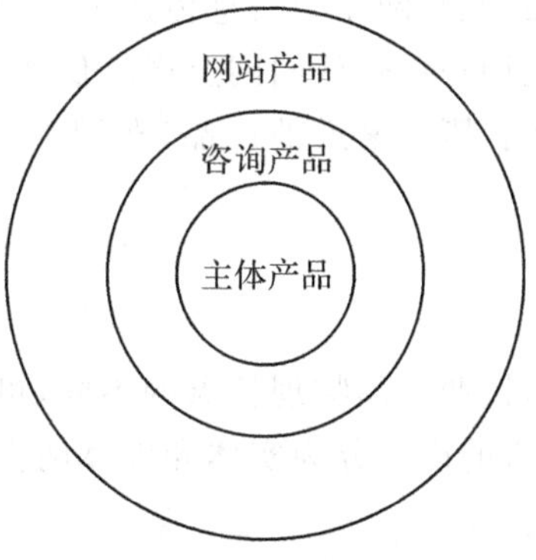

图 3-2　网站产品、咨询产品和主体产品三者之间的关系

站平台的主体产品和咨询产品的总和。其中,主体产品或服务是企业进行网络营销的基础,咨询产品衍生于主体产品,网站产品则是承载以上两者的平台。三者之间的关系见图 3-2。

2. 网络营销产品特点

在一般情况下,目前适合在互联网上销售的商品通常具有以下特性:

(1)产品性质。由于大多数网民有较高的文化层次,因此网上销售的产品最好有一定知识含量。一些信息类产品如图书、音乐等比较适合网上销售。还有一些无形产品诸如服务也可以借助网络的作用实现远程销售,如远程医疗。

(2)产品质量。网络的虚拟性使购买者可以突破时间和空间的限制,实现远程购物和在网上直接订购,这使得网络购买者在购买前无法尝试或只能通过网络来判断产品的质量,因此必须有较好的网上销售业绩,树立良好的信誉非常重要。

(3)产品式样。通过互联网对全世界国家和地区进行营销的产品要符合该国家或地区的风俗习惯、宗教信仰和教育水平。同时,由于网上消费者的个性化需求,网络营销产品的式样还必须满足购买者的个性化需求。

(4)产品品牌。在网络营销中,生产商与经营商的品牌同样重要,一方面要在网络中浩如烟海的信息中获得浏览者的注意,必须拥有明确、醒目的品牌;另一方面,由于网上购买者可以面对很多选择,同时网上的销售无法进行购物体验,因此,购买者对品牌比较关注。

(5)产品包装。作为通过互联网经营的针对全球市场的产品,其包装必须适合网络营销和当前物流水平的要求。

(6)目标市场。网上市场是以网络用户为主要目标的市场,在网上销售的产品可适合覆盖广大的地理范围。

(7)产品价格。一方面,互联网作为信息传递工具,在发展初期是采用共享和免费策略发展而来的,网上用户比较认同网上产品低廉特性;另一方面,由于通过互联网进行销售的成本低于其他渠道的产品,在网上销售产品一般采用低价位定价。

3. 网络营销产品分类

在网络上销售的产品,按照产品物理特点的不同,可以分为两大类:即实体产品和虚体产品。将网上销售的产品分为实体和虚体两大类,主要是根据产品的物理形态和配送方式来区分。

(1)实体产品。实体产品是指具有物理形状的物质产品。在网上销售实体产品的过程与传统的购物方式有所不同。在这里已没有传统的面对面的买卖方式,网络上的互动式交流成为买卖双方交流的主要形式。消费者或客户通过卖方的网站考察其产品，通过填写表格表达自己对品种、质量、价格、数量的选择；而卖方则将面对面的交货改为邮寄产品或送货上门，这一点与邮购产品颇为相似。因此，从这个角度讲，网络销售也是直销方式的一种。

(2)虚体产品。虚体产品与实体产品的本质区别是虚体产品一般是无形的、数字化的，即使表现出一定形态也是通过其载体体现出来的，但产品本身的性质和性能必须通过其他方式才能表现出来。在网上销售的虚体产品可以分为两大类：软件和服务。

软件包括计算机系统软件和应用软件。网上软件销售商常常可以提供一段时间的试用期，允许用户尝试使用并提出意见。好的软件很快能够吸引客户，使他们爱不释手并为此慷慨解囊。

服务可以分为普通服务和信息咨询服务两大类，普通服务包括音乐、影视、远程医疗、法律救助、航空火车订票、入场券预定、饭店旅游服务预约、医院预约挂号、网络交友、电脑游戏等，而信息咨询服务包括法律咨询、医药咨询、股市行情分析、金融咨询、资料库检索、电子新闻、电子报刊等。

对于普通服务来说，客户不仅注重所能够得到的收益，还关心自身付出的成本。通过网络这种媒体，客户能够尽快地得到所需要的服务，免除恼人的排队等候的时间成本。同时，消费者利用浏览软件，能够得到更多更快的信息，提高信息传递过程中的效率，增强促销的效果。

对于信息咨询服务来说，网络是一种最好的媒体选择。用户上网的最大诉求就是寻求对自己有用的信息，信息服务正好提供了满足这种需求的机会。通过计算机互联网络，消费者可以得到包括法律咨询、医药咨询、金融咨询、股市行情分析在内的咨询服务和包括资料库检索、电子新闻、电子报刊在内的信息服务。

3.3.2 网络产品价格策略及定价方法

在进行网络营销时，企业应在传统营销定价模式的基础上，利用互联网的特点，特别重视价格策略的运用，以巩固企业在市场中的地位，增强企业的竞争能力。

1. 网络定价策略种类

企业在进行网络营销决策时，必须对各种因素进行综合考虑，从而采用相应的定价策略。很多传统营销的定价策略在网络营销中得到应用，同时也得到了创新。根据影响营销价格因素的不同，网络定价策略可分为如下几种：

(1)个性化定价策略。消费者往往对产品外观、颜色、样式等方面有具体的内在个性化需求。个性化定价策略就是利用网络互动性和消费者的需求特征来确定商品价格的一种策略。网络的互动性能即时获得消费者的需求，使个性化营销成为可能，也将使个性化定价策略有可能成为网络营销的一个重要策略。这种个性化服务是网络产生后营销方式的一种创新。

(2)自动调价、议价策略。据季节变动、市场供求状况、竞争状况及其他因素，在计算收益的基础上，设立自动调价系统，自动进行价格调整。同时，建立与消费者直接在网上协商价格的集体议价系统，使价格具有灵活性和多样性，从而形成创新的价格。这种集体议价策略已在现有的一些中外网站中采用。

(3)竞争定价策略。客户跟踪系统经常关注客户的需求，时刻注意潜在客户的需求变化，保持网站向客户需要的方向发展。大多数购物网站常将网站的服务体系和价格等信息公开声明，就是为了解竞争对手的价格策略提供了方便。随时掌握竞争者的价格变动，调整竞争策略，以时刻保持同类产品的相对价格优势。

(4)竞价策略。网络使日用品也普遍能采用拍卖的方式销售。厂家可以只规定一个底价，然后让消费者竞价。厂家所花费用极低，甚至免费。除销售单件商品外，也可以销售多件商品。目前，我国已有多家网上拍卖站点提供此类服务，如雅宝、易趣等。

(5)集体砍价策略。这是网上出现的一种新业务，当销售量达到不同数量时，厂家制定不同的价格，销售量越大，价格越低。目前，国内的“酷必得”站点就提供集体砍价服务。

(6)特有产品特殊价格策略。这种价格策略需要根据产品在网上的需求来确定产品的价格。当某种产品有它很特殊的需求时，不用更多地考虑其他竞争者，只要去制定自己最满意的价格就可以。这种策略往往分为两种类型：一种是创意独特的新产品，它利用网络沟通的广泛性、便利性，满足那些品味独特、需求特殊的客户的“先睹为快”的心理；另一种是纪念物等有特殊收藏价值的商品，如古董、纪念物或是其他有收藏价值的商品，在网络上，世界各地的人都能有幸在网上一睹其“芳容”，这在无形中增加了许多商机。

(7)折扣定价策略。在实际营销过程中，网上商品可采用传统的折扣价格策略，主要有如下几种形式：

①数量折扣策略企业在网上确定商品价格时，可根据消费者购买商品所达到的数量标准，给予不同的折扣。购买数量越多，折扣可越大。在实际应用中，其折扣可采取累积和非累积数量的折扣策略。

②现金折扣策略在B2B方式的电子商务中，由于目前网上支付的欠缺，为了鼓励买主用现金购买或提前付款，常常在定价时给予一定的现金折扣。

此外，还有同业折扣、季节折扣等技巧，如为了鼓励中间商淡季进货或激励消费者淡季购买，可采取季节折扣策略。

(8)捆绑销售策略。捆绑销售这一概念在很早以前就已经出现,但是引起人们关注的原因是 20 世纪 80 年代美国快餐业的广泛应用。麦当劳通过这种销售形式促进了食品的购买量。这种传统策略已经被许多精明的网上企业所应用。网上购物完全可以巧妙运用捆绑手段,使客户对所购买的产品价格感觉更满意。采用这种方式,企业会突破网上产品的最低价格限制,利用合理、有效的手段,去减小客户对价格的敏感程度。

(9)声誉定价策略。企业的形象、声誉成为网络营销发展初期影响价格的重要因素。消费者对网上购物和订货往往会存在许多疑虑,比如在网上所订购的商品,质量能否得到保证,货物能否及时送到等。如果网上商店的店号在消费者心中享有声望,则它出售的网络商品价格可比一般商店高一些;反之,价格则低一些。

(10)产品循环周期定价策略。这种网上定价是沿袭了传统的营销理论:产品在某一市场上通常会经历介绍、成长、成熟和衰退四个阶段,产品的价格在各个阶段通常要有相应反映。网上进行销售的产品也可以参照经济学关于产品价格的基本规律,并且由于对于产品价格的统一管理,能够对产品的循环周期进行及时的反映,可以更好地随循环周期进行变动,根据阶段的不同,寻求投资回收、利润、市场占有的平衡。

(11)品牌定价策略。产品的品牌和质量会成为影响价格的主要因素,它能够对客户产生很大的影响。如果产品具有良好的品牌形象,那么产品的价格将会产生很大的品牌增值效应。名牌商品采用“优质高价”策略,既增加了赢利,又让消费者在心理上感到满足。对于本身具有很大的品牌效应的产品,由于得到人们的认可,在网站产品的定价中,完全可以对品牌效应进行扩展和延伸,利用网络宣传与传统销售的结合,产生整合效应。

(12)撇脂定价和渗透定价。在产品刚介入市场时,采用高价位策略,以便在短期内尽快收回投资,这种方法称为撇脂定价。相反,价格定于较低水平,以求迅速开拓市场,抑制竞争者的渗入,称为渗透定价。在网络营销中,往往为了宣传网站,占领市场,采用低价销售策略。另外,不同类别的产品应采取不同的定价策略。如日常生活用品,购买率高、周转快,适合采用薄利多销、宣传网站、占领市场的定价策略;而对于周转慢、销售与储运成本较高的特殊商品、耐用品,网络价格可定高些,以保证赢利。

2. 免费价格策略

(1)免费价格内涵。免费价格策略是市场营销中常用的营销策略,它主要用于促销和推广产品,这种策略一般是短期和临时性的。在网络营销中,免费价格不仅仅是一种促销策略,它还是一种非常有效的产品和服务定价策略。

具体地说，免费价格策略就是将企业的产品和服务以零价格形式提供给客户使用，满足客户的需求。免费价格形式有四类：第一类是产品和服务完全免费，即产品（服务）从购买、使用和售后服务所有环节都实行免费服务；第二类是对产品和服务实行限制免费，即产品（服务）可以被有限次使用，超过一定期限或者次数后，取消这种免费服务；第三类是对产品和服务实行部分免费，如一些著名研究公司的网站公布部分研究成果，如果要获取全部成果必须付款作为公司客户；第四类是对产品和服务实行捆绑式免费，即购买某产品或者服务时赠送其他产品和服务。

免费价格策略之所以在互联网上流行，是有其深刻背景的。一方面，由于互联网的发展得益于免费策略实施；另一方面，互联网作为 20 世纪末最伟大的发明，它的发展速度和增长潜力令人生畏，任何有眼光的人都不会放弃发展成长的机会，免费策略是最有效的市场占领手段。目前，企业在网络营销中采用免费策略，一个目的是让用户免费使用形成习惯后，再开始收费，如金山公司允许消费者在互联网上下载限次使用的 WPS2000 软件（见图 3-3），其目的是让消费者使用习惯后，然后掏钱购买正式软件。这种免费策略主要是一种促销策略，与传统营销策略类似。另一个目的是发掘后续商业价值，它是从战略发展的需要来制定定价策略的，主要目的是先占领市场，然后再在市场上获取收益。如 Yahoo! 公司通过免费建设门户站点，经过 4 年亏损经营后通过广告收入等间接收益扭亏为盈，但在前 4 年的亏损经营中，公司却得到飞速增长，主要得益于股票市场对公司的认可和支持，因为

图 3-3　金山公司提供的部分免费下载软件

股票市场看好其未来的增长潜力，而 Yahoo! 的免费策略恰好是占领了未来市场，具有很大的市场竞争优势和巨大的市场赢利潜力。

(2)免费产品的特性。网络营销中产品实行免费策略是要受到一定环境制约的，并不是所有的产品都适合于免费策略。互联网作为全球性开放网络，它可以快速实现全球信息交换，只有那些适合互联网这一特性的产品才适合采用免费价格策略。一般说来，免费产品具有下列特性：

①数字化产品。互联网是信息交换的平台，它的基础是数字传输。对于易于数字化的产品都可以通过互联网实现零成本的配送。企业只需要将这些免费产品放置到企业的网站上，用户可以通过互联网自由下载使用，企业通过较小成本就实现产品推广，可以节省大量的产品推广费用。

②无形化特点。通常采用免费策略的大多是一些无形产品，它们只有通过一定的载体才能表现出一定的形态，如软件、信息服务(报刊、杂志、电台、电视台等媒体)、音乐制品、图书等。这些无形产品可以通过数字化技术实现网上传输。

③零制造成本。这里零制造成本主要是指产品开发成功后，只需要通过简单的复制就可以实现无限制的生产，这点是免费的基础。对这些产品实行免费策略，企业只需要投入研制费用即可，至于产品的生产、推广和销售则完全可以通过互联网实现零成本运作。

④成长产品。采用免费策略的产品一般都是利用产品成长性推动和占领市场，为未来市场发展打下坚实基础。

⑤冲击性。采用免费策略的产品主要目的是推动市场成长，开辟出新的市场领地，同时对原有市场产生巨大的冲击。如 3721 网站为推广其中文网址域名标准，以适应中国人对英文域名的不习惯，采用免费下载和免费在品牌电脑预装策略，在短短的半年时间内迅速占领市场，成为市场标准。

⑥间接收益特点。采用免费价格的产品(服务)，可以帮助企业通过其他渠道获取收益。这种收益方式也是目前大多数 ICP 的主要商业运作模式。

3.3.3 网络渠道策略及营销渠道应用

1. 网络直销

网络直销是指生产商通过网络销售渠道直接销售产品。目前通常做法有两种：一种做法是企业在因特网上建立自己的网站，申请域名，制作主页和销售网页，由网络管理员专门处理有关产品的销售事务；另一种做法是企业委托信息服务商在其网站发布信息，企业利用有关信息与客户联系，直接销售产品。

网络直销的优点：第一，能够促成产需直接沟通。企业可以直接从市场上收集到真实的第一手资料，合理安排生产。第二，网络直销对买卖双方都会产生直接的经济利益。由于网络营销使企业的营销成本大大降低，从而使企业能够以较低的价格销售自己的产品，同时，消费者也能够买到大大低于现货市场价格的产品。第三，营销人员可以利用网络工具，如电子邮件、公告牌等，随时根据用户的愿望和需要，开展各种形式的促销活动，迅速扩大产品的市场份额。第四，网络直销使企业能够及时了解用户对产品的意见、要求和建议，从而使企业针对这些意见、要求和建议向客户提供技术服务，解决疑难问题，提高产品质量，改善企业经营管理。

当然，网络直销也有其自身的缺点。由于越来越多的企业和商家在因特网上建站，使用户处于无所适从的尴尬境地。面对大量分散的域名，网络访问者很难有耐心一个个去访问一般的企业主页。特别是对于一些不知名的中小企业，大部分网络漫游者不愿意在此浪费时间，或者只是在"路过"时走马观花地看一眼。据有关资料介绍，我国目前建立的众多企业网站，除个别行业和部分特殊企业外，大部分网站访问者寥寥，营销数额不大。为解决这个问题，必须从两方面入手：一方面需要尽快组建具有高水平的专门服务于商务活动的网络信息服务点；另一方面需要从间接分销渠道中去寻找解决办法。

2. 网络间接销售

为了克服网络直销的缺点，网络商品交易中介机构应运而生。中介机构成为连接买卖双方的枢纽，使网络间接销售成为可能，中国商品交易中心、商务商品交易中心、中国国际商务中心等都属于此类中介机构。此类机构在发展过程中仍然有很多问题需要解决，但其在未来虚拟网络市场的作用是其他机构所不能替代的。

从经济学的角度分析，网络商品交易中介机构的存在之所以成为必然，有以下基本原因：

(1)网络商品交易中介机构简化了市场交易过程。

(2)网络商品交易中介机构使交易活动常规化。

(3)网络商品交易中介机构便利了买卖双方的信息收集过程。

3. 同时利用网络直接与间接渠道——双道法

在西方众多企业的网络营销活动中，双道法是非常常见的方法，是企业网络营销非常有效的渠道策略。所谓双道法，是指企业同时使用网络直接销售渠道和网络间接销售渠道，以达到销售业绩最大的目的。在买方市场条件下，通过两条渠道销售产品比通过一条渠道更容易开拓市场。

在现代化大生产和市场经济条件下，企业在网络营销活动中除了自己建立网站外，大部分都是积极利用网络间接销售渠道销售自己的产品，通过中介商的信息服务、广告服务和撮合服务，扩大企业的影响，开拓企业产品的销售空间，降低销售成本。因此，对于从事企业营销活动的企业来说，必须熟悉、研究国内外电子商务交易中间商的类型、业务性质、功能、特点及其他有关情况，必须能够正确地选择中介商，顺利地完成商品从生产到消费的整个转移过程。

在筛选电子商务中间商时，必须考虑成本、信息、覆盖、特色、连续性五方面的因素。这些因素可以称之为网络间接营销的五大关键因素，也称为五“C”因素。

(1)成本(Cost)。这里的成本是指使用中介商信息服务时的支出。这种支出可分为两类：一类是在中介商网络服务站建立主页的费用，另一类是维持正常运行时的费用。在两类费用中，维持费用是主要的、经常的，不同的中介商之间有较大的差别。

(2)信用(Credit)。这里的信用是指网络信息服务商所具有的信用程度的大小。相对于其他基本建设投资来说，建立一个网络服务站所需的投资较少，因此，信息服务商如雨后春笋般地出现。目前，我国还没有权威性的认证机构对这些服务商进行认证，因此在选择中介商时应注意他们的信用程度。

(3)覆盖(Coverage)。覆盖是指网络宣传所能够波及的地区和人数，即网络站点所能影响的市场区域。对于企业来讲，站点覆盖并非越广越好。而是要看市场覆盖面是否合理、有效，是否能够最终给企业带来经济效益。在这一点上，非常类似于在电视上做广告。例如，“短腿”产品(如啤酒)在地区性电视台做广告的效果较好；而“长腿”产品(如药品)则非常适合于在全国性电视台做广告。

(4)特色(Character)。每一个网络站点都要受到中介商总体规模、财力、文化素质、服务态度、工作精神的影响，在设计、更新过程中表现出各自不同的特色，因而具有不同的访问群(即客户群)。因此，企业应当研究这些客户群的特点、购买渠道和购买频率，为选择不同的电子商务交易中介商打下一个良好的基础。

(5)连续性(Continuity)。网络发展的实践证明，网络站点的寿命有长有短。如果一个企业想使网络营销持续稳定地运行，那么就必须选择具有连续性的网络站点，这样才能在用户或消费者中建立品牌信誉、服务信誉。为此，企业应采取措施密切与中介商的联系，防止中介商把别的企业的产品放在经营的主要位置。

3.4 网络营销的常用方法

3.4.1 企业网站

1. 企业网站的类型

所谓企业网站，就是企业以网络营销为目的，在互联网上建立的企业网上"展览厅"和"大卖场"，面向全球展示企业形象、产品介绍、进行产品买卖和网上互动交流等，通过网站建设和宣传的行为。根据行业特性的差别，以及企业的建站目的和主要目标群体的不同，大致可以把企业网站分为信息发布型、电子商务型、多媒体广告型和互动交流型等多种类型。

(1)信息发布型。主要面向客户、业界人士或者普通浏览者，以介绍企业的基本资料、帮助树立企业形象为主；也可以适当提供行业内的新闻或者知识信息。这种类型网站通常也被形象地比喻为企业的"Web Catalog"。

(2)电子商务型。主要面向供应商、客户或者企业产品(服务)的消费群体，以提供某种直属于企业业务范围的服务或交易、或者为业务服务的服务或者交易为主。这样的网站可以说是正处于电子商务化的一个中间阶段，由于行业特色和企业投入的深度广度的不同，其电子商务化程度可能处于从比较初级的服务支持、产品列表到比较高级的网上支付的其中某一阶段。通常这种类型可以形象地称为"网上××企业"，如网上银行、网上酒店等。

(3)多媒体广告型。主要面向客户或者企业产品(服务)的消费群体，以宣传企业的核心品牌形象或者主要产品(服务)为主。这种类型无论从目的上还是实际表现手法上相对于普通网站而言更像一个平面广告或者电视广告，因此用"多媒体广告"来称呼这种类型的网站更贴切一点。

(4)互动交流性。主要通过网站所具有的网络宽带和多媒体双向互动的功能开展一对一、一对多、或多对多之间的商务洽谈、信息沟通以及建立与企业和产品所衍生出来的网络文化活动。

2. 企业网站的功能

(1)有利于提升企业形象。一般来说，企业建立自己的网址，不大可能马上给企业带来新客户、新生意，也不大可能马上大幅度提升企业业绩。企业网站的作用更类似于企业在报纸和电视上所做的宣传公司本身及品牌的广告。不同之处在于企业网站容量更大，企业几乎可以把任何想让客户及公众知道的内容放入网站。

此外，相对来说，建立企业网站的费用也比其他广告方式要低得多。企业网站一年的费用仅为 3 万～4 万元，如企业在报纸上做广告，半个版面，几天时间就要花掉几十万元。当然，网站和广告是两种不同的宣传方式，各有不同的作用，它们之间更多的是互相补充，而不是互相排斥。企业如拥有自己的网址，应在各种广告中尽量地推介该网址，并把具体性的内容放入网址中。

(2)使公司具有网络沟通能力。在中国，人们对互联网络往往有所误解，以为电子信箱就是互联网络。我们见过不少公司，将电子邮件地址当成网址，并印在名片上。实际上，电子邮件只是互联网络中一个最常用、最简单的功能之一。互联网络真正的内涵在于其内容的丰富性，几乎无所不包。对于一个企业来说，其具有网络沟通能力的标志是公司拥有自己的独立网站，而非电子信箱。

(3)可以全面详细地介绍公司及公司产品。公司网址的一个最基本的功能，就是能够全面、详细地介绍公司及公司产品。事实上，公司可以把任何想让人们知道的东西放入网址，如公司简介、公司的厂房、生产设施、研究机构、产品的外观、功能及其使用方法等，都可以展示于网上。

(4)实现电子商务功能。就现在，您就可以在网站上为您的企业实现电子商务功能。您可以在网站上发布：

①实时新闻发布系统。在线 Web 发布公司新闻及各种行业新闻、动态、船期等。

②实时报价系统(如运输行业)。海运整柜、海运散货、空运报价、拖车报价、快件报价，在线订舱系统(客户订舱→订舱接收→订舱反馈)、货物跟踪查询系统。

③在线下载系统。包括在线管理、在线发布等。

④电子商城系统。可以在网上开家自己的商店。

⑤客户留言板、在线调查、招聘系统、邮件列表、BBS 论坛等。

(5)可以与客户保持密切联系。在美国，每当人们想知道某公司有什么新产品、新服务，或旧产品和服务有什么变化，甚至只是想知道该公司有什么新闻，他们就会习惯性地进入该公司的网址。因为外国公司已经习惯于把所有的新产品和新服务信息发布于网上，并且定期在网上发布有关公司的消息。中国公司与客户之间现在暂时还不习惯于这种联系方式，而中国企业的网址内容一般也隔较长时间才更新一次。但随着越来越多的公司在网上发布产品和信息，这种情况将会发生明显变化。毕竟，已经有越来越多的公司具有网络能力，并逐渐习惯于用网络进行沟通。

(6)可以与潜在客户建立商业联系。这是企业网址最重要的功能之一，也是为什么那么多的国外企业非常重视网站建设的根本原因。现在，世界各国大的采购商都是主要利用互联网络来寻找新的产品和新的供应商，因为这样做费用最低，效率最高。原则上，全世界任何地方的人，只要知道了公司的网址，就可以看到公司的产品。因此，关键在于如何将公司网址推介出去。一种非常实用而有效的方法是将公司的网址登记在全球著名的搜索引擎（如 Google，Yahoo!，Excite，AltaVista等）上，并选择与公司的产品及服务有关的关键字，则可以使潜在的客户能够容易地找到公司和产品。这正是国际商业上通行的做法，而且被实践证明是十分有效的。

(7)可以降低通信费用。对于不少企业来说，每年的通信费用，尤其是涉及进出口的通信费用，是一笔庞大的费用。利用公司网站所提供的多个电子信箱，可以有效地降低通信费用，这是企业网站的一个很实际的好处（利用 E-mail 通信的费用仅为市话费用）。

(8)可以利用网站及时得到客户的反馈信息。客户一般是不会积极主动地向公司反馈信息的。如公司在设计网站时，加入专门用于客户与公司联系的电子邮件和电子表格，由于使用极其方便，相对来说，一般客户还是比较乐于使用这种方式与公司进行联系。因此，公司可以得到大量的客户意见和建议。

3.4.2 域名、网络实名和通用网址

(1)域名。Internet 域名是 Internet 网络上的一个服务器或一个网络系统的唯一名字，也有人通俗笼统的称其为某网站的网址。

关于域名系统在本书第 2 章的 2.1.3 节已经有相应的介绍。

(2)网络实名。网络实名是继 IP、域名之后的第三代互联网访问方式。实名让互联网用户直接使用企业名、产品名、网站名等真实名称，即可直达目标网站，无需记忆复杂的域名、网址，无需 http://、www、.com、.net 等前后缀，是简便、先进、快捷、方便的网络访问方式。举例：如果要访问人民日报，以前必须在地址栏输入 http://www.people.com.cn，而现在使用网络实名，只需输入“人民日报”即可直达该网站，用人们熟知的名字就可以直达目标。

(3)通用网址。通用网址是一种新兴的网络名称访问技术，通过建立通用网址与网站地址 URL 的对应关系，实现浏览器访问的一种便捷方式。用户只要在浏览器网址栏中直接输入企业、产品、网站、行业的名称，即可直达目标网站，无需记忆复杂的域名、网址。

3.4.3 网络调研

1. 网络调研的基本步骤

网络市场调查与传统市场调查一样，应遵循一定的方法与步骤，以保证调查过

程的质量。网络市场调查一般包括以下几个步骤：

(1)明确问题与调查目标。进行网络市场调查，首先要明确调查的问题是什么；调查的目标是什么；谁有可能在网上查询你的产品或服务；什么样的客户最有可能购买你的产品或服务，在你这个行业，哪些企业已经上网，他们在干什么；客户对竞争者的印象如何；公司在日常运作中，可能要受哪些法律法规的约束，如何规避；等等。具体要调查哪些问题事先应考虑清楚，只有这样，才可能做到有的放矢，提高工作效率。

(2)确定市场调查的内容。网络市场调查的内容，主要分为企业产品的消费者、企业的竞争者和合作者、行业内的中立者三大类。

(3)制订调查计划。网络市场调查的第三步是制订有效的调查计划，包括资料来源、调查方法、调查手段、抽样方案和联系方法五部分内容。

(4)收集信息。利用互联网作市场调查，不管是一手资料还是二手资料，可同时在全国或全球进行，收集的方法也很简单，直接在网上递交或下载即可，这与受区域制约的传统调研方式有很大的不同。如某公司要了解各国对某一国际品牌的看法，只需在一些著名的全球性广告站点发布广告，把链接指向公司的调查表就行了，无需像传统调查那样，在各国找不同的代理分别实施。此类调查如果利用传统方式是无法想象的。

在问卷回答中访问者经常会有意无意地漏掉一些信息，这可通过在页面中嵌入脚本或CGI程序进行实时监控。如果访问者遗漏了问卷上的一些内容，调查表会拒绝递交或者验证后重发给访问者要求补填。最终，访问者会收到证实问卷已完成的公告。在线问卷的缺点是无法保证问卷上所填信息的真实性。

(5)分析信息。信息收集结束后，接下去的工作是信息分析。信息分析的能力相当重要，因为很多竞争者都可从一些知名的商业站点看到同样的信息。调查人员如何从收集的数据中提炼出与调查目标相关的信息，并在此基础上对有价值的信息迅速作出反应，这是把握商机、战胜竞争对手、取得经营成果的一个制胜法宝。利用Internet，企业在获取商情和处理商务的速度方面是传统商业无法比拟的。

(6)提交报告。调研报告的填写是整个调研活动的最后一个阶段。报告不是数据和资料的简单堆砌，调查员不能把大量的数字和复杂的统计技术扔到管理人员面前，而应把与市场营销关键决策有关的主要调查结果写出来，并以调查报告正规格式书写。

2. 网络调研的作用

(1)及时性和共享性。可以把调研的相关信息迅速地传递给世界各地上网的用户。

(2)便利性和低成本性。与传统营销调研相比,可以有效地降低调研的费用,增加调研的便利性。

(3)交互性和充分性。可以减少因调查问卷的不合理而导致调查结果出现偏差等问题。

(4)可靠性和客观性用户所填写的信息是其自愿的,从某种方面保证了调研的客观性与真实性。有效地避免了传统营销调研中人为因素的干扰。

(5)可以全天候地进行营销调研,无须人为守候及监控。

(6)可检测性和可控制性。可有效地对采集信息的质量实施系统的检验和控制。

3.4.4 信息发布

1. 信息发布的策略

在网络营销的实践中,许多企业的经营者存在一种认识误区,以为域名注册了,空间买到了,网站建成了,信息化建设也就大功告成了,就可以坐等订单滚滚而来了。然而,最终的结局却往往是"只见网页建,不见订单来"。为什么会发生这种情况呢?主要原因在于许多经营者还不懂得网上销售的诀窍,也就是还不明白网上商务运作的规律和章法,具体来讲,突出表现为不懂得网络营销中商务信息发布的相关技巧和方法。大量的网络营销实践证明,商务信息发布作为开展网上营销和进行网上交易的主要手段,具有很强的专业性和技巧性。可以毫不夸张地说,如何结合企业的实际,充分挖掘市场需求,并在此基础上进行科学有效的信息发布,关系到网络营销成败的全局。

(1)信息发布前应做好的五项准备:

①检查接收信息的通路。

②学会提炼主题。

③精炼内容和文字。

④进行图文搭配。

⑤在进行信息发布前的反向搜索。

(2)商务信息发布中优选网站应当遵循的五项原则:

①根据商气兴旺与否优选发布网站。客户吸引力,只有商气足的网站,商机才多。打个最常见的比方:在传统营销中,没有商气的商店,被称为冷店,而冷店是无人进的。因为没有客流,你把商品摆进去,其结果只能是无人问津。同样道理,在网络营销中,也必须把自己的商品信息放在一个商气旺的网站发布,才能有较多的浏览者看到你的信息,才能获得较多的商机,从而实现最短距离连接、最快速度

成交。

②针对商品的销售对象和销售区域优选发布网站。实践中，许多商品是有一定的销售渠道和销售区域的，我们在优选发布网站时，应充分考虑这种情况，使之成为我们整体销售战略的一个重要组成部分。因此，这种选择既有定向性，又有互动性，它会成为我们传统营销战略的补充和替代。

③从成长中的行业网站优选发布网站。在平常的浏览中，经常会发现许多新成立的商务网站。对于这些新发现的网站，可以逐步试发一些信息，进行测试，也可以确定一个观察期(一周或一个月)，观察该网站的信息量和客户流。经过一段时间的观察或测试，若该网站的商气确实很旺，就可以把它扩充进来，成为企业今后的目标网站或定点联系网站。

④从准备开辟的新销售区域试选发布网站。由于我国经济发展的不平衡以及地区自然条件、生活水平、网民结构和文化风俗的差异性，导致在网络营销和电子商务发展中出现相应的区域差异。因此，开辟新的销售区域时，必须注意这种区域差异的特点，从而有针对性地选择对区域经济发展有影响的网站。

⑤根据浏览量优选发布网站。浏览量高的网站，一般情况下人气、商气也较旺，但是由于多数商务网站没有人气浏览量的显示，因此，在网站选择的过程中，就需要进行综合判断。

2. 网络信息发布的优势

(1)降低信息发布投入费用，相对于传统媒介来讲，信息发布费用很低。信息发布费用减少就是产品成本的降低。

(2)网络信息发布的传送灵活性，24 小时在线服务。

(3)网络信息发布内容可以根据客户的需要进行灵活更新。

(4)利用网络提供的交流平台可以及时与网民进行交流，例如：电子邮件、有奖网络调查的方式掌握第一手的用户信息，了解到整个消费群体的总体需求及消费趋势等。这一点是传统媒体无法比拟的。

(5)网络信息发布吸引年轻、教育程度高且相对富裕的人群。

(6)网络信息发布可以精确地计算出投放效果如何(通过计算信息发布被点击的次数分析得知)。

3.4.5 搜索引擎营销

1. 搜索引擎营销的概念

简单地说，搜索引擎营销就是基于搜索引擎平台的网络营销，利用人们对搜索引擎的依赖和使用习惯，在人们检索信息的时候尽可能将营销信息传递给目标客户。搜索引擎营销追求最高的性价比，以最小的投入获最大的来自搜索引擎的访问量，并产生商业价值。搜索营销的最主要工作是扩大搜索引擎在营销业务中的比重，通过对网站进行搜索优化，更多地挖掘企业的潜在客户，帮助企业实现更高的转化率。

搜索引擎营销主要包括自然搜索、目录列表和付费搜索引擎广告三类基本技术。

2. 搜索引擎的工作原理

(1)收集信息。搜索引擎的信息收集基本都是自动的。搜索引擎利用称为网络蜘蛛的自动搜索机器人程序来连上每一个网页上的超链接。机器人程序根据网页链接到其他网页中的超链接，就像日常生活中所说的“一传十，十传百……”一样，从少数几个网页开始，连到数据库上所有到其他网页的链接。理论上，若网页上有适当的超链接，机器人便可以遍历绝大部分网页。

(2)整理信息。搜索引擎整理信息的过程称为“建立索引”。搜索引擎不仅要保存收集起来的信息，还要将它们按照一定的规则进行编排。这样，搜索引擎根本不用重新翻查它所有保存的信息而迅速找到所要的资料。想象一下，如果信息是不按任何规则地随意堆放在搜索引擎的数据库中，那么它每次找资料都得把整个资料库完全翻查一遍，如此一来再快的计算机系统也没有用。

(3)接受查询。用户向搜索引擎发出查询，搜索引擎接受查询并向用户返回资料。搜索引擎每时每刻都要接到来自大量用户的几乎是同时发出的查询，它按照每个用户的要求检查自己的索引，在极短的时间内找到用户需要的资料，并返回给用户。目前，搜索引擎返回主要是以网页链接的形式提供的，通过这些链接，用户便能到达含有自己所需资料的网页。通常搜索引擎会在这些链接下提供一小段来自这些网页的摘要信息以帮助用户判断此网页是否含有自己需要的内容。

3. 搜索引擎营销的主要方式

搜索引擎营销的方式主要有搜索引擎登录、搜索引擎优化、关键词广告、付费搜索引擎广告、竞价排名等。目前最常用的就是搜索引擎优化和竞价排名。

3.4.6 电子邮件营销

1. 电子邮件营销的基本要素

(1)E-mail 营销的技术基础。从技术上保证用户加入、退出邮件列表，并实现对用户资料的管理，以及邮件发送和效果跟踪等功能。

（2）用户的 E-mail 地址资源。在用户自愿加入邮件列表的前提下，获得足够多的用户 E-mail 地址资源，是 E-mail 营销发挥作用的必要条件。

（3）E-mail 营销的内容。营销信息是通过电子邮件向用户发送的，邮件的内容对用户有价值才能引起用户的关注，有效的内容设计是 E-mail 营销发挥作用的基本前提。当这些基础条件具备之后，才能开展真正意义上的 E-mail 营销，E-mail营销的效果才能逐步表现出来。

2. 许可电子邮件营销

许可邮件营销就是接受者同意接受广告形式的电子邮件。其邮件地址的收集形式具体也有三种：

（1）由用户填写。我们在注册会员或申请礼品的时候，会有两个可选项，一个是愿意接受电子邮件广告，另外是你所喜欢的行业或类别信息。如果同意了并选择了，那么便可称呼为“许可邮件营销”。

（2）被迫的许可。在申请邮箱的时候，“愿意接受其广告”是必选项，如果不同意，将不可能成功申请到邮箱，因此我们申请了邮箱也就等于默许了电子邮件广告，比如申请三大门户网站的免费邮箱。这样一来，这种客户的广告价值就不大了，因为他的意愿是被迫的，甚至是虚假的。

（3）在行业网站中注册的邮件地址。这些用户所接受的 EDM，虽然没被允许，但是自己喜欢的、感兴趣的。比如在旅游网站注册，很明显是喜欢旅游的，因此会喜欢旅游方面的信息。当这个旅游网站发的旅游方面广告，虽然注册用户没同意，但至少不会不喜欢或拒绝。这种虽然不能称“许可邮件营销”，但也不能称垃圾邮件，也具备广告价值。

3. 电子邮件营销的优势

（1）范围广。以相对低的成本散播资讯到广大范围的特定潜在客户，递送清单优势不言自明。

（2）成本低。比较投资其他媒体如直接邮寄或打印商务通信，电子邮件营销比较便宜。

（3）目标性强。精确的投资报酬率可追踪（一个萝卜一个坑），而且如果使用适当的话，已证明相当高。电子邮件营销常常被评为仅次于搜寻行销的最有效线上营销策略。

（4）速度快。它是立即的，相对于传统邮件广告，电子邮件抵达收件人仅需几秒钟或几分钟。

(5)主动性强。它让广告主把信息“推”到其观众面前,相反的网站得等客人上门。

(6)追踪容易。广告主可以透过网虫、退件、终止订阅、阅读回条、点击率等以追踪使用者。这些可以用来衡量开启率、正面或反面回应、串联实际贩卖与行销。

3.4.7 网络广告

1. 网络广告的一般过程

网络广告虽然被越来越多的企业所接受,但其效果却不尽如人意。影响是多方面的,这其中原因就包含一些营销人员对网络广告认识的不到位,没有很好地遵循网络广告的基本原理。网络广告看似简单,其实不然。就网络广告的执行而言,我们需要遵循一定的步骤。

(1)网络广告的前期调查。

(2)网络广告计划的制订。

(3)网络广告计划的具体实施。

(4)网络广告的效果评价。

2. 网络广告的主要形式

随着网络营销实践的开展,网络广告的形式也不断翻新,给企业提供更多选择的同时,也吸引更多的人来点击浏览。以下列举了一些常见的网络广告形式:

(1)按钮广告。它酷似按钮,因而得名。

(2)旗帜广告。它又叫横幅广告,是一个表现商家广告内容的图片,放置在广告商的页面上,是互联网上最早出现的广告形式,也是目前最基本的广告形式。旗帜广告的尺寸主要有480×60像素和233×30像素。浏览者只要点击(click)其就可以链接到某一网站,以进一步看到广告主所要说明的更详细的信息。

(3)文字链接广告。它采用文字标识的方式,点击后可以链接到相关网页。同时它的广告位安排灵活,可以出现在页面的任何位置,可以竖排也可以横排,每一行就是一个广告,点击每一行都可以进入相应的广告页面,是一种对浏览者干扰较少,但效果显著的网络广告形式。此外,经过处理的文字链接,或者使其颜色有节奏变化,或者使其在屏幕上滚动,从而吸引浏览者的注意力,提高点击率。

(4)主页广告。现在越来越多的企业建有自己的网站,企业可以把所要发布的信息分门别类地制作成主页,这样可以让消费者全面了解企业及企业的产品或服务。主页广告要让消费者了解尽可能多的信息的同时,要注意主页内容的知识性与趣味性，并且要经常更新内容，只有这样才能吸引和留住更多的浏览者，从而真正实现广告目标。

(5)电子邮件广告。调查表明，电子邮件是网民最常使用的因特网工具。只有不到 30%的网民每天上网浏览信息，但却有超过 70%的网民每天使用电子邮件。

电子邮件广告具有针对性强、费用低廉的特点，且广告内容不受限制。特别是针对性强的特点，它可以针对具体某一个人发送特定的广告，为其他网上广告方式所不及。

(6)视频广告。它是利用流媒体(stream)技术提供的新型广告形式，整合网络广告的交互性与电视广告的冲击力，视频广告能够实现实时的影音在线播放，画面清晰、声音流畅，效果可与电视媲美。视频广告主要有页面嵌入方式、浮动方式、弹出方式等形式。

(7)弹出式广告。弹出式广告在访问者进入该页面之前，就抢先以大尺寸弹出的形式将相关广告信息推荐给浏览者，使人在意外之间加以关注。

随着人们对其厌恶程度的增加，弹出式广告要想继续生存下去，必须要在某种程度上取悦于网民，而不是像当前这样来激怒他们。

(8)全屏广告。用户打开浏览页面时，广告将以全屏方式出现 3～5 秒，可以使用静态的页面，也可以使用动态的 Flash 效果，然后，逐渐缩成普通的旗帜广告(banner)尺寸，进入正常阅读页面。

(9)画中画广告。这是一种将大型广告放置在页面中间的网络广告形式。其优点有：

①广告位置明显，处于浏览者浏览页面的必经之地，不容易被忽略。

②干扰度低，用户浏览广告时，不容易被其他内容干扰注意力。

③页面承载内容量大，互动性强。由于面积加大，而且由 Flash 技术制作，因此，广告可承载内容明显多于普通广告形式。而且客户可以具此制作一个微型网站，通过用户对广告的点击选择将更多的信息呈现在面前而不用离开正在浏览的页面。

(10)即时通信工具。现在网上有各种即时通信工具，其中像腾讯的 QQ 是很多“网虫”每天上网必不可少的。QQ 的注册用户数量庞大，实际使用人数大约占网民总数的 80%左右，可以说 QQ 是中国网民除了 IE Explorer 之外最常用的网络软件。这样一个拥有大量用户群的软件，理所当然地成为一个极好的广告媒体。而且它是基于互联网的应用软件，因此，QQ 广告具有普通网络广告所具备的一切优点。

3.4.8 Web 2.0 与网络营销

1. Web 2.0 环境下的网络营销原则

企业在 Web 2.0 环境下进行网络营销，作为一种新的营销模式，应该遵循以下原则：

(1)记住你是社区的一分子。社区的成员自然有一些既得权利。只有在有利于所有人的情况下他们才会参与。垃圾邮件、令人误解的标签、不正确的信息和一些上不了台面的内容都会给社区造成伤害。

(2)在鉴定和匿名间做好平衡。互联网就是基于匿名概念建立的，但匿名虽然促进了参与性和信息间的免费交换，同时它也会存在漏洞，恶意的事情也会发生。发稿者身份的鉴定可以让你有选择地删除攻击性的资料。但你最好确定你掌握着一个清晰的、严格的隐私政策来鼓励用户继续踊跃发稿。

(3)具备一些制度上的胆识、本能。如果你要让大众都参与进来，就要准备好接受可能出现的结果。不是每一个人都会与你意见一致的，或者都会对你的产品和服务说一些好听的话。不要企图封锁住这些声音，用积极的态度吸引他们经常能够转化潜在的问题。常常是这样，吸引了那些意见相左的帖子的人往往会把他们变成即时的朋友。

(4)避免冗长。如果你打算加入基于网络的开放服务，不要用毫无意义的陈词滥调来充实你的内容。

(5)检查你的动机。你是因为 Web 2.0 与你的战备正好契合，还是因为看中了它时下正流行，想清楚这个问题很重要，因为这是一个长期的投入。

(6)准备好工作。参与到开放但仍很粗糙的社交网络和用户提供内容这种模式中来意味着有很多工作要做。内容要不断地填充、更新，要确定你有足够的预算和可行的制度来保证这个项目的持续进行。

2. Web 2.0 环境下的网络营销方式

在 Web 2.0 环境下，网络营销应该采用尽可能多的方式来达到企业的目标。

(1)保证产品信息对那些对产品有兴趣的用户是有用的。如利用博客进行营销，则要求以产品标题建立博客站点。

(2)最大可能地展现产品具有吸引力的一面。吸引个体用户的注意力，以注意到相关的产品。网络并不代表一个简单的大量用户的集合群体，而应该理解成是一个由大量极具个性化和具个人定位的个体组成的用户集合。每一个营销活动都是向这些大量的个体展示自己优势的机会。为了争取最大的访问用户量，我们必须把营销项目做全方位、多角度的宣传。

(3)寻找合适的用户群。在营销活动中把所有的信息都集中和整合后，就要能发现对产品感兴趣的用户群的迹象。营销活动应该通过搜索网页、用户群体和博客的方式来寻找对产品感兴趣或对产品有关联的用户群。

(4)创造能引起用户共鸣的主题信息。在创建了网络宣传媒体之后，营销活动应寻找让人感兴趣的角度和方位，制定有新闻焦点价值的宣传战略。

(5)信息的分类和索引。当把所有的网络媒体工具和博客都通过更多的服务器分流出去后，文件或其他信息中将有许多复制成分的内容，且所有的内容都在互联网上。所以只要这些信息材料被搜索引擎很好的进行了索引并能被访问，将来就能看到这个过程所体现出来的功效。

(6)计划做好未来的工作。创建更多的指向产品信息的链接是一个非常有效的让每个用户有更好的机会访问产品信息的方法。同时，可以向用户提供其他一些产品信息服务、电影、电台广播、网络电视等。还要考虑到这些群体的用户的未来工作和生活，让他们更多地感受到本企业和产品的重要性，产生产品依赖。因为互联网上的信息搜索和查找成本高，好的用户体验或熟悉的使用流程，将使用户产生依赖性，在企业的相关活动作用下，能最大限度地成为企业的忠诚用户。

3.5　网络营销实践

3.5.1　域名服务实践

【实践目的】

域名申请是网络营销实践中不可缺少的一部分，是网站推广的基本手段。通过该实践使学生了解域名服务商的功能，熟练掌握域名购买流程和主机购买流程，掌握域名管理和主机管理的方法。

【实践流程图】

实践流程如图 3-4 所示。

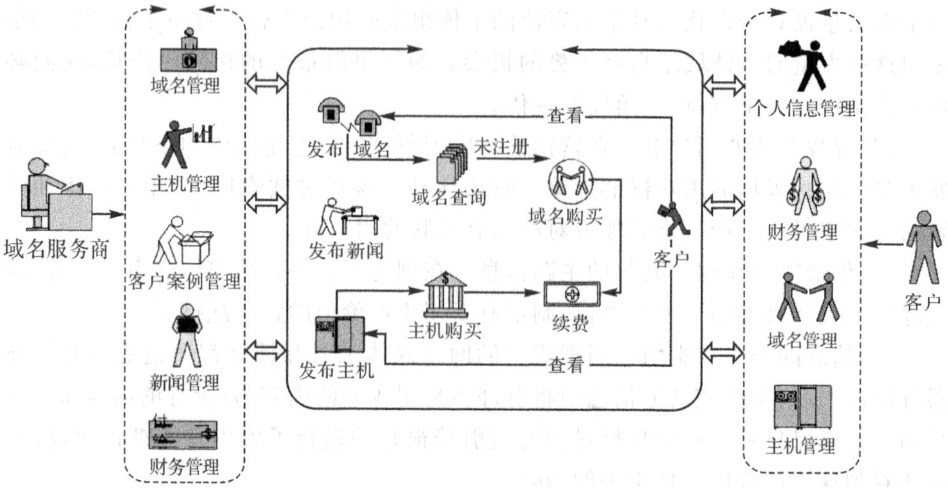

图 3-4　域名服务实践主要流程

【实践步骤】

1. 域名服务商

(1)产品维护

①进入域名服务商后台,如图 3-5 所示。

②在"产品中心"菜单下,显示所有的产品信息,包括域名信息、主机信息和促销产品信息。

图 3-5　域名发布

③可以添加、编辑、修改相应的产品信息。

(2)新闻维护

①进入域名服务商后台,如图 3-6 所示。

②在"新闻中心"菜单下,点击"发布新闻"标签,显示所有新闻信息。

③可以添加、编辑、修改相应的新闻信息。

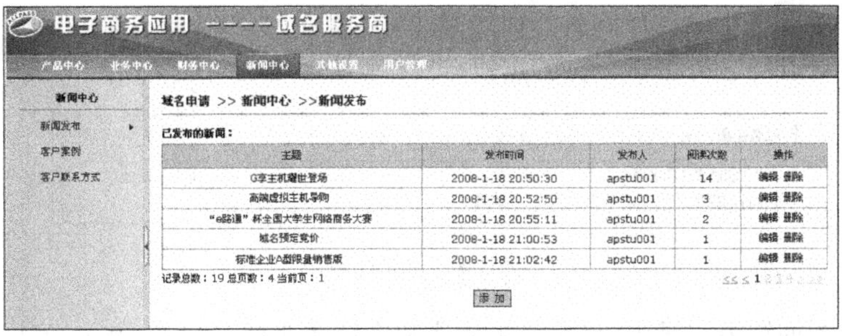

图 3-6　新闻发布

2. 客户

(1)会员注册

①进入域名注册平台，如图 3-7 所示。

图 3-7　用户注册

②点击“会员注册”按钮，进入会员注册界面，进行会员注册。

③输入用户注册信息，点击“注册”按钮，即可注册用户信息。

(2)域名购买

①在域名购买前，首先，查询注册的域名，是否已经被别人注册，有在未被注册

的情况下才可以注册。在域名注册平台上，如图 3-8 所示，在“域名注册”栏目中，输入域名，选择后缀，点击“查询”按钮，进行域名查询。

图 3-8 域名注册

②在查询结果记录中，显示已被注册和未被注册域名记录，点击未被注册记录后面的“购买”，进入域名购买界面。输入域名注册信息，成功注册域名后，系统进入域名管理界面，如图 3-9 所示。

图 3-9 域名管理

(3)域名管理

①会员注册成功，系统自动导入用户管理界面，或在登录用户的前提下，点击“进入账户”按钮，进入用户管理界面。

②域名管理包括业务详情、联系人管理、域名解析、密码修改、证书打印、域名续费和域名注销，分别通过如图 3-9 所示中的 7 个按钮图片进入管理界面。

(4)主机购买

①进入用户管理界面，如图 3-10 所示。

②点击左框架中的“主机购买”，右框架中显示主机购买界面。

③选择适合的主机，点击“购买”按钮，进入主机配置界面，如图 3-11 所示。

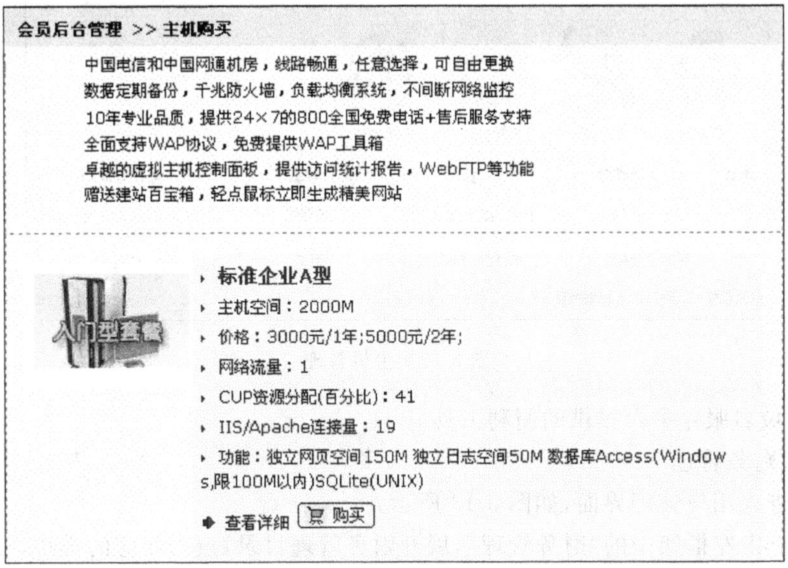

图 3-10　域名购买

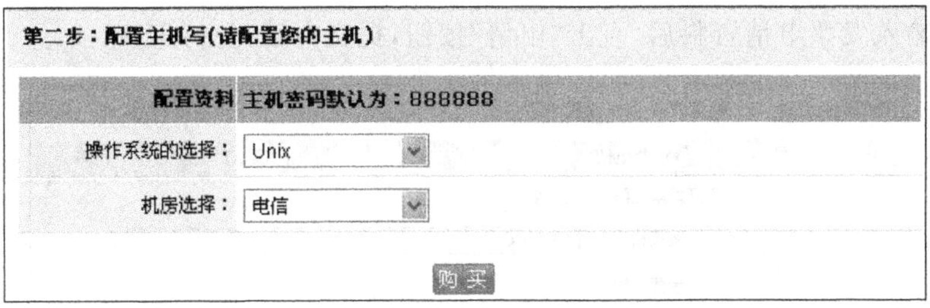

图 3-11　域名配置

④为主机配置操作系统和机房，点击“购买”按钮，购买主机。

(5)主机管理

①进入用户管理界面，如图 3-12 所示。

②点击左框架中的“主机管理”，右框架中显示主机管理界面。

③主机管理包括业务详情、主机登录、密码修改、主机续费，分别通过图 3-12 中的 4 个按钮图片进入管理界面。

④点击“主机登录”按钮，进入主机登录界面，输入密码，登录主机。

⑤“上传网站”→“域名绑定”。

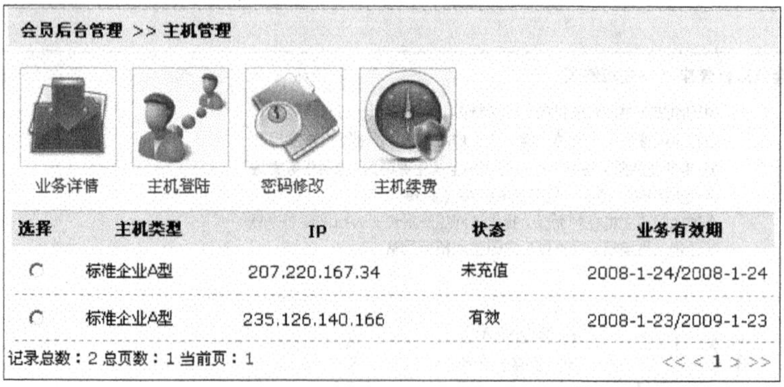

图 3-12 主机管理

3. 域名服务平台提供的便利工具

(1)财务管理

①进入用户管理界面，如图 3-13 所示。

②点击左框架中的“财务管理”，展开财务管理目录，点击相应的模块，如“发票申请”，右框架中显示发票申请界面。点击“申请发票”按钮，进入发票申请信息设置界面。

③输入发票申请资料后，点击“申请”按钮，提交申请，等待审核。

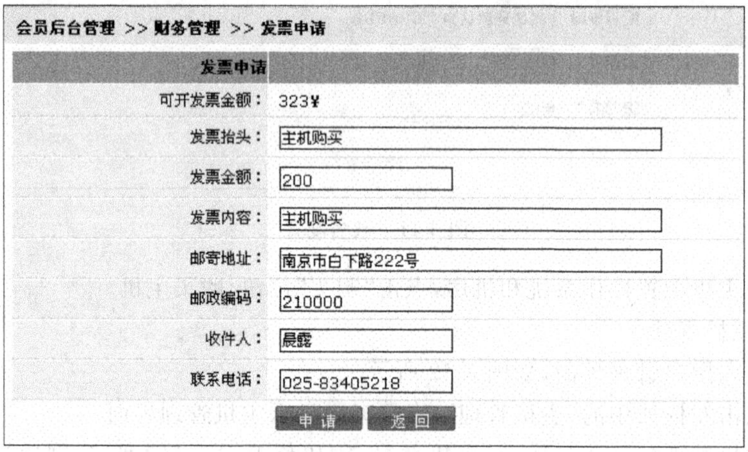

图 3-13 发票申请

(2)信息交互

①进入用户管理界面。用户点击左框架中的“提问”，右框架中显示用户提问界面，如图 3-14 所示。

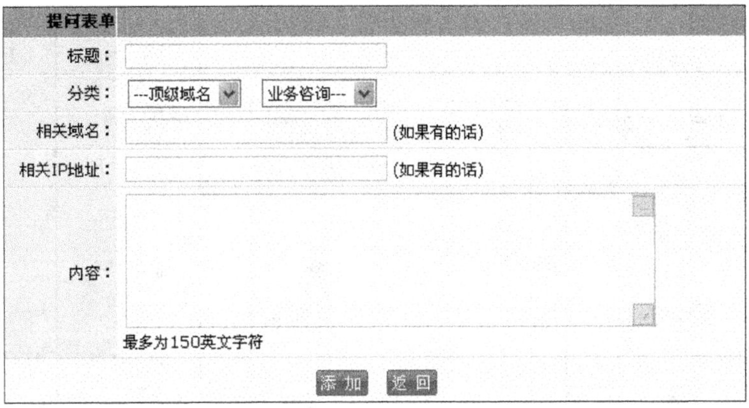

图 3-14　留言提交

②填写提问信息，点击“添加”按钮，提交提问信息。

③域名服务商登录域名服务商后台，点击“其他设置”→“解答中心”→“未回复”，如图 3-15 所示。

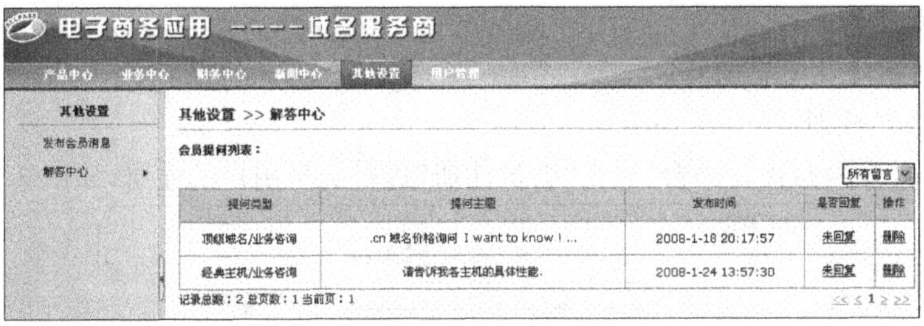

图 3-15　留言回复

④填写回复信息。

⑤用户登录用户管理界面，点击“系统回复”查看提问的回复信息。

3.5.2　网站优化实践

【实践目的】

熟悉并学会在网站优化平台进行会员的注册，学会在网站优化平台上进行网站优化服务的申请，通过进行网站优化，实现网站在搜索引擎中的自然排名提升。通过对网站进行优化，提高网页的显示速度。

【实践流程图】

实践流程如图 3-16 所示。

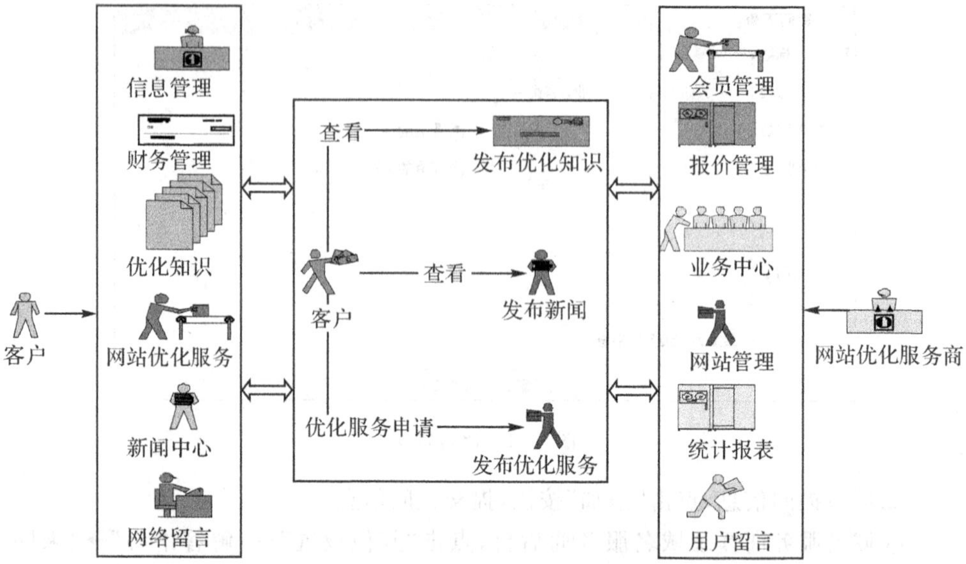

图 3-16　网站优化实践主要流程

【实践步骤】

1. 网站优化平台

(1)会员注册

用户进入网站优化平台,点击"会员注册"进行会员用户的注册,如图 3-17 所示。

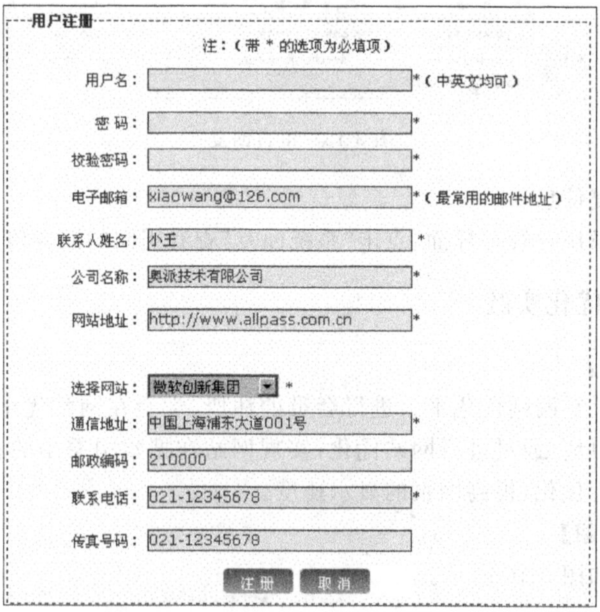

图 3-17　用户注册

(2)信息管理

会员可以在“信息管理”中,单击“信息修改”或“密码修改”就可以对注册信息以及登录密码进行编辑和修改。

(3)财务管理

会员单击“财务管理”下的“在线充值”,如图 3-18 所示,可以对账户进行在线充值,输入充值金额,单击“充值”按钮即可。

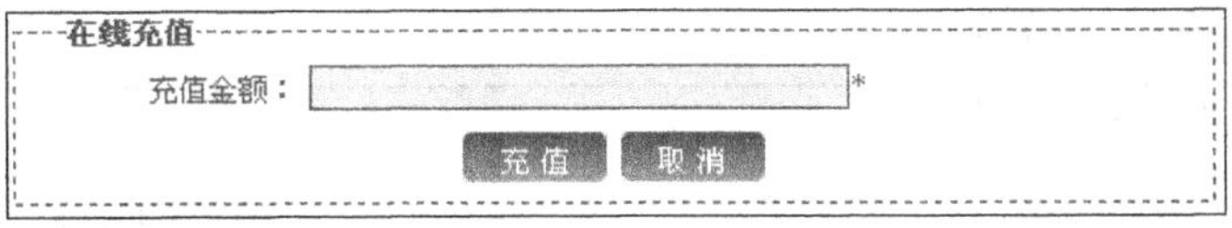

图 3-18　在线充值

(4)新闻中心

会员用户可以在新闻中心查看网站优化服务商的相关新闻,单击新闻标题,即可阅读新闻详细内容。

(5)优化知识

会员用户可以在优化知识栏目中了解最新的网站优化知识,单击优化知识标题,学习网站优化知识。

(6)网络留言

会员用户可以在此对网站优化服务商进行网络留言,如图 3-19 所示,单击“网络留言”,输入留言主题,选择留言类型,输入完留言内容后,单击“发送留言”即可。

图 3-19　用户留言

(7)申请服务

会员用户单击网站优化平台中“申请服务”按钮，进行网站优化服务的申请。

2. 网站优化服务商平台

(1)会员管理

①进入优化服务商平台。

②在会员管理中，单击“编辑”按钮，可以对会员注册信息可以对会员注册信息进行修改，如图 3-20 所示。

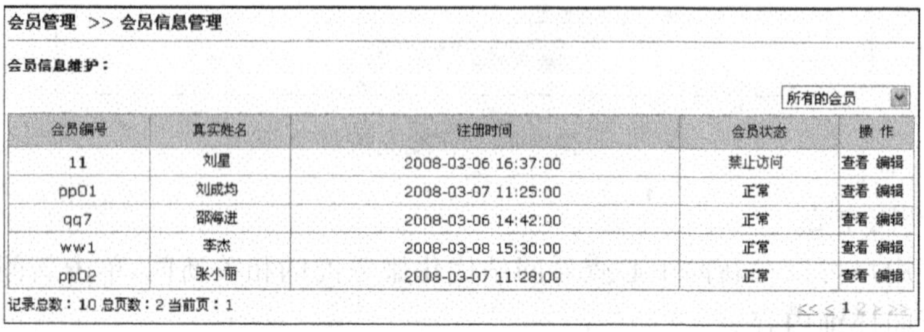
会员管理 >> 会员信息管理
会员信息维护：
所有的会员
会员编号
真实姓名
注册时间
会员状态
操 作
11
刘星
2008-03-06 16:37:00
禁止访问
查看 编辑
pp01
刘成均
2008-03-07 11:25:00
正常
查看 编辑
qq7
邵海进
2008-03-06 14:42:00
正常
查看 编辑
ww1
李杰
2008-03-08 15:30:00
正常
查看 编辑
pp02
张小丽
2008-03-07 11:28:00
正常
查看 编辑
记录总数：10 总页数：2 当前页：1

图 3-20　会员管理

③对于忘记密码会员进行密码重置，单击“密码重置”即可。

(2)报价管理

①进入优化服务商平台。

②报价管理：对向用户提供的网站优化服务进行价格设置，如图 3-21 所示，设置好价格后，单击“修改”按钮。

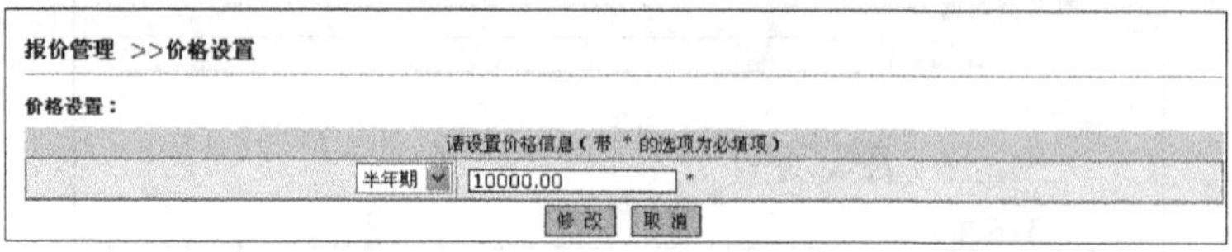
报价管理 >>价格设置
价格设置：
请设置价格信息（带 * 的选项为必填项）
半年期
10000.00
修 改
取 消

图 3-21　价格设置

(3)业务中心

①进入优化服务商平台。

②优化管理：对需要进行优化的网站进行技术处理，分别在“结构面板”和“代码区”中进行操作。

③优化效果：对于优化后的网站进行优化效果的预览。

(4)网站管理

①进入服务商平台。

②新闻管理：单击“发布”按钮，进行优化服务商新闻的添加，输入新闻标题和

新闻内容，如图 3-22 所示。还可以对发布后的新闻进行“查看”、“编辑”和“删除”操作。

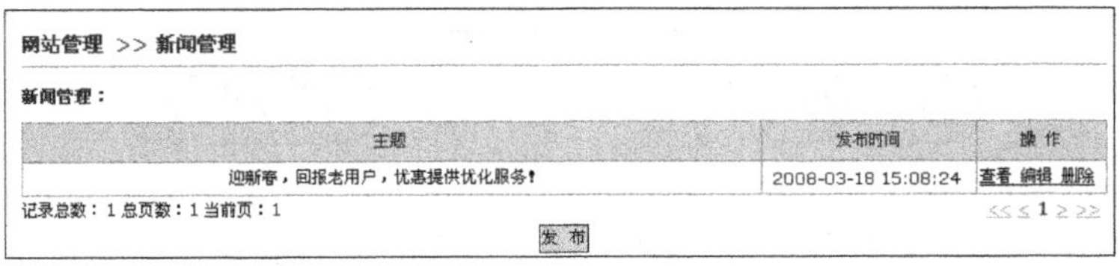

图 3-22　新闻发布

③知识管理：单击“发布”按钮，进行网站优化知识的添加，输入优化知识标题和内容。还可以对发布后的新闻进行“查看”、“编辑”和“删除”操作。

④服务管理：单击“发布”按钮，进行优化服务的添加，输入服务名称和服务内容。还可以对发布后的新闻进行“查看”、“编辑”和“删除”操作。

(5)统计报表

①进入服务商平台。

②月度财务报表：单击“查看”按钮就可以查看月度财务报表详单。

③年度财务报表：单击“查看”按钮就可以查看年度财务报表详单。

④会员消费记录：单击“查看”按钮就可以查看会员消费记录详单。

(6)用户留言

①进入服务商平台。

②单击“查看”按钮，即可对留言进行及时回复，如图 3-23 所示。

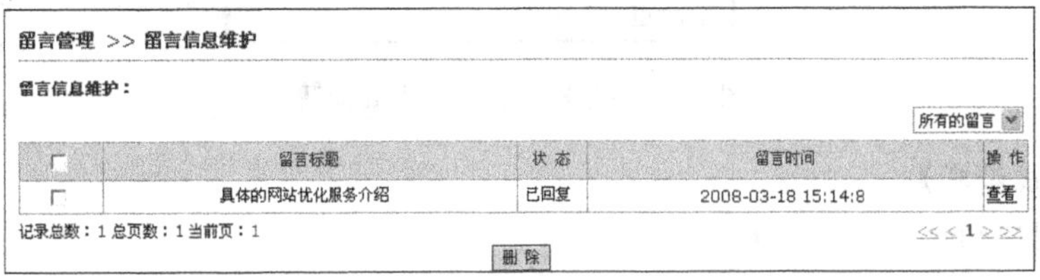

图 3-23　留言回复

3.5.3　搜索引擎实践

【实践目的】

熟悉常用搜索引擎网站，了解搜索引擎的功能和特点，了解搜索引擎的工作原理和管理方法。

【实践流程图】

实践流程如图 3-24 所示。

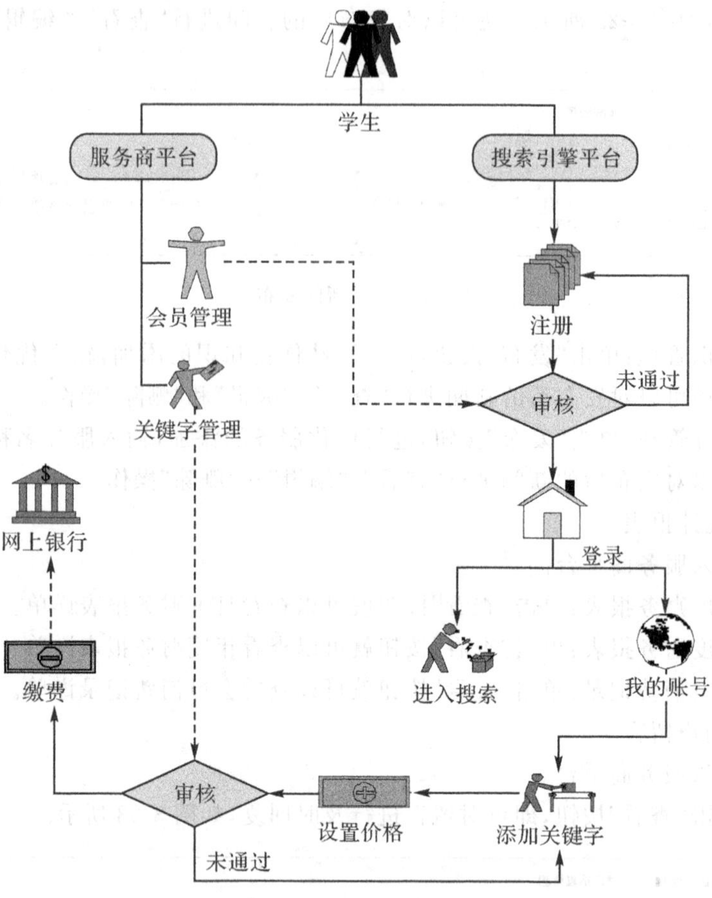

图 3-24　搜索引擎实践主要流程

【实践步骤】

1. 用户角色

(1)会员注册

点击“进入搜索引擎平台”→“注册”，输入用户信息注册成为会员。

(2)个人设定

修改个人资料、登录密码等信息。

(3)分组管理

将关键字分组以便进行管理。默认组名称是“我的关键字”，可添加新组，设置此组所包含的关键字；已经分好组的关键字可移到新的分组中；还可以对分组信息进行编辑和删除。

(4)关键字管理

①点击“添加关键字”,填写标题描述的内容,注意特别提示。完成后点击“下一步”。

②设置价格,这里有自动竞价和手动竞价两种模式,如果您选择手动竞价,竞价价格是关键字的实际点击价格,即在搜索出来的站点列表中,用户每次点击您的网站时从您的账户中扣除的相应费用;如果您选择了自动竞价,竞价价格是您为关键字出的最高点击价格。

③点击“确认提交”,成功添加关键字,等待审核。

(5)缴纳费用

①进入财务中心,点击“缴纳费用”,如图 3-25 所示,填入支付金额,然后去银行支付。

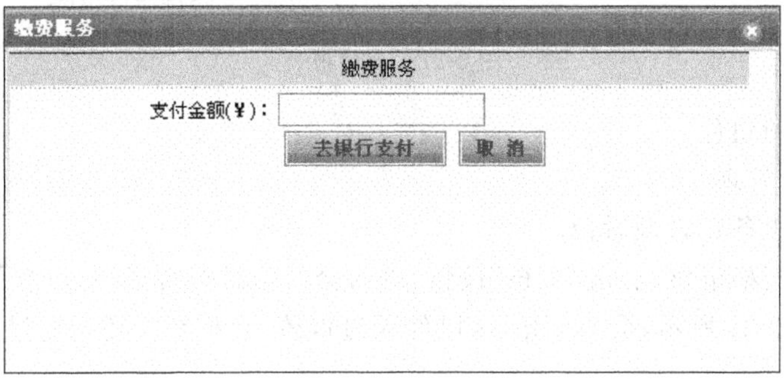

图 3-25　缴费服务

②进入网上银行,首先注册申请个人网上银行账号。点击“新客户注册”,立刻成为网银客户,再回去继续进行支付。如图 3-26 所示,输入支付密码和验证码,点击“支付”按钮。

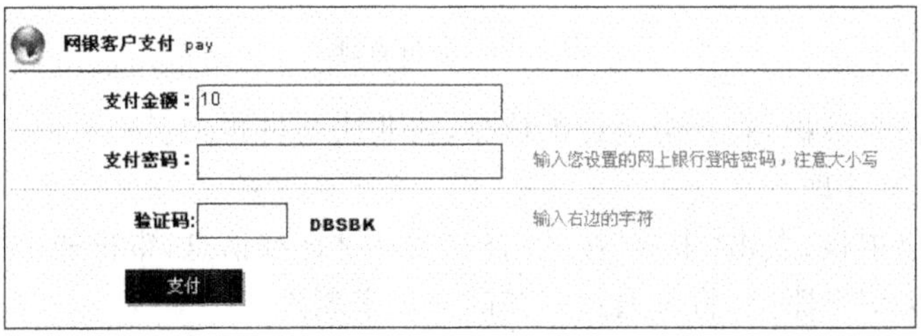

图 3-26　网银支付

(6)会员报表管理

查看用户点击消费统计报表,如图 3-27 所示。

您的账号	总投资额	已消费金额	账面剩余金额	生效日期	现在关键字个数	生效关键字个数	总点击次数
liuyu	1.00	0.00	1.00	2007-6-18 11:09:45	13	0	3

统计明细

关键字	点击次数	消费金额		平均点击价格
教育教学软件	2	1.00		0.5
教育教学软件	3	1.00		0.3
教育教学软件	1	1.00		1
教育教学软件	4	1.00		0.25
教育教学软件	6	1.00		0.15
教育教学软件	1	1.00		1
教育教学软件	3	1.00		0.3
教育教学软件	5	1.00		0.2
教育教学软件	1	1.00		1
总计	28		9	0.3

[首页|上一页|下一页|末页] 1/5

图 3-27　会员报表

2.服务商角色

(1)会员管理

①进入服务商管理后台。

②会员资格审核,点击“审核”按钮,进入会员信息查看界面,符合要求,则审核通过。如图 3-28 所示,会员 allpass 已经通过审核,会员 001 还未通过审核。

会员管理 >> 会员资格审核

会员资格审核:

所有的会员

会员名称	联系人	公司名称	公司网址	注册时间	审核状态	操作
001	王鸣	南京科维有限公司	http://www.njkw.com.cn	2008-01-25 08:47:00	未通过审核	审核
allpass	徐玲玲	西安信息科技有限公司	http://www.xakj.com	2008-01-25 07:03:00	通过审核	审核

记录总数:2 总页数:1 当前页:1　<< < 1 > >>

图 3-28　会员管理

③会员信息维护,查看会员详细信息,将非法会员删除。

(2)关键字管理

①关键字审核,点击“审核”按钮,查看关键字详细信息,审核通过。

②非法关键字删除,将未通过审核的关键字删除。

③关键字竞价管理,添加竞价关键字并输入起始价;在起价信息维护中可对起始价进行修改;在竞价幅度维护中可对竞价幅度进行修改。

(3)新闻管理

搜索引擎服务商为了宣传的自己服务及相关信息,可以向会员发布一些新闻信息，供会员查看。在“消息管理”→“发布消息”下，输入消息的标题和内容，点击“发布消息”即可。

(4)报表管理

①查看统计记录：服务商可查看会员消费的统计信息及访问情况的统计信息。

②查看财务报表：服务商可查看月度和年度财务报表。

3. 游客角色

游客关键字搜索。未登录系统的用户，即作为游客的角色。进入搜索引擎平台，可直接进行关键字搜索及推广查看、快照查看操作。

3.5.4 网络广告实践

【实践目的】

了解用户的注册流程，掌握网络广告的申请流程和网络的审批流程。

【实践流程图】

实践流程如图 3-29 所示。

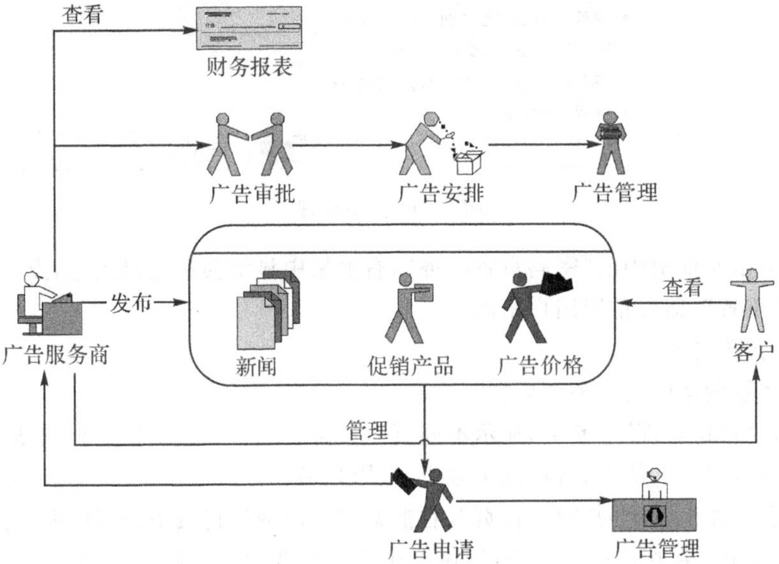

图 3-29　网络广告实践主要流程

【实践步骤】

1. 网络广告服务商

(1)会员管理

①登录网络广告服务商后台。

②在“会员管理”标签下，显示会员管理功能。其中会员管理功能包括会员资料查看、会员控制、密码重置服务。

③点击左框架中的“会员资料查询”，右框架中显示会员记录信息，点击记录后的“详细”，显示该用户具体资料信息。点击“编辑”，进入用户信息编辑界面，编辑用户信息。点击“修改”按钮，修改用户信息。

④会员有三种状态：正常、资金冻结、禁止登录。点击左框架中的“会员控制”，右框架中显示会员记录信息，点击记录后的“控制”，显示会员状态选择界面，选择会员状态，如图 3-30 所示，点击“修改”按钮，修改用户状态。

图 3-30　会员管理

⑤点击左框架中的“密码重置服务”，右框架中显示会员记录信息，点击记录后的“密码重置”，即可重置用户密码。

(2)报价管理

①登录网络广告服务商后台。

②在“报价管理”标签下，显示不同页面报价管理功能。其中包括网站首页、新闻频道、财经频道、体育频道、汽车频道、电影频道。

③点击左框架中的“网站首页”，右框架中显示网站首页中包括的所有广告，如图 3-31 所示。在相应的广告位置，输入相应的价格，点击“修改”按钮。

④其他频道广告价格的设置方法同上。

(3)广告安排

①登录网络广告服务商后台。

②在“业务中心”标签下，显示广告处理功能。其中包括广告安排、广告编辑、广告撤消。

③点击左框架中的“广告安排”，右框架中显示用户的广告申请，选择申请记

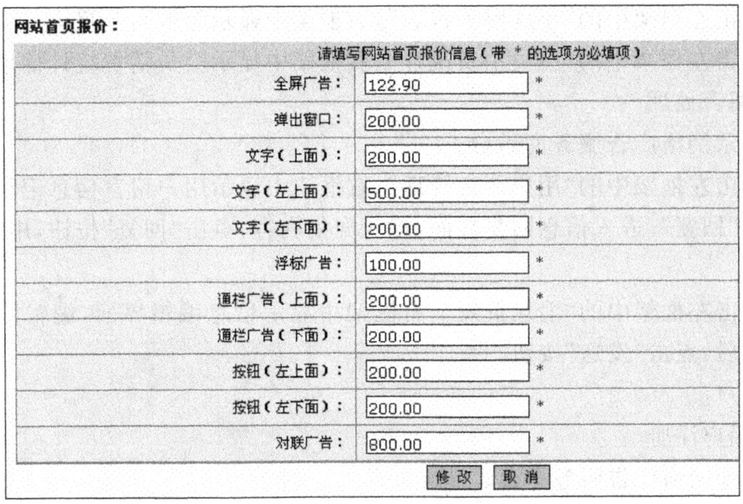

图 3-31 报价管理

录，点击“审核”按钮，进入广告申请信息查看界面，查看后，点击“审核”按钮，通过审批的广告将被显示在相应频道的相应位置上。

④点击左框架中的“广告编辑”，右框架中显示用户的广告记录，点击广告记录后“编辑”按钮，进入广告编辑界面，编辑广告后，点击“保存”按钮，广告编辑成功。

⑤点击左框架中的“广告撤消”，右框架中显示用户的广告记录，点击广告记录后“撤消”按钮，广告将不会再在页面上显示出来。

(4)广告管理

①登录网络广告服务商后台。

②在“广告管理”标签下，显示广告管理功能。其中包括新闻发布、广告位点击效果、促销产品发布。

③点击左框架中的“新闻发布”，右框架中显示新闻发布记录，点击“新闻发布”按钮，进入新闻发布界面，输入新闻内容，点击“发布新闻”按钮，新闻发布成功。

④点击左框架中的“广告位点击效果”，右框架中将统计并显示广告点击率。

⑤点击左框架中的“促销产品发布”，右框架中显示促销信息编辑界面，选择促销位置，输入促销价格，点击“确定”按钮。

(5)统计报表

①登录网络广告服务商后台。

②在“统计图表”标签下，显示图标管理功能。其中月度财务报表、年度财务报表、会员消费记录。

③点击左框架中的“月度财务报表”，右框架中显示月度财务报表。

④点击左框架中的“年度财务报表”，右框架中显示年度财务报表。

⑤点击左框架中的“会员消费统计”，右框架中显示会员消费统计信息。

(6)留言处理

①登录网络广告服务商后台。

②点击左框架中的“用户留言管理”，右框架中显示用户留言信息记录，点击记录后面的“回复”，进入信息回复界面，输入回复内容，点击“回复”按钮，用户留言回复成功。

③点击左框架中的“消息群发”，右框架中显示信息编辑界面，编辑信息，选择群发对象后，点击“发送”按钮。

2. 客户

(1)用户注册

①登录网络广告服务平台。

②点击“注册”按钮，进入会员用户注册界面，如图 3-32 所示。第一步，首先输入用户名，点击“检测”按钮，系统在以红色字体提示“恭喜！该用户可以注册”后才可以注册该用户名，否则要换个用户名注册。其次，再输入用户注册的其他信息。

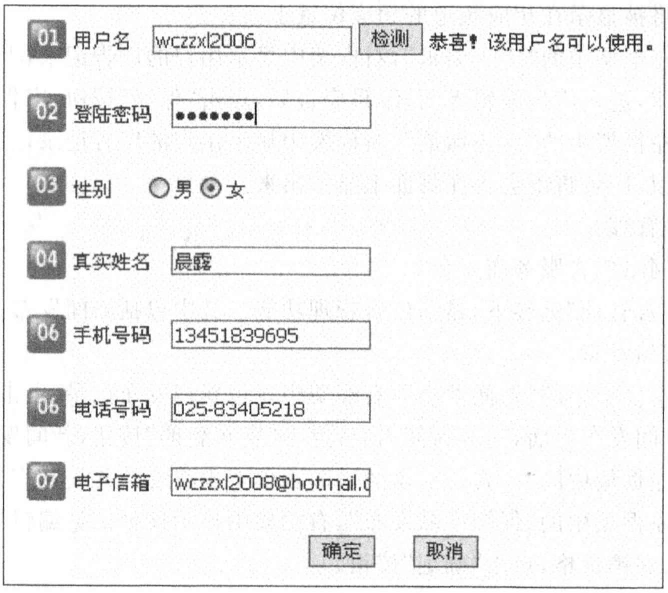

图 3-32　用户登录

③用户注册信息填写完整后，点击“确定”按钮，系统提示“用户注册成功!”。

④用户登录系统后，点击“资料”，可以查看用户资料信息，而且可以修改用户的密码。

⑤用户登录系统后，点击“在线充值”，进入用户账户充值界面，如图 3-33 所示。只要有充足的资金，才能进行广告申请。

图 3-33　在线充值

(2)广告申请

①登录网络广告服务平台。输入用户名和密码，点击“提交”按钮，登录用户。

②点击“广告报价”按钮，查看不同位置的广告的相关价格，如图 3-34 所示。

图 3-34　查看报价

③点击“广告申请”按钮，显示广告申请界面，如图 3-35 所示。输入公司信息、产品相关信息、广告信息，选择广告申请位置和广告模式，点击“确定”按钮，提交广告申请。系统自动导航到广告管理界面。

(3)广告管理

①点击“广告管理”按钮，显示广告记录界面，如图 3-36 所示。

②点击记录后面的“编辑”按钮，进入广告信息编辑界面，修改广告信息后，点击“确定”按钮，成功编辑广告信息。

③点击记录后面的“详细”按钮，进入广告具体信息查看界面。在这里可以利用“撤消申请”按钮，取消广告申请。

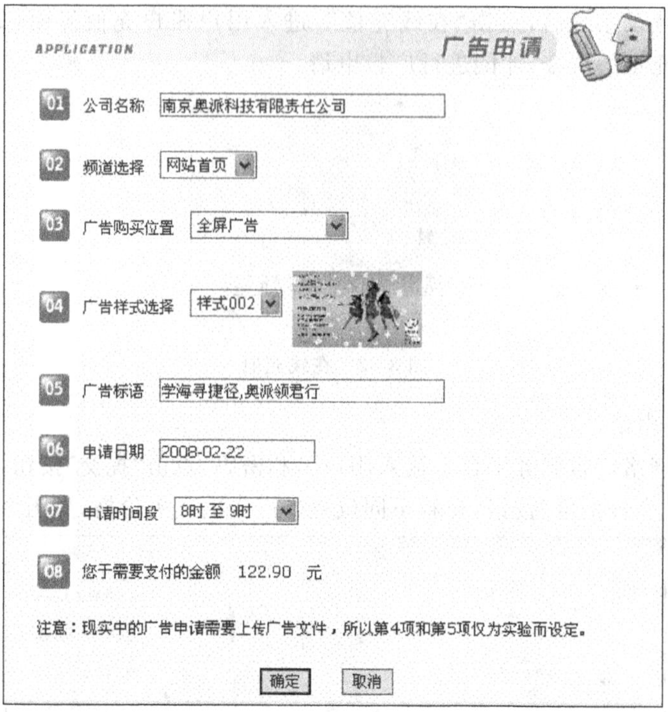

图 3-35　广告申请

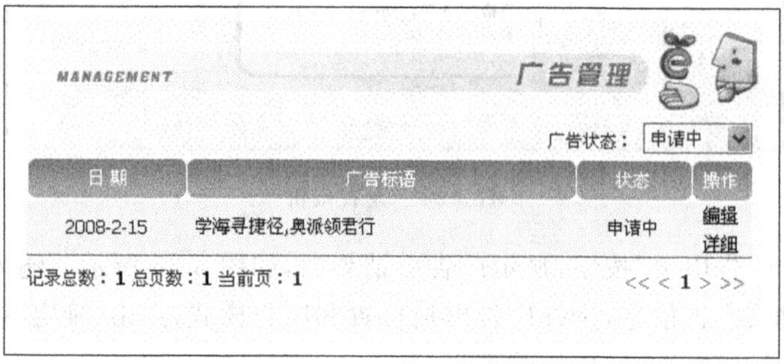

图 3-36　广告管理

(4)网络留言

①点击“网络留言”按钮，显示用户留言记录信息界面，如图 3-37 所示。

②点击记录后的“查看”按钮，可以查看留言的具体信息。当回复标志为“已回复”时，可以查看服务商的回复信息。

③点击“我要留言”按钮，进入用户留言设置界面，输入留言信息，点击“保存”按钮，向广告服务商提交留言信息。

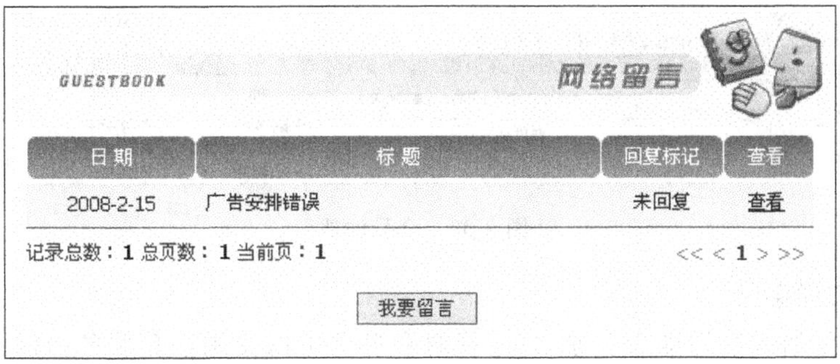

图 3-37　网络留言

3.5.5　邮件推广实践

【实践目的】

了解邮件推广的意义，熟悉邮件推广的流程。

【实践流程图】

实践流程如图 3-38 所示。

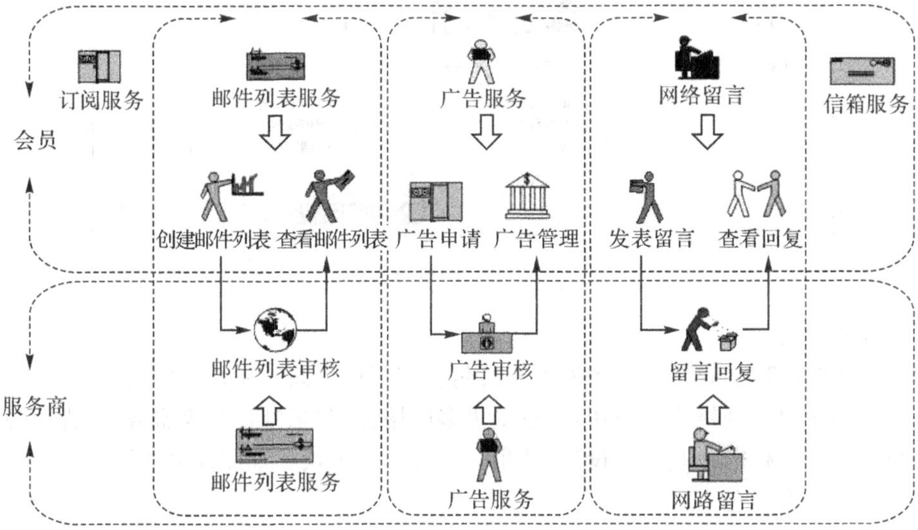

图 3-38　邮件推广实践主要流程

【实践步骤】

1. 用户角色

(1)会员注册

点击“注册”，如图 3-39 所示，进入用户注册页面，按照要求填写相关信息。

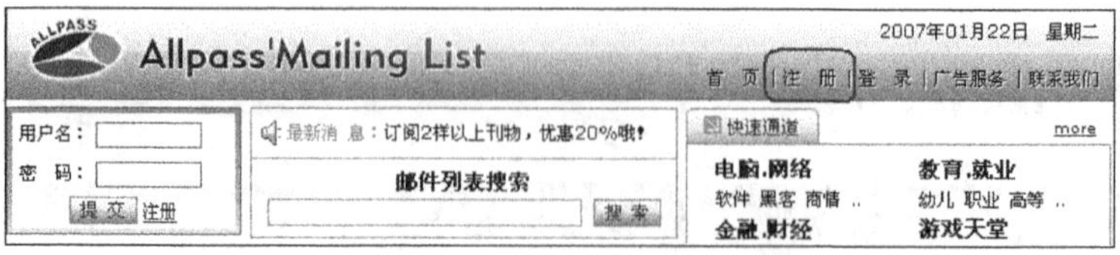

图 3-39　会员注册

(2)普通会员

会员注册成功后即为普通会员，普通会员仅可以使用信箱服务、订阅服务、网络留言等功能模块。如图 3-40 所示。

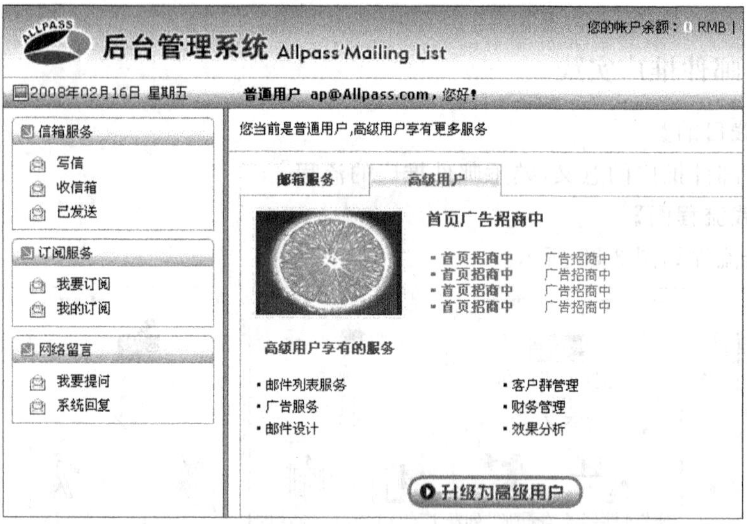

图 3-40　会员页面

(3)高级会员

点击“升级为高级用户”到网上银行付费即可成为高级用户。如图 3-41 所示。

普通用户可升级为高级用户，享受更多的服务，包括邮件列表服务、广告服务、客户群管理、财务管理、邮件设计、效果分析等几个模块。如图 3-42 所示。

2. 服务商角色

(1)邮件列表管理

①查看邮件内容，审核邮件列表等操作，如图 3-43 所示。

②进行文章\杂志审核，查看其状态等操作。

③修改各种商品分类的价格。

(2)广告管理

①广告审核，查看会员提交的广告申请内容，对广告进行审核。如图 3-44 所示。

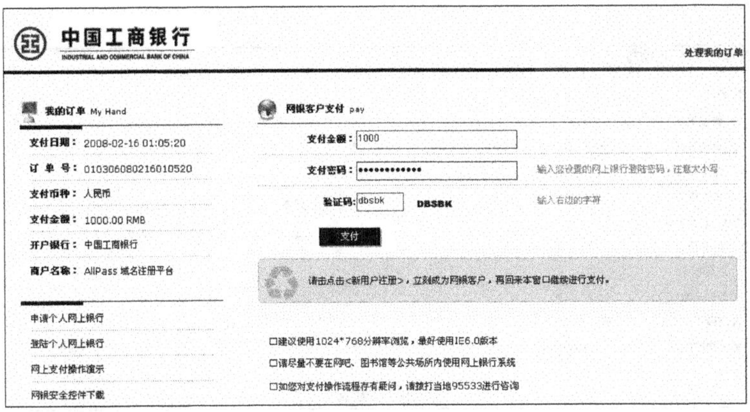

图 3-41　会员升级

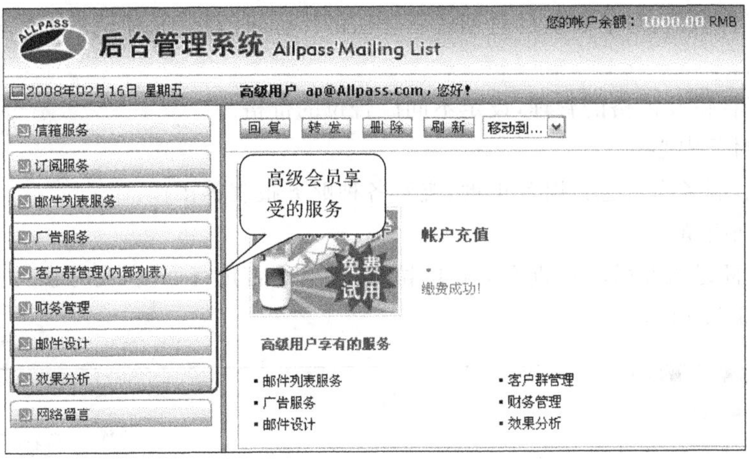

图 3-42　高级会员

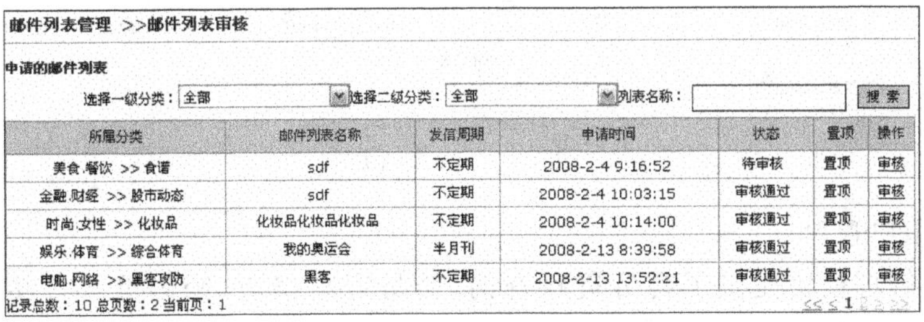

邮件列表管理 >>邮件列表审核

申请的邮件列表

选择一级分类：全部　选择二级分类：全部　列表名称：　搜索

所属分类	邮件列表名称	发信周期	申请时间	状态	置顶	操作
美食.餐饮 >> 食谱	sdf	不定期	2008-2-4 9:16:52	待审核	置顶	审核
金融.财经 >> 股市动态	sdf	不定期	2008-2-4 10:03:15	审核通过	置顶	审核
时尚.女性 >> 化妆品	化妆品化妆品化妆品	不定期	2008-2-4 10:14:00	审核通过	置顶	审核
娱乐.体育 >> 综合体育	我的奥运会	半月刊	2008-2-13 8:39:58	审核通过	置顶	审核
电脑.网络 >> 黑客攻防	黑客	不定期	2008-2-13 13:52:21	审核通过	置顶	审核

记录总数：10 总页数：2 当前页：1　<< < 1 2 > >>

图 3-43　邮件管理

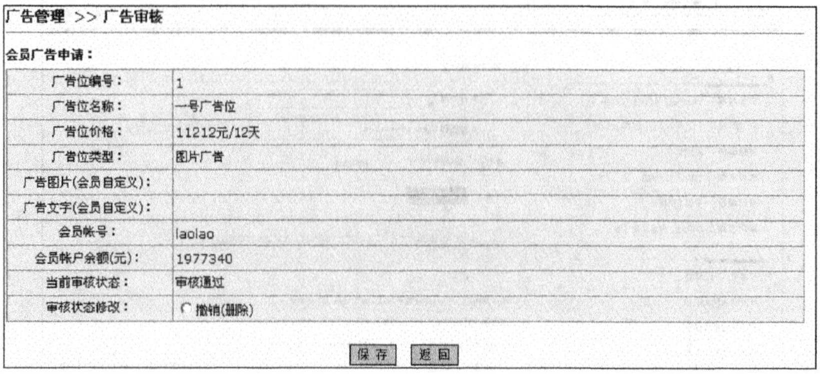

图 3-44　广告管理

②广告撤消，对于一些已过期或者非法的广告进行撤消，撤消后的广告将不能再被审核。

③广告位及价格的管理，设定不同广告位的价格。

(3)财务中心

在此，服务商可进行财务审批，查看各种财务报表等操作。

(4)网络留言

服务商进入此模块可查看会员的留言，并对留言进行回复，及时解决会员的问题，如图 3-45 所示。

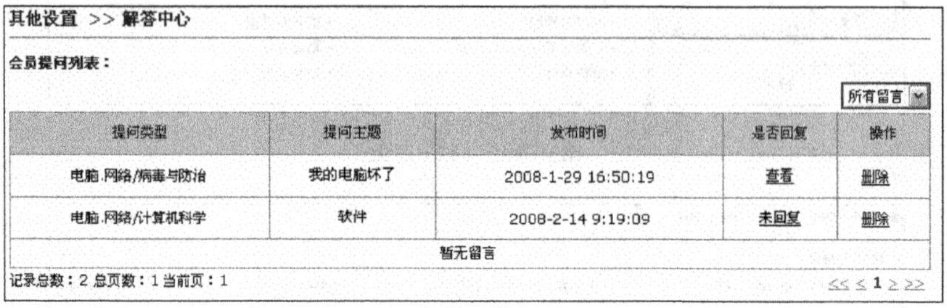

图 3-45　留言回复

(5)用户管理

用户管理模块提供了会员资料查询，会员资料修改，密码重置等功能，如图 3-46所示。

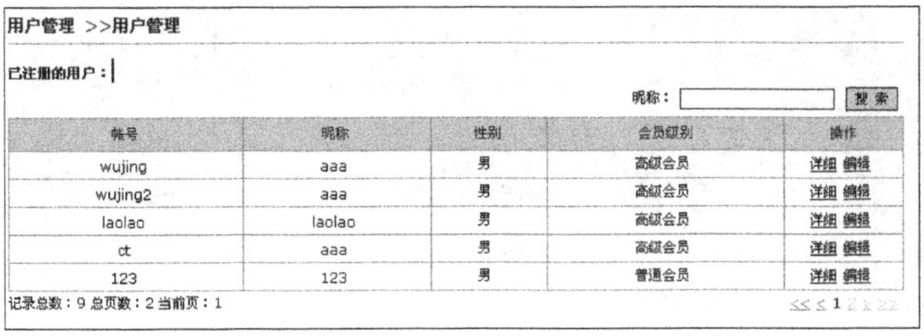
用户管理 >>用户管理

已注册的用户：

昵称： 搜索

帐号	昵称	性别	会员级别	操作
wujing	aaa	男	高级会员	详细 编辑
wujing2	aaa	男	高级会员	详细 编辑
laolao	laolao	男	高级会员	详细 编辑
ct	aaa	男	高级会员	详细 编辑
123	123	男	普通会员	详细 编辑

记录总数：9 总页数：2 当前页：1

图 3-46　用户管理

3.5.6　网络调研实践

【实践目的】

了解网络调研的特点和优势，掌握网络调研方法和过程，体会网络调研的功能。

【实践流程图】

实践流程如图 3-47 所示。

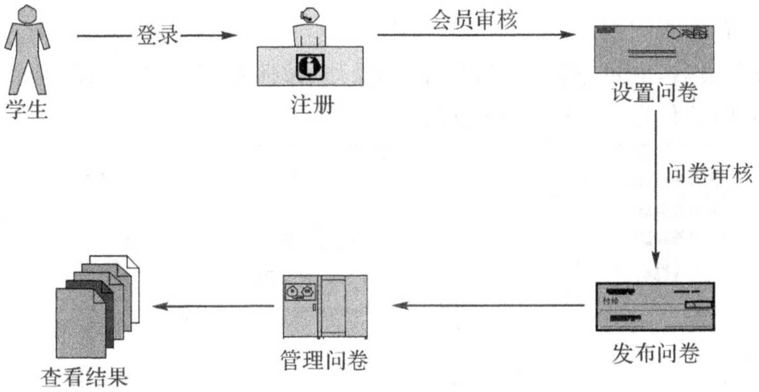

图 3-47　网络调研实践主要流程

【实践步骤】

(1)会员注册

首次登录系统时需注册，点击“我要注册”，如图 3-48 所示，进入会员注册界面，填写相关资料，注册为会员。注册完成后，就可以进入会员之家，即会员信息管理界面，在此可进行高级会员申请、发表问卷、修改信息等操作。

(2)高级会员审核

高级用户和普通用户的区别就是高级用户可以发布多项调查内容。会员提交

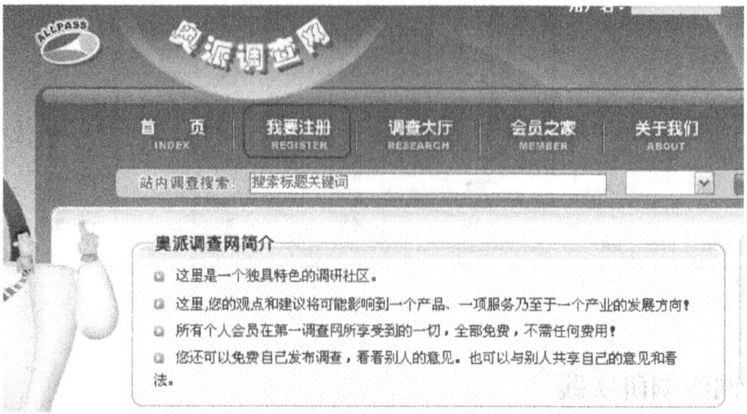

图 3-48　会员注册

高级会员申请后,要待后台服务商的审核通过才能成为高级会员。服务商进入网络调研服务商后台,点击“会员审核”,可看到待审核信息中有新的用户申请,选中用户,点击“通过审核”,可完成用户的审核工作,如果有不符合条件的用户,则点击“未通过审核”。

(3)发布调查问卷

成为会员后,就可进行发布调查问卷操作,按照系统要求输入问卷的标题和分类、结束时间等信息,如图 3-49 所示。

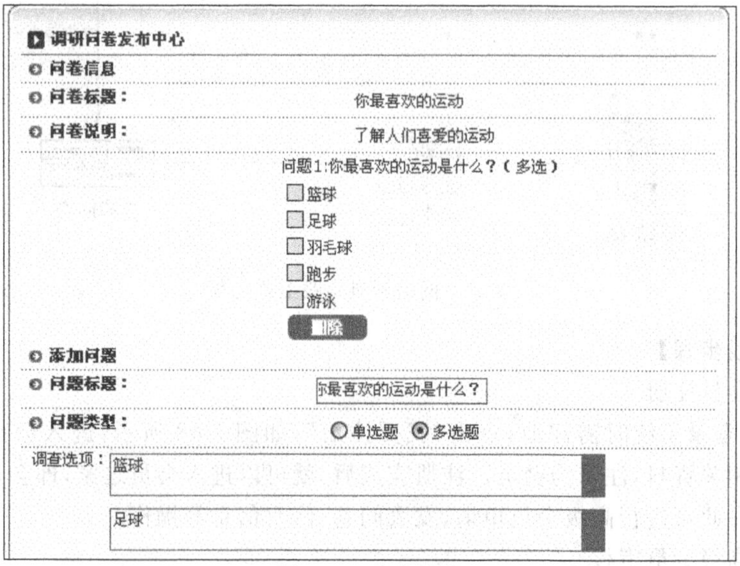

图 3-49　发布调查

(4)调查问卷审核

调研信息发布后,服务商进入管理后台,可看到待审核的调研信息。选中某条或多条信息,点击“通过审核”,信息即可显示在前台,点击“未通过审核”,该信息则不能显示。同时点击调查问卷的名称,可以看到该调研信息的详细情况。

(5)调查问卷管理

查看调查问卷内容及调查结果。

本章小结

十年前电子商务还刚刚起步的时候,网络营销的重要性并没有被充分地体现出来,大量的网站仅仅是以信息发布作为主要的营销手段。今天,网络营销已经成为商业活动的主流营销手段之一,基于 Web 2.0 的双向互动、多媒体、即时手段已经成为基本的营销工具和手段,更快、更广、更深的网络营销优势正在演变成为立体化的矩阵营销方向。2008 年 7 月召开的艾瑞第三届新营销年会针对网络媒体营销的发展趋势,艾瑞咨询集团高级副总裁阮京文先生提出了网络营销从线性关系向日益立体化发展的观点。

Web 2.0 改变了我们的生活,也改变了企业和客户的交流方式,在网络营销立体化趋势上,从三个层面可以清楚地看到这种变化。从广告主对媒体的选择方面看,通过多种不同介质媒体立体的投放,来不断地轰炸用户的头脑,以期获得用户的共鸣。从沟通方式上看,越来越多的企业在使用媒体、社区、搜索等各种网络媒体集中推它的一个产品或者活动。而从用户的角度上看,通过一个数据更直观地反映出网民的关注点在逐步的分流,把媒体、Web 2.0 平台与网民的需求有效整合,成为网络营销发展的必然趋势,也是矩阵营销所倡导效果化营销的价值所在。通过帮助企业搭建一个立体化的传播平台并与网民关注的事件相结合,用户在各种论坛讨论事物的源起、发展,通过博客抒发自己的观点,用户自己生产的内容不断充实的互联网的各个角落。矩阵营销正是找出最有可能触发用户反应的行为,把空间、时间、事物立体化的串联起来,营造一个用户高度参与的“营销矩阵”,在这样的过程中逐步将用户迅速转化为客户。

思考与练习

1. 什么是网络营销,什么是网络营销市场细分?
2. 影响网络消费者购买动机的因素有哪些?
3. 简述网络消费者的需求特征。
4. 网络营销实施阶段应该包括哪些基本步骤?

5. 简述传统营销渠道与网络营销渠道的联系和区别。

6. 网络市场调研有哪些特点？调研策略包括哪几部分？简述各部分策略内容。

7. 网络营销实施的运作过程一般可以分为哪几个阶段？

8. 简述网络销售定价的基础和定价的特点。

9. 企业对网络营销产品的定价一般应该采取什么策略？

10. 网络市场的中间商有哪些类型？各有什么功能？

11. 网络营销中的营销组合有哪些策略？

12. 什么是促销？网络营销促销有什么特点？与传统营销的促销有什么区别？

13. 与传统媒体广告相比，网络广告有什么特点？网络广告有哪些主要表现形式？

14. 企业要提高网络用户对网站的访问率，可以采取哪些措施？

15. 网络广告的发布有哪些形式，在应用时各要注意哪些问题？

16. 进入 www.baidu.com 和 www.google.com，简述搜索引擎主要有哪几种方式，试述百度和谷歌靠什么方式赢利。

17. 请进入 http://www.sohu.com，浏览该网站主页，概要地描述搜狐的查询分哪几类。

18. 分别访问李宁公司网站(www.li-ling.com)和耐克公司网站(www.nike.com)，比较两者的网络营销形式和策略，并介绍它们提供在线服务的手段和方法。

19. 2008 年北京奥运会给中国的企业带来了巨大的商机，联想、青岛啤酒等中国知名品牌通过奥运会赞助形式成为最大的赢家。分析这些企业在奥运会期间的商业策划，以及考虑在奥运会以后如何利用奥运品牌的优势开展进一步的业务活动。

第 4 章

电子支付系统

本章导读

电子支付是指单位、个人通过电子终端——而不是通过传统的物理货币现金形式，在 Internet、Intranet 或者其他专用的网络上直接或间接地向银行业金融机构发出支付指令，实现货币支付与资金转移。电子支付的业务类型按电子支付指令发起方式分为网上支付、电话支付、移动支付、销售点终端交易、自动柜员机交易和其他电子支付。

电子支付在中国的发展始于网上银行业务，随后各大银行的网上缴费、移动银行业务和网上交易等逐渐发展起来。电子支付市场每年都以高于 30%的速度在成长，作为电子商务核心的支付环节正在加速电子化，网上支付、移动支付、电话支付等多种支付形式的出现使得电子商务企业的步伐更加轻快起来。

2005 年被称为中国的电子支付元年，这一年中国电子支付市场高速增长，并且很多电子支付法规也得到了完善，中国的电子支付实现了飞跃式增长。2006 年，电子支付产业依然保持着快速的增长，网上支付、移动支付、电话支付等多种支付形式的出现加快了整个产业发展的步伐，在企业业务结算中，电子支付与其他交易结算形式相比，使用率较高，在某些企业中已超过了 60%。艾瑞咨询发布的《2007 年第三季度中国网上支付研究报告》数据显示，2007 年第三季度中国第三方网上支付市场交易额规模持续增长，达 255 亿元，支付宝以 120 亿元占据 47.1%的份额，高居第一；财付通和中国银联电子支付分居第二和第三。

面对发展如此迅猛的电子支付市场，了解电子支付的原理，把握电子支付的发展脉搏，对于发展和开拓电子商务是至关重要的。

在本章中，读者应了解和掌握如下主要内容：

- 电子支付系统的基础，对电子支付系统作一般性的了解。
- 电子货币，包括电子货币的基本概念，各类电子货币（电子支票、网上信用卡支付系统和电子现金）的概念和特点等。
- 网络银行的概念，网络银行与传统银行相比的优势，网络银行的安全，几个典型网络银行的介绍。

- 第三方网上支付平台的概念与发展现状。
- 实践电子支付功能与流程。

开篇案例——电子商务大众支付服务平台：支付宝

支付宝运营模式的实质是以支付宝为信用中介，在买家确认收到商品前，由支付宝替买卖双方暂时保管货款的一种增值服务。自从 2003 年 10 月阿里巴巴在淘宝网上首次推出支付宝服务、同年 12 月支付宝网站(www. alipay. com)正式上线运营后，支付宝交易服务在短短几年时间内迅速成为使用极其广泛的网上安全支付工具，支付宝“你敢用，我就敢赔”的理念逐渐被大众所接受并引起业界高度关注，已经覆盖到了整个 C2C、B2C、B2B 领域。截至 2008 年 8 月底，注册支付宝的用户数已经超过 1 个亿，支付宝日交易总额超过 1 亿元人民币。

支付宝交易是支付宝公司针对网上交易而特别推出的安全付款服务，其运作的实质是以支付宝为信用中介，在买家确认收到商品前，由支付宝替买卖双方暂时保管货款的一种增值服务。其工作流程如图 1 所示。

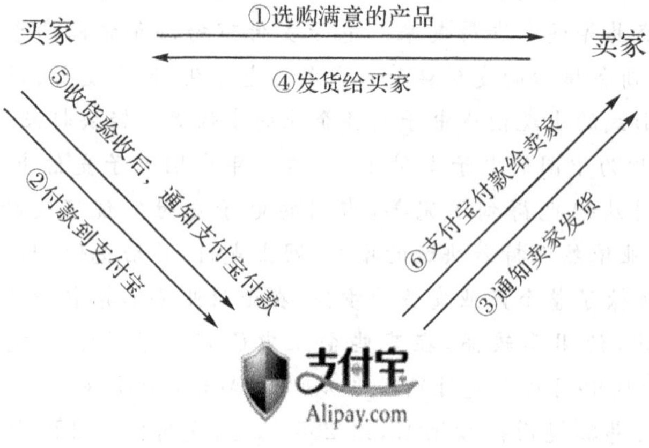

图 1　支付宝工作流程

支付宝在运行过程中提供了许多优质服务和创新功能，包括实行 7×24 小时不间断客户服务热线；通过先进的反欺诈和风险监控系统来有效降低交易风险；率先推出数字认证(与网上银行专业版一样安全)，并与国内多家知名银行达成同一级别的合作，通过“支付宝认证”提供身份识别服务。除了核实身份信息以外，还核实了银行账户等信息。通过支付宝认证后，相当于拥有了一张互联网身份证，可以在淘宝网等众多电子商务网站开店、出售商品。支付宝认证包括支付宝个人实名认证与支付宝商家实名认证。

个人实名认证流程简单，只要登入支付宝账户后，上传有效期需长于 3 个月的身份证明文件和核实银行账户信息即可，如身份证、护照（要有身份证号）、户籍证明。企业认证需上传营业执照、法人委托授权书、身份证，不需要核实银行账户，在有业务需求时提供与支付宝有合作关系的银行的公司账户。

支付宝认证为第三方提供，更加可靠和客观；由众多知名银行共同参与，更具权威性；除身份信息核实外，增加了银行账户信息核实，极大提高其真实性；认证流程简单并容易操作，认证信息及时反馈，用户实时掌握认证进程。

支付宝以其提供的“安全、简单、快捷”的支付服务，持续位居行业内各项关键性指标第一，目前已经成为中国最大的第三方电子支付服务提供商，成为互联网发展过程中的一个创举，也是中国电子商务发展的一个里程碑。

4.1 支付与清算

支付与清算系统（Payment and Clearing System），也称支付系统（Payment System），是一个国家或地区对交易者之间的债权债务关系进行清偿的系统。具体来讲，它是由提供支付服务的中介机构、管理货币转移的规则、实现支付指令传递及资金清算的专业技术手段共同组成的，用以实现债权债务清偿及资金转移的一系列组织和安排。

清算则是相对于本系统或者是为本系统服务的相关机构，通常它是介于两个独立结算系统之外的第三方有偿清算服务。比如说工农中建这四大银行都具有独立结算的系统，而如何通过一个中介机构来把各家的结算业务连接起来呢？中国人民银行清算中心担任了这一重要的角色。

支付与清算体系是由提供支付清算的中介机构和实现支付指令传送及资金清算的专业技术手段共同组成的，系统的任务是快速、有序、安全地实现货币所有权在经济活动参与者之间的转移。该体系提供的服务主要是组织票据交换清算、办理异地跨行清算、提供证券和金融衍生工具交易清算服务、跨国支付服务，为私营清算机构提供差额清算服务和为参加清算的金融机构提供透支便利。

4.1.1 发达国家的支付与清算体系

（1）美国。美联储拥有世界一流的支付清算服务体系，美联储通过 12 个区域储备银行及 25 个分行和 11 个专门的支付处理中心，构建了其提供支付清算服务的组织基础，通过其经营的支付系统，为美国政府、金融机构、国际组织及其他机构提供广泛的支付清算和相关服务。其支付清算体系包括联邦资金转账系统

(FEDWIRE)、支票清算系统、自动清算所(ACH)、差额清算系统,这四个系统构成了美国支付清算体系。随着法规的完善和支付清算职能的加强,该系统在提供优质服务、履行监督职责、进行风险管理方面日益发挥着巨大的作用。

(2)英国。英国拥有完善的组织结构及金融市场管理体系,英格兰银行是欧洲美元市场及由此扩展而成的欧洲货币市场的中心。英格兰银行对英国支付清算体系的介入与管理采取了相对间接的方式,只以中央银行的身份提供支付清算服务,但对支付系统运行并无法定监管义务,也不拥有和经营任何支付系统。英格兰银行在英国支付清算体系中的作用主要体现在:一是提供清算服务,为参与 APACS 的清算机构和参与“中央金边证券管理系统”以及“中央货币市场”的结算银行提供结算账户清算服务。二是作为英国“自动化清算所支付系统(CHAPS)”的成员之一,参与系统运行。三是对支付系统进行风险控制。

(3)日本。日本银行作为日本的中央银行,其创建并经营的“日本银行金融网络系统(BOJ-NET)”在日本的支付清算体系中发挥着重要作用,一是通过 BOJ-NET 为各类金融机构提供支付清算服务。二是对支付系统进行监管及风险控制。

4.1.2 中国的现代化支付清算体系

中国现代化支付系统(CNAPS)是中国人民银行利用现代计算机技术和通信网络自主开发建设的,能够高效、安全地处理各银行办理的异地、同城各种支付业务及其资金清算和货币市场交易的资金清算的应用系统。它包括大额支付系统(HVPS)和小额批量支付系统(HEPS)两个业务应用系统,是各银行和货币市场的公共支付清算平台,是人民银行发挥其金融服务职能的重要核心支付系统。该系统建有两级处理中心,即国家处理中心(NPC)和全国省会(首府)及深圳城市处理中心(CCPC)。国家处理中心分别与各城市处理中心连接,其通信网络采用专用网络,以地面通信为主,卫星通信为辅。中国人民银行通过建设现代化支付系统,将逐步形成一个以中国现代支付系统为核心,商业银行行内系统为基础,各地同城票据交换所并存,支撑多种支付工具的应用和满足社会各种经济活动支付需要的中国支付清算体系。

4.2 电子支付系统概述

电子支付系统是一个包括买(消费者或用户)卖(商家或企业)双方、网络金融服务机构(包括商家银行、用户银行)、网络认证中心以及网上支付工具(电子货币,诸如电子支票、信用卡、电子现金)和网上银行等各方组成的大系统,网络支付系统应有安全电子交易协议或安全套接层协议等安全控制协议,这些涉及安全的协议构成了网上交易的可靠环境;网上交易与支付的环境的外层,则由国家及国际相关法律法规的支撑来予以实现。

网上支付系统的基础设施是金融电子化网络,流通的支付工具是各类电子货币,支付功能的实现要通过在线商用电子化工具以及互联网络中的交易信息来体现,网上支付的交易安全保证则通过网络交易安全认证机构的全过程认证以及互联网络本身的防火墙、信息加密措施以及对恶意攻击和欺诈的实时跟踪检测防卫措施来实现。

由于 Internet 本身所具有的无空间、无时间等特性,使网上电子交易环境的交易流程和资金往来,将比传统的实体交易环境复杂得多。如何确保付款方式的安全性、可靠性及可行性是电子商务的重要议题之一。具体来说,一个安全的电子支付系统要解决以下四个问题:

(1)应有足够的技术手段来保证数据(特别是信用卡号与付款金额)在传输途中不被非法截获,账户中的现金不被窃取。

(2)应有足够的技术手段来验证传输数据的完整性,以防止交易方按照不完整数据来处理交易。

(3)应有足够的技术手段来确认交易双方的身份。例如,商户要通过身份认证来确认付款人即信用卡的真正持卡人;客户要通过身份认证来确认他选购商品的商店是具有合法身份的真实商店等。

(4)应有足够的技术手段来保证交易各方对所做交易无法抵赖。

目前,有许多研究机构、相关组织和公司参与到电子支付系统的研究和开发,也已经有了各种各样的支付系统。每种系统都有各自的特点、成本、优点和缺点,总体来说,电子商务支付系统还存在以下问题:

(1)安全问题。虽然计算机及网络专家在网络安全问题上下了极大的工夫,采取了多种措施,但是安全仍然是电子商务支付中最关键、最重要的问题,它关系到电子交易各方的利益。

(2)支付方式的统一问题。在电子支付中存在着若干支付方式,每一种方式都有其自身的特点,且有时每种支付方式之间不能做到互相兼容,这样,当电子交易中的当事人采用不同的支付方式且这些支付方式又互不兼容时,双方就不可能通过电子支付的手段来完成款项支付,从而也就不能实现因特网上的交易。此外,就单种支付方式而言,也存在着标准不一的问题,如智能卡的标准问题等。

虽然电子支付系统还在不断发展和变化,人们还没有完全搞清楚电子支付系统的技术、经济、文化和法律基础,但有一点确实非常明白,与纸质票据的支付系统相比,电子支付系统的方式要便宜得多,有专家认为,电子支付系统既为客户提供了大量方便的资金,也为公司节约了大量资金,据估计,从一个人处收款的处理成本约为1～1.5美元，而在Internet上的处理成本可降到50美分。

【案例】 美国的PayPal(在中国称为贝宝)就是一个成功的第三方电子支付系统。PayPal本身是一家eBay的公司(就像支付宝是一家阿里巴巴公司一样)。PayPal在全世界已经有超过1.6亿个的注册账户，是目前跨国交易中最有效的付款方式之一。任何人只要有一个电子邮件地址，都可以方便而安全地使用PayPal在线发送和接收付款，可以在190多个国家或地区以6种货币进行交易，其信息安全性也有充分的保障。例如对于买家，可以在线向有电子邮件地址的任何人进行付款，而不用将银行卡或银行账户的详细信息透露给他人。对于卖家，PayPal通过使用CSFB、Citibank、HSBC等全球性银行所使用的先进商用加密技术来保证您的财务信息不会透露给其他任何人。eBay买家和卖家、在线零售商、在线商家以及传统的线下商家，都在使用PayPal进行交易。

PayPal已经获得了来自网络界和众多的商务社团超过20项大奖，包括2006年度Webby Award“最佳财务服务网站”奖和Webby People's Voice Award(Webby人民之声大奖)。

4.3 电子货币

4.3.1 电子货币的基本概念

目前，对于电子货币的定义尚无定论，而且，世界各国推行的有关电子货币的试验项目也各不相同，一般认为，电子货币是采用电子技术和通信手段在信用卡市场上流通的以法定货币单位反映商品价值的信用货币。也就是说，电子货币是一种以电子脉冲代替纸张进行资金传输和储存的信用货币。它们的本质在于消费者或者企业能够以在线方式提供信息来转换为货币或者进行资金的转移。

电子货币是在传统货币基础上发展起来的，与传统货币在本质、职能及作用等方面存在着许多共同之处。如电子货币与传统货币的本质都是固定充当一般等价物的特殊商品，这种特殊商品体现在一定的社会生产关系。两者同时具有价值尺度、流通手段、支付手段、储藏手段和世界货币五种职能。它们对商品价值都有反映作用，对商品交换都有媒介作用，对商品流通都有调节作用。

电子货币与传统货币相比，两者的产生背景不同，如社会背景、经济条件和科技水平等。其表现形式为，电子货币是用电子脉冲代替纸张传输和显示资金的，通过微机处理和存储，没有传统货币的大小、重量和印记；电子货币只能在转账领域内流通，且流通速度远远高于传统货币的流通速度；传统货币可以在任何地区流通使用，而电子货币只能在信用卡市场上流通使用；传统货币是国家发行并强制流通的，而电子货币是由银行发行的，其使用只能宣传引导，不能强迫命令，并且在使用中要借助法定货币去反映和实现商品的价值，结清商品生产者之间的债权和债务关系；电子货币对社会的影响范围更广、程度更深。

电子货币的出现彻底改变了银行传统的手工记账、手工算账、邮寄凭证等操作方式，同时，电子货币的广泛使用给人们提供了全方位的金融服务，包括网上消费、家庭银行、个人理财、网上投资交易、网上保险等。这些金融服务的特点是通过电子货币进行及时电子支付与结算。随着 Internet 以及相关技术的不断完善，电子货币的种类和形式又有了进一步的发展。

电子货币最大的问题是安全问题。电子货币与纸币一样都是没有价值的，而且多数情况下连纸币所具有的实物形式也没有，一切都是凭着计算机里的记录。那么，一旦相关系统由于本身故障，或遭人恶意破坏而造成数据错误，后果将是很严重的。

电子货币的主要特征表现在以下方面：

(1)传统货币以实物的形式存在，而且形式比较单一。而电子货币则不同，它是一种电子符号，其存在形式随处理的媒体而不断变化，如在磁盘中存储时是磁介质，在网络中传播时是电磁波或光波，在 CPU 处理器中是电脉冲等。

(2)电子货币的流通以相关的设备正常运行为前提，新的技术和设备也引发了电子货币新的业务形式的出现。

(3)电子货币的安全性，不是依靠普通的防伪技术，而是通过用户密码、软硬件加解密系统以及路由器等网络设备的安全保护功能来实现的。

目前对电子支付系统的分类方法有多种，比如，有些根据支付协议所包含的内容，把协议划分为“纯”支付协议(如 Modex、DigiCash)和综合支付协议(如 SET)；有些根据支付时是否需要中介机构(如电子银行)的参与，把支付系统划分为三方支付系统(SET)和两方支付系统(SSL，电子现金)；还有的根据每笔交易的支付方式，把系统划分为按笔结算(使用信用卡和电子现金)和记账方式(借记/货卡、订购)。在这里，把电子货币系统分为电子支票系统、信用卡系统、电子现金系统。

(1)电子支票系统。电子支票系统通过自动化银行系统剔除纸面支票，进行资金传输，例如通过银行专用网络系统进行一定范围内普通费用的支付；通过跨省市的电子汇兑与清算，实现全国范围的资金传输；世界各地银行之间的资金传输。电子支票方式的付款可以脱离现金和纸张进行。

(2)信用卡系统。信用卡是目前应用最为广泛的电子货币，它要求在线连接使用。信用卡、银行卡支付是金融服务的常见方式，可在商场、饭店及其他场所中使用。银行发行最多的是信用卡，它可采用联网设备在线刷卡记账、POS 结账、ATM 提取现金等方式进行支付。电子商务中更先进的方式是在 Internet 环境下通过 SET 协议进行网络直接支付，具体方式是用户网上发送信用卡号和密码，加密发送到银行进行支付。当然支付过程中要进行对用户、商家及付款要求的合法性验证。

(3)电子现金系统。电子现金是一种数字化形式的现金货币，其发行方式包括存储性的预付卡和纯电子系统性形式的用户号码数据文件等形式。电子现金系统的主要好处就是它可以提高效率，方便用户。目前已经有 Digicash、Netcash、Modex等三种系统开始时使用。

4.3.2 电子支票

传统上，当交易金额较多时，交易方普遍都会利用支票来付款，而电子支票 eCheck(Electronic Check)则是在电子交易环境中具有同样功能的付款工具，是一种纸质支票的电子替代品，同纸质支票的功能类似，电子支票也同样绑定了一个合法的支付承诺。在纸质支票手写签名的地方，电子支票则使用能够自动审核和确认的数字签名来保证其真实性。eCheck 嵌在一个安全电子文件中，其内容包括有关支票的用户自定义数据以及在纸质支票上可以见到的信息，比如被支付方姓名、支付方账户信息、支付金额和日期等。

电子支票是付款人向收款人签发的、无条件的数字化支付指令，它可以通过因特网或无线接入设备来完成传统支票的所有功能。由于电子支票为数字化信息，因此处理极为方便，处理的成本也比较低。电子支票通过网络传输，速度极其迅速，大大缩短了支票的在途时间，使客户的在途资金损失减为零。电子支票采用公开密钥体系结构(PKI)，可以实现支付的保密性、真实性、完整性和不可否认性，从而在很大程度上解决了传统支票中大量存在的伪造问题。

由于电子文档可以取代纸质文档，而基于公钥的数字签名可以替代手写签名，所以，使用电子支票取代纸质纸票，不需要创建一个全新的支付手段，可以充分利用现有的支票处理基础设施(如法律政策和商业环境等)。在充分利用电子支付手段的前提下，可以给付款人、收款人、银行和金融系统带来尽量少的影响。

电子支票的支付流程大致如图 4-1 所示。

①付款人在开户行申请一个电子支票本。

②付款人根据电子支票的要求生成一个电子支票，并对该支票进行签名。

③付款人利用安全 E-mail 或 WWW 方式把电子支票传送给收款人，一般用收款人的公钥加密电子支票。

④收款人收到该电子支票后，用付款人的公钥确认付款人的数字签名。

⑤收款人背书(endorses)支票，写出一存款单(deposit)，并签署该存款单给收款人开户行。

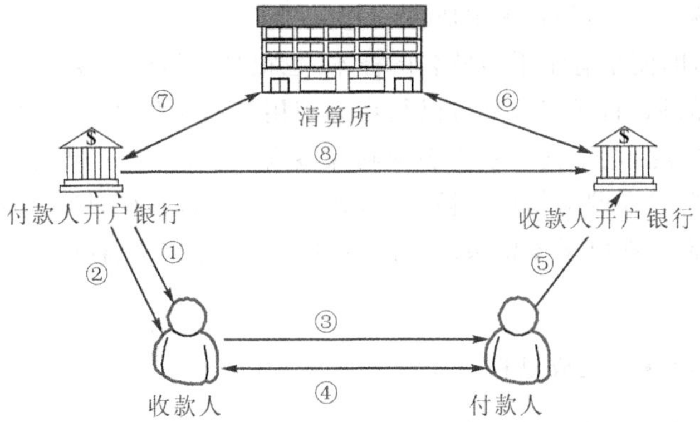

图 4-1　电子支票的支付流程

⑥收款人开户银行验证付款人签名和收款人签名，贷记(credits)收款者账号，在合适的时间向清算所发出支票清算申请。

⑦付款人银行验证付款人签名，并借记(debits)付款人账号。

⑧付款人银行和收款人银行通过传统银行网络进行清算，并对清算结果向付款人和收款人进行反馈。

由于 Internet 的开放性带来的相应的安全风险问题和可靠性问题，电子支票必须满足网上支付的安全需求。在电子支票系统中使用安全认证可以实现身份识别，数字签名可以取代手写签名和签章来实现信息的完整性和不可抵赖性，加密解密技术能实现支票信息的保密性，由于电子支票系统采用公开密钥密码体制实现其加解密和数字签名，尽管用于加密和签名的算法很重要，但一般情况下算法是公开的，秘密全部寓于密钥中，所以密钥的管理尤为重要。此外，由于电子支票的数字签名是用签发人的私钥生成的，一旦私钥被窃取，任何人都可以签发和使用电子支票，系统必须确保签名私钥的安全性。所以，实现电子支票安全支付的关键是密钥管理和签名私钥的保护。

电子支票系统中的每个用户拥有两对密钥对，其中，一对密钥用作签名和验证签名，另一对用作加密和解密。支票的签发方在电子支票文档中输入必要的支票信息，用自己的签名私钥对支票签名，然后用收款方的公开加密密钥对签名进行加密，发送加密签名后的电子支票，收款方在接收到支票时，用相应的私有密钥解密签名。同样的过程也会在收款方和银行之间发生。因此，在支票的签发方发送支票前，必须获得接收方的公开加密密钥，这就要求系统具备密钥产生、密钥分发、密钥存储的能力。电子支票是一份电子文档，可能由于种种原因造成损坏，系统必须有能力恢复电子支票和密钥。同时，为了确保公钥来自一个真实的合法用户，需要公钥证书来证实。可见，电子支票系统需要密钥管理体系结构的支持，把身份认证、公钥加密、数字签名等技术集成在一起。

众所周知，即便是有了手写签名的样本，也很难模仿出一模一样的签名。但如果有了签发人的私钥，任何人都可以很容易使用该私钥伪造出一份完全一样的签名进行欺诈。因此，电子支票系统必须确保签发人私钥的安全性。为了防止私钥在用户个人机器或在网络传输时被窃取，私钥一般存放在硬件智能卡或 PC 卡上，由用户随身携带。在电子支票系统中的签名私钥的保护是通过电子支票簿技术实现的。

1. 电子支票簿的生成过程

(1)密钥生成。系统执行初始化程序，激活卡内芯片调用满足标准的密钥生成程序，生成加密和签名的密钥对，私钥保存在卡内，公钥可以从卡内导出。

(2)发卡行对支票账号、卡及持卡人进行登记。

(3)公钥以安全的方式从卡中发送到银行 CA，银行 CA 把公钥与一定的支票账户和持卡人进行映射。

(4)银行验证所有的账户信息和公钥后，给支票簿发放一张用银行私钥签名的公钥证书。

(5)系统确认银行证书的完整性，把证书及一些账户信息(如支票账号，支票限制)存入卡内。

(6)将中央 CA 给银行发放的证书存入卡内。

(7)系统生成电子支票簿卡，在卡面上打印银行的标识、持卡人姓名、识别码。

(8)随机生成初始 PIN，安装到芯片。

(9)把卡和被覆盖的 PIN 发给用户。

2. 电子支票簿的存放介质

电子支票簿是一种硬件和软件装置，可以实现电子支票的签名、背书等最基本功能，它具有防篡改的特点，并且不容易遭到来自网络的攻击。常见的电子支票簿有智能卡、PC 卡、掌上电脑等。

3. 电子支票簿的功能

①密钥生成。系统执行标准的加密算法在智能卡内生成的所需的密钥对，其中，公钥可以对外发放，私钥只保存在卡内，除非密钥恢复时能得到私钥的备份，否则其他任何地方都无法获取私钥。

②签名和背书。用户通过执行智能卡内 ROM 芯片中的加密例程实现信息的加密和签名。

③存取控制。用户通过输入个人身份识别码(PIN)来激活电子支票簿,确保私钥的授权使用。系统根据不同的控制级别分别对应三种 PIN。第一种 PIN 可实现填写电子支票、对支票签名、背书支票、签发进账单、读取日志信息、更改该级别 PIN 等功能;第二种 PIN 除执行第一种的功能外还增加了对电子支票簿的管理功能,如可增加、删除证书和公钥、读取签发人的公钥和签发人的个人信息,更改管理者的 PIN 等;第三种 PIN 用做银行系统初始化,包括初始化公钥对和初始化签发人的个人数据等。

4. 电子支票簿的好处

电子支票簿的好处在于保证了用户私钥的安全性;标准化和简化了密钥生成、分发和使用,使电子支票的用户不需要专门的技能和培训就能建立起很高的信任机制;能理解电子支票的语法,对电子支票的关键数据建立日志并保存,提供了使用卡进行数字签名的安全记录,还提供了解决“特洛伊木马”问题的入口点;能随机自动生成递增的、唯一的“电子支票号”,杜绝了由于 E-mail 出现问题或人为原因造成的支票副本,防止对支票的多次兑现。

典型的电子支票系统有 NetBill、NetCheque 等。

(1)NetBill。NetBill 是由美国匹兹堡的卡内基·梅隆大学(现加州大学克利分校)的Tygar教授的研究组开发的用于销售信息的一个电子支票系统。在其基本的交换协议中,中心服务器记录账目余额和意欲购买信息的客户数。客户和中心服务器在服务器之间交换金额以前,首先交换经过加密和数字化签字的购买订单。NetBill 中的简单业务由客户、商家和中心服务器三方参与。

其网上支付流程如下:

①客户向商户请求正式的报价单,启动 NetBill 交易。

②在收到报价单请求后,商户定出价格,并返回报价单。

③如果客户接受所报价格,则应指示其支票簿向商户收款机发送购买请求。

④商户收到购买请求后,采用一个密钥来对以上购买请求的信息加密。并把加密的结果发送给中心服务器,中心服务器在计算出密码校验和后,将结果传送至客户支票簿。

⑤在收到加密信息后,支票簿验证校验和,随后,支票簿向商户收款机送回一份签名的电子支付订单,该电子支付订单包括校验和、时戳、购买描述以及最终所接受的价钱。

⑥收款机对电子支付订单进行背书,然后将之发送至中心服务器。

⑦中心服务器在检验其数据的完整性之后,借记客户账户恰当的数额。中心服务器记录该笔交易并且保存一次性密钥的复制件,然后,再将包含有同意或拒绝

信息的数字签名信息发送给商户。

⑧商户对中心服务器作出回答，如果同意，即同时将解密密钥发送给客户支票簿。

(2)NetCheque。NetCheque 系统是由南加利福尼亚大学的信息科学研究所开发的，用于模拟支票交易银行。系统中使用 Kerbreros 实现认证，并且中心服务器在认为有必要时，可对所有主要的业务进行跟踪。NetCheque 系统在很多方面是模仿普通的支票交易系统的。NetCheque 是以 Kerbreros 票据的形式存在，只有合法的票据所有人(收款人)才可以从票据开立者的账户中提出金额，达到资金的转移。NetCheque 的使用者必须在使用 NetCheque 系统之前，先向 NetCheque 账务服务器进行注册，以获得使用者账户及使用者端的软件，作书写和储存电子支票之用，这以后，使用者即可开立电子支票，并利用电子支票来进行消费了。

4.3.3 网上信用卡支付系统

信用卡是银行和其他财务机构签发给那些信用状况良好的人士的一种特制卡片，上面印有发卡机构的特征图案、信用卡卡号、持有者的英文或拼音姓名、有效期限等，背面有磁条，上面录有持卡人的账号、个人密码等信息资料，它是一种特殊的信用凭证。持卡人可以在发卡机构指定的商户购物和消费，也可以在指定的银行机构存取现金。

信用卡作为特殊的金融商品、现代化的金融工具，是国际流行的先进结算手段、支付工具和新颖的消费信贷方式，日益受到人们的青睐。信用卡的发行，使银行有了一种新的争取特约商户和信用卡客户存款的手段，有利于扩大银行转账结算业务，同时增加银行信贷资金的来源，从而获得更多的利息，也加快了社会流动资金周转速度，促进经济发展。另外，由于使用信用卡，改现金交易为转账结算，取代了一定数量的市场流通货币，减少了货币的发行量和国家每年用于货币印刷、调拨、运输、仓储和投放所耗费的资金。信用卡的发行和使用，使持卡人通过使用信用卡获得商品和劳务服务，免除了携带大量现金的不便和风险，同时还可通过透支简便地获得银行贷款。作为特约商户来说，由于有信用卡发卡银行的信用保证，特约商户可以放心地为持卡人提供商品和服务，从而扩大商品的销售量，并减轻收款、点款工作量，简化了支付、记账和结账的过程。

1. 信用卡基本功能

信用卡的基本功能主要有如下四个方面：

(1)转账结算功能。信用卡持有者在指定的商场、饭店购物消费之后，无须以现金货币支付款项，而只需要递交信用卡进行转账结算。

(2)储蓄功能。信用卡可以在相当广泛的范围内，在发行信用卡的银行所指定的储蓄网点(或营业所、处)办理存款手续。

(3)汇兑功能。当信用卡持有者外出旅游、购物或出差、需要在外地支取现金时，可以持卡在当地发卡银行的储蓄所办理存款手续，然后持卡在汇入地发卡银行储蓄所(或联营银行储蓄所)办理取款手续。

(4)消费贷款功能。对于有信用的客户，在其购物消费过程中，所支付的货物与服务费用超过其信用卡存款账户余额时，在规定的限额范围之内发卡银行允许持卡人进行短期透支。

2. 信用卡种类

信用卡的种类很多，按照不同的划分标准，可以将信用卡大致分成六种类型：

(1)按发行信用卡的机构划分，可以分为商业机构发行的零售信用卡、服务业发行的旅游娱乐卡和银行发行的信用卡三类。

(2)根据信用卡发卡对象的不同，信用卡可分为公司卡和个人卡。

(3)根据清偿方式的不同，信用卡可分为贷记卡(Credit Card)和借记卡(Debit Card)。

(4)根据流通范围的不同，可分为国际卡(International Card)和地区卡(Local Card)。

(5)根据持卡人所处的地位不同，可以划分为主卡和附属卡。

(6)根据持卡人的信誉、地位、筹资信用情况，可分为普通卡和金卡。

3. 网上信用卡支付

随着 Internet 的迅速发展，信用卡也成为 Internet 上最常见的付款工具之一。对消费者和商店来说，他们期望网上信用卡系统可以提供如同传统交易环境般的服务。消费者只需将信用卡明细交给商店，即可进行消费，其他工作则由信用卡发行处负责处理。在传统的交易环境中，信用卡已占有一席之地，所以从使用者的角度来看，将熟悉的信用卡应用于网上付款与传统邮购消费并没有太大的差别，只要提供安全的交易环境就可以达到使用者的要求程度。

网上信用卡付款系统必须确保网上交易双方的权益，提供公平、安全的交易环境。常用的信用卡交易协议主要包括 SET 和 SSL。采用 SSL 协议的网上信用卡支付流程如图 4-2 所示。

①消费者在网上商家选择好想要购买的商品放入购物车后，准备支付，此时就利用 SSL 协议在消费者客户端机器和商家服务器之间建立起安全连接(详见电子商务安全章节)。

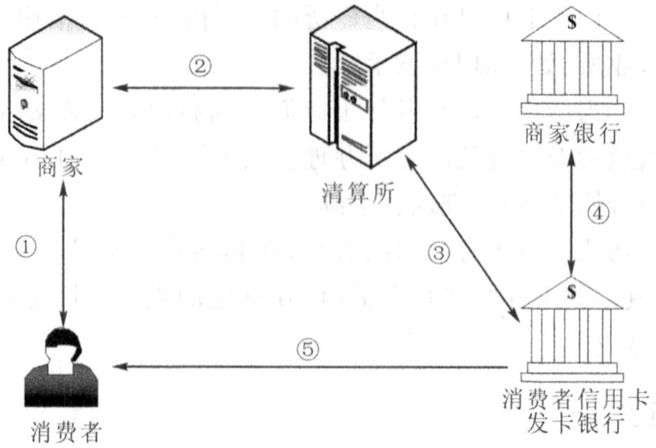

图 4-2 基于 SSL 协议的网上信用卡交易流程

②商家服务器在接收到消费者发送的信用卡信息后，与清算所进行联系。

③清算所是一个金融中介机构，此时负责与发卡行联系验证信用卡的真实性，并审核账户余额。

④确认后，发卡行贷记商家银行中的商家账户（一般在夜间批处理进行）。

⑤每月结账日，消费者的信用卡开户银行把消费者账户的借记情况以每月账单形式发送给消费者。

First Virtual 和 CyberCash 是网上信用卡型的两个具体系统。

(1)First Virtual。First Virtual(FV)是 Internet 上使用最早的信用卡支付系统之一，是 First Virtual Holdings 公司于 1994 年 10 月公布的产品。它利用 Network Computing Devices(NCD)公司的"Z 邮件"技术。该系统不采用加密技术，而且信用卡号码也不在网络上传送。主要用途是在 Internet 上销售低价的信息项，而无须使用特定用途的客户软件和硬件，系统不能完全防止销售中的欺诈行为，但由于它的目的是销售低价信息产品，欺诈问题不是一个最为重要的问题。

在销售进行以前，商家和用户都要求用 FV 注册。用户注册时，产生一短语，并以 WWW 形式填上其信用卡细目和 E-mail 地址，再通过网络传递给 FV，FV 给收到的短语加上一后缀，形成一新短语，称为 VirtualPIN，再发送给用户，FV 通过 VirtualPIN 和用户信息连接起来。商家也需要类似的注册程序，把他的开户银行细目发送给 FV，并从 FV 收到 VirtualPIN。用户浏览网上的售货商家的 Web 服务器，选定需要的商品，并输入 VirtualPIN，由商店把该账号及订货信息送入 First Virtual 公司的系统，通过询问 FV 服务器检查 VirtualPIN 是否有效，FV 服务器把确认用户购买商品的电子邮件送给用户。用户可以有三种回答：Yes，表示客户将进行支付；No，表示客户没有收到货物或对货物不满意而拒绝支付；Fraud，表示客户没有订购这些货物，FV 服务器在收到这个消息后，应认为欺诈而进行调查。First Virtual 公司在 1995 年 6 月宣布，这一系统平均每天达到 20 万笔支付处理。当时与该公司签订协议的商家约 150 家，其中包括 Apple 公司、Royter New media 公司、National Public Radio 公司等。FV 快速增长的原因是，进入简便，易于使用和独家的暗号技术。注册费用户为 2 美元，店家 10 美元并须付百分之几的销售手续费。

(2) CyberCash。CyberCash 是一家为互联网开发早期支付系统的公司。CyberCash系统为互联网付款方式提供了多方面的选择，其中包括信用卡、支票以及现金。该公司向消费者出售“钱包”。网上商家利用 CyberCash 公司的软件接收使用“钱包”客户的订购。订购通过 CyberCash 服务器转到银行网络系统，进行信息卡识别。在它的系统中使用 RSADataSecurity 公司的公开密钥。

用户在与 CyberCash 公司合作的虚拟店铺买东西时，必须预先在 CyberCash 公司的服务器上注册，得到 CyberCash 用的客户机软件，如在 CyberCash 加盟店选定想要的商品而用 CyberCash 支付时，便启动 CyberCash 客户机软件。输入并传送信用卡号码等必要的数据后，信用卡号码便由 CyberCash 公司的公开密钥加密，传到售货商店。售货商店的服务器把该信息转发到 CyberCash 公司的服务器。CyberCash公司的服务器使用私用密钥把该信用卡信息解密，像普通商店的信用卡终端那样，把该信息送往专用的网络。经过卡的有效性检查，便通知售货店支付无问题，售货店即告知用户支付处理完毕。

CyberCash 给用户和商家免费提供客户端软件，以实现它们使用专用加密技术的安全 Internet 支付服务。这使用户可提交付款给零售商，零售商再传送给连接到一定数量美国银行专用网络的 CyberCash 服务器。零售商不能够看到加密支付中的任何信用卡明细账。CyberCash 也决定引进他们自己的货币支付服务和微支付，以允许在银行账号间进行在线支付。

4.3.4 电子现金

电子现金，即数字现金，是以数字化形式存在的现金货币。在网上付款方式上，电子现金可能是最主要取代纸钞的付款方式，它所具备的特性是具有金钱价值、互通性、可取得性和安全性。电子现金以数字签名的密码系统为基础。它的主要好处就是它可以提高效率，方便用户使用。

1. 电子现金的特征

在现有的电子现金系统中，各系统具有各自的特色来吸引消费者，原则上，电子现金系统必须具备以下共同的特性：

(1)为了维护交易的公平性及安全性,电子现金必须具有不易被复制或被篡改的特性,避免不法的行为发生,以维护商店及消费者的权益,由于 Internet 的无国界性,对于可能在不同国度同时进行电子现金的重复使用的问题,更是电子现金系统必须加以特别关注的问题。

(2)要有安全可靠的载体,为了加强电子现金不宜被复制或篡改的特性,电子现金必须储存于安全性较高的装置中,如智能卡等安全设备。

(3)电子现金系统必须具备存款和提款的功能,使用者可经由使用电话或个人通信设备,进行远程的存提款,以方便日后进行电子现金交易。

(4)电子现金必须具备货币价值,所以电子现金必须具有传统的货币、银行信用认证或银行本票的支持,以代表电子现金所具有的实际货币价值。

(5)电子现金必须具备相通性,以便得以和其他电子现金、货币、银行存款、银行本票等付款方式相互交易。

(6)电子现金必须具有防止诬陷的特性和防止被盗用的特性,以防止不法之徒恶意破坏,保障合法消费者的权益。

(7)电子现金的使用与银行账户间不存在任何关联性,具备较高的匿名性,因此,使用者不用担心个人的消费行为会被泄露,可以自由地利用电子现金来进行任何消费。

2. 常用的电子现金系统

(1) ECash。ECash 是由 Digicash 开发的在线交易用的数字货币。使用 ECash 客户软件,消费者可以从银行提取和在自己的计算机上存储 ECash。制造货币的银行验证现有货币的有效性并把真实的货币与 ECash 进行兑换。商家能够在提供信息或货物时接收支付的 ECash 货币。客户端软件叫计算机钱包(cyberwallet),负责到银行存/取款,以及支付或接收商家的货币。在这种支付方式下,支付者的身份是匿名的。圣路易斯的马克·吐温银行是 20 世纪 90 年代唯一一家采用 DigiCash 的 ECash 系统的银行,它允许消费者和企业用 ECash 兑换美元。(马克·吐温银行现已被收购,现在已不再开展 ECash 业务了。DigiCash 公司曾在电子现金领域里很有影响力,也许有一天它会以新面貌重出江湖。)

ECash 的使用流程如下:

①申请账户。购买 ECash 的使用者,首先在开展 ECash 业务的金融机构开一个账户,将足够资金存入该账户以支持今后的支付。

②购买 ECash。当完成账户申请后,使用者就可以使用从开户银行那里获得相应的软件产生一个随机码——票券,当使用者从各自的账户提取货币以作为交换时,银行就可由使用者账户取出货币交易数据,并使用其私钥对使用者所要求的

票券进行数字签名，以担保票券上金额的有效性，最后银行再将该票券传送给使用者。客户可随时要求开户银行将账户中的现实货币转换成电子货币库里的电子货币。

③使用 ECash。当完成购买 ECash 的程序后，使用者就可以利用储存于卡上的电子现金进行消费了。购物时，先在接受 ECash 的商场选定商品，如果决定购买，只需用鼠标单击“接收 ECash”的图标，商家钱包软件就会将一张付款请求发送到客户计算机，其中列出了商品名称、数量以及款额。如果同意付款，只需点击“同意”按钮，就完成了全部支付的过程。客户如果感到剩下来的电子货币放在硬盘里不安全，可放回银行的库里。这种电子货币不仅可以在网上购物，也像现金一样，可以在个人之间流通。不过，由于 ECash 付款系统是采取离线处理方式，所以，验证的工作要等到夜晚才可进行。

(2)Netcash。Netcash 是 Netcash 公司推出的一种付款方式，是可记录的匿名数字现金支付系统。客户先从该公司的 Netbank 银行用实际货币购得电子购物券，它由一个字符串组成，例如 NetcashOS＄95.00M8989.Z89032F。用这种购物券，可在 Internet 上购物，也可邮寄购物。卖主收到从电子邮件送来的购物券后，再用电子邮件向 Netbank 兑现成实际货币，后者将实际货币转入卖主的银行账户。由于这种电子货币没有下限，因此特别适用一小宗买卖。Netcash 的付款方式虽然十分方便。但与 Digicash 相比，安全性较差，Netcash 规定一次购物的金额不超过 100 美元。尽管如此，这种方式仍然受到客户的欢迎。

4.3.5 小额付款系统

假如用美国运通卡买一小包巧克力的话，就会体会到信用卡公司对小额交易的压力。因为商店必须付给信用卡公司一笔可观的费用，所以当客户的消费额在 5 美元以下时，商店通常不接受刷卡付账。所以，在传统的付款方式下，对于消费金额较少的交易，往往交易处理成本远比所得交易金额来得大，如何减少不必要的成本是影响交易成败的重要因素，小额付款系统就是为解决小额消费问题的方案之一。

对于那些款额特别小的电子商务交易(比如用户浏览一个收费网页)，需要一种非常经济、成本很低的电子支付策略，这就是所谓的小额付款系统，也称为微支付(micropayment)。小额付款系统的特征是能够处理任意小量的钱，一般而言，美元几分几角的交易付款即可称为是小额付款，小额交易大多发生于消费者使用网上服务的交易上，例如自网络上下载数据、浏览新闻、数据库查询等交易。由于小额付款系统所涉及的交易金额较少，且为了提高整体系统效率，一般的小额付款系统不采用较昂贵或复杂的数字加密技术。

为保持每个交易的发送速度与低成本，目前有很多厂商在致力于发展别的协议以支持 SET 和 SSL 所不能支持的小额付款方式，其中之一是微支付传输协议(Micro Payment Transport Protocol，MPTP)，该协议是由 IETF 制定工作草案。小额付款方式的一个重要方面是其定义随着对象而变化，有许多系统声明其是小额付款方式，允许支付小于现有货币面额的数额。如 Compaq 与 Digital 开发的“Millicent”、CyberCash 开发的“CyberCoin”等。

(1)Millicent。Millicent 是一种小额电子商务交易的 Internet 支付系统，其钱包用的是能够在 Web 上使用的一种叫做便条(Script)的电子令牌。Script 被安全地保存在用户的 PC 硬盘上，并用个人标识号或口令对其加以保护。用户想要购买需要支付的内容，就将被引导进入 Millicent，在拥有一个 Millicent 账户后，用户可以通过以下 3 种方法来支付款项：通过在线信用卡或者借记卡支付，通过直接记账到他们每月的 ISP 服务或者电话费用，或者通过在便利商店购买的储值卡支付。Millicent 提供了很多权威或经纪人，以出售便条，每个经纪人只有一个消费者。它有两种支付方式：点击支付(pay-per-click)，仅用于需要的内容，小到 1/10 个分币；可以开放订购，允许并不严格的存取。

(2)Worldpay。Worldpay 是一种通过 Internet 的安全、多币制的电子支付系统。消费者拥有信用卡或借记卡授权的 Worldpay 多币制账户。账户处理是集中式的，因此可以在任何地方、任何计算机上存取资金。它把资金从消费者的账户中转拨到商家的 WorldPay 银行账户中。没有使用的资金可以在任何时候返还给原始账户的信用/借记卡用户。

(3)CyberCoin。CyberCoin 可以用于信用卡交易，以及美国国内使用的小额支付和电子支票转拨，是一个基于软件的电子现金产品，目前已经与 SET 结盟。CyberCoin也叫网络硬币，主要是因为在开发这种支付手段的时候，考虑是为网上进行的一些小额的交易提供支付服务，比如通过网络传输信息制品(软件等)，这些产品适合于网络交易，而价格又不高，消费者使用的金额一般都在 25 美分到 10 美元之间，数额不大，像硬币一样。“网络硬币”的最大特点是交易中存在一个“中间人”，消费者和商家之间存在一个“服务商”。消费者通过各种手段，比如信用卡、ATM 卡等从网络中将自己银行账户上的钱，下载到一个“钱包”里。这个钱包以消费者的名义，由服务商存在银行的某一账户上，交易的时候，通过服务商作为中介实现。也就是说，由服务商将客户“钱包”里的钱划到商家在银行的账户上。这样，就不需要银行之间的结算，而由服务商执行这种结算的功能。

(4)InstaBuy。推出电子货币 CyberCoin 的 CyberCash 公司，后来又推出一种新的网上支付系统，称为 InstaBuy，并相应停止在北美的 CyberCoin 业务。InstaBuy的基本思想是：将电子货币像往常一样放在普通的信用卡里；当客户第一次在网上一家提供 InstaBuy 服务的商场里购物支付时，要填写一张有关信用卡以及个人资料的表格；以后无论在网上哪一家 InstaBuy 商场购物，无须再填写表格，软件能自动提示第一次填写的表格。CyberCash 公司宣称，采用这种电子货币系统，可实现“单击购物”(One-ClickShopping)，大大方便了客户与商家。

客户与商家使用 InstaBuy，需要分别在自己的计算机上装上客户钱包与商家服务器软件。为了扩大 InstaBuy 的应用范围，CyberCash 与美国两家大的信用卡银行合作，一家是第一美国银行，另一家是 MBNA。这些信用卡银行可将 InstaBuy的客户钱包软件免费送给每个信用卡持卡人，鼓励其使用。另一方面，CyberCash将实现 InstaBuy 的商家服务器软件与该公司开发的、目前在商场获得广泛使用的 CashRegister 软件捆绑在一起，让这些商场能提供 InstaBuy 服务。CyberCash又与 MBNA 合作推出功能与 InstaBuy 一样的 MBNABuy 电子货币系统，进一步推广该公司提出的网上“单击购物”的支付方式。

(5)MPTP。W3C 定义的一组小额支付用的开放 API。该协会认为在用户的客户端已经有一个钱包，但是随着计划使用 XML，可能会定义一种标准的支付标记，嵌入在零售商的 HTML 页面上。客户能够解释标记，使用恰当的支付机制启动一次支付过程。

4.3.6 智能卡

按照前面的有关电子货币的划分，智能卡作为存储性的预付卡，属于电子现金的一种，由于智能卡的广泛应用，我们把智能卡单列一节。

智能卡就是嵌入了一个微处理芯片的塑料卡，在芯片里存储了大量关于用户的信息。智能卡的信息存储量比一个磁卡大 100 倍，可存储用户的个人信息，包括财务数据、私有加密密钥、账户信息、信用卡号码及健康保险信息等。

智能卡(Smart Card or IC)最早是在法国问世的。20 世纪 70 年代中期，法国 Roland Moreno 公司采取在一张信用卡大小的塑料卡片上安装嵌入式存储器芯片的方法，率先开发成功 IC 存储卡，经过 20 多年的发展，真正意义上的智能卡，即在塑料卡上安装嵌入式微型控制器芯片的 IC 卡，已由摩托罗拉和 BuII HN 公司共同于 1997 年研制成功。智能卡出现十多年来，在欧洲一些国家以及澳大利亚和日本都很流行，尤其是法国，不仅在数量上领先于其他国家，而且其应用领域的多样化也更为突出，如在金融、电信、医疗、保险、旅游和交通运输等方面都有智能卡的应用。智能卡在美国远没有在欧洲等地流行，其失败的部分原因是因为能记录结算信息的智能卡刷卡器不普及，美国银行的法规也相应减慢了智能卡普及的速度。中国于 1993 年起在全国范围内开展了“金卡工程”。“金卡工程”的目标和任务是从 1993 年起，用 10 年左右的时间，在 3 亿城市人口中推广普及金融交易卡，跨入电子货币时代，其总体构想是建立全国统一的金卡专用网、金卡服务中心和金卡发行体系，1997 年，中国的智能卡发卡总量已达 6000 万张，2000 年将超过 1 亿张。预计未来中国将成为智能卡的一个非常有潜力的市场，智能卡将成为中国进入 21 世纪信息世界的金钥匙。

1. 智能卡的特点

(1)智能卡快捷方便、节省人力资源。不仅用户携带方便，而且节省了用户对终端操作时大量复杂的输入劳动，只需由读卡设备将存储在智能卡上的信息读出即可。另一方面，智能卡消除了某种应用系统可能对用户造成不利影响的各种情况，它能为用户“记忆”某些信息，并以用户的名义提供这种信息。应用本身能够配置成适合某个用户的需要，而不是用户去学习和适应这种应用。例如，使用智能卡消费时就不再需要记住个人识别号码(密码)。

(2)保密性。智能卡能够大量、安全地存储数据，它非常适合金融方面的应用，可以很轻松地取代磁条卡而成为下一代的储蓄卡和信用卡，不仅如此，由于智能卡上数据的保密安全度很高，它已被国际大金融组织，如 VISA 和 MASTER 启用为电子货币，它比钞票更可靠，因为要攻破它的安全系统比制造伪币困难得多。例如，智能卡中可以存放口令，每当存取卡上数据时对口令进行验证，这样就能保护信息不被窃取。智能卡也可以进行加密运算，对其输入、输出的数据均可采用这种方法进行保护。

(3)加快信息流通。由于智能卡与接取设备之间是采用电子信息传送，速度比人的手动输入要快得多，而且可以极大地减少人为的差错。

(4)成本低。智能卡的集成电路芯片成本随着技术的进步在逐年下降，而集成度却逐年上升。集成电路的运算能力、存储能力已经不是智能卡发展的障碍。而价格的低廉将极大地促进智能卡的商业应用。

(5)可再利用。智能卡通过重写其中的用户信息或者其他数据可以重新利用。

(6)可一卡多用。一张智能卡可以作为多种服务的接入手段，从而进一步增加了其方便、友好的特性。

2. 智能卡的工作过程

智能卡系统的工作过程：

①在适当的机器上启动用户的因特网浏览器，这里所说的机器可以是 PC 机，也可以是一部终端电话，甚至是付费电话。

②通过安装在 PC 机上的读卡机，用用户的智能卡登录到为用户服务的银行 Web 站点上，智能卡会自动告知银行用户的账号、密码和其他一切加密信息。

③完成上两步操作后，用户就能够从智能卡中下载现金到厂商的账户上，或从银行账号下载现金存入智能卡。

例如，用户想购买一束 20 元的鲜花，当用户在花店选中了满意的花束后，将用户智能卡插入到花店的计算机中，登录到用户的发卡银行，输入密码和花店的账号，片刻之后，花店的银行账号上增加了 20 元，而用户的现金账面上正好减少了这个数。当然，用户买到了一束鲜花。

3. 智能卡的分类

(1)按照其组成结构，智能卡可分为以下五种：

①非加密存储器卡(Memory Card)。其内嵌芯片相当于普通串行 E2PROM 存储器，有些芯片还增加了特定区域的写保护功能，这类卡信息存储方便，使用简单，价格便宜，很多场合可替代磁卡，但由于其本身不具备信息保密功能，因此，只能用于保密性要求不高的应用场合。

②加密存储器卡(Security Card)。加密存储器卡内嵌芯片在存储区外增加了控制逻辑，在访问存储区之前需要核对密码，只有密码正确，才能进行存取操作，这类信息保密性较好，使用与普通存储器卡相类似。

③CPU 卡(Smart Card)。CPU 卡内嵌芯片相当于一个特殊类型的单片机，内部除了带有控制器、存储器、时序控制逻辑等外，还带有算法单元和操作系统，由于 CPU 卡有存储容量大，处理能力强，信息存储安全等特性。因此，广泛用于信息安全性要求特别高的场合。

④超级智能卡。在卡上具有 MPU 和存储器并装有键盘、液晶显示器和电源，有的卡上还具有指纹识别装置，能够如同个人电脑那样自由地增加和改变，这种智能卡还设有“自暴”装置，如果犯罪分子想打开智能卡非法获取信息，卡内软件上的内容将立即自动消失。

(2)按照数据读写方式，智能卡又可分为接触式智能卡和非接触式智能卡两类：

①接触式智能卡。接触式智能卡读卡器必须要有插卡槽和触点，以供卡片插入接触电源。其缺点是使用寿命短，系统难以维护，基础设施投入大，但发展较早。国际标准 ISO7816 系列对此类智能卡进行了规定。

②非接触式智能卡。非接触式智能卡又称射频卡，是近几年发展起来的新技术。它成功地将射频识别技术和智能卡技术结合起来，将具有微处理器的集成电路芯片和天线封装于塑料基片之中。读写器采用兆频段及磁感应技术，通过无线方式对卡片中的信息进行读写并采用高速率的半双工通信协议。其优点是使用寿命长，应用范围广，操作方便、快捷，但也存在成本高，读写设备复杂，易受电磁干扰

等缺点。目前,非接触式卡片的有效读取距离一般为100～200mm,最远读取距离可达数米(应用在停车场管理系统)。国际标准ISO 10536系列阐述了对非接触式智能卡的有关规定。

(3)按照数据交换格式分类,智能卡可以分为串行和并行两种:

①串行智能卡。智能卡和外界进行数据交换时,数据流按照串行方式输入输出。当前应用中大多数智能卡都属于串行智能卡类,串行智能卡接口简单,使用方便,国际标准化组织为之专门开发了相关标准。

②并行智能卡。与串行智能卡相反,并行智能卡的数据交换以并行方式进行,由此可以带来两方面的好处,一是数据交换速度提高,二是在现有技术条件下存储容量可以显著增加。有关厂商在这方面作出了探索,并有产品投入使用,但由于没有形成相应的国际标准,大规模应用方面还存在一些问题。

4.智能卡的应用与发展

鉴于智能卡所能提供的安全性能,许多电子支付系统中都使用智能卡来作为电子货币,Mondex及Visa Cash就是最好的例子。使用智能卡作为电子货币,可使用户离线作业,减少使用信用卡时所需花费的连线认证时间,可免除找零钱的麻烦。

智能卡最为人所知的用途在金融方面。早期的金融卡只具有磁条,只能提供给使用者进行查询、转账及提款功能,而且这些动作只利用各家银行各自的自动提款机才行,一旦退出ATM之后就无法发挥其作用了。用智能卡代替现有的磁卡,既提高了安全性,又能在一张智能卡上追加各种业务。可以作为现金卡、信用卡、证券卡等。

智能卡在通信领域的主要应用是移动电话和公用电话。目前,在GSM手机中已大量使用了SIM(Subscriber Identify Module)卡。在GSM手机中SIM卡作为用户识别卡,用以标识单个的用户,每次通信均相关于该用户所对应的SIM卡,而非用户所使用的终端。另一种电信卡是我们现在广泛使用的电话IC卡。其中主要记录了卡的余额数据。由于IC卡电话机的可靠性、安全性、经济性均比磁卡电话机好,因此今后公用电话卡将大量采用IC卡。

智能卡还可以作为身份识别卡,利用智能卡的高储存容量的特性,将持卡人的个人基本身份数据储存于身份识别卡中,以取代原有的纸质身份证明文件。智能卡本身所具有的高安全存取控制功能也是它被用来开发身份识别卡的另一个主要因素。

在医疗保险领域中,可以利用智能卡大容量存储的优势,对个人健康信息、治疗记录、保险信息等进行管理。

在交通领域中，以智能卡为票证代替纸质车票及磁卡应用于公共交通自动售票、过桥收费、汽车加油等。

智能卡的下一步发展，将是由专用走向通用。现在的智能卡芯片是为某一些客户如银行等专门设计的，最近随着 JAVA 计算机语言的出现，一种可加载用户程序的通用智能卡 JAVA 卡引起了人们的广泛兴趣。使用这种卡，客户可以在一张卡上得到金融、保险、身份识别、购物折扣等各种服务，具体来说，从打开你的家门所用的钥匙到走出国门所用的护照，将来都可以用同一张智能卡来代替，为了实现这一目标，在欧洲已经组成了 JAVA 智能卡标准委员会，相信这一标准的制定将掀起智能卡应用的又一高潮。

5. Mondex 智能卡

Mondex 智能卡是由 Mastercard 的分公司 Mondex 推出的，卡片的尺寸与标准 IC 卡一样，卡上有一个 8 位的微电脑用来记录与处理数据。该公司于 1994 年 4 月发表有关 Mondex 卡的标准，目前世界上已有 40 多个国家的 450 多个公司参与这项技术的开发，生产各项符合 Mondex 标准的设备，包括 Mondex 卡读数器、取款机、POS、电话机以及余额读出器等。

Mondex 卡同时可以存放五种不同的货币。使用这类智能卡时，全部交易都是通过 Mondex 设备在付方的智能卡与收方的智能卡之间进行，而没有银行或其他第三者的介入。卡间的信息传送采用高效的密码技术，保证货币只能在两张 Mondex 卡之间传送，且只能储存在 Mondex 卡上。持卡人通过装在家里的 Mondex电话，可以将存在 Mondex 卡服务银行里的钱直接传送到自己手里的智能卡，也可以将卡中储存的电子货币等价存入开户银行的个人账户。例如，利用这种电话与西敏寺银行的 Mondex 主电脑接通，耳机里就会响起清晰的话音，然后按照对方指示，在电话键盘上键入自己的密码和所需的金额，于是在银行的存款立即变成数字信息，从存款账户上转移到 Mondex 卡中。购物时，只需将卡插入商店的 Mondex POS 机，应支付的货币就从客户的卡转送到商家 POS 机里的卡。

Mondex 的交易有若干步骤，以保证转账的资金能安全抵达正确的地方。用 Mondex 将电子现金从买者转给卖者的步骤如下：

①持卡人将 Mondex 卡插入刷卡器。

②商家终端请求结算，同时传输商家的数字签名。

③客户 Mondex 检查商家的数字签名。如果签名有效，即从持卡人的卡上减去交易额。

④商家终端检查客户刚提交的数字签字进行认证。如果客户的数字签名有效，商家终端通过将自己的数字签名转发持卡人的卡表明已经确认了持卡人的

签名。

⑤一旦电子现金从持卡人的卡上减去，同样金额的资金就转到商家的电子现金账号上。在从持卡人的卡上减去了交易额所等待的时间内要保证电子现金不能重新产生或者丢失，即在交易完成前，增减账户金额的连续动作要保证操作期间可能出现的系统故障不会引起电子现金的产生或丢失。

Mondex 卡尽管使用方便、安全，但由于需要专用的 Mondex 设备，在使用上受到一定的限制，实际上，这种电子货币更适合于网下支付。当客户在网上一家能接收 Mondex 卡支付的商场里选中某件商品时，除非通过联网的特殊 Mondex 设备，否则只能利用 Mondex 电话来完成支付。

尽管有许多银行接受或参与 Mondex 的实践和推广，如英国、美国、加拿大、澳大利亚、新西兰、南非等国家的银行，但欧洲大陆的德国、荷兰、比利时、芬兰和丹麦等国，则大多对 Mondex 不感兴趣，都在努力开发本国独特的电子货币。美国也并非只有 Mondex 一种电子货币，也有其他公司开发的不同技术体系的各种电子货币在发行。围绕电子货币开始的竞争，还刚刚开始。

4.3.7 电子货币与犯罪问题

电子货币的实质就是代表一定商品价值的数字符号。这种支付方式的最大特点是交易的“匿名性”，即不论商店还是银行，都不知道是谁购买了哪些商品，这虽有利于保护消费者的隐私，但也给电子货币的流通安全性提出了挑战。从另一方面来说，电子货币是一种“储值”或“预付”产品，因而，其他金融机构和非金融公司如维萨(VISA)和国际信用卡组织也拥有发行电子货币的权力，这在实质上部分剥夺了央行垄断发行货币的特权，也削弱了银行的监管力度。

而对于犯罪分子来讲，电子货币和传统货币相比，利用电子货币进行犯罪有很大的便利。传统货币有以下几个方面的特点，在很大程度上给犯罪活动带来了阻力：首先，传统货币面值有限，大量价值的货币必然占据较大的空间，因此犯罪分子携带大量货币，转移到其他地方非常困难，如难以通过海关。其次，传统货币的运送、证实和计算都需要花时间，如果货币的价值很大，所需的时间更多，在很大程度上会延迟交易速度。再次，传统货币无法通过计算机传送，远距离的安全传送需要花大量的时间和资源，这使得运输过程容易被发现。最后，传统货币都有印钞号，如果有关机构知道钞票的号码，在金融机构的协助之下，就能发现向银行存入这些钞票的人。

传统货币的这些特点给抢劫、绑架、洗钱都带来一定的困难。但是电子货币在这方面却有一定的脆弱性，容易被犯罪分子所利用：首先，电子货币体积小。从理论上讲，电子货币的体积几乎可以忽略不计，一个智能卡或者一台计算机可以存储无限数额的电子货币。即便是每个智能卡的面值有限额，比如 500 美元，那么这些卡加在一起占有的空间也比不上传统货币所占有的体积。其次，电子货币可以很容易地进行远距离转移。这不仅是由于电子货币的体积小，而且因为借助电话线、互联网，电子货币可以在瞬间转移到世界任何一个角落。最后，电子货币具有很强的匿名性。传统货币的匿名性也比较强，这也是传统货币可以无限制流通的原因。但传统货币都有印钞号，像上面所讲的，如果有关机构知道钞票的号码，就容易追踪到犯罪分子；同时，传统货币总离不开面对面的交易，这种面对面的交易也在很大程度上限制了传统货币的匿名性。而电子货币的匿名性则比传统货币更强，其主要原因就是加密技术的采用以及电子货币远距离传输的便利。

由于电子货币存在着这些弱点，就比较容易被犯罪分子所利用，成为洗钱等犯罪活动的工具。洗钱是一个比较常见的犯罪活动，犯罪分子通过洗钱，将非法得来的黑钱，洗成合法的资金。犯罪分子洗钱的手段多种多样，手法也不断在翻新。通常情况下，犯罪分子洗钱包括三个阶段：首先，开设一个合法的壳公司。这个壳公司从事合法经营，同时，有大量的现金流入和流出，比如一些从事零售业务的商店、快餐店等。犯罪分子进行非法活动，一般都是现金交易，由于开设的公司有大量的现金流进流出，就比较容易把通过合法渠道获得的赢利资金和通过非法渠道获得的资金混在一起，把这些钱存入银行或其他金融机构，银行也很难发现哪些钱是黑钱，哪些钱是干净的钱。然后，通过银行间的资金划拨，将存入银行的钱在不同机构之间进行转移，转移的次数和机构越多，越难察觉钱的真正来源。最后，在不断转移的过程中，所有的钱最终被转移成合法的资金，比如转移成为银行的存单，黑钱和合法资金融为一体。

如果在电子货币比较普遍应用的情况下，存在着利用电子货币进行洗钱的可能性。假设甲是某犯罪集团的头子，手下有 40 个成员。甲派这 40 个成员到当地的智能卡销售店中，每人用 500 元现金购买一张智能卡。这种智能卡实际上是电子货币的一种，网络电子货币将货币的币值存在计算机上，而智能卡则是将电子货币币值存储在其中的集成电路芯片里。智能卡可以通过电话线路或互联网传送其中的币值。于是，这 40 个人拿着 40 张卡回到犯罪集团总部交给甲，这些卡一共值 2 万元。甲将这些卡在计算机上专用的设备上一扫，所有的电子货币就储存在甲的计算机上了。由于电子货币类似于现金，理论上可以无限流通，因此，转移的环节越多，就越隐蔽，同时，与传统洗钱不同的是，传统洗钱在不同的金融机构和其他机构之间来回转移，总是离不开金融机构(被发现的可能性就越大)，而电子货币可以像现金一样不通过金融机构进行流通，隐蔽性更强。这样犯罪集团就可以通过电子货币方便而安全地将黑钱洗成合法资金。

法律对传统洗钱方式进行控制的重点在银行。主要是通过银行对交易的记录和调查来预防和发现洗钱等犯罪活动，同时，由于洗钱是一种国际犯罪，国家之间的合作也是打击洗钱等犯罪的重要方面。各国法律对银行都施加了一定义务，通过银行对现金流入的控制来预防和打击洗钱活动。比如欧盟委员会法律，要求金融机构必须对涉及1500及1500欧洲货币单位以上数额的交易进行记录。金融机构对有重大嫌疑、与洗钱有关联的交易，有义务进行调查。

由于电子货币的出现和流通，越来越多的非银行机构成为电子货币的发行人，以及加密技术的采用，使现有的法律可能完全不能适应对付犯罪活动的需要。面对传统法律带来的困难，许多国家都在积极寻找对策，试图继续保持现有法律的适用，主要的措施包括：

(1)限制电子货币的发行人。只允许银行发行电子货币，那么现有的关于要求银行等机构控制洗钱活动的法律就可以适用于电子货币，而无须对现有的法律进行修改。欧盟的许多国家就采取这样的态度，但美国则反对这样的做法，认为限制电子货币的发行人，无疑是限制了竞争，对电子货币技术的发展会产生不利的影响。

(2)建立一定的密钥托管机制，使政府能够获得密码技术中的私人密钥。由于加密技术给执法机构带来了很大的困难，没有私人密钥几乎无法破译有关信息，也无法对电子货币洗钱等犯罪活动进行控制，因此，有的国家建议由政府机构对所有的私人密钥进行托管，在一定条件下，比如为了追查犯罪分子的需要，就可以从托管机构那里获得私人密钥，解密相关的信息。但是，其他一些国家认为，这种办法有可能损害客户的隐私权，因为有关交易的信息都是客户不愿别人了解的信息，政府机构可以比较容易地获得这些信息，就容易使客户丧失对支付系统的信心。

目前这些争论，在国际范围内还在继续，将会对电子货币和电子商务的发展产生一定的影响。

4.4 网络银行

4.4.1 网络银行的概念

网络银行，又叫网上银行或在线银行，是指金融机构利用网络技术在Internet上开设的银行。这是一种全新的银行客户提交方式，银行利用Internet向客户提供开户、销户、查询、对账、行内转账、跨行转账、信贷、网上证券、投资理财等传统服务项目，使客户可以足不出户就能够安全便捷地管理活期和定期存款、支票、信用卡及个人投资等。

1995年10月18日，全球首家以网络银行冠名的金融组织——安全第一网络银行SFNB对300年来的传统金融业产生了前所未有的冲击。传统银行也纷纷建立起自己的网络银行。企业用户网上银行使用呈现逐步代替传统银行业务的趋势。据 2007 年的一项统计表明，58.6%的企业使用网上银行替代了超过 50%以上的柜台业务，26.9%的企业使用网上银行替代了 70%～80%的柜台业务；网上银行替代 90%以上柜台业务的企业比率也超过了 5%。

网络银行具有以下的优势：

(1)网络银行将改变传统银行经营理念以及对国际金融中心的认识，一系列传统的银行经营理念将随之发生重大转变。例如，一直被当作银行标志的富丽堂皇的高楼大厦将不再是银行信誉的象征和实力的保障，那种在世界各地铺摊设点发展国际金融业务和开拓国际市场的观念将会被淘汰，发展金融中心必须拥有众多国际金融机构的观念及标准也将发生重大调整。

(2)网络银行将改变传统的银行营销方式和经营战略。网络银行能够充分利用网络与客户进行沟通，从而使传统银行营销以产品为导向转变为以客户为导向。能根据每个客户不同的金融和财务需求"量身定做"的个人金融产品并提供银行业务服务，最大限度地满足客户日益多样化的金融需要。网络银行突破了时空局限，改变了银行与客户的联系方式，从而削弱了传统银行分支机构网点的重要性，取而代之的将是能够进行银行业务的电脑和 ATM 机。

(3)网络银行将会使传统的银行竞争格局发生变化。网络银行的全球化服务，使金融业全面自由和金融市场全球开放，银行业的竞争不再是传统的同业竞争、国内竞争、服务质量和价格竞争，21 世纪的银行业竞争将是金融业与非金融业、国内与国外、网上银行与传统银行等多元竞争格局。

4.4.2　网络银行的安全

在网上银行显示了其巨大的发展潜力和空间的同时，安全问题日益受到关注。基于网上银行安全的考虑，首次开通网上银行并申请网上银行证书的个人用户的比例较 2006 年增加了近 10 个百分点。而且，71.7%非现有用户最担心的是网上银行的安全性，这一比率比 2006 年上升了 10%。这也是阻碍他们实际使用网上银行的最大因素。

英国国家罪案署(National Crime Squad)曾破获英国首宗网上银行抢劫案：犯罪分子成功利用伪造身份掳走了该国最大网上银行——埃格(EGG)的 1 万英镑现金。埃格是一家专业网络银行，只通过互联网和电话受理银行业务。因其服务快捷，加上背靠实力雄厚的大股东，埃格目前已发展成为全欧洲最大的网上银行，其登记客户近 120 万个。但埃格在网民中一呼百应的同时，也引起了高智商罪犯的注意。埃格银行探测到有黑客试图侵入其电脑结算系统，银行当即向警方报案。国家罪案署对此案相当重视，他们从一家民间顾问公司请来了多名电脑技术专家助阵，专攻一些棘手的技术难题。在警方协助下，埃格开发了一套高级软件系统，能实时监测客户异常花钱行为，网上劫匪在利用虚假身份注册账户时，往往会使用相同的电脑终端，这足以显露劫匪行藏的蛛丝马迹都可被软件一一捕获。埃格不久前启用这套软件，正是这套软件帮助警方查到了犯罪嫌疑人的网上行踪。

从目前的技术水平和网络银行的实际情况来看，网络银行主要从服务器安全、客户信息安全、通信安全和信息保密等方面来提供安全性措施和保障，具体包括如下方面：

(1)服务器安全。网络银行中的服务器一般包括两个方面，一是对外的 Web 服务器，另外一类就是用于银行业务处理的内部数据服务器系统。一般利用防火墙、安全网关或与外部网络物理隔离的方式来保障其安全性。

(2)用户身份真实性。通过各种方式保障银行支付网关和用户之间身份的真实性，并根据一定的措施来认证用户的真实身份和相应权限，大部分是通过 CA 系统来实现的。

(3)传输数据安全性。利用密码技术和安全协议来保证用户和网络银行之间的交易数据在网上传输时不可被窃取，不可被篡改，并对每笔交易有完整的记录，即保证数据的机密性、完整性和不可否认性。

根据以上需求，可利用多种技术和手段来保障网络银行的安全性，主要包括防病毒技术、防火墙技术、密码技术、证书机构 CA 技术、安全协议实现和安全管理制度，以及完善统一的安全机制和策略等。

目前，如何确保交易安全和为个人保密，仍然是发展网络银行需要克服的最大障碍。另外，网络消费者本身对网上交易安全也存在着疑虑。为此，如何提高网络银行的安全质量及增强客户对网上金融服务设施的信任是今后发展网上银行的重要问题之一。

4.4.3 典型的网络银行

知名的网络银行，国外有安全第一网络银行(http://www.sfnb.com)、美洲银行(http://www.bankamerica.com)、花旗银行(http://www.citibank.com)等，国内有招商银行(www.cmb.com.cn)和中国建设银行(www.ccb.cn.net)等。

1. 美国安全第一网络银行(SFNB)

美国安全第一网络银行 SFNB(Security First Network Bank)成立于 1995 年 10 月 18 日，总部设在美国亚特兰大，是世界上第一家在 Internet 上进行所有交易处理的开放性银行，同时也是取得美国联邦银行管理机构 FDIC 批准的第一家网上银行。1998 年 10 月，SFNB 成为加拿大皇家银行金融集团(Royal Bank Financial Group)的全资子公司。

SFNB 的所有银行业务都通过 Internet 进行，其客户可以采用电子方式开出支票和支付账单，也可以上网了解当前货币汇率和升值信息等，而且该银行提供的是一种联机服务，因此客户的账户始终是平衡的。客户通过浏览器连接到 SFNB 的主页上，便可步入 SFNB 的“营业大厅”，一个虚拟现实银行的格局，有若干个柜台，每个柜台后面都有一位银行工作人员，各个柜台标记有不同的职能，客户可以像走进任何一家银行一样，根据自己的需要进行各种交易活动。开设新的账户，查询账户以检查收支情况，获悉当前的税率，客户还能通过电子系统填写支票和支付账单。SNFB 营业大厅内还有保安人员，通过他可以了解银行的安全防卫系统。

SNFB 的安全系统由信息服务器和银行两部分组成。客户通过信息服务器获得银行及其服务的信息。如果客户决定在 SNFB 开立账户，必须填写一个安全注册表，把加密报文发送到银行服务器中。银行在收到客户的开户申请，确定为其开户时，会通过 U. S. Mail 给客户发出一个确认函，其中包含了使用账户所需的密码。客户通过其 WWW 浏览器与银行建立联系，客户与银行间的所有信息通信全部采用公共密钥加密。

SNFB 在 Internet 和内部银行网络间还设置防火墙和滤通路由器。滤通路由器负责检查发给银行的每个信息包的来源和目的地，拒绝所在非使用网络服务的包。滤通路由器拒绝所有访问内部地址的包，只能使用 http 来访问银行服务器。防火墙的工作原理与滤通路由器类似，它检查 Internet 网发给客户服务网络的信息包。所有要通过防火墙的信息都要通过一个电子邮件代理机制，消除所有可疑的信息。这个代理机制负责把包的 IP 地址改为合适的内部网络站点，避免了对内部地址的直接访问。

2. 中国招商银行

1997 年 2 月 28 日，总部设在深圳特区的招商银行正式建立联网站点“一网通”(http://www.cmbchina.com)，即指通过 Internet 或其他公用信息网将客户的电脑终端连接到招行网站，实现将招行的金融服务直接送到客户办公室、家中和手中的服务系统。建立了由网上企业银行、网上个人银行、网上支付、网上证券及网上商城为核心的网络银行服务体系，“一网通”现已成为国内网上银行尤其是网上支付的知名品牌，被许多著名的电子商务网站列为首选或唯一的网上支付工具。2000 年 1 月，招行网站获得“中国十大优秀网站”称号。2000 年 4 月，招行“一网通”正式获得国家商标注册，受到《中华人民共和国商标法》的法律保护。

“一网通”网上银行业务的功能如下：

(1)个人银行。适用于个人和家庭，为所有招商银行“一卡通”和存折客户提供账户服务。个人银行分为个人银行大众版和个人银行专业版,个人银行大众版提供账户信息查询、自助转账、财务分析、自助缴费、修改密码、账户挂失,“一网通”网上支付卡的申请、查询、转账、修改密码,楼宇按揭贷款计算等全方位的理财服务。个人银行专业版全面使用数字证书确认用户身份,有查询、转账、大额支付和汇款功能。

(2)企业银行。适用于企事业单位,为申请了该项功能的单位提供全方位网上服务。企业可以通过互联网实时了解财务运作情况,及时调度资金,轻松处理大批量的支付和工资发放业务,并可处理信用证相关业务。

(3)网上支付。为客户提供了在网上商户进行消费的结算工具——“一网通”网上支付卡。招商银行网上支付现已在全国联网,客户可在招商银行各地的网上特约商户进行网上购物、网上付费、网上投注、网上订票、网上订房、网上捐款等各项业务。

3. 中国建设银行

中国建设银行网上银行,以遍布全国的城市综合业务网络系统为基础,以24小时到账的清算系统、全国大中城市联网的龙卡系统为依托,支持实时网上结算,支持网上购物、网上订房、网上订票等电子商务行为。

建行网上银行服务与传统柜台业务相比有如下优势:

(1)突破了地域限制,只要拥有一台电脑,在家中或办公室便能轻松享受各种银行金融服务,免去了往返银行网点和排队等候等诸多不便。

(2)跨越了时空限制,传统柜台办理业务的营业时间早已不能满足客户全方位需求,而建行网上银行可以提供24小时的贴身服务,实时满足客户对银行业务的需求。

(3)客户资料的私密性,建行网上银行采取了严密的安全措施,在网上办理业务时,提供给客户最大的私密性,客户不必担心自己的账户信息被别人所知。

(4)金融服务的多样性,在建行网上银行提供的各项服务中,客户可以根据自己的需求做出个性化的选择,只要点击进入建行网上银行,就能够一并享受到多样化的服务,而再也不必东奔西走地去找网点了。

(5)建行网上银行采用了严格的安全性设计,通过密码校验、CA证书、SSL传输加密和服务器方的反黑客软件等多种方式来保证客户的信息安全。客户输入的银行账号、密码、金额等信息都将经过加密后完整、秘密地传递到网上银行服务器上,而不必担心有被篡改和失密的风险。

4.5 第三方电子支付平台

随着第三方电子商务平台如Alibaba、Taobao的不断发展,人们对电子支付的需求也日益增加。然而网上诚信体系和安全体系建设的滞后，严重影响了网上电子支付的应用与推广。如何解决人们在电子商务平台中对电子支付的信任成了电子商务发展的一个难题。为了解决这个难题，出现了第三方支付平台。

"第三方支付"是具备一定实力和信誉保障的独立机构，采用与各大银行签约的方式，提供与银行支付结算系统接口的交易支持平台的网络支付模式。在第三方支付模式中，买方选购商品后，使用第三方平台提供的账户进行货款支付，并由第三方通知卖家货款到账、要求发货；买方收到货物，并检验商品进行确认后，就可以通知第三方付款给卖家，第三方再将款项转至卖家账户上。

4.5.1　第三方支付交易流程

第三方支付模式使商家看不到客户的信用卡信息，同时又避免了信用卡信息在网络多次公开传输而导致的信用卡信息被窃事件。以支持 B2C/C2C 交易的网上银行在线为例的第三方支付模式的交易流程如图 4-3 所示。

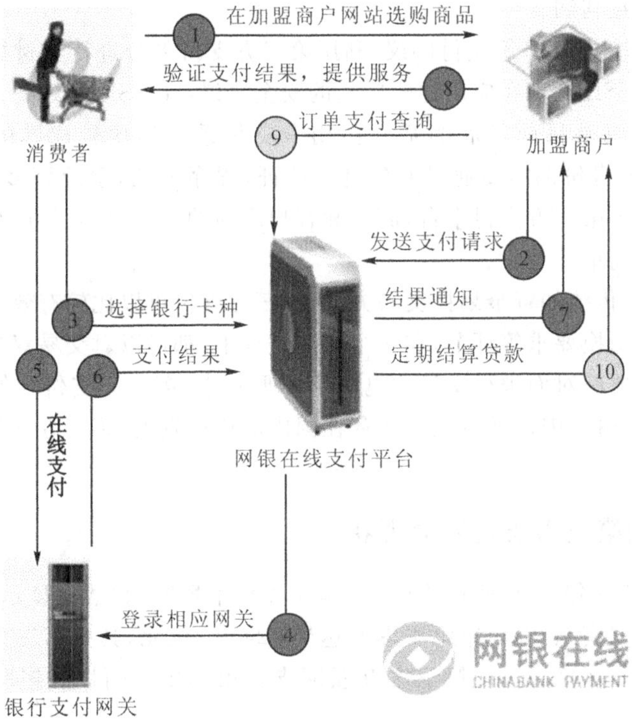

图 4-3　网银在线支付流程

①持卡消费者到加盟商户的网站选购商品，并选择网上支付货款。

②加盟商户将持卡消费者网上支付的请求发送给网银在线支付平台。

③持卡消费者选择所属的银行卡种,向相应银行网关发送支付请求。

④自动登录相应银行支付网关界面。

⑤持卡消费者输入卡号、密码等相关信息开始在线支付。

⑥在线支付完成后,银行反馈支付结果并将货款转入在线支付平台。

⑦网银在线支付平台向加盟商户发送支付结果,并通知其处理订单。

⑧加盟商户根据反馈的支付结果为消费者提供服务。

4.5.2 第三方支付的特点

(1)第三方支付平台提供一系列的应用接口程序,将多种银行卡支付方式整合到一个界面上,负责交易结算中与银行的对接,使网上购物更加快捷、便利。消费者和商家不需要在不同的银行开设不同的账户,可以帮助消费者降低网上购物的成本,帮助商家降低运营成本;同时,还可以帮助银行节省网关开发费用,并为银行带来一定的潜在利润。

(2)较之SSL、SET等支付协议,利用第三方支付平台进行支付操作更加简单而易于接受。SSL是现在应用比较广泛的安全协议,在SSL中只需要验证商家的身份。SET协议是目前发展的基于信用卡支付系统的比较成熟的技术。但在SET中,各方的身份都需要通过CA进行认证,程序复杂,手续繁多,速度慢且实现成本高。有了第三方支付平台,商家和客户之间的交涉由第三方来完成,使网上交易变得更加简单。

(3)相对于传统的资金划拨交易方式,第三方支付可以比较有效地保障货物质量、交易诚信、退换要求等环节,在整个交易过程中,都可以对交易双方进行约束和监督。在不需要面对面进行交易的电子商务形式中,第三方支付为保证交易成功提供了必要的支持,因此随着电子商务在国内的快速发展,第三方支付行业也发展得比较快。

4.5.3 中国第三方支付发展现状

根据《2006年第4季度中国第三方电子支付市场监测》数据显示,中国第三方电子支付市场规模在2006年第4季度达到124.07亿元,其中第三方互联网支付市场规模为120.3亿元。在第三方互联网支付市场中,支付宝、银联和贝宝位列前三。

目前,国内有几十家第三方支付平台,这里简单介绍其中主要的四家:支付宝、财付通、银联电子支付和快钱。它们分别代表了目前我国电子支付市场的四种代表性支付类型,在一定程度上反映了我国支付市场的现状。

1. 支付宝(www.alipay.com)

支付宝诞生的最初原因是为了解决淘宝网交易收付款的问题,而其成功的最大因素也正是基于淘宝网以及阿里巴巴的成长。作为内置性支付工具,支付宝目前担负着处理淘宝网站几千万注册用户交易金额的任务。在市场推广上,支付宝主打的信用计划在一定程度上消解了网民对网上交易安全性的担心,促成了其成长。

但目前支付宝作为阿里巴巴和淘宝网的唯一支付工具,几乎与行业中所有阵营展开竞争。如何应对来自各方面的竞争,是摆在支付宝面前的最大问题。另外,由免费服务转入收费服务阶段后,如何留住客户也是支付宝发展的关键所在。

2. 财付通(www.tenpay.com)

财付通的最大收益来源却并非腾讯拍拍网,而是腾讯网络游戏。在 2007 年的网上购物调查报告中,腾讯拍拍的市场份额只有 3%。与此对应,仅 2007 年第三季度,腾讯网络游戏收入就达到约 2.3 亿元,较上季度的 1.5 亿元增长了 52%。但作为财付通最大收益来源的腾讯网络游戏,尽管目前拥有不错的成绩,但在风云变幻的网游市场,如何保证自己的份额,进而开掘新的收入来源,是财付通今后应该认真思考的问题。同时,与支付宝最初的市场推广战略相似,财付通也实行了免费策略来抢占市场。但是如何在攻占更多的市场份额后,由免费服务转入收费服务阶段,是摆在财付通面前的课题。

3. 银联电子支付(www.chinapay.com)

银联电子支付公司是由中国银联控股的专业从事网上电子支付服务及网上跨行转账服务的公司,拥有面向全国的统一支付网关,是中国银联旗下的网络方面军。

银联电子支付的最大优势在于其作为银联嫡系的支付企业,以及人们习惯性地认为它有着政府背景,从而造就了最广泛的用户基础以及最卓著的信誉。但是,与其他支付企业不同,银联电子支付最大的问题在于它的运作效率以及对市场的认知和执行力。另外,由于目前它的主要收益来源于波动性较大的基金市场。如何开拓新市场、整合资源、提高效率是其今后发展的主要任务。

4. 快钱(www.99bill.com)

与支付宝、财付通不同,作为独立的第三方支付企业,快钱没有自己的商业交易平台,它采取的发展方式是与各类行业、各种企业联合,以推广自己的支付工具。目前快钱已有 2000 万个注册用户,其商业用户业已超过 10 万个;2007 年第三季度交易额达到 14 亿元。

目前大多数第三方支付平台还是靠收取支付手续费，即第三方支付平台与银行确定一个基本的手续费率，缴给银行；然后第三方支付平台在这个费率上加上自己的毛利润，向客户收取费用。但是由于竞争的残酷，为抢占更多的客户，一些第三方支付公司甚至不惜血本，将向客户的提成份额一降再降，优惠条件层出不穷，不少第三方支付企业在很长时间一直在赔本赚吆喝。

除了第三方支付企业之间的残酷竞争外，原来第三方支付所依赖的银行也逐渐从幕后走向前台，大有取代第三方支付企业之势。当初，第三方支付企业出现时，银行认为第三方支付有利于为自己发展新业务，且不管这些支付企业怎么折腾，也都不会威胁到银行自身在这个行业中的主导地位，也正是基于这种认识使得银行对于当初第三方支付平台的发展能够持一种比较开明宽容的态度。而现在中国工商银行、招商银行、兴业银行、广发银行等金融企业都已经在网上电子支付领域投入了很大力量。除此之外，央行批准的 15 家外资银行准许在中国开办网上银行，这无疑会在 2008 年年底中国银行业开放之后对国内第三方支付企业带来更大的竞争。

4.6 移动支付

移动支付“手机钱包”是全新的个人移动金融服务。它是将客户的手机号码与银行卡账号进行绑定，通过手机短信、语音等操作方式，随时随地为拥有银行卡的手机用户提供方便的个性化金融服务和快捷的支付渠道。

支付手段的电子化和移动化是不可避免的必然趋势。对于中国的移动支付业务而言：庞大的移动用户和银行卡用户数量提供了诱人的用户基础，信用卡使用习惯的不足留给移动支付巨大的市场空间，发展前景毋庸置疑。与此同时，移动支付也面临着信用体系、技术实现、产业链成熟度、用户使用习惯等方面的瓶颈。

4.6.1 移动支付的种类

移动支付存在着多种形式，不同的形式其实现方式也不相同。从大体上讲，有以下几种分类方式。

(1)根据支付金额的大小，可以将移动支付分为小额支付和大额支付。小额支付业务是指运营商与银行合作，建立预存费用的账户，用户通过移动通信的平台发出划账指令代缴费用。大额支付是指把用户银行账户和手机号码进行绑定，用户通过多种方式对与手机捆绑的银行卡进行交易操作。

(2)根据支付时支付方与受付方是否在同一现场，可以将移动电子支付分为远程支付和现场支付。如通过手机购买铃声就是远程支付，而通过手机在自动售货机上购买饮料则是现场支付。

(3)根据实现方式的不同,可以将移动支付分为两种:一种是通过短信、WAP等远程控制完成支付。另一种是通过近距离非接触技术完成支付,主要的近距离通信技术有 RFID、NFC、蓝牙、802.11 等。

不同形式的移动电子支付对安全性、可操作性、实现技术等各方面都有着不同的要求,适用于各类不同的场合和业务。

4.6.2 移动支付体系架构及流程

移动支付的分类多种多样,其实现方式也各不同。但总体来讲,移动支付涉及的主体有消费者、运营商、移动支付处理中心、商家以及银行系统。

在移动支付处理系统中涉及的主要实体有消费者、商家和移动支付处理中心(Mobile Payment Processing Agent)以及银行系统,如图 4-4 所示。

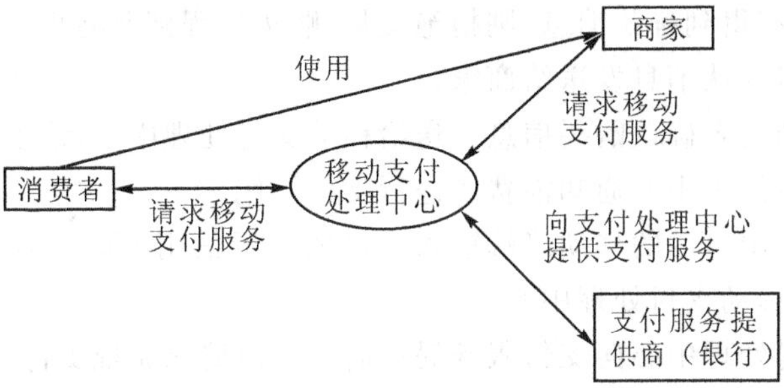

图 4-4 移动支付处理系统简单架构

从图 4-4 可以看出,移动支付处理中心是整个支付处理系统中的核心,他负责联系系统中的其他实体,提供支付处理服务。同时,移动支付处理中心还维护用于认证的用户信息及认证服务。移动支付处理中心实现了提供管理与消费者、商家和支付服务之间的交互。通常移动支付处理中心可以由移动运营商来实现。支付服务提供商(银行)向移动支付处理中心提供支付服务。

一个移动支付交易主要包括这样一些过程:

(1)消费者初始化一个交易。消费者使用自己的移动终端,输入与银行协商好的标识,进而与移动支付处理中心取得联系。

(2)消费者兑现一个交易。商家兑现商品。

(3)商家实现交易价值。如果该交易是预支付的,就直接实现了交易价值。如果是后支付的,就要在一段时间以后,通过支付处理机构或其他中间媒体来实现。

假定在交易之前已经确认了移动支付处理中心和商家的身份,即默认移动支付处理中心和商家的身份是可信的,于是整个支付过程可以分为对消费者的身份认证和交易处理两个部分。

(1)对消费者的身份认证:

①消费者首先访问商家提供的网站,请求身份认证。

②消费者将认证请求发送给移动支付处理中心,移动支付处理中心通过一定的身份认证机制(应用级的身份认证)来认证消费者的身份是否合法。

③移动支付处理中心将认证结果发送给商家。如果消费者通过验证,则可以进行交易,否则终止交易。

(2)对消费者进行完身份认证后,支付过程可归纳如下:

①消费者接入网络,进入商家为消费者提供的界面浏览并选择商品。

②消费者选择好商品后,将购买指令发送给商家。

③商家收到购买指令后,将购买指令及相关信息发送给移动支付处理中心。

④移动支付处理中心将确认购买信息发送到消费者的移动终端上,请求消费者确认,如果没有得到确认消息,则拒绝交易,购买过程到此终止。

⑤消费者将确认消息发送给商家。

⑥商家将消费者确认购买信息发送给移动支付处理中心,请求支付操作。

⑦移动支付处理中心通知消费者进行支付操作。

⑧消费者使用自己的移动终端输入自己的银行信用卡的账号、密码以及金额等信息,发送给移动支付处理中心。

⑨移动支付处理中心向支付服务提供商(银行)请求兑现支付。

⑩兑现支付后,移动支付处理中心通知商家可以交付商品,并保留交易记录。

⑪商家交付商品,并保留交易记录。

⑫商家将交易记录写入前台消费系统,以供消费者查询。

至此,一个完整的移动交易过程结束。

实际应用根据应用的不同需求及环境,其实现过程可能会与上面步骤有所不同。

4.6.3 移动支付发展现状

在日本,NTT DoCoMo 公司首先与 Sony 共同推出的"i-mode Felica"移动钱包方案,开辟了日本移动支付的新时代。该移动钱包主要应用于购物、交通支付、票务、公司卡、身份识别、在线金融等方面,主要合作伙伴包括连锁便利店、全日空、东日本铁路公司、航空公司、票务公司 PIA 等。其后,DoCoMo 公司将"手机钱包"与信用卡进行严格绑定,新的支付应用将不需要通过现金或网络方式进行充值而直接发起信用卡支付。除了 NTT DoCoMo,日本另外两大移动运营商 KDDI 与 Vodafone 也加入 Felica 阵营,并与金融领域进行更深层的合作。日本最大的铁路运营商东日本铁路公司的非接触式支付方案称为"Suica",已开发零售、影院、机场、娱乐场所等多种应用。日本信用卡组织 JCB 拥有 5770 万持卡人，其非接触式方案 QuicPay 拥有 7 万个用户与 1 万个受理点，便利店是主要消费场所。

在欧洲，随着 3G 网络技术的商用，各大移动运营商也在积极推广移动支付业务。以芬兰为例，2002 年 3 月，芬兰最大的电信运营商索内拉公司开始向首都居民提供用手机支付购物款的服务，用户可以在指定的数十家商店用手机购物。从 2004 年 5 月开始，芬兰国家铁路局在全国推广电子火车票，乘客不仅可以通过国家铁路局网站订购车票，还可以通过手机短信订购电子火车票。

在美国，移动电子商务与移动支付方面，这几年发展比较缓慢，美国有过几次 NFC 手机支付现场实验，如 2005 年 12 月，美国最大移动通信运营商 Cingular 同诺基亚、大通银行、Visa 美国和亚特兰大的若干运动队和运动场等合作推出一个试点项目，但距离日本或韩国式的全国性大规模商业应用还很遥远。

图 4-5　中国银联移动支付门户

在中国，随着短信业务的蓬勃发展，以短信为基础、基于银行卡支付的移动电子商务开始得到发展。2002 年以来，中国银联分别和中国移动、中国联通合作，在海南、广东、湖南等地开展了移动支付业务，并取得了可喜的成绩。2004 年 12 月 9 日，中国联通和中国建设银行联手推出新一代手机银行业务。手机银行基于中国联通的 CDMA lX 网络和 BREW 技术，以中国建设银行“e 路通”电子银行平台为依托，具有手机理财、手机支付及手机电子商务功能。

目前，中国联通手机银行可提供的服务包括：查询、转账、汇款、缴费、银行转账、外汇买卖以及手机支付等。通过手机银行服务，可以办理除了现金存取以外的大部分银行柜台能办理的业务；从手机终端到银行端实现全程加密，采用多种加密算法，同时还采用数字签名机制、手机与卡的绑定机制，以保证客户交易和账户资金的安全。

此外，中国移动与中国银联联合各大国有及股份制商业银行共同推出了一项移动电子支付、金融信息服务，叫"手机钱包"。手机钱包通过把客户的手机号码与银行卡等支付账户进行绑定，随时随地为中国移动手机用户提供移动支付服务。用户可使用手机短信、语音、WAP、K-Java、USSD 等操作方式，管理自己指定的银行卡账户或小额中间账户，并实现从账户中进行扣费。中国移动手机钱包主要包括缴费、购物和理财三类基本业务。

4.6.4 移动支付发展趋势分析

国内的移动支付业务从 2003 年开始正式起步。至 2005 年，用户数已达 1560 万个，产业规模达 34 亿元，其中非面对面的移动支付业务占了绝大多数份额。预计 2007 年，随着人们消费心理的日趋成熟，运营商、银行、商家等各方从中获取利润的逐渐增多以及基础设施的进一步完善，移动支付业务将进入产业规模快速增长的拐点。根据诺盛电信咨询提供的数据，到 2008 年，移动支付的用户数将达到 1.39 亿人，占移动通信用户总数的 24%，产业规模将达到 32,8 亿元，届时面对面的移动支付将占相当大的份额。从以上数据可以看出，移动支付虽然还存在着一些不完善之处，但是与传统支付方式相比，它方便快捷、安全等特点是毋庸置疑的。况且 3G 日益临近，无线移动的应用将进一步加强，各家服务提供商(SP)和内容提供商(CP)已经蓄势待发，准备在无线增值市场大展拳脚，移动支付正是各方关注的热点。因此有理由相信，移动支付的发展壮大已是潮流所趋，它在中国的全面普及将会很快到来。

4.7 电子支付实践

4.7.1 网上银行实践

【实践目的】

(1)学生模拟网上银行个人角色，了解网上银行为个人开展的主要业务，如网上基金、网上外汇、信用卡服务、网上贷款、网上缴费及转账汇款等；熟练掌握这些业务的操作流程。

(2)学生模拟网上银行企业角色，了解网上银行为企业开展的账户管理、支付结算、代发代扣、自助贷款、委托贷款、企业年金等业务；熟悉这些业务的操作流程。

(3)学生模拟银行柜台角色，了解银行柜台提供的账户审批、注销功能；信用卡的审批、注销功能；贷款的审批功能；企业委托贷款、企业付款通道、代理基金、企业年金申请的审批功能。

【实践流程图】

实践流程如图 4-6 所示。

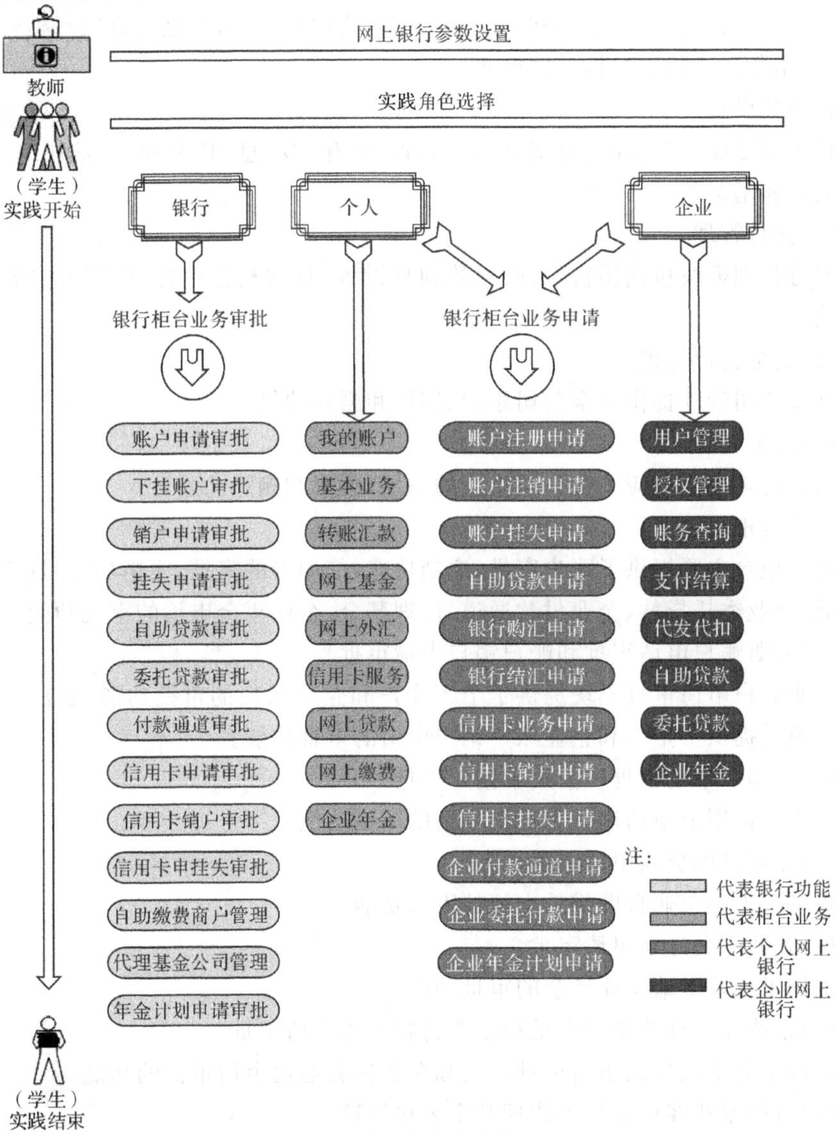

图 4-6　网上银行实践流程图

【实践步骤】

实践开始之前教师必须进行一些参数的设置，如银行管理、外汇汇率、贷款利率、存款利率、信用卡参数管理、基金公司管理、基金管理等。

系统默认有银行、个人、企业角色。实践模式分为独立模式和交互模式，在独立模式时一个学生充当所有的角色，完成这些角色所要完成的操作；交互模式，即一组学生，由教师分配不同角色，由小组各个成员共同完成所有的操作。

首先，个人和企业都必须到"客户柜台"申请相关业务，并且通过银行柜台的审批（银行角色），才能进行相关的操作。

1. 参数设置

在实践之前，首先要进行基础参数设置，如存款利息、贷款利息、信用卡参数、基金公司和基金管理。

(1)银行管理

银行管理模块包括银行管理、存款利息设置、贷款利息设置、信用卡参数设置等功能。

(2)基金公司管理

基金公司管理提供基金公司添加、编辑和删除功能。

(3)基金管理

基金管理提供相应基金公司基金的添加、编辑和删除功能。

2. 银行柜台

银行柜台主要提供了账户审批、注销功能，信用卡的审批、注销功能，贷款的审批功能，企业委托贷款、企业付款通道、代理基金、企业年金申请的审批功能。

(1)注册账户申请审批和账户销户申请审批

注册账户申请审批模块提供了个人账户和企业账户的审批功能，账户销户申请审批模块提供了个人和企业账户销户申请的审批功能。

(2)信用卡申请审批和信用卡销户审批

提供了信用卡申请审批和销户申请的审批功能。

(3)办理自助贷款申请审批

提供个人和企业自助贷款申请的审批功能。

(4)企业年金计划申请审批

提供了企业申请企业年金的审批功能。

(5)企业委托贷款申请审批和企业付款通道申请审批

提供企业委托贷款申请审批功能和企业付款通道申请审批的功能。

(6)自助缴费客户管理和代理基金公司管理

自助缴费客户管理提供代理客户的添加和删除功能（如图 4-7 所示）。代理基金公司管理提供代理基金公司的添加和删除功能。

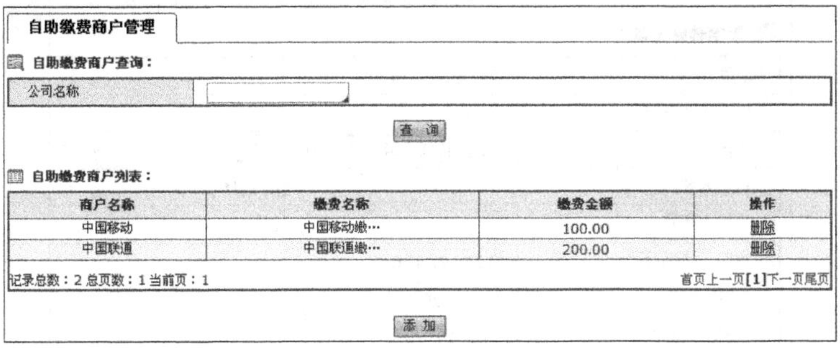

图 4-7　自助缴费商户管理界面

3. 个人角色

(1)账户申请

个人账户申请提供了个人借记卡、存折和信用卡的申请功能。

(2)银行柜台业务

个人柜台业务提供了账户充值、销户申请、自助贷款申请、个人购汇、结汇申请等功能。

(3)个人网上银行业务

①我的账户。查看个人账户列表、账户状态，添加下挂卡账号(如图 4-8 所示)。

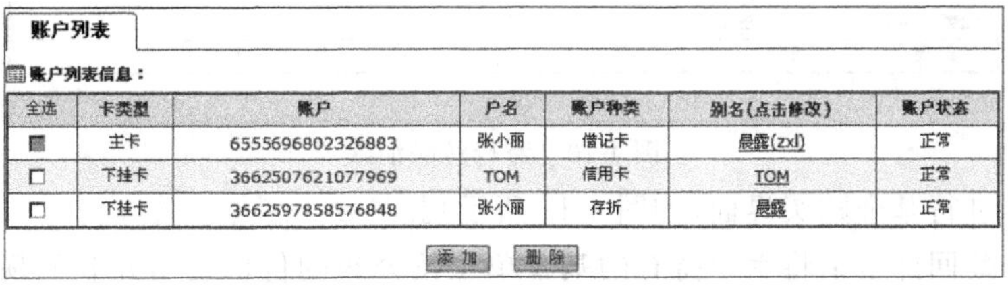

图 4-8　个人账户列表

②基本业务。包括账务查询(基本信息查询、当日明细查询、历史明细查询)、定活互换(定期转活期、活期转定期)、通知存款、储蓄存款利率查询、修改密码等功能。

③转账汇款。包括本行内的转账汇款和跨行转账汇款。单笔转账汇款，如图 4-9 所示，选择账户、选择收款人(在我的收款人中添加)，输入汇款金额，点击“提交”即可。另外还提供批量转账汇款、转账汇款查询、批量转账查询功能。

跨行转账即非同一类银行内的转账汇款，如图 4-10 所示，在汇款时选择所要汇款的账户银行、账户，点击“提交”。

④网上基金。包括基金账户开户、基金申购、我的基金的赎回和转换、注销基金账户等操作。首先进行账户开户，成功开户后，查看该银行提供的基金，点击“购

单笔转账汇款 | 批量转账汇款 | 转账汇款查询 | 批量转账查询

单笔转账汇款：

汇款日期	2008-05-14
付款人姓名	张庸
账户	工资卡/123456789104646
收款人姓名	自动选择收款人
收款人账号	
收款人电话号码	13812345678
金额	500，000
金额（大写）	伍拾万
交易附言	

提交

图 4-9　单笔转账汇款

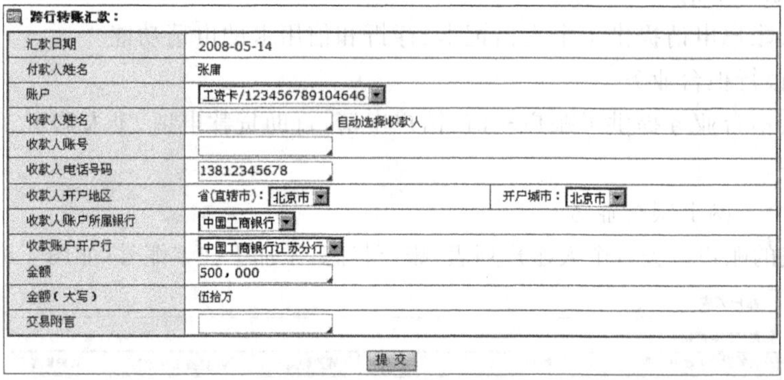

跨行转账汇款：

汇款日期	2008-05-14	
付款人姓名	张庸	
账户	工资卡/123456789104646	
收款人姓名	自动选择收款人	
收款人账号		
收款人电话号码	13812345678	
收款人开户地区	省(直辖市)：北京市	开户城市：北京市
收款人账户所属银行	中国工商银行	
收款账户开户行	中国工商银行江苏分行	
金额	500，000	
金额（大写）	伍拾万	
交易附言		

提交

图 4-10　跨行转账汇款

买”按钮，进行基金购买界面（如图 4-11 所示）。

基金赎回即申请将手中持有的基金单位按公布的价格卖出并收回现金；基金转换是基金管理人向基金持有人提供的一种服务，即投资者在持有一家基金管理公司发行的开放式基金后，可自由转换到该公司管理的其他开放式基金，直接申购目标基金而不需要先赎回已有基金。点击“赎回”和“转换”按钮，进行相关操作。

⑤网上外汇。外汇，就是外国货币或以外国货币表示的能用于国际结算的支付手段。这里包括了账户管理、外汇业务绑定、即时交易、挂盘交易、查看交易明细、注销外汇业务账户等操作。

⑥信用卡服务。主要包括信用卡激活，查看账户信息，账单、积分查询，网上还款、自动还款业务，账单邮寄方式设定等操作。如图 4-12 所示，输入“还款金额”，点击“确定”即可实现网上还款的操作。

⑦网上贷款。在客户柜台申请自助贷款后，并审批后，在这里查看贷款信息，

图 4-11　基金产品购买界面

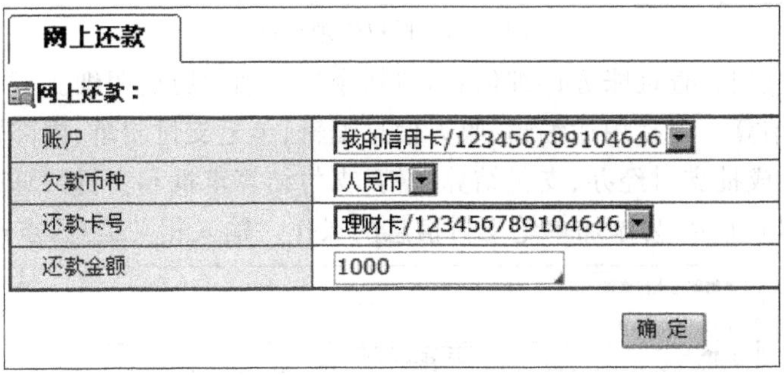

图 4-12　网上还款界面

并可以进行提前还款操作。

⑧网上缴费。网上缴费即为本人或他人缴纳手机费、电话费、水费、电费等各种费用的服务。这里包括缴费申请、在线缴费、缴纳撤销等操作。

⑨企业年金。企业年金制度是我国建立多层次养老保险体系的重要组成部分，是基本养老保险的重要补充，也被称作养老保险体系三大支柱中的“第二支柱”，多年来受到方方面面的广泛关注。

这里的主要操作是查看企业年金缴纳的信息以及基本账户信息。

4. 企业角色

(1)账户申请

个人账户申请提供了企业账户申请功能。

(2)银行柜台业务

企业柜台业务提供了账户充值、销户申请、自助贷款申请、企业委托贷款申请、企业付款通道申请以及企业年金计划申请等功能。

(3)企业网上银行业务

①用户管理。包括用户设置和权限管理。添加企业内有权使用账号的人员信息,并为这些人员设定所享有的权限。

②授权管理。修改企业业务的模式,如用户管理、账务查询、支付结算等;在相应业务后点击“授权”,选择业务权限级别。这里有四种选择“超级用户”、“一级用户”、“二级用户”、“三级用户”,选择后点击“确定授权”。在设置权限后,不同级别的用户进入企业银行只能看到该级别用户所拥有的权限的操作内容。授权管理界面如图 4-13 所示。

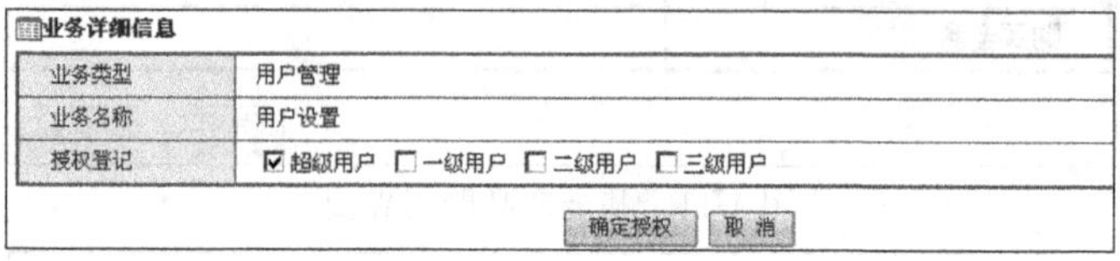

图 4-13 授权管理界面

③账务查询。查询账务详细信息,包括今日明细和历史明细。

④支付结算。包括用途编辑、收方信息编辑、单笔支付制单、内部转账经办、单笔支付经办、成批支付经办、支付结算撤销、支付结算审批和支付结算查询等功能。

如图 4-14 所示,为添加单笔支付信息的操作。输入相关信息,点击“添加”。

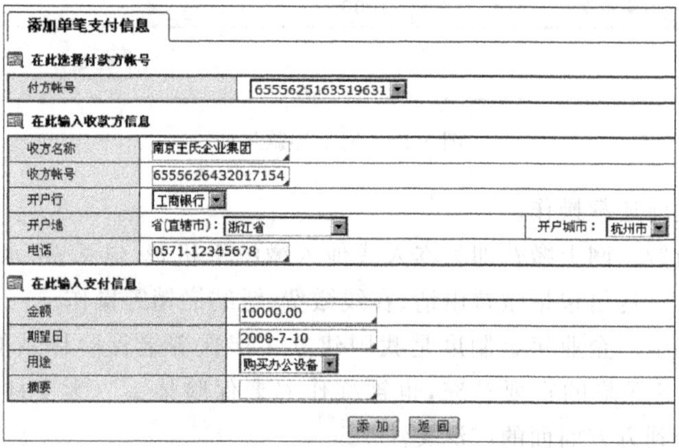

图 4-14 单笔支付制单界面

⑤代发代扣。包括代发表管理、代扣表管理、代发业务经办、代扣业务经办、撤销、审批、查询等操作。首先添加代发表和代扣表(如图 4-15 所示)。

图 4-15　代扣表管理界面

代发、代扣表添加成功后,进行代发、代扣业务经办(如图 4-16 所示)。

图 4-16　代扣业务经办界面

经办成功申请业务可以进行撤销、审批。

⑥自助贷款。包括企业自助贷款还款、撤销、审批、查询信用业务等操作。

⑦委托贷款。在“客户柜台”申请委托贷款,并通过审批后,在这里进行还款的操作以及放款、审批、撤销等操作。

如图 4-17 所示为放款经办界面,点击“放款经办”按钮,进行放款经办的操作。

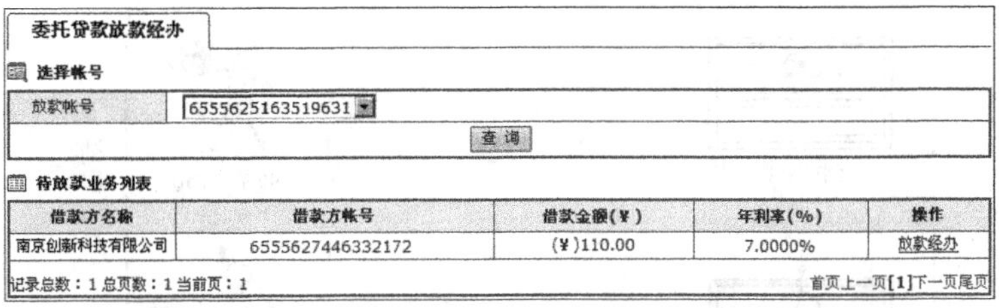

图 4-17　放款经办界面

⑧企业年金。首先在“客户柜台”申请企业年金计划,计划通过审批后,在这里可查看到企业年金的计划;查询企业基本信息和员工信息。

4.7.2 第三方支付平台应用实践

【实践目的】

(1)熟悉支付宝用户的注册流程。

(2)熟悉支付宝收款流程、付款流程。

(3)熟悉支付宝账户管理功能。

【实践流程图】

实践流程如图 4-18 所示。

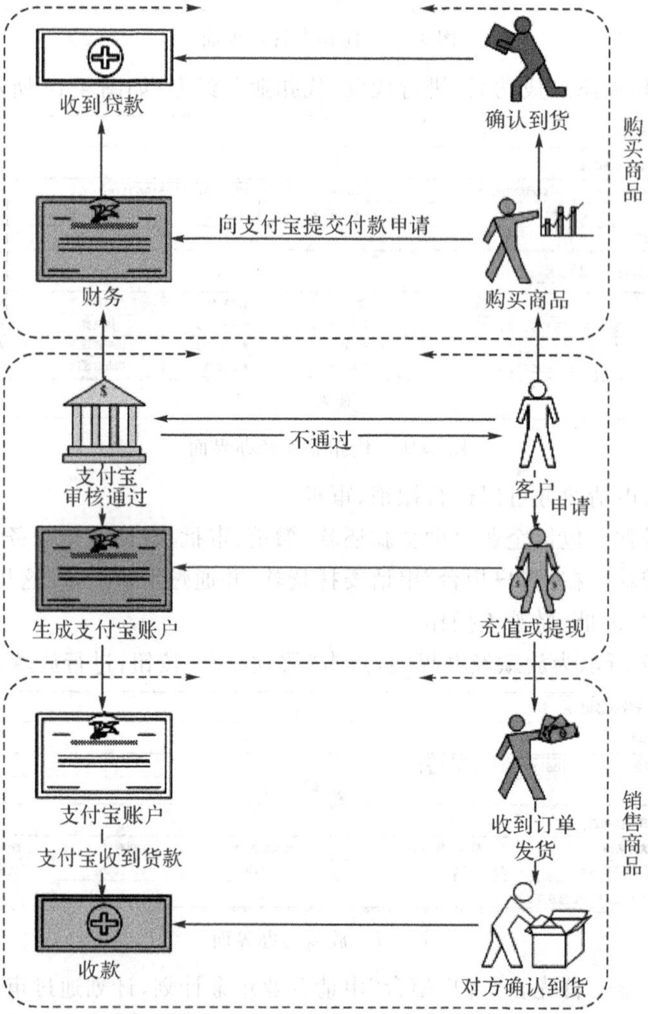

图 4-18 支付宝使用流程

【实践步骤】

1.用户注册

①进入支付宝实践平台,点击“注册”,进入支付宝注册界面,如图 4-19 所示。

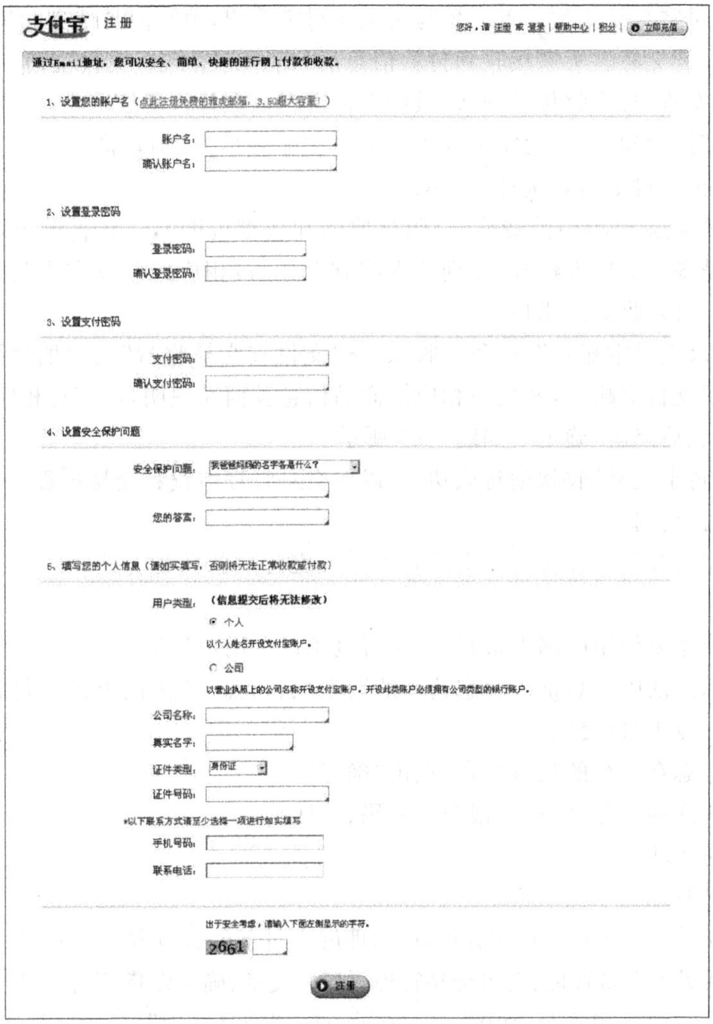

图 4-19　账户激活

②输入支付宝注册信息。

③注册信息输入完整后,点击“确认注册”按钮,进入下一步。

④登录邮箱,接收支付宝系统发的激活邮件,点击邮件里面的激活链接,激活您注册的支付宝账户。

⑤激活成功了,可以去体验安全购物的乐趣了。

2. 支付宝收款

支付宝收款有支付宝交易收款、即时到账收款和AA收款三种方式。本次实践模拟这三种收款方式。

(1)支付宝交易收款。首先填写买家支付宝账户,填写商品信息和填写物流信息后创建收款交易。买家接收到付款信息后付款给支付宝,支付宝通知卖家货款已到,卖家发货,买家收货后确认,最后支付宝把货款打入卖家账户,交易完成。

(2)即时到账收款。卖家填入买家支付宝账号信息,填写商品信息,买家获得付款通知,买家付款后直接打入卖家账户。

(3)AA收款。填写消费信息(收款原因和详细说明),选择付款方,这里的付款方可以是多个支付宝账号,分别填入收款金额后,相应的收款方得到付款通知,付款后资金打入收款人账户。

①"登录支付宝账户"→"我要收款"→"支付宝交易收款",在"填写买家信息"中填写买家支付宝账户,并填写相应的商品信息及商品说明,再填写相应的物流信息,填写完成后点击"确定",如图4-20所示。

②"支付宝交易"收款创建成功,可以在交易管理中查看交易进程。

3. 支付宝付款

支付宝付款分为即时到账交易和支付宝交易付款两种方式,熟悉并模拟这两种付款方式。

①选择您要使用的网上银行(以工行电子口令用户为例)。

②显示您的应付总价以及您选择的网上银行,点击"去网上银行付款"输入卡号、验证码,点击"提交"。

③确定您在工行的预留信息,点击"确定"。

④输入您的口令密码、网银登录密码、验证码。

⑤支付成功。

4. 交易管理

模拟支付宝的交易过程和管理过程,理解支付宝的运行方式和原理。支付宝交易管理包括买入交易管理、卖出交易管理、付款、发货、确认发货、退款交易和红包。

登录支付宝管理平台,如图4-21所示,点击"交易管理",显示交易清单。

(1)交易地址管理

点击"交易地址管理"进入交易地址管理界面,如图4-22所示,在编辑地址栏目中,输入地址信息,点击"添加地址"按钮,添加地址信息。

(2)退款管理

点击"退款管理"进入退款管理界面,如图4-23所示,选择退款记录的时间,点击"查询"按钮,在下方的退款列表中将退款记录信息。

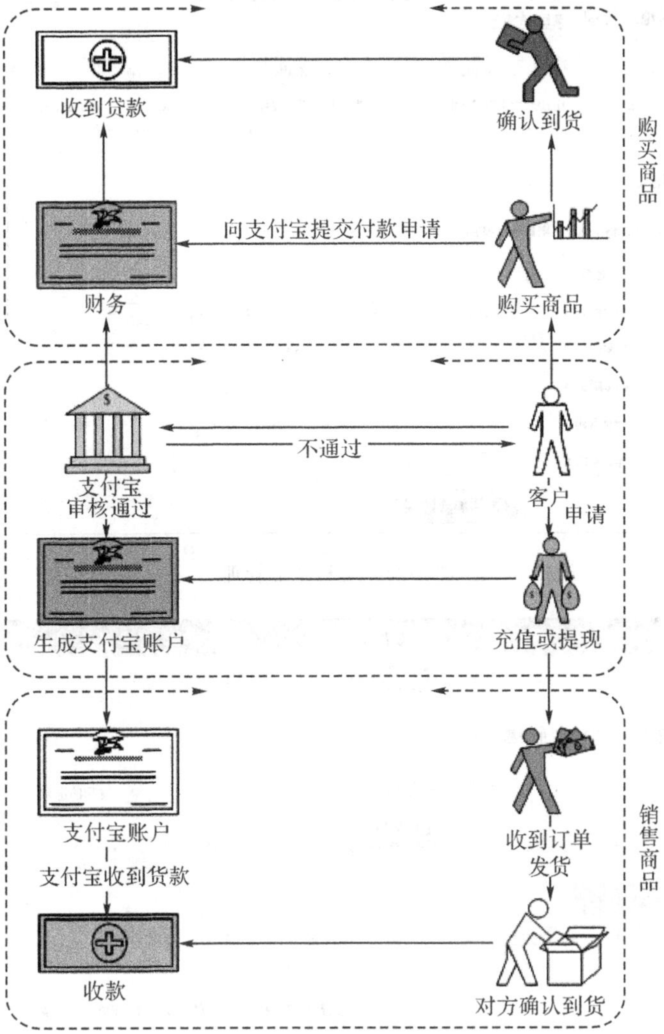

图 4-20　支付宝收款

图 4-21　交易管理

图 4-22　交易地址管理

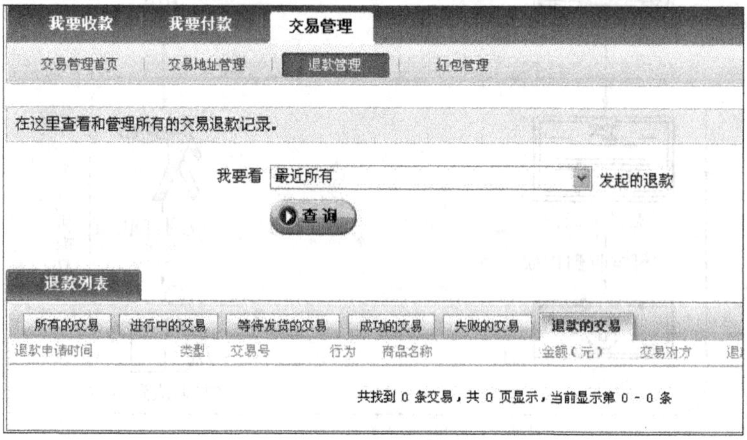

图 4-23　退款管理

(3)红包管理

您收到了卖家发给您的“红包”后，在红包有效期内，您在卖家店铺购物时，如果有合适的红包可以使用，系统会在您付款的页面自动提示您。您可以选择想要使用的“红包”，选择使用“红包”后，会从需要支付的金额中抵扣相应金额。

①到商家店铺，您可以选择您喜欢的商品，找到商品后点击进入宝贝详情。并点击“立刻购买”按钮。如果您没有登录淘宝，会先要您登录淘宝账户(记得是登录绑定您收到红包的这个邮箱的淘宝账户)。

②填写确认购买信息,如图 4-24 所示。

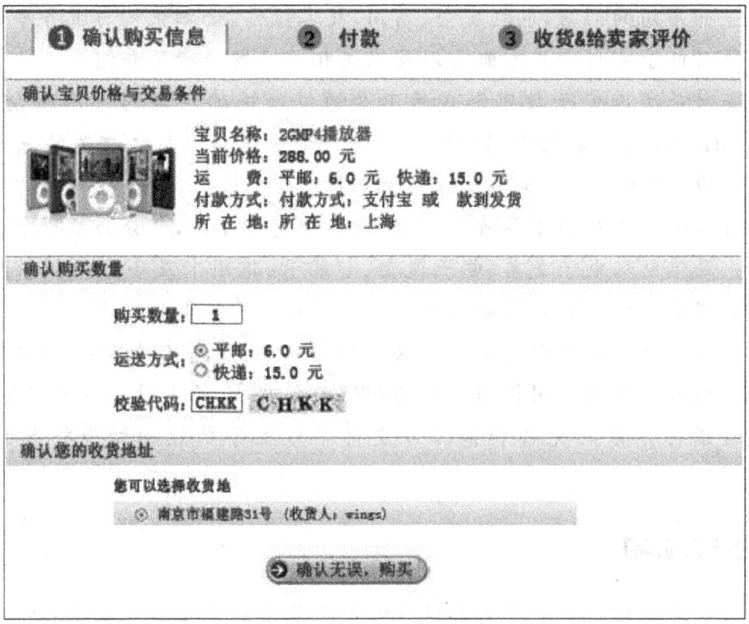

图 4-24　使用红包付款

③进入支付宝的付款页面后,有“红包”可以使用时,就会自动显示“选择使用红包优惠”的选框。

④如果支付宝账户里面没有余额,可以选择网上银行支付。点击“确认付款”后,会进入确认付款信息及银行页面,确认无误后,再次点击“确认付款”。

⑤进入网上银行的付款界面,输入卡号和网上银行支付密码,提交。

⑥在新页面中确认支付信息正确无误后,点击“提交”,网上银行支付成功。

5.账户信息管理

支付宝账户信息管理包括个人信息管理、收获信息管理和银行信息管理。

①修改账户信息。

②修改个人信息,修改后需要再次实名认证。

③修改收货信息。

④修改银行信息。

本章小结

商务活动无论对于买方还是卖方而言,其成功的关键就是资金能否随意交易的结束而顺利交割完成。传统商务活动经历了几千年的发展已经形成了一套行之有效的规则和评价体系，而在电子商务环境下，由于交易活动与支付清算的分离，从而产生了一系列的问题，包括安全、信用、技术操作、金融机构与服务平台的关系等等。本章对电子支付的基本概念以及上述相关问题进行了介绍。

电子支付是通过电子数字形式而不是通过传统的物理的货币现金形式，在Internet、Intranet或者其他专用的网络上进行金融交易。与之相关的三个重要内容是电子货币、网络银行以及第三方电子支付平台。

电子货币被广泛应用于各种场合，泛指各种支付方式，可分为基于卡和基于软件两大类。具体包括电子支票、电子现金、智能卡、信用卡及小额付款系统等。电子货币作为现金支付工具正在越来越多地替代目前的纸币和硬币。

而第三方电子支付平台是为买卖双方和金融机构(包括网络银行)提供服务的独立机构。随着互联网应用特别是移动环境的成熟，电子支付会越来越普及深入，这其中网络银行体系的完善和第三方支付平台服务功能的增强将起到关键的作用。

思考与练习

1. 什么是电子货币？它有哪些特点？电子货币的表现形式有哪些？

2. 什么是电子支付系统？电子支付系统有哪些特点？

3. 什么是智能卡？请说出智能卡的工作特点。

4. 电子现金有什么优缺点？

5. 为什么有信用卡的人也会愿意在Internet上使用电子现金，即电子现金满足了什么样的市场？电子现金在国际性销售中使用时有什么问题？

6. 电子支票和一般纸质支票有什么异同点？

7. 请简单说明什么是网上银行。它有哪些特点？

8. 请举例说明网络银行的业务功能，网络银行与传统银行有哪些异同点？

9. 招商银行和中国工商银行的网上服务各有什么特点？

10. 如何防止利用电子货币进行的各种犯罪？

11. 假设你要开一家在线讲授计算机课程的网络公司，学生任意选课，每门课四周学完，收费为每门课45美元。你需要调查除现有的信用卡支付系统之外实现电子货币的可行性，并写一个400字的报告。学生应该能够从你的网站上下载电子货币软件，将其安装在自己的计算机上，用它来交学费，同时也可在支持这种电子货币的其他电子商务网站上购物。在报告中应加入你考查中所有重要网站的URL。

12. 请你考查目前国内电子货币的使用情况，并给出一些重要网站的URL。

第 5 章

电子商务安全

本章导读

电子商务是国际贸易中越来越重要的经营模式，已经成为经济生活中一个重要部分。可以想象如果没有安全保证，电子商务就不可能健康有序的发展。在电子商务网站上影响交易最大的阻力可能就是交易安全，使用者担心在网络上传输的信用卡及个人资料信息被截取，或是不幸遇到“黑客”，信用卡资料被不正当运用。另一方面特约商店也担心收到的是被盗用的信用卡号码，或是交易不认账等。本章主要介绍与此相关的基本概念和内容，主要包括：

- 电子商务安全的概念，了解网络安全的主要威胁。
- 数据加密技术，电子商务的信息安全服务，包括有关加密技术及算法。
- 电子商务认证技术，有关安全协议、数字证书、数字摘要、数字信封、数字签名和数字时间戳的概念，认证中心的建立和作用。
- 防火墙的概念及技术，VPN 技术、入侵检测技术、非军事区域技术等。

开篇案例——黑客盗走 4570 万个客户的资料

全球折扣零售业巨头 TJX 公司总部设在美国波士顿，在北美地区和许多欧洲国家开有连锁分店，仅美国就有 2500 多家分店。

2007 年 1 月，TJX 公司宣布电脑黑客侵入公司负责信用卡和借记卡交易的电脑系统，部分美国、英国和爱尔兰客户的资料被盗，其中包括 2003 年 9 个月里的交易信息。美国证券交易委员会 28 日公布了 TJX 公司向证交会递交的文件。文件承认，由于公司电脑系统存在安全漏洞，从 2005 年开始，黑客就已经瞄准 TJX 公司的电脑数据库，并不断“登门造访”，导致至少 4570 万个客户的信用卡和借记卡信息被泄露。同时，有超过 45 万户退货的客户，包括驾驶证号码在内的个人资料被盗取。黑客获取这些信息后可能伪造信用卡大肆消费挥霍。

TJX 公司发言人谢里·朗告诉首先报道此事的《波士顿环球报》，公司经过调查后发现，黑客从2005年7月起就开始入侵公司的数据库，窃取客户的个人资料。朗说，由于发现太晚，加上部分资料已经在电脑系统常规运行中被删除，所以无法判断泄密事件造成的损失究竟有多严重。公司也不知道入侵电脑系统的黑客是同一人还是多人所为以及入侵的方式和次数。

TJX公司由此不仅需要接受美国联邦贸易委员会的调查，还面临来自个人和银行的外泄私人资料和延误举报等一系列诉讼。公司管理人员认为这起案件是经过"长期踩点和精心策划的犯罪"，甚至不排除有"内贼"的参与。因为按照公司规定，每过一段时间就会删除数据库中客户以前的交易记录，当黑客在2005年入侵TJX公司的电脑系统时，失窃的客户资料原本应该已被删除。

美国警方后来在佛罗里达逮捕了6名嫌犯，并且对他们提出了诈骗罪指控。这些嫌犯利用TJX公司中失窃的资料伪造礼品卡，在沃尔马旗下的"山姆会员店"购买了价值约100万美元的电器和珠宝。佛罗里达警方在调查中发现，这6名嫌犯都不是黑客元凶。他们从其他人那里买来了卡号和密码，伪造礼品卡进行消费欺诈，但是真正的黑客仍然逍遥法外。

美国的支付卡行业数据安全标准有12项基本要求，它提供了保证卡安全操作的一个简单的路线图。调查发现TJX在执行这些要求方面本身就存在一些问题。首先TJX在交易记录和客户信息完成商业目的之后不安全地存储了这些数据，违反了支付卡行业数据安全标准的第三项要求。这项要求规定保护存储的卡持有者的数据。此外，信用卡磁条上包含的持卡者姓名、主要账户号码和服务代码等Track 2数据根本就不应该存储。而有证据证明TJX以前曾可能存储了这些数据。而且，加密控制对于客户数据来说也许是不充分的，存储或者发送给外部都没有充分的加密控制。同时，该公司认为入侵者可能已经接触到了该公司的加密密钥。这个问题说明缺乏内部控制。还有一个PCI数据安全标准第11.3和11.4款要求定期进行入侵测试和使用入侵检测系统。第11.5款要求使用文件完整性监视软件。虽然遵守法规并不一定就等于安全，但是，在TJX数据泄漏事件中，遵守法规和安全措施都不充分。这是一个典型的安全教训实例。

5.1 电子商务安全概述

5.1.1 电子商务的安全问题

在传统交易过程中，买卖双方是面对面的，因此很容易保证交易过程的安全性和建立信任关系。但在电子商务交易过程中，交易双方是通过网络来联系的。订单信息、账户信息等各种敏感信息都是通过公共的网络传输，使得电子商务的参与各方都面临着不同的安全威胁。

(1)商家(商品或服务的提供者)面临的安全威胁:

①中央系统的安全性受到破坏。入侵者假冒成合法用户来改变客户数据(如改变商品的送达地址)、解除用户订单或生成虚假订单。

②竞争者检索商品的销售情况。恶意竞争者以他人名义来订购商品,从而了解有关商品的递送状况和货物的库存情况等商业信息。

③客户的资料被竞争者获取,为其所用。

④被他人假冒而损害公司的信誉,这种安全威胁主要有:

- 建立与销售者服务器名字相同的另一个 WWW 服务器来假冒销售者。
- 制造虚假订单。
- 假冒成电子商务的参与方,以获得其他人的机密信息。

⑤消费者提交订单后不付款。

⑥虚假订单。

(2)客户(商品或服务的购买者)所面临的安全威胁:

①虚假订单。冒名者以其他客户的名义来订购商品,而且有可能收到商品,而被冒名的客户却被要求付款或返还商品。

②信用的威胁。购买者在付款后,收不到商品。

③机密性丧失。客户可能将秘密的个人数据或自己的身份数据(如 PIN、口令等)发送给冒名为销售商的机构。同时,这些信息在传递的过程中也有可能受到窃听的威胁。

④拒绝服务。攻击者可能向销售商的服务器发送大量的虚假订单来挤占它的资源,从而使合法的用户得不到正常的服务。

根据上述分析可知,网络安全所遭受到攻击大致可以分为四大类:

(1)中断。它是指系统的部分组件遭到破坏或使其无作用,例如切断系统主机对外的网络连线使其无法使用。这是对系统的可用性做攻击。

(2)介入。它是指未经授权者取得系统的资源,其中的未经授权者可以是一台计算机、一个人、或是一组程序,例如,上网利用软件窃取网络上传送的机密数据。介入是对数据机密性的攻击

(3)篡改。当系统资源被未经授权的人所取得、乃至篡改内容,例如在网络上传送的订单遭到不法人士任意改变。篡改是对数据的正确性的攻击。

(4)假造。指未经授权者将假造数据放入系统中,是对数据的真实性的攻击,如在网络上假造身份证明文件以假冒他人。

网络安全的隐患主要表现在以下四个方面:

(1)开放性。开放性和资源共享是 Internet 最大的特点,也是其优点,但它的

问题却不容忽视。因为当甲用户轻易而方便地访问乙用户的计算机时，如果不采取任何安全措施，乙用户也可以同样轻易而方便地访问甲用户的计算机。

(2)传输协议。Internet 采用 TCP/IP 传输协议，这种协议本身并没有采取任何措施来保护传输内容不被窃取。TCP/IP 协议是一种包交换网络，各个数据包在网络上都是透明传输的，并且可能经过不同的网络，并由那些网络上的路由器转发，才能到达目的计算机。而 TCP/IP 协议本身没有考虑安全传输，很多应用程序，如 Telnet、FTP 等，甚至使用明文来传输非常敏感的口令数据。

具体攻击手段有：

①IP 窥探。这种方式通常是进行网络攻击的第一步，通过 IP 窥探来劫获网络上的各种业务流量，可以找到进行网络攻击的入手点。获得通信双方的 MAC 地址、IP 地址、TCP 连接的会话信息、Telnet 的用户名及密码、正在传送的数据等。如果被窥探的主机处于窥探者的同一网段或同一子网内，窥探会相对容易一些；如果处于不同网段内，则相对困难一些。

②同步信号淹没。同步信号淹没是针对 TCP 的攻击方式，TCP 是面向连接的数据传输协议。当主机要利用 TCP 进行数据传输时，首先要通过著名的三次握手机制建立连接，这种机制主要是通过 TCP 报头中的控制标志位(Control Flags)实现的。同步信号(SYN)淹没的攻击方式就是通过不断向被攻击主机的某一 TCP 端口发出 SYN 请求，并造成被攻击主机收不到建立连接的应答信号而使被攻击主机对应 TCP 端口的 TCB 处于半连接状态。在发出 SYN 攻击报文足够多时，使被攻击主机对应的 TCP 端口可利用的半连接 TCB 资源耗尽，而使合法用户对被攻击主机的该 TCP 端口的建立连接请求遭到拒绝。

③TCP 会话劫持。这种方法可以对基于 TCP 的任何应用发起攻击，如 HTTP、FTP、Telnet 等。对于攻击者来说，所必须要做的就是窥探到正在进行 TCP 通信的两台主机之间传送的报文，这样攻击者就可以得知该报文的源 IP、源 TCP 端口号、目的 IP、目的 TCP 端号，从而可以得知其中一台主机对将要收到的下一个 TCP 报文段中 seq 和 ackseq 值的要求。这样，在该合法主机收到另一台合法主机发送的 TCP 报文前，攻击者根据所截获的信息向该主机发出一个带有净荷的 TCP 报文，如果该主机先收到攻击报文，就可以把合法的 TCP 会话建立在攻击主机与被攻击主机之间。

④复位与结束信号攻击。在 TCP 报头和控制标志位(control flags)中，RST(复位)和 FIN(结束)标志用于复位和结束已经建立的 TCP 连接。用这两个标志可以使被攻击主机与另一台主机之间的 TCP 链路断开。

(3)操作系统：Internet 底层的操作系统是 Unix。Unix 的诞生并不是处于商业目的，所以其源代码是公开的，这样就很容易被发现漏洞，给 Internet 用户带来安全问题。例如,广泛使用的 FTP 中发现的“特洛伊木马”,特洛伊木马是指一个程序表面上在执行一个任务,实际上却在执行另一个任务。黑客的特洛伊木马程序事先已经以某种方式潜入计算机,并在适当的时候激活,潜伏在后台监视系统的运行,它同一般程序一样,能实现任何软件的任何功能。例如,拷贝、删除文件、格式化硬盘、甚至发电子邮件。典型的特洛伊木马是窃取别人在网络上的账号和口令,它有时在用户合法登录前伪造登录现场,提示用户输入账号和口令,然后将账号和口令保存至一个文件中,显示登录错误,退出特洛伊木马程序。用户还以为自己输错了,再试一次时,已经是正常的登录了,用户也就不会有怀疑。其实,特洛伊木马已完成了任务,躲到一边去了。更为恶性的特洛伊木马则会对系统进行全面破坏。

(4)信息电子化。与传统的书面信函相比,电子化信息的固有弱点就是缺乏可信度,因为电子信息是否正确完整是很难由信息本身鉴别的。电子信息还存在着难以确认信息的发出者以及信息是否被正确无误地传递给接收方的问题。

5.1.2 电子商务的安全目标

电子商务系统安全的关键是保证交易数据和交易过程的安全,电子商务的安全性包括保密性、认证性、接入控制、完整性、不可否认性和匿名性。它们主要是指:

(1)保密性。它是指保护信息不被泄漏或披露给未经授权的人或组织。

(2)认证性。它是指保证身份的精确性,分辨参与者所声称身份的真伪,防止伪装攻击。

(3)接入控制。它是指保护系统资源(信息、计算和通信资源)不被未经授权的人或以未授权方式接入、使用、披露、修改、毁坏和发出指令等。接入控制是对认证的强化。

(4)数据完整性。它是指保护数据不被未授权者建立、嵌入、删除、篡改、重放。

(5)不可否认性。它是主要用于保护通信用户对付来自其他合法用户的威胁,如发送用户对他所发消息的否认、接收用户对他已收消息的否认等,而不是对付来自未知的攻击者。

(6)匿名性。它是指隐匿参与者的身份,保护个人或组织的隐私。可用盲签名和信息隐匿技术实现。

电子商务安全是电子商务的生存保障:在因特网环境开展电子商务,客户、商家、银行等诸多参与者都会担心自己的利益是否能够真正得到保障。只有保证了电子商务的安全,才能够吸引更多的社会公众投身电子商务。电子商务安全是帮助市场游戏规则顺利实施的前提:因为市场竞争规则强调的是公平、公正和公开,如果无法保证市场交易的安全，可能导致非法交易或者损害合法交易的利益。电子商务安全是保证电子虚拟市场交易顺利发展的前提：因为虽然网上交易可以降低交易费用，但如果网上交易安全性无法得到保证，造成合法交易双方利益的损失，可能导致交易双方为规避风险选择传统的更安全交易方式。电子商务涉及国家经济安全：作为国家基本经济活动的商务活动如果受到破坏、攻击，产生混乱，社会生活就不得安宁。国家的经济体制与秩序安全，金融与货币安全，产业与市场安全，战略物质与能源安全，对外贸易与投资安全就不能在越来越作为国家经济运行支柱的数字化、网络化环境中得到有效保障。

5.2 电子商务安全中的加密技术

数据加密技术是网络中最基本的安全技术，主要是通过对网络中传输的信息进行数据加密来保障其安全性。将有关信息进行编码，使它成为一种不可理解的形式，加密后的内容叫做密文，加密技术能避免各种存储介质上的或通过 Internet 传送的敏感数据被侵袭者窃取，由于原文经过加密，具有机密性，所以加密技术也适用于检查信息的真实性与完整性。这是一种主动安全防御策略，用很小的代价即可为信息提供相当大的安全保护。

5.2.1 加密技术概述

一般的数据加密模型如图 5-1 所示，采用数学方法对原始信息（明文）进行再组织，使得加密后在网络上公开传输的内容对于非法接收者来说成为无意义的文

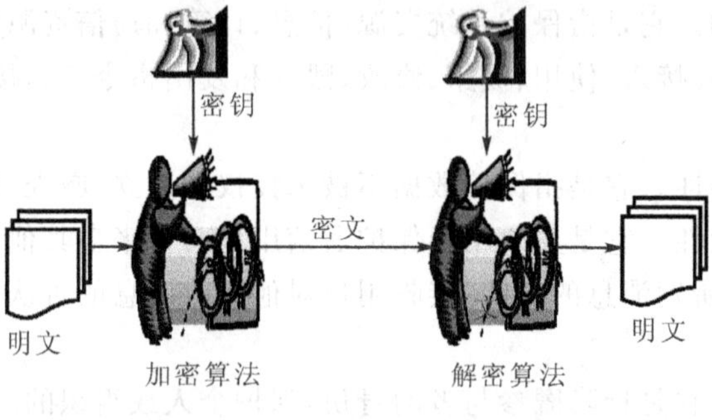

图 5-1 数据加密的一般模型

字（密文），而对于合法的接收者，因为掌握正确的密钥，可以通过解密过程得到原始数据。如果按照收发双方密钥是否相同来分类，可以将加密技术分为对称密钥加密技术和非对称密钥加密技术，两种技术最有名的代表分别为 DES 和 RSA。

数据加密技术与密码编码学和密码分析学有关。密码编码学是密码体制的设

计学，密码分析学则是在未知密钥的情况下，从密文推演出明文或密钥的技术，这两门学科合起来称为密码学。在加密和解密的过程中，都要涉及信息（明文和密文）、密钥（加密密钥和解密密钥）及算法（加密算法和解密算法），解密是加密的逆过程，加密和解密过程中依靠"算法"和"密钥"两个基本元素，缺一不可。

如果不论截取者获得了多少密文，在密文中都没有足够的信息来唯一地确定出对应的明文，则这一密码体制称为无条件安全的，或称为理论上不可破的。理论上，目前几乎所有使用的密码体制都是可破的，人们关心的是要研制出在计算机上不可破的密码体制，如果一个密码体制的密码不能被可以使用的计算资源所破译，则这一密码体制称为在计算机上是安全的。

5.2.2　对称密钥密码体制

对称密钥加密技术利用一个密钥对数据进行加密，对方接收到数据后，需要用同一密钥来进行解密。对称密钥加密技术中最具有代表性的算法是 IBM 公司提出的 DES 算法，该算法于 1977 年被美国国家标准局 NBS 颁布为商用数据加密标准。近 20 多年来 DES 算法得到了广泛的应用。

DES 综合运用了置换、代替、代数多种密码技术，把消息分成 64bit 大小的块，使用 56bit 密钥，迭代轮数为 16 轮的加密算法。DES 密码算法输入的是 64bit 的明文，在 64bit 密钥的控制下产生 64bit 的密文；反之输入 64bit 的密文，输出 64bit 的明文。64bit 的密钥中含有 8bit 的奇偶校验位，所以实际有效密钥长度为 56bit。DES 算法加密时把明文以 64bit 为单位分成块，而后用密钥把每一块明文转化成同样 64bit 的密文块。DES 提供 72 000 000 000 000 000 个密钥，用每微秒可进行一次 DES 加密的机器来破译密码需 2000 年。

DES 主要的设计原理是利用交乘加解密器（Product Cipher）、扩散（Diffusion）及混淆（Confusion）等方法来加密以提高安全的程度。数据保密的技巧，就是将原始数据打的越散越乱，让别人很难去组合起原始数据，相对也就越能提高保密的效果。DES 方法的加密过程可分 16 回合，每一回合都将上一回合打散的数据再打散一次；每一回合相当于在原始数据上加了一把锁，最后总共加了 16 把锁。锁加的越多，相对的保密性就提高，这也就是交乘加解密器原理。采用 DES 的一个著名的网络安全系统是 Kerberos，由麻省理工学院 MIT 开发。

DES 解密过程和加密过程相似，但生成 16 个密钥的顺序正好相反。尽管在破译 DES 方面取得了许多进展，但至今仍未能找到比穷举搜索更有效的方法。1997 年 1 月，美国 RSA 数据安全公司在 RSA 安全年会上举办了一个密钥挑战竞赛，分别悬赏 1000 美元、5000 美元和 1 万美元用于攻破不同密钥长度的 RC5 密码算法，同时还悬赏 1 万美元破译长度为 56bit 的 DES 算法。美国科罗拉多州的一个程序员用了96天的时间，在Internet数万名志愿者的协同工作下，成功地找到了DES的密钥，获得了RSA公司颁发的1万美元的奖励。这一事件表明依靠Internet的分布式计算能力，用穷举搜索法破译DES已成为可能。从而使人们认识到随着计算能力的增长，必须相应地增加算法的密钥长度。

DES设计精巧，实现容易，使用方便，最主要优点在于加解密速度快，并且可以用硬件实现，其主要弱点在于密钥管理困难，密钥的传输过程必须绝对的安全，一旦密钥泄露则直接影响到信息的安全性。

自DES算法公布以来，出于DES算法本身的弱点以及各国政治上的考虑，而出现了许多DES的替代算法，这些算法中比较有影响的有AES算法(Advanced Encryption Standard, AES)和欧洲数据加密标准IDEA。

1997年4月，美国国家标准和技术研究所(NIST)发起征集AES算法的活动，AES的基本要求是比三重DES快且至少和三重DES一样安全，分组长度是128bit，密钥长度为128bit、192bit、256bit，1998年7月选出15种分组密码算法作为候选算法。下一步，将进一步从中选出五个较好的算法，最后将在这五个算法中选出一个算法作为正式的AES，预计在2001年确定。

1997年，NIST公开征集新的数据加密标准，经过三轮的筛选，比利时Joan Daeman和Vincent Rijmen提交的Rijndael算法被提议为AES的最终算法。此算法将成为美国新的数据加密标准而被广泛应用在各个领域中。尽管人们对AES还有不同的看法，但总体来说，AES作为新一代的数据加密标准汇聚了强安全性、高性能、高效率、易用和灵活等优点。AES设计有三个密钥长度：128bit、192bit、256bit，相对而言，AES的128bit密钥比DES的56bit密钥强1021倍。AES算法主要包括轮变化、圈数和密钥扩展三个方面。

国际数据加密算法IDEA(International Data Encryption Algorithm)是由瑞士的著名学者提出的。它在1990年正式公布并在以后得到增强。这种算法是在DES算法的基础上发展起来的，类似于三重DES。发展IDEA也是因为感到DES具有密钥太短等缺点，已经过时。IDEA的密钥为128bit，这么长的密钥在今后若干年内应该是安全的。由于IDEA是在美国之外提出并发展起来的，避开了美国法律上对加密技术的诸多限制，因此，有关IDEA算法和实现技术的书籍都可以自由出版和交流，可极大地促进IDEA的发展和完善。IDEA自问世以来，已经经历了大量的详细审查，对密码分析具有很强的抵抗能力，在多种商业产品中被使用。

5.2.3 非对称密钥密码体制

对称密码技术的缺陷之一是通信双方在进行通信之前需通过一个安全信道事先交换密钥。这在实际应用中通常是非常困难的。如果事先约定密钥，则进行网络通信的每个人都要保留其他所有人的密钥，这就给密钥的管理和更新带来了困难。针对这些问题，1976年，美国学者 Diffre 和 Hellman 提出一种新的密钥交换协议，允许在不安全的媒体上进行通信双方交换信息，安全地达成一致的密钥，这就是"公开密钥系统"。这种算法需要两个密钥：公开密钥(publickey)和私有密钥(privatekey)，因为加密和解密使用的是两个不同的密钥，所以这种算法也叫做非对称加密算法。这对密钥中的任何一把都可作为公开密钥(加密密钥)通过非保密方式向他人公开，而另一把则作为专用密钥(解密密码)加以保存。公开密钥用于对机密性的信息加密，专用密钥则用于对加密信息的解密。专用密钥只能由生成密钥对的交易方掌握，公开密钥可广泛发布，但它只对应于该密钥的交易方有用。虽然解密密钥理论上可由加密密钥推算出来，但这种算法设计在实际上是不可能的，或者虽然能够推算出，但要花费很长的时间而成为不可行的。

在公开密钥系统中，加密密钥 K_e 是公开的，加密算法 E 和解密算法 D 也是公开的，只有解密密钥 K_d 是需要保密的。虽然 K_d 是由 K_e 决定的，但却不能根据后者计算出前者。用 K_e 对明文 M 加密后，再用 K_d 解密，即可恢复明文，而且，加密和解密的运算可以对调，加密密钥不能用来进行解密。

交易双方利用该方案实现机密信息交换的基本过程如下：

①交易方甲生成一对密钥，将其中的一把作为公开密钥向其他交易方公开。

②得到了该公开密钥的交易方乙使用该密钥对机密信息进行加密后再发送给交易方甲。

③交易方甲再用自己保存的另一把专用密钥对加密后的信息进行解密。

④交易方甲只能用其专用密钥解密由其公开密钥加密后的任何信息。

非对称加密算法主要有 RSA、DSA、Diffie-Hellman、PKCS、PGP 等。

RSA 算法是由 Rivest、Shanir 和 Adleman 于1978年在麻省理工学院研制出来的，是建立在数论中大数分解和素数检测的理论基础上的。两个大素数相乘在计算上是容易实现的，但将该乘积分解为两个大素数因子的计算量却相当巨大，大到甚至在计算机上也不可能实现。

RSA 算法的加密密钥和加密算法分开，使得密钥分配更为方便。它特别符合计算机网络环境。对于网上的大量用户，可以将加密密钥用电话簿的方式印出。如果某用户想与另一用户进行保密通信，只需从公钥簿上查出对方的加密密钥，用它对所传送的信息加密发出即可。对方收到信息后，用仅为自己所知的解密密钥将信息脱密，了解报文的内容。由此可看出，RSA 算法解决了大量网络用户密钥管理的难题。

RSA 的缺点主要是：产生密钥很麻烦，受到素数产生技术的限制，因而难以做到一次一密。分组长度太大，为保证安全性，分组长度至少也要 600bit，使运算代价很高，尤其是速度较慢，较对称密码算法慢几个数量级；且随着大数分解技术的发展，这个长度还在增加，不利于数据格式的标准化。由于进行的都是大数计算，使得 RSA 最快的情况也比 DES 慢上 100 倍，无论是软件还是硬件实现，速度一直是 RSA 的缺陷。一般来说 RSA 只用于少量数据加密。RSA 和 DES 的优缺点正好互补。RSA 的密钥很长，加密速度慢，而采用 DES，正好弥补了 RSA 的缺点。即 DES 用于明文加密，RSA 用于 DES 密钥的加密。由于 DES 加密速度快，适合加密较长的报文；而 RSA 可解决 DES 密钥分配的问题。美国的保密增强邮件(PEM)就是采用了 RSA 和 DES 结合的方法，目前已成为 E-mail 保密通信标准。

RSA 算法之所以具有安全性，是基于数论中的一个特性事实：即将两个大的质数合成一个大数很容易，而相反的过程则非常困难。在当今技术条件下，当 n 足够大时，为了找到 d，欲从 n 中通过质因子分解试图找到与 d 对应的 p、q 是极其困难甚至是不可能的。由此可见，RSA 的安全性是依赖于作为公钥的大数 n 的位数长度的。为保证足够的安全性，一般认为现在的个人应用需要用 384bit 或512bit 的 n，公司需要用 1024bit 的 n，极其重要的场合应该用 2048bit 的 n。

由于加密技术是国家控制的技术，很多加密技术的出口自然受到美国国家安全局的限制。例如，目前美国可以使用 128bit 的安全套接层技术，但出口的算法的密钥一般只允许达到 40bit，它的安全性显然比 128bit 的密钥算法差得多。近来美国对这方面的限制有所放松，允许出口较尖端的技术应用于银行系统，这对于整个世界银行系统的安全性是很有好处的。我国要开发自己的高强度加密技术，把加密技术掌握在自己手中，才能够比较主动地把握各类信息的安全性。

5.2.4 密钥管理

密钥管理包括从密钥的产生到密钥的销毁的各个方面。主要表现于管理体制、管理协议和密钥的产生、分配、更换和注入等。对于军用计算机网络系统，由于用户机动性强，隶属关系和协同作战指挥等方式复杂，因此，对密钥管理提出了更高的要求。

密钥管理技术的主要任务是如何在公用数据网上安全地传递密钥而不被窃取。现行密钥管理技术又分为 SKIP 与 ISAKMP/OAKLEY 两种。SKIP 主要是利用 Diffie-Hellman 的演算法则，在网络上传输密钥；在 ISAKMP 中，双方都有两把密钥，分别用于公用、私用。

目前用来存储加密数据的密钥系统主要有两种类型：单密钥和多密钥系统。单密钥系统使用某种类型的密钥加密数据，简单地拥有这个密钥对于解密数据就全够用了。如果一个黑客获得了那个密钥，他就能够阅读加密的数据。这是所有密钥系统中最简单的。

因此，与单密钥系统有关的第一件事情就是创建一个密钥记录，记录系统中使用的密钥以及什么时候使用了这些密钥。这个记录包括当前的密钥和以前创建的目前仍用来存储数据的磁带的密钥。如果发现一个密钥存在被攻破的可能性，要立即改变这个密钥并且在密钥记录中登记。对单密钥系统做的第二件事情是在存储密钥记录的周围放上自己的流程。要尽一切努力保证没有一个单个的人能够访问这个密钥记录。例如，存储密钥记录与磁带分开，保证至少必须有两个人在另一个记录中登录才能访问这个密钥记录。

多密钥系统是完全不同的。这些系统使用一套密钥加密数据，使用另一套密钥对管理员进行身份识别。管理员从来不会真正看到用来加密数据的密钥。他们只能看到他们的用户名和密钥。即使一个管理员能够偷走用来存储加密密钥的数据库，他也不能用这些偷来的密钥阅读备份磁带，除非他拥有授权使用这些密钥的系统。授权系统使用这些密钥的方式每个厂商都不一样。但是，一种方法是使用一种密钥法定人数的概念。这就是要授权一个新的系统，必须多个人输入用户名和密钥，有时候还需要插入一个物理的密钥卡。完成这个工作之后，这个加密密钥就可以在那个系统上使用了。这种做法可以防止一个恶意的员工窃取你的磁带和加密密钥并且利用这些数据。

5.3 电子商务安全中的认证技术

信息认证是安全性很重要的一个方面，信息认证的目的包括以下几个方面：

(1)可信性。信息的来源是可信的，即信息接收者能够确认所获得的信息不是由冒充者所发出的。

(2)完整性。要求信息在传输过程中保证其完整性，即信息接收者能够确认所获得的信息在传输过程中没有被修改、延迟和替换。

(3)不可抵赖性。要求信息的发送者不能否认自己所发出的信息，同样，信息的接收者不能否认已收到的信息。

(4)访问控制。拒绝非法用户访问系统资源，合法用户只能访问系统授权和指定的资源。

5.3.1 数字签名

数字签名是公开密钥加密技术的一类应用。它的主要方式是：报文的发送方用自己的私钥 SKA 对这个散列值 M 进行加密来形成发送方的数字签名 D_{SKA}(M)。然后，这个数字签名将作为报文 M 的附件和报文一起发送给报文的接收方 B。报文的接收方 B 用发送方的公钥 PKA 来对报文附加的数字签名进行解密，$M'=E_{PKA}(D_{SKA}(M))$，如果 $M=M'$，那么接收方就能确认该数字签名是发送方的。通过数字签名能够实现对原始报文完整性的鉴别和不可抵赖性。假若 A 要抵赖曾发报文给 B，B 可将 M 及 $D_{SKA}(M)$ 出示给第三者，第三者很容易用 PKA 去证实 A 确实发消息给 B。反之，如果是 B 将 M 伪造成 M′，B 就不能在第三者面前出示 $D_{SKA}(M')$。在实现数字签名的同时，也实现了对报文来源的鉴别。

数字签名的加密解密过程和一般秘密密钥的加密解密过程虽然都使用公开密钥系统，但实现的过程正好相反，使用的密钥对也不同。数字签名使用的是发送方的密钥对，发送方用自己的私有密钥进行加密，接收方用发送方的公开密钥进行解密。这是一对多的关系：任何拥有发送方公开密钥的人都可以验证数字签名的正确性。而一般秘密密钥的加密解密则使用的是接收方的密钥对，这是多对一的关系：任何知道接收方公开密钥的人都可以向接收方发送加密信息，只有唯一拥有接收方私有密钥的人才能对信息解密。这是一个复杂但又很有趣的过程。

在实际应用中，由于被签消息很长而签名算法相对较慢，一般先用一个 Hash 函数将被签消息 M 压缩为 Hash(M)，得到消息 M 的"消息摘要"，然后，再对消息摘要进行签名，得到了 $D_{SKA}(Hash(M))$，在验证时只有重新计算 M 的 Hash 值并与 $E_{PKA}(D_{SKA}(Hash(M))$ 比较即可，如图 5-2 所示为数字签名的示意过程。

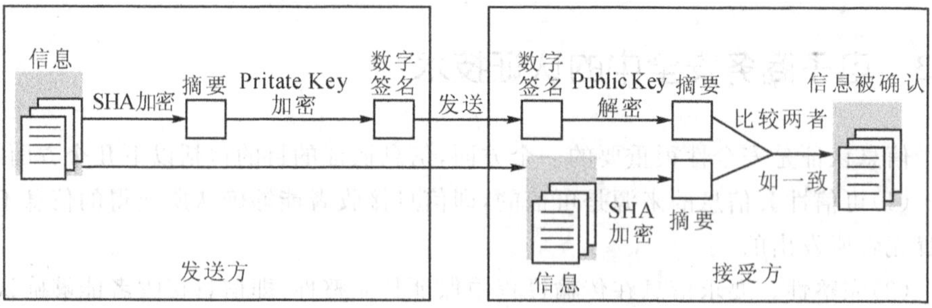

图 5-2 数字签名的示意过程

上述过程只是对报文进行了签名，对传送的报文本身却没有加密，最好能同时实现秘密通信和数字签名。发送方先用发送方 A 的秘密密钥 SKA 对明文进行加密，然后再用接收方的公开密钥 PKB 加密，得到密文 $D_{PKB}(D_{SKA}(M))$，接收方受到密文后先用接收方的秘密密钥进行解密 $E_{PKB}(D_{PKB}(D_{SKA}(M)))=(D_{SKA}(M)$，然后再用发送方的公开密钥 PKA 进行解密 $E_{PKA}(D_{SKA}(M))=M$，即可得原文。

5.3.2 数字摘要技术

所谓数字摘要，是指通过单向 Hash 函数，将需加密的明文"摘要"成一串固定长度(如 128bit)的密文，不同的明文摘要形成的密文其结果总是不相同，同样的明文其摘要必定一致，并且即使知道了摘要也不能反推出明文。

一个 Hash 函数的好坏是由发生碰撞的概率决定的。hash 的中文意思是“散列”，可解释为：分散排列。一个好的 Hash 函数应该做到对所有元素平均分散排列，尽量避免或者降低他们之间的冲突（Collision）。Hash 函数的选择必须慎重，如果不幸所有的元素之间都产生了冲突，那么 Hash 表将退化为链表，其性能会大打折扣，时间复杂度迅速降为 $O(n)$，绝对不要存在任何侥幸心理，因为那是相当危险的。所以目前大部分 Hash 函数都有一个随机数作为参数进行掺杂，以使其最后的值不能或者是不易被预测。这又对 Hash 函数提出了第二点安全方面的要求：Hash 函数最好是单向的，并且要用随机数进行掺杂。提到单向，也许会想到单向散列函数 md4 和 md5，他们是不适合的，因为 Hash 函数需要有相当好的性能，如果攻击者能够轻易地构造出两个消息具有相同的 Hash 值，那么这样的 Hash 函数是很危险的。一般来说，安全 Hash 标准的输出长度为 160bit，这样才能保证它足够的安全。

数字摘要的使用过程：

①对原文使用 Hash 算法得到数字摘要。

②将数字摘要与原文一起发送。

③接收方将收到的原文应用单向 Hash 函数产生一个新的数字摘要。

④将新数字摘要与发送方数字摘要进行比较。

一般的对称或非对称加密算法用于防治信息被篡改。数字摘要技术用于证明信息的完整性和准确性，主要用于防止原文被篡改。数字摘要是采用单向 Hash 函数对文件中若干重要元素进行某种变换运算得到固定长度的摘要码，并在传输信息时将之加入文件一同送给接收方，接收方收到文件后，用相同的方法进行变换运算，若得到的结果与发送来的摘要码相同，则可断定文件未被篡改，反之亦然。

例如互联网文件下载的完整性验证。一般都提供一个 MD5 的数字摘要，下载方通过 MD5 摘要能够确认所下载的文件与原文件一致，以此来防止文件被篡改。

数字签名相对于较长的消息显得有些吃力。当然，可以将长的消息分成若干小段，然后再分别签名。不过，这样做非常麻烦，而且会带来数据完整性的问题。比较合理的做法是在数字签名前对消息先进行数字摘要。

5.3.3　数字时间戳

在电子商务交易文件中，时间是十分重要的信息。在书面合同中，文件签署的日期和签名一样均是十分重要的防止文件被伪造和篡改的关键性内容。数字时间戳服务（Digital Time Stamp Service，DTS）是网上电子商务安全服务项目之一，能提供电子文件的日期和时间信息的安全保护，由专门的机构提供。

数字时间戳(time-stamp)是一个经加密后形成的凭证文档，它包括三个部分：需加时间戳的文件的摘要(digest)，DTS 收到文件的日期和时间，DTS 的数字签名。

一般来说，时间戳产生的过程为：用户首先将需要加时间戳的文件用 Hash 编码加密形成摘要，然后将该摘要发送到 DTS，DTS 在加入了收到文件摘要的日期和时间信息后再对该文件加密(数字签名)，然后送回用户。由 Bellcore 创造的 DTS 采用以下的过程：加密时将摘要信息归并到二叉树的数据结构；再将二叉树的根值发表在报纸上，这样更有效地为文件发表时间提供了佐证。书面签署文件的时间是由签署人自己写上的，而数字时间戳则不然，它是由认证单位 DTS 来加的，以 DTS 收到文件的时间为依据。因此，时间戳也可作为科学家的科学发明文献的时间特征。

2007 年 8 月，深圳开通全国第一个数字作品自助保护系统，为网络作者提供数字化签名及电子数字认证服务，帮助其解决“作品真实署名”、“作品完整性”、“创作时间”等容易引起争议的问题。该系统将可对各种数字化作品进行著作权统计、认证。任何网络作者只要第一时间通过该网上系统进行其数字作品的权利人身份、作品描述等各项登记认证，就能获得一个权威可信的“时间戳”确认作品的权属，从而为今后开展版权交易、维权等提供最有效的数字证书。“时间戳”文件中的时间，来源于国家授时中心，是不可被篡改的。进行版权登记时，权利人只需提交可信的“时间戳”及原作品，版权管理部门进行“时间戳”验证后就可便捷地备案登记。该技术将不仅可用于平面作品，也适合影音方面的流媒体作品，还适合企业不愿公开的工程投标图纸、商业秘密的证据保护。

5.3.4 身份认证技术

身份认证是指用户向系统出示自己身份证明的过程，主要使用约定口令、智能卡和用户指纹、视网膜和声音等生理特征。

大致上来讲，身份认证可分为用户与主机间的认证和主机与主机之间的认证。用户与主机之间的认证可以基于如下一个或几个因素：

- 用户所知道的东西，如口令、密码等。
- 用户拥有的东西，如印章、智能卡(如信用卡等)。
- 用户所具有的生物特征，如指纹、声音、视网膜、签字、笔迹等。

下面对这些方法的优劣进行比较一下：

基于口令的认证方式是一种最常见的技术，但是存在严重的安全问题。它是一种单因素的认证，安全性依赖于口令，口令一旦泄露，用户即可被冒充。

基于智能卡的认证方式，智能卡具有硬盘加密功能，有较高的安全性。每个用户持有一张智能卡，智能卡存储用户个性化的秘密信息，同时在验证服务器中也存放该秘密信息。进行认证时，用户输入 PIN（个人身份识别码），智能卡认证 PIN，成功后，即可读出秘密信息，进而利用该信息与主机之间进行认证。基于智能卡的认证方式是一种双因素的认证方式（PIN＋智能卡），即使 PIN 或智能卡被窃取，用户仍不会被冒充。

基于生物特征的认证方式是以人体唯一的、可靠的、稳定的生物特征（如指纹、虹膜、脸部、掌纹等）为依据，采用计算机的强大功能和网络技术进行图像处理和模式识别。该技术具有很高的安全性、可靠性和有效性，与传统的身份确认手段相比，无疑是质的飞跃。

当然，身份认证的工具应该具有不可复制及防伪等功能，使用者应依照自身的安全程度需求选择一种或多种工具进行。在一般的观念上，认为系统需要输入密码，才算是安全的，但是重复使用的单一密码就能确保系统的安全吗？答案是否定的。常用的单一密码保护设计，是无法保障网络重要资源或机密的。主要是由于传统所用的密码很容易被猜测出来，因为在一般人的习性上，为了记忆方便通常都采用简单易记的内容，如单一字母、账号名称、一串相容字母或是有规则变化的字符串等，甚至采用电话号码或者生日、身份证号码的内容。虽然很多系统都会设计登录不成功的限制次数，但不足以防止长时间的尝试猜测，只要经过一定的时间总会被猜测出来。另外有些系统会使用强迫更改密码的方法防止这种入侵，但是依照习性及好记的原则下选择的密码，仍然很容易被猜测出来。生物认证技术应该是最安全的了。

5.3.5　报文认证技术

报文是计算机网络中应用层里对协议数据单元（PDU）的称呼，包括首部和数据部。首部里含有此报文的源地址和要把它发送出去的目的地址，这其中会有差错控制信息，须用来检错和纠错。报文是网络中交换与传输的数据单元。报文包含了将要发送的完整的数据信息，其长短很不一致（可分为自报文由和数字报文）。报文也是网络传输的单位，传输过程中会不断的封装成分组、包、帧来传输，封装的方式就是添加一些信息段，那些就是报文头。

报文认证是报文鉴别的一个变种。报文鉴别与数据链路层的 CRC 控制类似，将报文名字段（或域）使用一定的操作组成一个约束值，称为该报文的完整性检测向量 ICV（Integrated Check Vector）。然后将它与数据封装在一起进行加密，传输过程中由于侵入者不能对报文解密，所以也就不能同时修改数据并计算新的 ICV，这样，接收方收到数据后解密并计算 ICV，若与明文中的 ICV 不同，则认为此报文无效。

报文认证则将可变长度的报文 M 作为单向散列函数的输入，然后得出一个固定长度的标志 H(M)，这个 H(M)就称为报文摘要 MD。报文认证是一个过程，它使通信双方能够验证所收到的报文（发送者和报文内容、发送时间、序列等）的真伪。

常用的报文认证应用有：在站点认证后，进行报文认证，而报文认证就是使每个通信者能够验证每个报文的来源。（条件：报文是由确认的发送方发出的，报文的内容有无篡改或发生错误，报文按确定的次序接受，报文传送给确定的接收方）

5.4 电子商务安全认证体系

电子商务安全认证体系为交易双方提供满足要求和规范的电子认证服务。所谓电子认证服务，是指为电子签名相关各方提供真实性、可靠性验证的公众服务活动。电子认证服务业是指由相关组织和个人组成，以从事电子认证服务为职业的一个行业。从行业属性讲，它是一个服务性行业。从行业特征讲，它是专门从事电子认证服务的。从行业构成讲，它是以电子认证服务机构为中心，涉及其上下游直接和间接从事电子认证服务的组织和个人。例如证书认证中心（CA）或称证书授权中心是目前重要的一类电子认证服务组织。

5.4.1 数字证书及证书授权(CA)中心

1. 数字证书

数字证书也称公开密钥证书，在网络通信中标志通信各方身份信息的一系列数据，其作用类似于现实生活中的身份证。它主要包含用户身份信息、用户公钥信息以及身份验证机构数字签名等数据。身份验证机构的数字签名可以确保证书信息的真实性，用户公钥信息可以保证数字信息传输的完整性，用户的数字签名可以保证数字信息的不可否认性。

数字证书是各类终端实体和最终用户在网上进行信息交流及商务活动的身份证明，在电子交易的各个环节，交易的各方都需验证对方数字证书的有效性，从而解决相互间的信任问题。人们可以在交往中用它来识别对方的身份，交易伙伴可以使用数字证书来交换公开密钥。

数字证书是一个经证书认证中心（CA）发行的文件。认证中心（CA）作为权威的、可信赖的、公正的第三方机构，专门负责为各种认证需求提供数字证书服务。认证中心颁发的数字证书均遵循 X.509 V3 标准。X.509 是国际电信联盟（ITU）

制定的标准，该标准等同于国际标准化组织(ISO)与国际电工委员会(IEC)联合发布的 ISO/IEC 9594－8：195 标准。用 X. 509 标准在编排公共密钥密码格式方面已被广为接受。X. 509 证书已应用于许多网络安全，其中包括 IPSec(IP 安全)、SSL、SET、S/MIME。

(1)证书数据的组成：

①版本信息(Version)。用来区分 X. 509 证书格式的版本。

②证书序列号(Serial Number)。每一个由 CA 发行的证书必须有一个唯一的序列号于识别证书。

③CA 使用的签名算法(Algorithm Identifier)。CA 的数字摘要与公开密钥加密体制算法。

④发证者的信息(Issuer Unique Identifier)。发此证书的 CA 信息。

⑤有效使用期限(Period of Validity)。本证书的有效起始、结束日期。

⑥证书主题名称或使用者(Subject)。证书与公钥的使用者的信息。

⑦公钥信息(Public key Information)。公开密钥加密体制算法名称、公钥的位字符串表示(只适用于 RSA 加密体制)。

⑧额外的特别扩展信息。

(2)发行证书的 CA 签名与签名算法：

数字证书文件通常就是一个. cer 文件，采用 ITUT X. 509 国际标准格式，其内容包含证书所有者的信息、公开密钥和证书颁发机构的签名等信息。在 IE 中单击菜单“工具/Internet 选项”，选择“内容”选项卡，点击“证书”按钮；然后在“个人”选项卡中，选定某个数字证书，单击“查看/详细信息”，即可看到数字证书的主要内容。

任何人收到证书后都能使用签名算法来验证证书是否是由 CA 的签名密钥签署的。

2. CA 认证中心

认证中心是检验管理密钥是否真实性的第三方，它是一个权威机构，专门验证交易双方的身份。验证的方法是接受个人、商家、银行等涉及交易的实体申请数字证书，核实情况，批准或拒绝申请，颁发数字证书。认证中心除了检验外，还具有管理、搜索和验证证书等职能。

一个典型的 CA 系统包括安全服务器、注册机构 RA、CA 服务器、LDAP 目录服务器和数据库服务器等，如图 5-3 所示。

认证中心主要有以下几种功能：

(1)证书的颁发。中心接收、验证用户(包括下级认证中心和最终用户)的数字

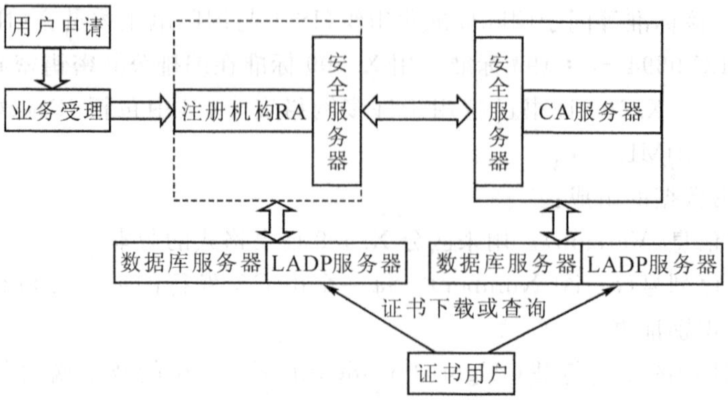

图 5-3　典型 CA 中心

证书的申请，将申请的内容进行备案，并根据申请的内容确定是否受理该数字证书申请。如果中心接受该数字证书申请，则进一步确定给用户颁发何种类型的证书。新证书用认证中心的私钥签名以后，发送到目录服务器供用户下载和查询。为了保证消息的完整性，返回给用户的所有应答信息都要使用认证中心的签名。

(2)证书的更新。认证中心可以定期更新所有用户的证书，或者根据用户的请求来更新用户的证书。

(3)证书的查询。证书的查询可以分为两类，其一是证书申请的查询，认证中心根据用户的查询请求返回当前用户证书申请的处理过程；其二是用户证书的查询，这类查询由目录服务器来完成，目录服务器根据用户的请求返回适当的证书。

(4)证书的作废。当用户的私钥由于泄密等原因造成用户证书需要申请作废时，用户需要向认证中心提出证书作废请求，认证中心根据用户的请求确定是否将该证书作废。另外一种证书作废的情况是证书已经过了有效期，认证中心自动将该证书作废。还有一种情况是上级认证中心对下级认证中心不能信赖时，它可以主动停止下级认证中心公钥证书的合法使用。认证中心通过维护证书作废列表(Certificate Revocation List，CRL)来完成上述功能。

(5)证书的归档。证书具有一定的有效期，证书过了有效期之后就将被作废，但是我们不能将作废的证书简单地丢弃，因为有时我们可能需要验证以前的某个交易过程中产生的数字签名，这时我们就需要查询作废的证书。基于此类考虑，认证中心还应当具备管理作废证书和作废私钥的功能。

(6)提供密钥托管和密钥恢复服务。认证中心可根据客户的要求提供密钥托管服务，备份和管理客户的加密密钥对。当客户需要时可以从密钥库中提出客户的加密密钥对，为客户恢复其加密密钥对，以解开先前加密的信息。这种情况下，认证中心的密钥管理器，采用对称加密方式对各个客户私钥进行加密，加密密钥在加密后即销毁，保证了私钥存储的安全性。密钥恢复时，采用相应的密钥恢复模块进行解密，以保证客户的私钥在恢复时没有任何风险和不安全因素。

对于一个大型的应用环境，认证中心往往采用一种多层次的分级结构，各级的认证中心类似于各级行政机关，上级认证中心负责签发和管理下级认证中心的证书，最下一级的认证中心直接面向最终用户。处在最高层的是金融认证中心(RootCA)，它是所有人公认的权威。如图 5-4 所示为 CA 认证中心的分级示意所示，如果当使用者 A 想要验证使用者 B 的数字证书的正确性，则使用者 A 利用其熟知的 CA3 的公钥来验证 CA3 对 CA2 的签证，则可确信 CA2 的公钥为可信赖的公钥，接着再以 CA2 的公钥验证 CA1 的可信赖性，并以此类推，便可得出使用者 B 的公钥可被使用者 A 所信赖。在进行网上购物时，持卡人的证书与发卡机构的证书关联，而发卡机构的证书通过不同品牌卡的证书连接到 RootCA，而 RootCA 的公共签名密钥对所有的软件都是已知的，可以校验每一个证书。

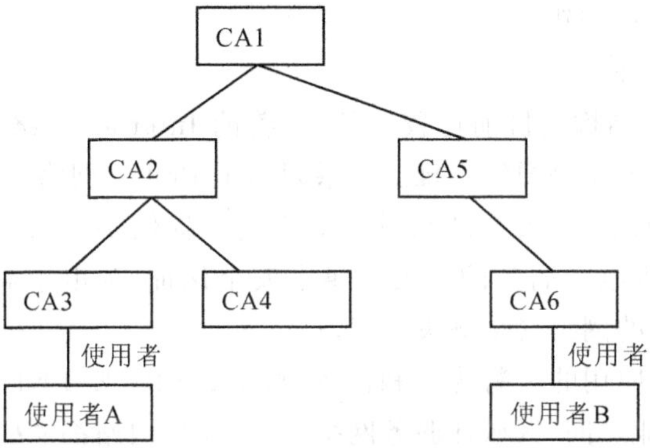

图 5-4 CA 认证中心的分级示意

5.4.2 PKI 安全体系

PKI(Public Key Infrastructure)是一种遵循标准的利用公钥加密技术为电子商务的开展提供一套安全基础平台的技术和规范。它能够为所有网络应用提供加密和数字签名等密码服务及所必需的密钥和证书管理体系，简单地说，PKI 就是利用公钥理论和技术建立的提供安全服务的基础设施。用户可利用 PKI 平台提供的服务进行安全的电子交易、通信和互联网上的各种活动。

为解决 Internet 的安全问题，世界各国对其进行了多年的研究，初步形成了一套完整的 Internet 安全解决方案，即目前被广泛采用的 PKI——公钥基础设施。PKI(公钥基础设施)技术采用证书管理公钥，通过第三方的可信任机构——CA 认证中心把用户的公钥和用户的其他标识信息捆绑在一起，在互联网上验证用户的身份。目前，通用的办法是采用建立在 PKI 基础之上的数字证书，通过把要传输的数字信息进行加密和签名，保证信息传输的机密性、真实性、完整性和不可否认性，从而保证信息安全传输。PKI 是基于公钥算法和技术，为网上通信提供安全服务的基础设施，是创建、颁发、管理、注销公钥证书所涉及的所有软件、硬件的集合体。其核心元素是数字证书，核心执行者是 CA 认证机构。

PKI 技术是信息安全技术的核心，也是电子商务的关键和基础技术。PKI 的基础技术包括加密、数字签名、数据完整性机制、数字信封、双重数字签名等。一个典型、完整、有效的 PKI 应用系统至少应具有以下部分：

- 公钥密码证书管理。
- 黑名单的发布和管理。
- 密钥的备份和恢复。
- 自动更新密钥。
- 自动管理历史密钥。
- 支持交叉认证。

由于 PKI 体系结构是目前比较成熟、完善的 Internet 网络安全解决方案，国外的一些大的网络安全公司纷纷推出一系列基于 PKI 的网络安全产品，如美国的 Verisign、IBM、Entrust 等安全产品供应商为用户提供了一系列的客户端和服务器端的安全产品，为电子商务的发展提供了安全保证，为电子商务、政府办公网、EDI 等提供了完整的网络安全解决方案。

随着 Internet 应用的不断普及和深入，政府部门需要 PKI 支持管理，商业企业内部、企业与企业之间、区域性服务网络、电子商务网站都需要 PKI 的技术和解决方案，大企业需要建立自己的 PKI 平台，小企业需要社会提供的商业性 PKI 服务。从发展趋势来看，PKI 的市场需求非常巨大，基于 PKI 的应用包括了许多内容，如 WWW 服务器和浏览器之间的通信、安全的电子邮件、电子数据交换、Internet上的信用卡交易以及 VPN 等。因此，PKI 具有非常广阔的市场应用前景。

5.4.3 SET 安全体系

SET（安全电子交易协议）向基于信用卡进行电子化交易的应用提供了实现安全措施的规则。它是由 Visa 国际组织和 MasterCard 组织共同制定的一个能保证通过开放网络（包括 Internet）进行安全资金支付的技术标准。SET 在保留对客户信用卡认证的前提下，又增加了对商家身份的认证。由于设计较为合理，得到了诸如微软公司、IBM 公司、Netscape 公司等的支持，已成为事实上的工业标准。SET 协议工作原理见图 5-5。

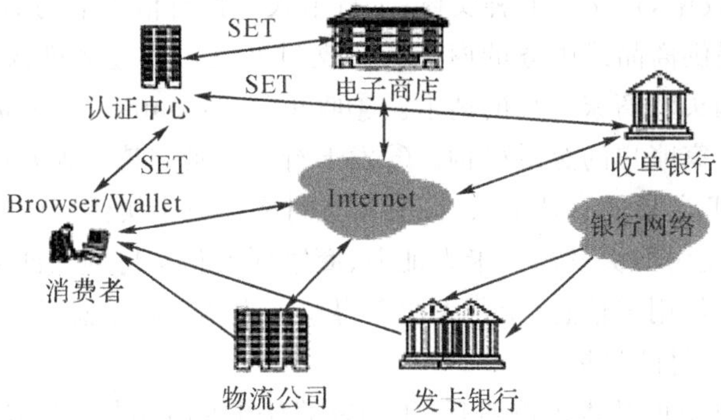

图 5-5　SET 协议的工作原理

SET 协议的工作程序分为下面七个步骤：

①消费者利用自己的 PC 机通过因特网选定所要购买的物品，并在计算机上输入订货单，订货单上需包括在线商店、购买物品名称及数量、交货时间及地点等相关信息。

②通过电子商务服务器与有关在线商店联系，在线商店做出应答，告诉消费者所填订货单的货物单价、应付款数，交货方式等信息是否准确，是否有变化。

③消费者选择付款方式，确认订单，签发付款指令。此时 SET 开始介入。

④在 SET 中，消费者必须对订单和付款指令进行数字签名，同时利用双重签名技术保证商家看不到消费者的账号信息。

⑤在线商店接受订单后，向消费者所在银行请求支付认可。信息通过支付网关到收单银行，再到电子货币发行公司确认。批准交易后，返回确认信息给在线商店。

⑥在线商店发送订单确认信息给消费者。消费者端软件可记录交易日志，以备将来查询。

⑦在线商店发送货物或提供服务并通知收单银行将钱从消费者的账号转移到商店的账号，或通知发卡银行请求支付。在认证操作和支付操作中间一般会有一个时间间隔，例如，在每天下班前请求银行结一天的账。

前两步与 SET 无关，从第③步开始 SET 起作用，一直到第⑥步，在处理过程中通信协议、请求信息的格式、数据类型的定义等，SET 都有明确的规定。在操作的每一步，消费者、在线商店、支付网关都通过 CA 来验证通信主体的身份，以确保通信的对方不是冒名顶替，所以，也可以简单地认为，SET 协议充分发挥了认证中心的作用，以维护在任何开放网络上的电子商务参与者所提供信息的真实性和保密性。

在SET协议中，定义了五种实体：①持卡人。拥有信用卡的消费者。②商家。在Internet上提供商品或服务的商店。③支付网关。由金融机构或第三方控制，它处理持卡人购买和商家支付的请求。④收单行(Acquirer)。负责将持卡人的账户中资金转入商家账户的金融机构。⑤发卡行。负责向持卡人发放信用卡的金融机构。涉及SET交易的有持卡人、商家和支付网关三个实体。认证机构需分别向持卡人、商家和支付网关发出持卡人证书、商家证书和支付网关证书。实现商家无法获得持卡人的信用卡信息、银行无法获得持卡人的购物信息、同时保证商家能收到货款的SET支付的目标。

SET协议规范的技术范围包括：①加密算法的应用；②证书信息和对象格式；③购买信息和对象格式；④认可信息和对象格式；⑤划账信息和对象格式；⑥对话实体之间消息的传输协议。SET通过非对称和对称数据加密算法实现数据保密性服务，利用数字签名实现数据的完整性。具体来说，在实现SET的数据保密性时，报文数据通过使用随机生成的对称密钥被加密，对称密钥又通过使用报文接收者的公开密钥被加密(数字信封)，接收者使用其私有密钥解密数字信封得到对称密钥并使用它解密报文数据。而在实现SET的数字签名时，先要进行数字签名的报文摘要算法变换，再用发送者的私有密钥加密进行签名，接收者使用发送者的公开密钥对报文的签名解密并进行验证，并以此实现发送者身份鉴别。SET协议中的持卡人身份鉴别和商家身份鉴别都是采用此方式。

另外，由于电子商务中持卡人、商家和金融机构的多重依赖和信任关系，SET引入了双重数字签名的概念，采用双重数字加密主要基于以下原因：例如，王先生要买李小姐的一处房产，他发给李小姐一个购买报价单及他对银行的授权书的消息，要求银行如果李小姐同意按此价格出卖，则将钱划到李小姐的账上。但是王先生不想让银行看到报价，也不想让李小姐看到他的银行账号信息。此外，报价和付款是相连的、不可分割的，仅当李小姐同意他的报价，钱才会转移。要达到这个要求，采用双重签名即可实现。主要过程如下(没有考虑完整的数据加密)：①信息发送者对发给甲的信息生成信息摘要1；②信息发送者对发给乙的信息生成信息摘要2；③信息发送者把信息摘要1和信息摘要2合在一起，对其生成信息摘要3，并使用自己的私钥签名信息摘要3；④信息发送者把信息1、信息摘要2和信息摘要3的签名发送给甲；⑤信息发送者把信息2、信息摘要1和信息摘要3的签名发给乙；⑥甲接收信息后，对信息1生成信息摘要，把这信息摘要和收到的信息摘要2合在一起，并对其生成新的信息摘要，同时使用信息发送者的公钥对信息摘要3的签名进行验证，以确认信息发送者的身份和信息是否被修改过；⑦乙接收信息后，对信息2生成信息摘要，把这信息摘要和收到的信息摘要1合在一起，并对其生成新的信息摘要，同时使用信息发送者的公钥对信息摘要3的签名进行验证，以确认信息发送者的身份和信息是否被修改过。

SET还使用证书进一步增强身份鉴别的强度。SET中共有持卡人证书、商家证书、支付网关证书、收单者证书和颁发者证书五类证书。SET的层次化信任管理系统结构包括根CA、品牌CA、地理一政治CA、持卡人CA、商家CA、支付网关CA、持卡人、商家和支付网关九个部分。

SET协议在安全性方面主要体现在以下五个方面:①保证信息在Internet上安全传输,防止数据被黑客或内部人员窃取;②保证电子商务参与者信息的相互隔离,客户的资料加密或打包后通过商家到达银行,但是商家不能看到客户的账户和密码信息;③解决多方论证问题,不仅要对消费者的信用卡认证,而且要对在线商店的信誉程度认证,同时还有消费者、在线商店与银行间的认证;④保证网上交易的实时性,使所有的支付过程都是在线的;⑤仿效EDI贸易的形式,规范协议和消息格式,促使不同厂家按照一定的规范开发软件,使其具有兼容性和互操作功能,并且可以运行在不同的硬件和操作系统平台上。

SET协议也有不足之处,主要体现在:①协议没有说明收单银行给商家付款前,是否必须收到客户的货物接受证书。否则,商家提供的货物不符合质量标准,客户提出疑义,责任由谁承担。②协议没有担保"非拒绝行为",这意味着在线商店没有办法证明订购是不是由签署证书的客户发出的。③SET技术规范没有提及在事务处理完成后,如何安全地保存或销毁此类数据,是否应当将数据保存在客户、商家或收单银行的计算机里。④协议复杂,使用成本高,且只适用于客户安装了"电子钱包"的场合,根据统计,在一个典型的SET交易过程中,需验证数字证书9次,验证数字签名6次,传递证书7次,进行5次签名、4次对称加密和4次非对称加密,整个交易过程可能需花费1.5~2分钟。

5.4.4 中国CA认证系统建设情况

互联网的开放性大大降低了网络环境的可信性。电子商务中的交易信任问题成为信息安全的主要问题和关键问题,而信任是交易的基础。为保证网上数字信息的传输安全,除了在通信传输中采用更强的加密算法等措施之外,还必须建立一种信任及信任验证机制,即参加电子商务的各方必须有一个可以被验证的标识,这就是数字证书。数字证书是各实体在网上信息交流及商务交易活动中的身份证明,该数字证书具有唯一性。它将实体的公开密钥同实体本身联系在一起,为实现这一目的,必须使数字证书符合国际标准,同时数字证书的来源必须是可靠的。这就意味着应有一个网上各方都信任的机构,专门负责数字证书的发放和管理,确保网上信息的安全,这个机构就是CA认证机构。各级CA认证机构的存在组成了整个电子商务的信任链。如果CA机构不安全或发放的数字证书不具有权威性、公正性和可信赖性，电子商务就根本无从谈起。

自1998年国内第一家以实体形式运营的上海CA中心成立以来，截至2007年12月全国已有26家电子认证机构获得了认证证书。这26家机构累计发放证书已有700多万张，应用对象涉及工商、税务、海关、商贸、质监、药检等政府部门和城市网上交易的企事业单位。应用的项目涉及工商年检、网上报税、网上采购、网上交易、网上支付等。

从CA中心建设的背景来分，国内的CA中心可以分为三类：①行业建立的CA，如CFCA、CTCA等；②政府授权建立的CA，如上海CA、北京CA等；③商业建立CA。不难看出，行业性CA不但是数字认证的服务商，也是其他商品交易的服务商，他们不可避免地要在不同程度上参与交易过程，这与CA中心本身要求的"第三方"性质又有很大的不同。就应用的范围而言，行业性CA更倾向于在自己熟悉的领域内开展服务。例如，外经贸部的国富安CA认证中心适当完善之后将首先应用于外贸企业的进出口业务。政府授权建立的第三方认证系统属于地区性CA，除具有地域优势外，在推广应用和总体协调方面具有明显的优势。不过需要指出地区性CA离不开与银行、邮电等行业的合作。

在电子商务系统中，CA安全认证中心负责所有实体证书的签名和分发。CA安全认证体系由证书审批部门和证书操作部门组成。就目前的情况而言，CA的概念已经深入到电子商务的各个层面，但就其应用而言，还远远不够，都还存在一些问题。

(1)在技术层面上，由于受到美国出口限制的影响，国内的CA认证技术完全靠自己研发，由于参与部门很多，导致了标准不统一，既有国际上的通行标准，又有自主研发的标准，即便是同样的标准，其核心内容也有所偏差，这必将导致交叉认证过程中出现"公说公有理，婆说婆有理"的局面。

(2)在应用层面上，一些CA认证机构对证书的发放和审核不够严谨。目前国内相关的CA中心在颁发CA证书前虽然也竭力进行真实身份的审核，但由于进行相关审核的人员往往是CA中心自己的工作人员或其委托的其他人员，从法理上讲这些审核人员不具备法律上所要求的审核证明人资格，也无法承担相应的法律责任；另一方面现在的CA中心本身往往也是交易或合同的一方，难免存在不公正性。为了抢占市场，在没有进行严格的身份确认和验证就随意发放证书，难以确保认证的权威性和公正性。在分布格局上，很多CA认证机构还存在明显的地域性和行业性，无法满足充当面向全社会的第三方权威认证机构的基本要求，而就互联网而言，不应该也不可能存在地域限制。

5.5 电子商务安全协议

5.5.1 安全协议概述

安全协议，有时也称作密码协议，是以密码学为基础的消息交换协议，其目的是在网络环境中提供各种安全服务。安全目标是多种多样的。例如，认证协议的目标是认证参加协议的主体的身份。电子商务协议的目标除认证性、非否认性之外，还有可追究性、公平性等。我们把为了完成某种安全任务的协议称为安全协议。安全协议为了保证安全性，其设计必须采用密码技术。因此，我们也将安全协议称作密码协议。

应用于计算机通信网的安全协议始于 1978 年 Needham 和 Schroeder 发表的 Needham-Schroeder 认证协议（简称 NS 认证协议），这是第一个应用于计算机网络的安全协议。NS 认证协议的提出，使计算机通信网络的安全性发生了革命性的变化，这以后很多著名的协议比如 Kerberos 协议便是在此协议基础上发展起来的。

目前，安全协议已广泛应用于计算机网络与分布式系统中，包括现在电子商务主要应用的安全协议：SSL 协议和 SET 协议。安全是电子商务的最重要的基础，如果没有安全，根本就无法实施任何电子商务活动。这里，安全协议的安全性是电子商务和计算机通信网络安全的重要一环。但迄今为止安全协议的安全性的论证仍是一个悬而未决的问题，为此我们需要对安全协议的安全性的分析进行研究和探索。

5.5.2 电子商务安全协议分类

目前对电子支付协议的分类方法有多种。比如，有些根据支付协议所包含的内容，把协议划分为“纯”支付协议（如 Modex、DigiCash）和综合支付协议（如 SET）；有些根据支付时是否需要中介机构（如电子银行）的参与，把支付协议划分为三方支付协议（SET）和两方支付协议（SSL，电子现金）；有些根据传输方式，把支付协议划分为信用卡、借记卡、电子支票和电子现金等；还有的根据每笔交易的支付方式，把协议划分为按笔结算（使用信用卡和电子现金）和记账方式（借记/货卡、订购）。有些根据支付者和付款接受者之间是否有直接的通信，把支付协议可以分为直接支付协议和间接支付协议；根据支付者实际付款的时间，可以分为提前支付协议、立即支付协议和延期支付协议；根据支付者和付款接受者是否与第三方（如发卡行和收单行）在线连接，可以分为在线支付协议和离线支付协议。

依据支付过程的不同，电子商务安全协议可以分为如下两类：

(1)基于账号的电子商务安全协议。这类协议中要求用户在银行中拥有账号，支付时根据账号来鉴别身份。这类协议又可以进一步分为电子信用卡支付协议（如安全电子交易协议 SET、安全套接层协议 SSL 等）和电子支票支付协议（如 BIPs、eCheck、OFX、FEDI 等）两种。

(2)基于电子货币转拨的电子商务安全协议。电子货币转拨（EFT）是一种授权给消费者，可以从银行账户或信用卡中提取一定量的电子货币，并把电子货币保存在一张卡（如智能卡）或是硬件中某部分（如一台 PC 或个人数字助理 PDA）的支付机制。这类协议又可进一步分为基于智能卡支付系统（如 CAFE、Mondex 等）、基于软件的电子现金系统（如 ECash、Digicash 等）以及针对小额电子商务交易（如用户浏览一个收费网页）的低成本的微支付协议（如 NetBill、Millicent、Worldpay、Cybercoin 等）。

5.5.3 电子商务基本密码协议

所谓电子商务安全协议是指应用在电子商务活动中的安全协议。电子商务安全协议包括身份验证协议、电子支付协议和加解密协议等，其中电子支付协议是电子商务安全协议的关键部分。

从实现技术方面来讲，电子商务走过了一个从简单到复杂的过程。其间最关键的问题是如何安全地实现在线支付功能，并保证交易各方的安全保密等。最初的电子商务，不包括在线支付功能，在线商务只负责商品浏览和下订单，付款则通过其他途径解决。这种电子商务称为非支付型的电子商务。目前，国外如美国、加拿大等国家的电子商务在线支付系统已经进入实用阶段，而我国的电子商务大多属于非支付型的电子商务。

由 Netscape 公司开发的安全套接层协议 SSL 是目前应用最为广泛的电子商务安全协议之一，然而 SSL 协议并非专为电子商务而设计，它只能保证传送消息的保密性，却无法防止商家进行欺诈，而且未对客户进行认证。而由 Mstercard 公司和 Visa 公司于 1996 年联合开发的安全电子交易协议 SET 是专为电子商务而设计的安全协议，它可以为协议参与各方提供比较全面的安全性，但是由于其较大的开销限制了它在实际中的应用。

5.5.4 国际通用电子商务安全协议

国际上，电子商务的安全机制正在走向成熟，并逐渐形成了一些国际规范，比较有代表性的有 SSL 和 SET。

1. SSL 协议

SSL(安全槽层)协议是由 Netscape 公司研究制定的安全协议,在 1996 年 3 月已正式发表 SSL 3.0 版本,应用于 Netscape Navigator 3.0 以及 Microsoft Internet Explorer 3.0 以上版本的浏览器。它是目前安全电子商务交易中使用最多的协议之一,内容主要包括协议简介、记录协议、握手协议、协议安全性分析以及应用等。该协议向基于 TCP/IP 的客户机/服务器应用程序提供了客户端和服务器的鉴别、数据完整性及信息机密性等安全措施。该协议在应用程序进行数据交换前通过交换 SSL 初始握手信息来实现有关安全特性的审查。它属于传输层的安全机制,它能够对 TCP/IP 以上的网络应用协议数据流起到保护作用,并且与各应用协议能独立运作,这正是 SSL 的最大优势。SSL 与 TCP/IP 层的关系如图 5-6 所示。

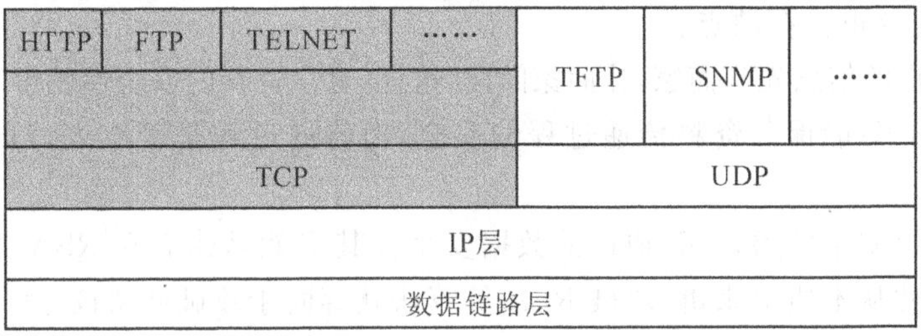

图 5-6　SSL 在 TCP/IP 网络分层结构模型中的位置

SSL 是由 Record Protocol 与 Handshake Protocol、Change Cipher Spec Protocol、Alert Protocol 以及 Application Protocol 五大协议组成。

(1)Record Protocol。它是 SSL 的底层,它的功能是将所要传输的数据做压缩,产生 MAC 以及加密,并将结果分为数个区段传送到对方。当收到来自对方的加密信息后,Record Protocol 会将信息做解读,包括解密、解压缩以及检验信息的正确性。

(2)Handshake Protocol。它是 SSL 的上层协议,让通信的双方能够协调在 Record Protocol 中使用的安全参数(如加解密的算法、密钥的长度等),并且在进行通信前先验证双方的身份,以确保数据传递的安全性。

(3)Change Cipher Spec Protocol。该协议当客户端或服务端欲改变其加解密的参数时使用,传送方送出一个简单的信息,告诉对方下一个要传送的数据将以新的加解密方法来传递,即要求对方改变原有的安全参数。

(4)Alert Protocol。该协议采用 4 个位组来表示目前的连接状态,另外也将连接过程中所发生错误现实出来。

(5)Application Protocol。包括 POP3、IMAP、TELNET、FTP、HTTP 等。

SSL 采用对称密码技术和公开密码技术相结合,提供了如下三种基本的安全服务:

(1)秘密性。SSL 在客户机和服务器之间通过密码算法和密钥的协商,建立起一个安全通道。以后在安全通道中传输的所有信息都经过加密处理,网络中的非法窃听者所获取的信息都将是无意义的密文信息。

(2)完整性。SSL 利用密码算法和 Hash 函数,通过对传输信息特征值的提取来保证信息的完整性,确保要传输的信息全部到达目的地,可以避免服务器和客户机之间的信息内容受到破坏。

(3)认证性。利用证书技术和可信的第三方 CA,可以让客户机和服务器相互识别对方的身份。为了验证证书持有者是其合法用户(而不是冒名用户),SSL 要求证书持有者在握手时相互交换数字证书,通过验证来保证对方身份的合法性。

SSL 协议也存在缺点:

(1)客户的信息先到商家,让商家阅读,这样,客户资料的安全性就得不到保证。

(2)SSL 只能保证资料传递过程的安全,而传递过程是否有人截取就无法保证了。

(3)系统安全性差,SSL 协议的数据安全性其实就是建立在 RSA 等算法的安全性上,因此从本质上来讲,攻破 RSA 等算法就等同于攻破此协议。

由于美国政府的出口限制,使得目前进入我国的实现了 SSL 的产品(Web 浏览器和服务器)的公钥和对称密钥的比特位位数有限。目前已有攻破此协议的例子:1995 年 8 月,一个法国学生用上百台工作站和两台小型机攻破了 Netscape 对外出口版本;另外美国加州两个大学生找到了一个"陷门",只用了一台工作站几分钟就攻破了 Netscape 对外出口版本。

2. SET 协议

SET 协议(Secure Electronic Transaction,安全电子交易协议)是由 Visa 和 MasterCard 两大信用卡公司于 1997 年 5 月联合推出的规范。其实质是一种应用在 Internet 上,以信用卡为基础的电子付款系统规范,目的就是为了保证网络交易的安全。

SET 协议采用公钥密码体制和 X. 509 数字证书标准,提供了消费者、商家和银行之间的认证,确保了交易数据的机密性、真实性、完整性和交易的不可否认性,特别是保证不将消费者银行卡号暴露给商家等优点,因此它成为目前公认的信用卡/借记卡的网上交易的国际安全标准。

有关 SET 协议的内容细节在 5.4.3 小节的 SET 安全体系中已经介绍,这里就不再展开。

3. S-HTTP 安全协议

安全 HTTP(S-HTTP)是 HTTP 的扩展,它提供了多种安全功能,包括客户机与服务器认证、加密、请求/响应的不可否认等。

S-HTTP 安全的细节设置是在客户机和服务器开始握手的会话中完成的。客户机和服务器都可指定某个安全功能为必须(Required)、可选(Option)还是拒绝(Refused)。当其中一方确定了某个安全特性为“必须”时,只有另一方(客户机或服务器)同意执行同样的安全功能时才能开始连接,否则就不能建立安全通信。

S-HTTP 是通过在 S-HTTP 所交换包的特殊头标志来建立安全通人的。头标志定义了安全技术的类型,包括使用私有密码加密、服务器认证、客户机认证和消息的完整性。一旦客户机和服务器同意彼此之间安全措施的实现,那么在此会话中的所有信息都将封装在安全信封里。

4. 安全协议的现状和展望

SSL 协议是国际上最早应用于电子商务的一种网络安全协议,在一些发达国家有许多网上商店至今仍然在使用。在美国几乎所有提供安全交易的在线网址都依靠 Netscape 公司的安全套接层(SSL)提供安全交易,SSL 保护使用公用密钥编码方案传输的数据。在我国也有一些网上支付系统采用了 SSL 协议。几乎无人否认,SSL 在限制电子窃听方面很有效。但是 SSL 运行的基点是商家对客户信息保密的承诺,缺乏客户对商家的认证,在认证交易双方几乎无能为力。这是由于电子商务的开始阶段,参与电子商务的大多是一些大公司,信誉较高。随着参与电子商务的厂商迅速增加,对厂商的认证问题越来越突出,SSL 协议的缺点完全暴露出来,SSL 协议将逐渐被新的 SET 协议所取代。

SET 协议被称为电子商务商家免受欺骗的法宝,因此得到了许多电子商务软件厂商的支持。但是在国际上一直处在理论使用多于成熟应用的阶段。其原因有很多,银行不会为在线信用卡欺骗付费,而商家缺乏推动 SET 的动机。尽管如此,由于 SET 交易的低风险性以及各信用卡组织的支持,已有 34 个国家的 150 家金融机构参与制订 SET 试行方案。

目前,Internet 上电子商务的规模与其潜力相比是微不足道的,随着电子商务规模的增加,出现欺诈的可能性也在增加,今天普遍在 SSL 上使用信用卡的方式已不能满足未来的需要,因此必须采用更安全的 SET 方式。同时我们应看到由于 SET 的复杂和昂贵,SET 的普及应用还须假以时日。在未来的一段时间里将会是 SSL 和 SET 两种支付方式并存的局面。

5.6 电子商务网站常用防御方法

5.6.1 防火墙

1. 防火墙的基本概念

防火墙的概念是借用了建筑学上的一个术语。在建筑学中的防火墙是用来防止大火从建筑物的一部分蔓延到另一部分而设置的阻挡机构。计算机网络的防火墙是用来防止互联网的损坏,如黑客攻击、病毒破坏、资源被盗用或文件被篡改等波及内部网络的危害。它是指一个由软件和硬件设备组合而成的、在内部网和外部网之间、专用网和公共网之间的界面上构造的保护屏障。

防火墙是一种安全有效的防范技术,是访问控制机制、安全策略和防入侵措施。从狭义上来讲,防火墙是指安装了防火墙软件的主机或路由器系统;从广义上讲,防火墙还包括了整个网络的安全策略和安全行为。它是通过在网络边界上建立起来的相应网络安全监测系统来隔离内部和外部网络,以确定哪些内部服务允许外部访问,以及允许哪些外部服务访问内部服务,阻挡外部网络的入侵。防火墙是在两个网络通信时执行的一种访问控制尺度,它能允许"同意"的人和数据进入内部网络,同时将"不同意"的人和数据拒之门外,最大限度地阻止网络中的黑客来访问内部网络。如果不通过防火墙,内部网络的人就无法访问 Internet,Internet 上的人也无法和内部网络的人进行通信。

防火墙一般具备以下特点:

①把安全网络连接到不安全网络上,保护安全网络最大限度地访问不安全网络。

②所有风险可集中到防火墙系统上,安全管理者可针对网络的某个方面进行管理,而采取的安全措施对网络中的其他区域并不会有多大影响。

③内部网络与外部网络的一切联系都必须通过防火墙系统进行,防火墙系统能够监视与控制所有的联系过程。

④广泛的服务支持,通过将动态的、应用层的过滤能力和认证相结合,可实现 WWW 浏览器、HTTP 服务器、FTP 等。

⑤对私有数据的加密支持,保证通过 Internet 进行私人和商务活动不受损坏。

⑥反欺骗。欺骗是从外部获取网络访问权的常用手段,它使数据包好似来自网络内部,防火墙能监视这样的数据包并能扔掉它们。

采用防火墙的系统的优点是显而易见的,主要有以下几点:

(1)防止易受攻击的服务。防火墙可以大大提高网络安全性,并通过过滤天生不安全的服务来降低子网上主系统所冒的风险。因此,子网网络环境可经受较少的风险,因为只有经过选择的协议才能通过 Firewall。例如,Firewall 可以禁止某些易受攻击的服务(如 NFS)进入或离开受保护的子网。这样得到的好处是可防护这些服务不会被外部攻击者利用。而同时允许在大大降低被外部攻击者利用的风险情况下使用这些服务。对局域网特别有用的服务如 NIS 或 NFS 因而可得到公用,并用来减轻主系统管理负担。

防火墙还可以防护基于路由选择的攻击,如源路由选择和企图通过 ICMP 改向把发送路径转向招致损害的网点。防火墙可以排斥所有源点发送的包和 ICMP 改向,然后把偶发事件通知管理人员。

(2)控制访问网点系统。防火墙还有能力控制对网点系统的访问。例如,某些主系统可以由外部网络访问,而其他主系统则能有效地封闭起来,防护有害的访问。除了邮件服务器或信息服务器等特殊情况外,网点可以防止外部对其主系统的访问。这就把防火墙特别擅长执行的访问政策置于重要地位:不访问不需要访问的主系统或服务。例如,如果用户几乎不需要通过网络访问他的台式工作站,那么,防火墙就可执行这一政策。

(3)集中安全性。如果一个子网的所有或大部分需要改动的软件以及附加的安全软件能集中地放在防火墙系统中,而不是分散到每个主机中,这样防火墙的保护就相对集中一些,也相对便宜一点。尤其对于密码口令系统或其他的身份认证软件,等等,放在防火墙系统中更是优于放在每个 Internet 能访问的机器上。

(4)增强的保密、强化私有权。对一些站点而言,私有性是很重要的,因为某些看似不甚重要的信息往往会成为攻击者灵感的源泉。使用防火墙系统,站点可以防止 finger 以及 DNS 域名服务。finger 会列出当前使用者名单,他们上次登录的时间,以及是否读过邮件,等等。但 finger 同时会不经意地告诉攻击者该系统的使用频率,是否有用户正在使用,以及是否可能发动攻击而不被发现。防火墙也能封锁域名服务信息,从而使 Internet 外部主机无法获取站点名和 IP 地址。通过封锁这些信息,可以防止攻击者从中获得另一些有用信息。

(5)有关网络使用、滥用的记录和统计。如果对 Internet 的往返访问都通过防火墙,那么防火墙可以记录各次访问,并提供有关网络使用率的有价值的统计数字。如果一个防火墙能在可疑活动发生时发出音响报警,则还提供防火墙和网络是否受到试探或攻击的细节。采集网络使用率统计数字和试探的证据很重要,这有很多原因,最为重要的是可知道防火墙能否抵御试探和攻击,并确定防火墙上的控制措施是否得当。网络使用率统计数字也很重要,因为它可作为网络需求研究和风险分析活动的输入。

2. 防火墙的技术

实现防火墙的技术包括四大类：网络级防火墙（也叫包过滤型防火墙）、应用级网关、电路级网关和规则检查防火墙。它们之间各有所长，具体使用哪一种或是否混合使用，要看具体需要。

（1）网络级防火墙（包过滤型防火墙）。一般是基于源地址和目的地址、应用或协议以及每个IP包的端口来作出通过与否的判断。一个路由器便是一个"传统"的网络级防火墙，大多数的路由器都能通过检查这些信息来决定是否将所收到的包转发，但它不能判断出一个IP包来自何方，去向何处。

先进的网络级防火墙可以判断这一点，它可以动态检查流过的TCP/IP报文头，检查报文头中的报文类型、源IP地址、目的IP地址、源端口号、协议端口等，把信息同规则表进行比较，在规则表中定义了各种规则来表明是否同意或拒绝包的通过。包过滤防火墙检查每一条规则直至发现包中的信息与某规则相符。如果没有一条规则能符合，防火墙就会使用默认规则，一般情况下，默认规则就是要求防火墙丢弃该包。其次，通过定义基于TCP或UDP数据包的端口号，防火墙能够判断是否允许建立特定的连接，如Telnet、FTP连接。

网络级防火墙简洁、速度快、费用低，并且对用户透明，但是对网络的保护很有限，第一，没有用户的使用记录，就不能从访问记录中发现黑客的攻击记录（对于黑客来说，攻击单纯的包过滤型防火墙是比较容易的，比如采取IP欺骗的方法），它可以阻止非法用户进入内部网络，但也不会告诉我们究竟都有谁来过，或者谁从内部进入了国际网络；第二，定义包过滤器比较复杂，因为网管员需要对各种Internet服务、包头格式以及每个域的意义有非常深入的理解，如果必须支持非常复杂的过滤，过滤规则集合会非常大，难以管理和理解；第三，对于采用动态分配端口的服务，如很多RPC（远程过程调用）服务相关联的服务器在系统启动时是随机分配端口的，就很难进行有效地过滤；第四，规则配置好了之后，几乎没有什么工具可以用来验证过滤规则的正确性。

（2）应用级网关。这个名字可能不太熟悉，可是它的另外一个名字大家都知道，那就是代理服务器。代理服务器隔离在外部网络与内部网络之间，内外不能直接交换数据，数据交换由代理服务器"代理"完成，内部用户对外发出的请求经由代理服务器审核，如果符合网管员设定的条件，代理服务器就会像一个客户机一样去那个站点取回所需信息转发给用户，比如代理合法的内部主机访问外部非安全网络的站点，并对代理连接的URL进行检查，禁止内部主机访问非法站点；代理内部邮件服务器与外部邮件服务器进行连接，并对邮件的大小、数量、发送者、接收者甚至内部进行检查；认证用户身份、代理合法用户Telnet或FTP，而所有的这些服务都会有一个详细的记录。代理服务器像一堵真正的墙一样阻挡在内部用户和外界之间，从外面只能看到代理服务器而看不到内部资源(如某个用户的 IP)，从而有效地保护内部网不受侵害。代理服务器比单一的包过滤型防火墙更为可靠，内部客户感觉不到它的存在，可以自由访问外部站点(当然是网管员允许的)，对外部客户可开放单独的内部连接，可以提供极好的访问控制、登录能力及地址转换功能。代理服务器对提供的服务会产生一个详细的记录，如果发现非法入侵会及时报警，这一点非常重要。

但代理服务器也有不尽如人意之处，其一就是每增加一种新的媒体应用，就必须对代理服务器进行设置，而且只要应用程序一升级，原来的代理服务就不再适用了；其二就是处理通信量方面存在瓶颈，比简单的包过滤型防火墙要慢得多。

(3)电路级网关。电路级网关又称线路级网关，它工作在会话层。它在两个主机首次建立 TCP 连接时创立一个电子屏障。它作为服务器接收外来请求，转发请求；与被保护的主机连接时则担当客户机角色、起代理服务器的作用。为了决定会话的合法性，电路级网关采用以下过程：首先，一个受信任的客户请求某个服务，网关收到该请求，然后，网关建立与被请求的“不受信任主机”的连接，接着就监视 TCP 的握手信息，这些信息包含双方交换标有 SYN(同步)或 ACK(认可)的 TCP 数据包。TCP 会话的第一个数据包是标有 SYN，表明请求打开一个会话，这个包包含一个随机的初始“序列数字”，如 1000。不受信任主机的响应数据包标有 ACK，表示已经收到客户端的 SYN 包。在 ACK 包中包含了由受信任主机建立的“序列数字”的下一个，如 1001。同样，不受信任主机也将发送一个“序列数字”，如 SYN2000，然后，受信任主机就发送 ACK2001 数据包，表示已经收到对方主机的 SYN 包，这样就结束了 TCP 的握手过程。

电路级网关通过在 TCP 握手过程中，双方的 SYN、ACK 和序列数据是否合乎逻辑，来判断该请求的会话是否合法。一旦该网关认为会话是合法的，就会为双方建立连接，自此，网关仅复制、传递数据，而不进行过滤。电路级网关通常需要依靠特殊的应用程序来进行复制传递数据的服务。这些应用有时也称为“管道代理”(Pipe Proxies)，因为它们在两个网络之间建立虚电路或管道，数据必须通过“管道”来传输。

电路级网关的防火墙的安全性比较高，但它仍不能检查应用层的数据包以消除应用层攻击的威胁

(4)规则检查防火墙。该防火墙结合包过滤防火墙、电路级网关和应用级网关的特点。它同包过滤防火墙一样，规则检查防火墙能够在 OSI 网络层上通过 IP 地址和端口号，过滤进出的数据包。它也像电路级网关一样，能够检查 SYN 和 ACK 标记和序列数字是否逻辑有序。当然它也像应用级网关一样，可以在 OSI

应用层上检查数据包的内容，查看这些内容是否能符合公司网络的安全规则。

规则检查防火墙虽然集成前三者的特点，但是不同于一个应用级网关的是，它并不打破客户机/服务机模式来分析应用层的数据，它允许受信任的客户机和不受信任的主机建立直接连接。规则检查防火墙不依靠与应用层有关的代理，而是依靠某种算法来识别进出的应用层数据，这些算法通过已知合法数据包的模式来比较进出数据包，这样从理论上就能比应用级代理在过滤数据包上更有效。

目前在市场上流行的防火墙大多属于规则检查防火墙，因为该防火墙对于用户透明，在OSI最高层上加密数据，不需要去修改客户端的程序，也不需要对每个需要在防火墙上运行的服务额外增加一个代理。如现在最流行的防火墙之一On Technology软件公司生产的On Guard和Check Point软件公司生产的FireWall-1防火墙都是一种规则检查防火墙。

未来的防火墙将位于网络级防火墙和应用级防火墙之间，也就是说，网络级防火墙将变得更加能够识别通过的信息，而应用级防火墙在目前的功能上则向“透明”、“低级”方面发展。最终防火墙将成为一个快速注册稽查系统，可保护数据以加密方式通过，使所有组织可以放心地在节点间传送数据。

3. 防火墙的体系结构

防火墙的体系结构一般有以下三种：多宿主机体系结构、被屏蔽主机体系结构、被屏蔽子网体系结构。

(1)多宿主机体系结构。在Internet和企业内部网之间接续多宿主机，作为代理中继，可以构成多宿主机型防火墙，如图5-7所示。多宿主机体系结构是围绕具有多宿主机的计算机而构筑的，该计算机至少有两个网络接口。有两个网络接口的多宿主机结构也称为双重宿主主机体系结构。可以利用多宿主机建立防火墙，将多宿主机的一部分端口与Internet连接，另一部分端口与企业内部网连接，同时屏蔽TCP/IP的信息传递功能。在Internet和内部网之间禁止信息直接流通，流

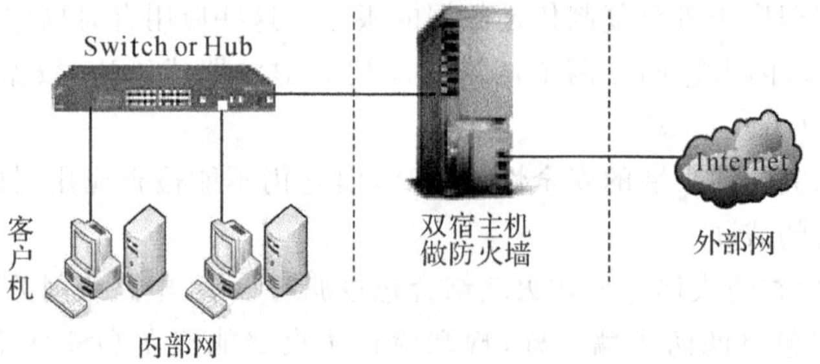

图5-7 多宿主机体系结构

通的信息要经过防火墙的控制和检查。

(2)被屏蔽主机体系结构。被屏蔽主机体系结构使用一个单独的路由器提供来自仅仅与内部的网络相连的主机的服务。如图 5-8 所示。在这种体系结构中，主要的安全由数据包过滤来完成。这种体系结构涉及堡垒主机，堡垒主机是内部网络上唯一能连接到 Internet 上的主机。任何外部的系统要访问内部的系统或服务都必须先连接到这台主机。因此堡垒主机要保持更高等级的主机安全。在屏蔽的路由器中数据包过滤配置可以按下列之一执行：允许其他内部主机为了某些服务与因特网上的主机连接(即允许那些已经由数据包过滤的服务)；不允许来自内部主机的所有连接(强迫那些主机经由堡垒主机使用代理服务)。用户可以针对不同的服务混合使用这些手段；某些服务可以被允许直接经由数据包过滤，而其他服务可以被允许仅仅间接地经过代理。这完全取决于用户实行的安全策略。

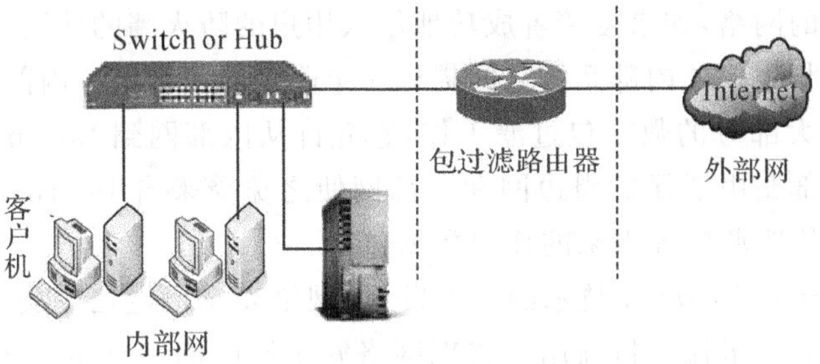

图 5-8　被屏蔽主机体系结构

一般情况下，被屏蔽的主机体系结构提供比多宿主机体系结构具有更好的安全性和可用性。但如果路由器被损害，整个网络对侵袭者是开放的，那将是非常危险的。

(3)被屏蔽子网体系结构。被屏蔽子网体系结构添加额外的安全层到被屏蔽主机体系结构，即通过添加周边网络更进一步的把内部网络和外部网络(通常是 Internet)隔离开。如图 5-9 所示。

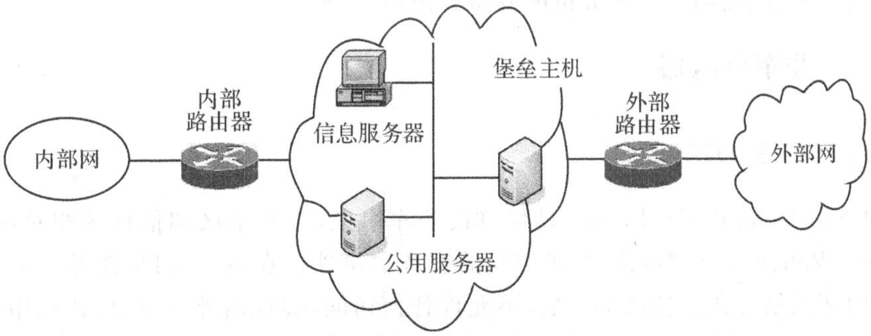

图 5-9　被屏蔽子网体系结构

堡垒主机是用户的网络上最容易受侵袭的机器。任凭用户尽最大的力气去保护它,它仍是最有可能被侵袭的机器,因为它本质上是能够被侵袭的机器。如果在被屏蔽主机体系结构中,用户的内部网络对来自用户的堡垒主机的侵袭门户洞开,那么用户的堡垒主机是非常诱人的攻击目标。如果有人成功地侵入被屏蔽主机体系结构中的堡垒主机,那就毫无阻挡地进入了内部系统。通过在周边网络上隔离堡垒主机,能减少在堡垒主机上侵入的影响。可以说,它只给入侵者一些访问的机会,但不是全部。被屏蔽子网体系结构的最简单的形式为,两个屏蔽路由器,每一个都连接到周边网,一个位于周边网与内部的网络之间,另一个位于周边网与外部网络之间(通常为 Internet)。为了侵入用这种类型的体系结构构筑的内部网络,侵袭者必须通过两个路由器。即使侵袭者设法侵入堡垒主机,它将仍然必须通过内部路由器。周边网络是另一个安全层,是在外部网络与用户的被保护的内部网络之间的附加的网络,如果侵袭者成功地侵入用户的防火墙的外层领域,周边网络在那个侵袭者与用户的内部系统之间提供一个附加的保护层。内部路由器为用户的防火墙执行大部分的数据包过滤工作,它允许从内部网到 Internet 的有选择的出站服务。外部路由器保护周边网和内部网使之免受来自 Internet 的侵犯,阻止从 Internet 上伪造源地址进来的任何数据包。

随着 Internet/Intranet 技术的飞速发展,网络安全问题必将愈来愈引起人们的重视。防火墙技术作为目前用来实现网络安全措施的一种主要手段,它主要是用来拒绝未经授权用户的访问,阻止未经授权用户存取敏感数据,同时允许合法用户不受妨碍的访问网络资源。如果使用得当,可以在很大程度上提高网络安全。但是没有一种技术可以百分之百地解决网络上的所有问题,比如防火墙虽然能对来自外部网络的攻击进行有效的保护,但对于来自网络内部的攻击却无能为力。事实上 60%以上的网络安全问题来自网络内部。因此网络安全单靠防火墙是不够的,还需要有其他技术和非技术因素的考虑,如信息加密技术、身份验证技术、制定网络法规、提高网络管理人员的安全意识等。

5.6.2 非军事区域

1. 什么是 DMZ

DMZ(Demilitarized Zone)即俗称的非军事区,与军事区和信任区相对应,作用是把 Web、E-mail 等允许外部访问的服务器单独接在该区端口,使整个需要保护的内部网络接在信任区端口后,不允许任何访问,实现内外网分离,达到用户需求。DMZ 可以理解为一个不同于外网或内网的特殊网络区域,DMZ 内通常放置一些不含机密信息的公用服务器,比如 Web、Mail、FTP 等。这样来自外网的访问者可以访问 DMZ 中的服务，但不可能接触到存放在内网中的公司机密或私人信息等，即使 DMZ 中服务器受到破坏，也不会对内网中的机密信息造成影响。

2. 为什么需要 DMZ

在实际的运用中，某些主机需要对外提供服务，为了更好地提供服务，同时又要有效地保护内部网络的安全，将这些需要对外开放的主机与内部的众多网络设备分隔开来，根据不同的需要，有针对性地采取相应的隔离措施，这样便能在对外提供友好的服务的同时最大限度地保护了内部网络。针对不同资源提供不同安全级别的保护，可以构建一个 DMZ 区域，DMZ 可以为主机环境提供网络级的保护，能减少为不信任客户提供服务而引发的危险，是放置公共信息的最佳位置。在一个非 DMZ 系统中，内部网络和主机的安全通常并不如人们想象的那样坚固，提供给 Internet 的服务产生了许多漏洞，使其他主机极易受到攻击。但是，通过配置 DMZ，我们可以将需要保护的 Web 应用程序服务器和数据库系统放在内网中，把没有包含敏感数据、担当代理数据访问职责的主机放置于 DMZ 中，这样就为应用系统安全提供了保障。DMZ 使包含重要数据的内部系统免于直接暴露给外部网络而受到攻击，攻击者即使初步入侵成功，还要面临 DMZ 设置的新的障碍。

3. DMZ 网络访问控制策略

当规划一个拥有 DMZ 的网络时候，我们可以明确各个网络之间的访问关系，可以确定以下六条访问控制策略：

(1)内网可以访问外网。内网的用户显然需要自由地访问外网。在这一策略中，防火墙需要进行源地址转换。

(2)内网可以访问 DMZ。此策略是为了方便内网用户使用和管理 DMZ 中的服务器。

(3)外网不能访问内网。很显然，内网中存放的是公司内部数据，这些数据不允许外网的用户进行访问。

(4)外网可以访问 DMZ。DMZ 中的服务器本身就是要给外界提供服务的，所以外网必须可以访问 DMZ。同时，外网访问 DMZ 需要由防火墙完成对外地址到服务器实际地址的转换。

(5)DMZ 不能访问内网。很明显，如果违背此策略，则当入侵者攻陷 DMZ 时，就可以进一步进攻到内网的重要数据。

(6)DMZ 不能访问外网。此条策略也有例外，比如 DMZ 中放置邮件服务器时，就需要访问外网，否则将不能正常工作。在网络中，非军事区(DMZ)是指为不信任系统提供服务的孤立网段，其目的是把敏感的内部网络和其他提供访问服务的网络分开，阻止内网和外网直接通信，以保证内网安全。

DMZ 无疑是网络安全防御体系中重要组成部分，再加上入侵检测和基于主机的其他安全措施，将极大地提高公共服务及整个系统的安全性。

5.6.3 虚拟专用网

虚拟专用网(Virtual Private Network，VPN)是一种"基于公共数据网，给用户一种直接连接到私人局域网感觉的服务"。VPN 极大地降低了用户的费用，而且提供了比传统方法更强的安全性和可靠性。

VPN 可分为三大类：企业各部门与远程分支之间的访问(Intranet VPN)，企业网与远程(移动)雇员之间的远程访问(Remote Access VPN)，企业与合作伙伴、客户、供应商之间的访问(Extranet VPN)。VPN 在具体构建时具有如下的基本要求：

(1)安全性。VPN 提供用户一种私人专用(private)的感觉，因此建立在不安全、不可信任的公共数据网的首要任务是解决安全性问题。VPN 的安全性可通过隧道技术、加密和认证技术得到解决。在 Intranet VPN 中，要有高强度的加密技术来保护敏感信息；在远程访问 VPN 中要有对远程用户可靠的认证机制。

(2)性能。VPN 要发展其性能至少不应该低于传统方法。尽管网络速度不断提高，但在 Internet 时代，随着电子商务活动的激增，网络拥塞经常发生，这给 VPN 性能的稳定带来极大的影响。因此 VPN 解决方案应能够让管理员进行通信控制来确保其性能。通过 VPN 平台，管理员定义管理政策来激活基于重要性的出入口带宽分配。这样既能确保对数据丢失有严格要求和高优先级应用的性能，又不会"饿死"，低优先级的应用。

(3)管理问题。由于网络设施、应用不断增加，网络用户所需的 IP 地址数量持续增长，对越来越复杂的网络管理，网络安全处理能力的大小是 VPN 解决方案好坏的至关紧要的区分。VPN 是公司对外的延伸，因此 VPN 要有一个固定管理方案以减轻管理、报告等方面负担。管理平台要有一个定义安全政策的简单方法，将安全政策进行分布，并管理大量设备。

(4)互操作。在 Extranet VPN 中，企业要与不同的客户及供应商建立联系，VPN 解决方案也会不同。因此，企业的 VPN 产品应该能够同其他厂家的产品进行互操作。这就要求所选择的 VPN 方案应该是基于工业标准和协议的。这些协议有 IPSec、点到点隧道协议(Pointto Point Tunneling Protocol，PPTP)、第二层隧道协议(Layer 2 Tunneling Protocol，L2TP)等。

VPN 实现的两个关键技术是隧道技术和加密技术。

1. 隧道技术

隧道技术简单地说就是：原始报文在 A 地进行封装，到达 B 地后把封装去掉还原成原始报文，这样就形成了一条由 A 到 B 的通信隧道。目前实现隧道技术的有 GRE(Generic Routing Encapsulation，一般路由封装)、L2TP 和 PPTP。

(1)GRE。主要用于源路由和终路由之间所形成的隧道。例如，将通过隧道的报文用一个新的报文头(GRE 报文头)进行封装然后带着隧道终点地址放入隧道中。当报文到达隧道终点时，GRE 报文头被剥掉，继续原始报文的目标地址进行寻址。GRE 隧道通常是点到点的，即隧道只有一个源地址和一个终地址。然而也有一些实现允许点到多点，即一个源地址对多个终地址。这时候就要和下一条路由协议(Next-Hop Routing Protocol，NHRP)结合使用。NHRP 主要是为了在路由之间建立捷径。

GRE 隧道用来建立 VPN 有很大的吸引力。从体系结构的观点来看，VPN 就像是通过普通主机网络的隧道集合。普通主机网络的每个点都可利用其地址以及路由所形成的物理连接，配置成一个或多个隧道。在 GRE 隧道技术中入口地址用的是普通主机网络的地址空间，而在隧道中流动的原始报文用的是 VPN 的地址空间，这样反过来就要求隧道的终点应该配置成 VPN 与普通主机网络之间的交界点。这种方法的好处是使 VPN 的路由信息从普通主机网络的路由信息中隔离出来，多个 VPN 可以重复利用同一个地址空间而没有冲突，这使得 VPN 从主机网络中独立出来。从而满足了 VPN 的关键要求：可以不使用全局唯一的地址空间。隧道也能封装数量众多的协议族，减少实现 VPN 功能函数的数量。还有，对许多 VPN 所支持的体系结构来说，用同一种格式来支持多种协议同时又保留协议的功能，这是非常重要的。IP 路由过滤的主机网络不能提供这种服务，而只有隧道技术才能把 VPN 私有协议从主机网络中隔离开来。基于隧道技术的 VPN 实现的另一特点是对主机网络环境和 VPN 路由环境进行隔离。对 VPN 而言主机网络可看成点到点的电路集合，VPN 能够用其路由协议穿过符合 VPN 管理要求的虚拟网。同样，主机网络用符合网络要求的路由设计方案，而不必受 VPN 用户网络的路由协议限制。

虽然 GRE 隧道技术有很多优点，但用其技术作为 VPN 机制也有缺点，例如管理费用高、隧道的规模数量大等。因为 GRE 是由手工配置的，所以配置与维护隧道所需的费用和隧道的数量是直接相关的——每次隧道的终点改变，隧道要重新配置。隧道也可自动配置，但有缺点，如不能考虑相关路由信息、性能问题以及容易形成回路问题。一旦形成回路，会极大恶化路由的效率。除此之外，通信分类机制是通过一个好的粒度级别来识别通信类型。如果通信分类过程是通过识别报文(进入隧道前的)进行的话,就会影响路由发送速率的能力及服务性能。

GRE隧道技术是用在路由器中的,可以满足 Extranet VPN 以及 Intranet VPN 的需求。但是在远程访问 VPN 中,多数用户是采用拨号上网的。这时可以通过 L2TP 和 PPTP 来加以解决。

(2)L2TP 和 PPTP。L2TP 是 L2F(Layer2Forwarding)和 PPTP 的结合。但是由于 PC 机的桌面操作系统包含着 PPTP,因此 PPTP 仍比较流行。隧道的建立有两种方式,即"用户初始化"隧道和"NAS 初始化"(Network Access Server)隧道。前者一般是指"主动"隧道,后者是指"强制"隧道。"主动"隧道是用户为某种特定目的的请求建立的,而"强制"隧道则是在没有任何来自用户的动作以及选择的情况下建立的。

L2TP 作为"强制"隧道模型是让拨号用户与网络中的另一点建立连接的重要机制。建立过程如下:①用户通过 Modem 与 NAS 建立连接;②用户通过 NAS 的 L2TP 接入服务器身份认证;③在政策配置文件或 NAS 与政策服务器进行协商的基础上,NAS 和 L2TP 接入服务器动态地建立一条 L2TP 隧道;④用户与 L2TP 接入服务器之间建立一条点到点协议(Pointto Point Protocol,PPP)访问服务隧道;⑤用户通过该隧道获得 VPN 服务。

与之相反的是,PPTP 作为"主动"隧道模型允许终端系统进行配置,与任意位置的 PPTP 服务器建立一条不连续的、点到点的隧道。并且,PPTP 协商和隧道建立过程都没有中间媒介 NAS 的参与。NAS 的作用只是提供网络服务。PPTP 建立过程如下:①用户通过串口以拨号 IP 访问的方式与 NAS 建立连接取得网络服务;②用户通过路由信息定位 PPTP 接入服务器;③用户形成一个 PPTP 虚拟接口;④用户通过该接口与 PPTP 接入服务器协商、认证建立一条 PPP 访问服务隧道;⑤用户通过该隧道获得 VPN 服务。

在 L2TP 中,用户感觉不到 NAS 的存在,仿佛与 PPTP 接入服务器直接建立连接。而在 PPTP 中,PPTP 隧道对 NAS 是透明的;NAS 不需要知道 PPTP 接入服务器的存在,只是简单地把 PPTP 流量作为普通 IP 流量处理。

采用 L2TP 还是 PPTP 实现 VPN 取决于要把控制权放在 NAS 还是用户手中。L2TP 比 PPTP 更安全,因为 L2TP 接入服务器能够确定用户是从哪里来的。L2TP 主要用于比较集中的、固定的 VPN 用户,而 PPTP 比较适合移动的用户。

2. 加密技术

数据加密的基本思想是通过变换信息的表示形式来伪装需要保护的敏感信息,使非受权者不能了解被保护信息的内容。加密算法有用于 Windows 95 的 RC4、用于 IPSec 的 DES 和三次 DES。RC4 虽然强度比较弱,但是保护免于非专业人士的攻击已经足够了;DES 和三次 DES 强度比较高,可用于敏感的商业信息。

加密技术可以在协议栈的任意层进行,可以对数据或报文头进行加密。在网络层中的加密标准是 IPSec。网络层加密实现的最安全方法是在主机的端到端进行。另一个选择是"隧道模式":加密只在路由器中进行,而终端与第一条路由之间不加密。这种方法不太安全,因为数据从终端系统到第一条路由时可能被截取而危及数据安全。在终端到终端的加密方案中,VPN 安全粒度达到个人终端系统的标准;而"隧道模式"方案,VPN 安全粒度只达到子网标准。在链路层中,目前还没有统一的加密标准,因此所有链路层加密方案基本上是生产厂家自己设计的,需要特别的加密硬件。

5.6.4 入侵检测系统

入侵检测系统(Intrusion Detection Syetem,IDS),即对入侵行为的检测。它通过收集和分析计算机网络或计算机系统中若干关键点的信息,检查网络或系统中是否存在违反安全策略的行为和被攻击的迹象。进行入侵检测的软件和硬件的组合便是 IDS。

简单地说,入侵检测系统是一套监控计算机系统或网络系统中发生的事件,根据规则进行安全审计的软件或硬件系统。它是一个典型的"窥探设备"。它不跨接多个物理网段(通常只有一个监听端口),无须转发任何流量,而只需要在网络上被动地、无声息地收集它所关心的报文即可。

IDS 有许多不同的类型,包括:

(1)IDS 分类 1——Application IDS(应用程序 IDS)。应用程序 IDS 为一些特殊的应用程序发现入侵信号,这些应用程序通常是指那些比较易受攻击的应用程序,如 Web 服务器、数据库等。有许多原本着眼于操作系统的基于主机的 IDS,虽然在默认状态下并不针对应用程序,但也可以经过训练,应用于应用程序。例如,KSE(一个基于主机的 IDS)可以告诉我们在事件日志中正在进行的一切,包括事件日志报告中有关应用程序的输出内容。应用程序 IDS 的一个例子是 Entercept 的 Web Server Edition。

(2)IDS 分类 2——Consoles IDS(控制台 IDS)。为了使 IDS 适用于协同环境,分布式 IDS 代理需要向中心控制台报告信息。现在的许多中心控制台还可以接收其他来源的数据,如其他产商的 IDS、防火墙、路由器等。将这些信息综合在一起就可以呈现出一幅更完整的攻击图景。有些控制台还将它们自己的攻击特征添加到代理级别的控制台,并提供远程管理功能。这种 IDS 产品有 Intellitactics Network Security Monitor 和 Open Esecurity Platform。

(3)IDS 分类 3——File Integrity Checkers(文件完整性检查器)。当一个系统

受到攻击者的威胁时，它经常会改变某些关键文件来提供持续的访问和预防检测。通过为关键文件附加信息摘要（加密的杂乱信号），就可以定时地检查文件，查看它们是否被改变，这样就在某种程度上提供了保证。一旦检测到了这样一个变化，完整性检查器就会发出一个警报。而且，当一个系统已经受到攻击后，系统管理员也可以使用同样的方法来确定系统受到危害的程度。以前的文件检查器在事件发生好久之后才能将入侵检测出来，是“事后诸葛亮”，最近出现的许多产品能在文件被访问的同时就进行检查，可以看做是实时 IDS 产品了。该类产品有 Tripwire 和 Intact。

(4)IDS 分类 4——Honeypots（蜜罐）。蜜罐是一种供攻击者攻击的安全工具，它通过模拟一个真实运作的系统或开放一个平台的前端系统（称为网络诱骗系统）让攻击者来攻击，从中记录和分析攻击者的行为和过程，达到提高系统安全的目的。蜜罐的例子包括 Mantrap 和 Sting。

(5)IDS 分类 5——Host-based IDS（基于主机的 IDS）。这类 IDS 对多种来源的系统和事件日志进行监控，发现可疑活动。基于主机的 IDS 也叫主机 IDS，最适合于检测那些可以信赖的内部人员的误用以及已经避开了传统的检测方法而渗透到网络中的活动。除了完成类似事件日志阅读器的功能，主机 IDS 还对“事件/日志/时间”进行签名分析。许多产品中还包含了启发式功能。因为主机 IDS 几乎是实时工作的，系统的错误就可以很快地检测出来，技术人员和安全人士都非常喜欢它。现在，基于主机的 IDS 就是指基于服务器/工作站主机的所有类型的入侵检测系统。该类产品包括 Kane Secure Enterprise 和 Dragon Squire。

(6)IDS 分类 6——Hybrid IDS（混合 IDS）。现代交换网络的结构给入侵检测操作带来了一些问题。首先，默认状态下的交换网络不允许网卡以混杂模式工作，这使传统网络 IDS 的安装非常困难。其次，很高的网络速度意味着很多信息包都会被 NIDS 所丢弃。Hybrid IDS（混合 IDS）正是解决这些问题的一个方案，它将 IDS 提升了一个层次，组合了网络节点 IDS 和 Host IDS（主机 IDS）。虽然这种解决方案覆盖面极大，但同时要考虑到由此引起的巨大数据量和费用。许多网络只为非常关键的服务器保留混合 IDS。有些产商把完成一种以上任务的 IDS 都叫做 Hybrid IDS，实际上这只是为了广告的效应。混合 IDS 产品有 CentraxICE 和 RealSecure Server Sensor。

(7)IDS 分类 7——Network IDS（NIDS，网络 IDS）。NIDS 对所有流经监测代理的网络通信量进行监控，对可疑的异常活动和包含攻击特征的活动做出反应。NIDS 原本就是带有 IDS 过滤器的混合信息包嗅探器，但是近来它们变得更加智能化，可以破译协议并维护状态。NIDS 存在基于应用程序的产品，只需要安装到主机上就可应用。NIDS 对每个信息包进行攻击特征的分析，但是在网络高负载下，还是要丢弃些信息包。网络 IDS 的产品有 SecureNetPro 和 Snort。

(8)IDS 分类 8——Network Node IDS(NNIDS,网络节点 IDS)。有些网络 IDS 在高速下是不可靠的,装载之后它们会丢弃很高比例的网络信息包,而且交换网络经常会妨碍网络 IDS 看到混合传送的信息包。NNIDS 将 NIDS 的功能委托给单独的主机,从而缓解了高速和交换的问题。虽然 NNIDS 与个人防火墙功能相似,但它们之间还有区别。对于被归类为 NNIDS 的个人防火墙,应该对企图的连接做分析。例如,不像在许多个人防火墙上发现的"试图连接到端口 xxx",一个 NNIDS 会对任何的探测都做特征分析。另外,NNIDS 还会将主机接收到的事件发送到一个中心控制台。NNIDS 产品有 BlackICE Agent 和 Tiny CMDS。

(9)IDS 分类 9——Personal Firewall(个人防火墙)。个人防火墙安装在单独的系统中,防止不受欢迎的连接,无论是进来的还是出去的,从而保护主机系统。注意不要将它与 NNIDS 混淆。个人防火墙有 ZoneAlarm 和 Sybergen。

(10)IDS 分类 10——Target-Based IDS(基于目标的 IDS)。这是不明确的 IDS 术语中的一个,对不同的人有不同的意义。可能的一个定义是文件完整性检查器,而另一个定义则是网络 IDS,后者所寻找的只是对那些由于易受攻击而受到保护的网络所进行的攻击特征。后面这个定义的目的是为了提高 IDS 的速度,因为它不搜寻那些不必要的攻击。

5.6.5 认证

1. CA 认证

CA 认证作为电子商务重要的组成部分,它的建立对 Internet 上各种电子商务活动(网上的贸易活动、电子政务等)的开展有着非常重要的意义。基于认证中心的安全方案很好地解决了网上用户身份认证和信息安全传输问题。它的作用是检查证书持有者身份的合法性,并签发证书(在证书上签字),以防证书被伪造或篡改,以及对证书和密钥进行管理。客户取得电子证书,便具有在网上进行交易的毋庸置疑的合法身份,可以以电子签名的方式签署具有法律意义的契约(电子合同),并依法享有合同约定的民事权利、履行合同约定的民事义务。其在网上完成的民事法律行为具有严肃的法律意义,签约双方必须严格履行所缔结的契约,其相关权益受到国家法律的保护。

CA 认证采用了加密、数字签名的公开密钥技术,特别是用于网上支付的 PKI CA 技术建立起了对密钥和证书进行管理的综合安全平台。这一技术充分保证了电子商务的安全性,以技术方式有效地解决了互联网交易可能存在的非法访问、非法篡改、假冒伪造、拒绝服务抵赖等安全问题,满足了电子商务关于数据机密性、访问控制、可信的身份鉴别、数据完整性、抗抵赖等方面的安全需求,完全保证了客户信息、网络交易、电子商务网络系统的安全，使企业和用户在享受网络交易带来巨大便利的同时摆脱了后顾之忧。

CA认证还凭借其客观性、中立性、权威性的特点，拓展了客户的信用评价，使获得认证的每一位客户都取得不同程度的金融信用，客户可借此金融信用充分享有网上全方位、丰富的金融理财服务。

2. 信用认证

电子商务是一种新的经营理念和商务模式，信用是制约电子商务进一步发展的主要瓶颈。电子商务所具有的远程性、记录的可更改性、主体的复杂性等特征，决定其信用问题更加突出。电子商务的信用问题，不仅是电子商务网站如何在其经济行为中遵循信用原则，更主要的是要为电子商务交易的各参与者建立必要的、适合电子商务特征的信用模式。这种电子商务的信用模式，就目前来说，主要是指电子商务企业(网站)通过制定和实施确定的交易规则，为电子商务交易的当事人建立一个公平、公正的平台，以确保电子商务交易的安全可靠，其基础性设施是资格认证和信用认证。

目前我国电子商务的信用模式主要采取四种较为典型的信用模式，即中介人模式、担保人模式、网站经营模式和委托授权模式。

(1)中介人模式。它是将电子商务网站作为交易中介人，达成交易协议后，购货的一方将货款、销售的一方将货物分别交给网站设在各地的办事机构，当网站的办事机构核对无误后再将货款及货物交给对方。这种信用模式试图通过网站的管理机构控制交易的全过程，虽然能在一定程度上减少商业欺诈等商业信用风险，但却需要网站有充足的投资去设立众多的办事机构，这种方式还存在交易速度慢和交易成本高的问题。

(2)担保人模式。它是以网站或网站的经营企业为交易各方提供担保为特征，试图通过这种担保来解决信用风险问题。这种将网站或网站的主办单位作为一个担保机构的信用模式，有一个核实谈判的过程，相当于无形中增加了交易成本。因此，在实践中，这一信用模式一般只适用于具有特定组织性的行业。

(3)网站经营模式。它是通过建立网上商店的方式进行交易活动，在取得商品的交易权后，让购买方将货款支付到网站指定的账户上，网站收到货款后才给购买者发送货物。这种信用模式是单边的，是以网站的信誉为基础的，这种信用模式主要适用于从事零售业的网站。

(4)委托授权经营模式。它是网站通过建立交易规则，要求参与交易的当事人按预设条件在协议银行中建立交易公共账户，网络计算机按预设的程序对交易资金进行管理，以确保交易在安全的状况下进行。这种信用模式中电子商务网站并不直接进入交易的过程，交易双方的信用保证是以银行的公平监督为基础的。

5.7　电子商务安全实践

5.7.1　CA 认证实践

【实践目的】

了解电子商务与 CA 认证的关系，了解申请 CA 数字证书的流程，了解 CA 数字证书的安装和使用方法。

【实践流程图】

实践流程如图 5-10 所示。

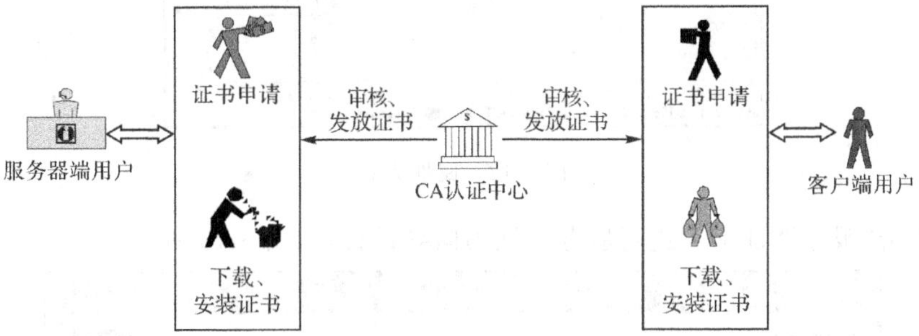

图 5-10　CA 认证实践流程图

【实践步骤】

1. 服务器端证书

(1)IIS 请求

①用户在 IIS 中进行服务器端数字证书创建向导设置，如图 5-11 所示。

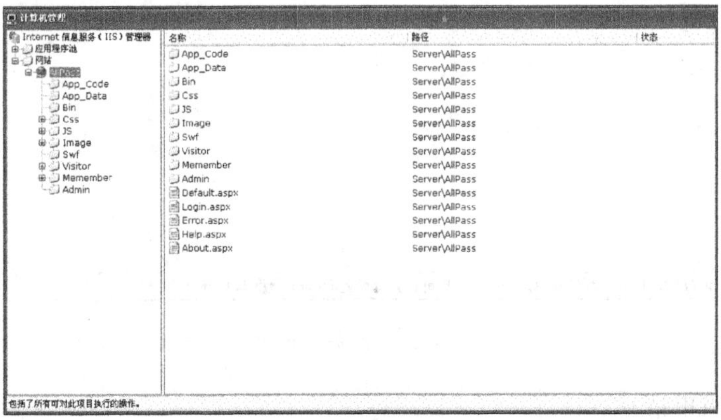

图 5-11　信息服务(IIS)管理器

右击"ALLPass",选中"属性",弹出如图 5-12 所示的对话框。

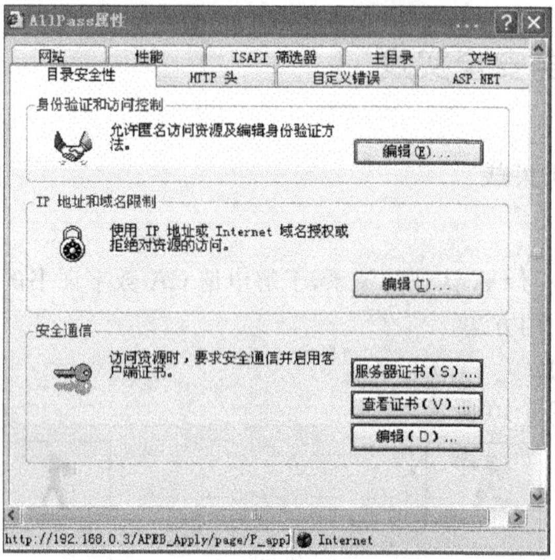

图 5-12　属性查看

单击"服务器证书",进行服务器证书向导设置,如图 5-13 所示。

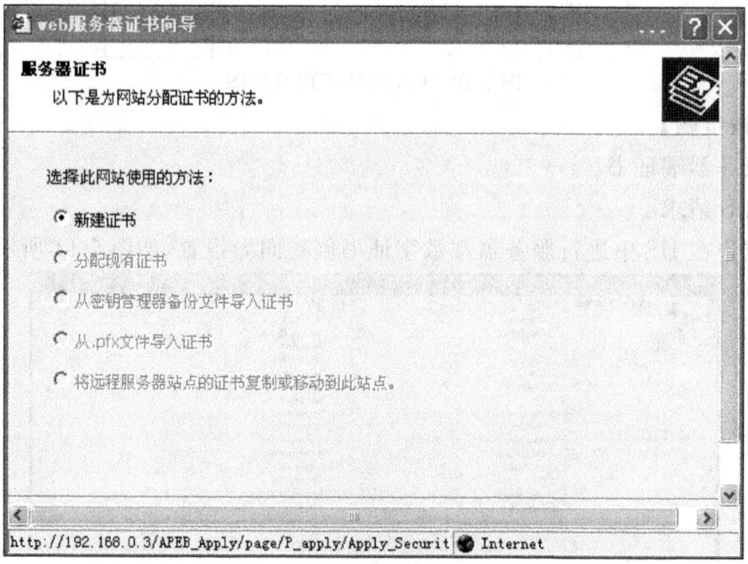

图 5-13　服务器证书

(2)高级申请

用户进行服务器端证书的申请,插入申请信息文件并输入一些附属信息,如图

5-14 所示，单击“提交”按钮即申请完成。

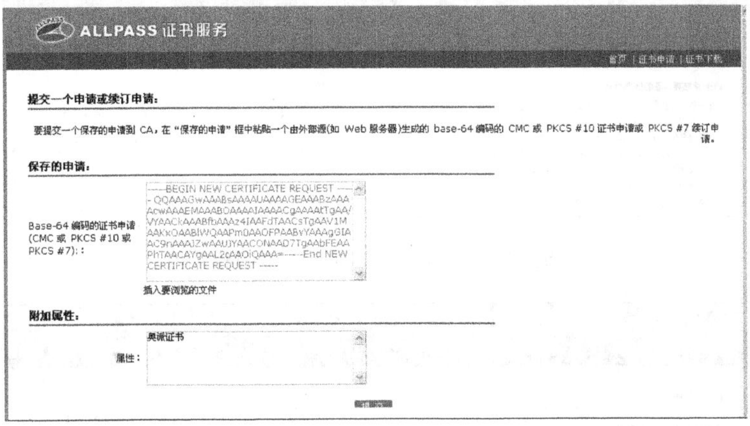

图 5-14 高级申请页面

(3)CA 颁发

对于用户服务器端证书的申请，CA 颁发机构对申请信息进行审核并颁发数字证书，如图 5-15 所示，右击用户申请信息条，选择“颁发”，证书即颁发成功。

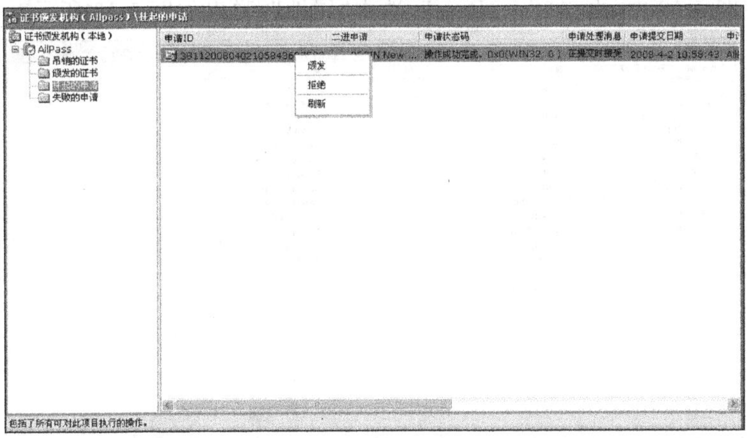

图 5-15 证书颁发

(4)CA 下载

对于经 CA 颁发机构审核并颁发的数字证书，用户可以及时地进行下载。

根据申请时间和申请类别，选择查看申请状态，如图 5-16 所示。经过审核且已颁发的证书，在图 5-17 中，单击“下载及安装证书”即可。

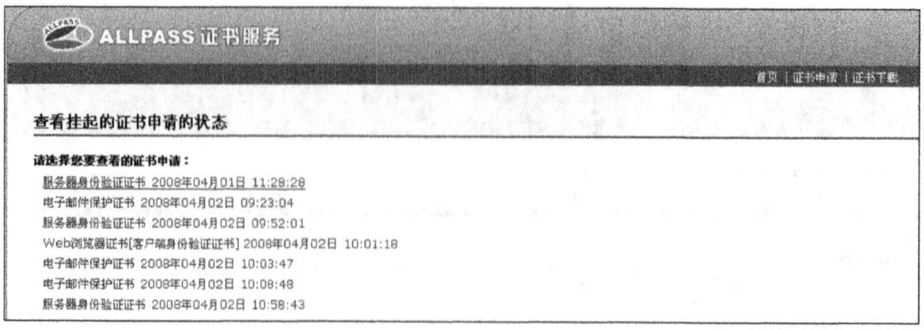

图 5-16　查看挂起的证书申请的状态

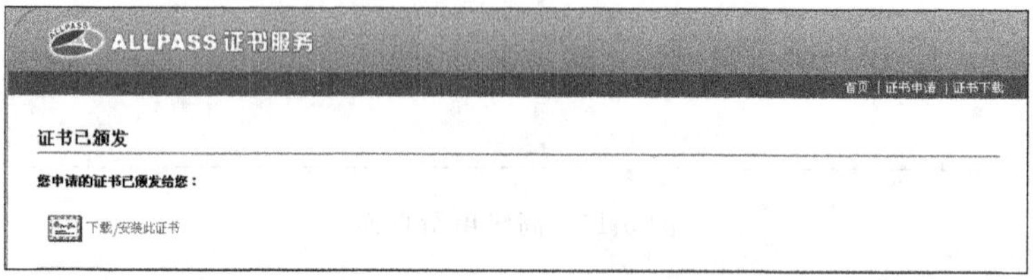

图 5-17　下载安装证书

(5)服务器证书安装

①在图 5-18 中，右击“ALLPass”，选中“属性”，弹出如图 5-19 所示对话框。

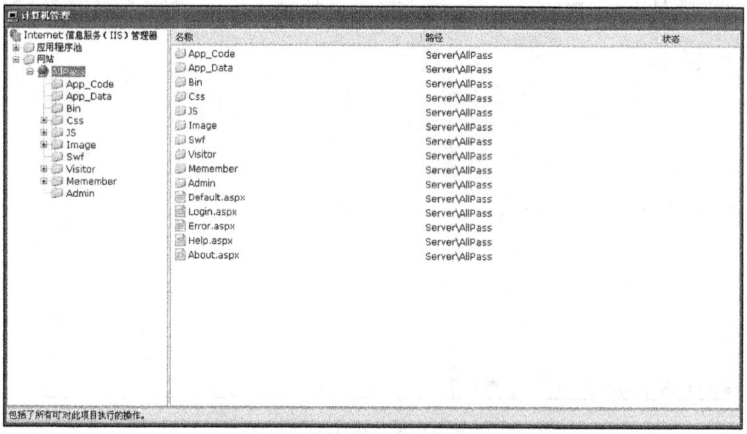

图 5-18　信息服务(IIS)管理器

②单击“服务器证书”，进行服务器证书安装向导，如图 5-20 所示。

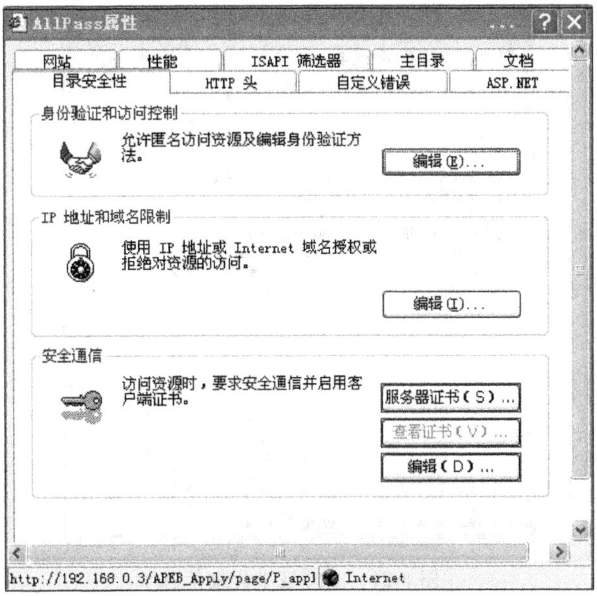

图 5-19　安装服务器证书

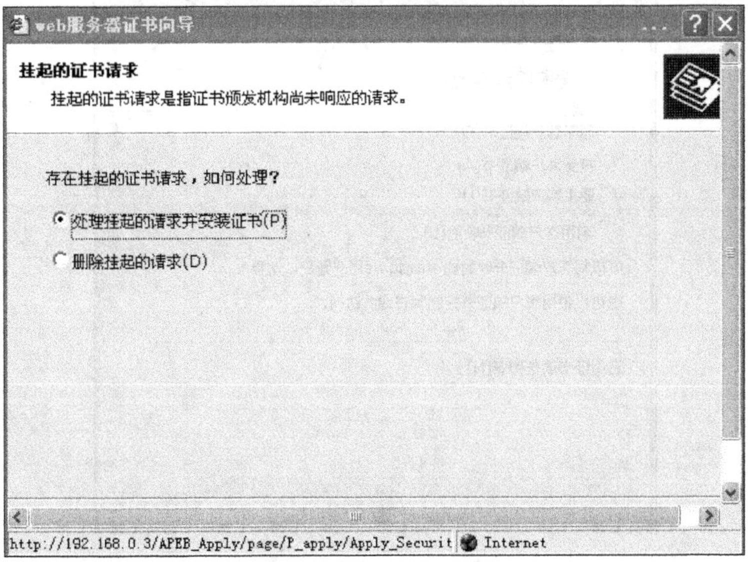

图 5-20　Web 服务器证书向导

对于成功安装的服务器端证书，可以单击“查看证书”来进行查看，如图 5-21 所示。

(6)安全通信配置

在图 5-22 中，单击“编辑”按钮，选中“要求安全通道”，单击“确定”即可。

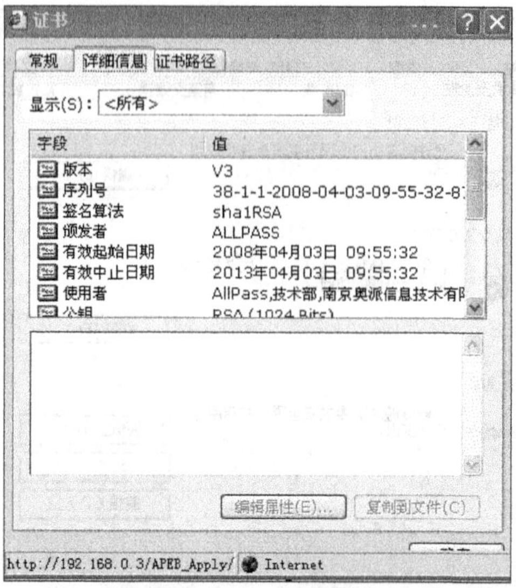

图 5-21　查看证书详细信息

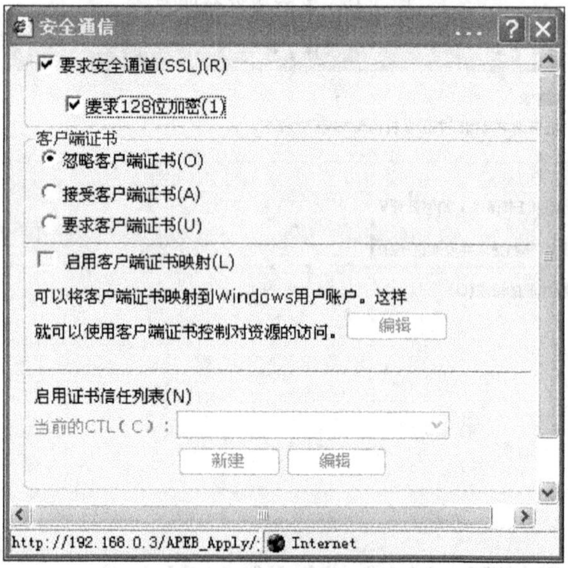

图 5-22　安全通信配置

(7)测试

单击“测试”，页面将弹出安全警报对话框，如图 5-23 所示，提醒用户是否使用安全证书访问。

选择“是”，即通过安全通道访问网站。

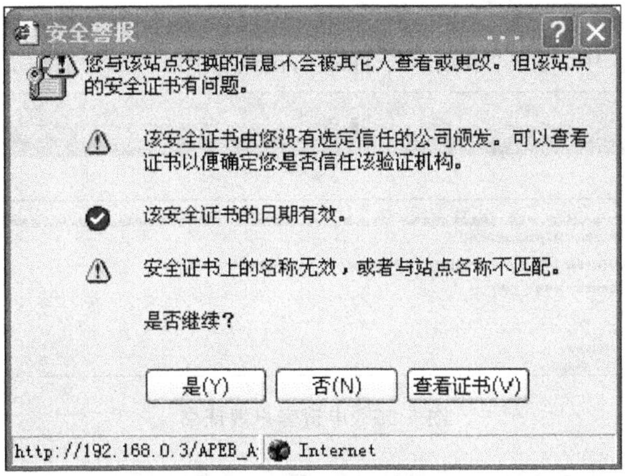

图 5-23 安全警报

2. 客户端证书

客户端证书的实践流程和服务器端证书相似，只是用户在安全通信配置时，在图 5-24 中，选中“要求客户端证书”，单击“确定”即可。

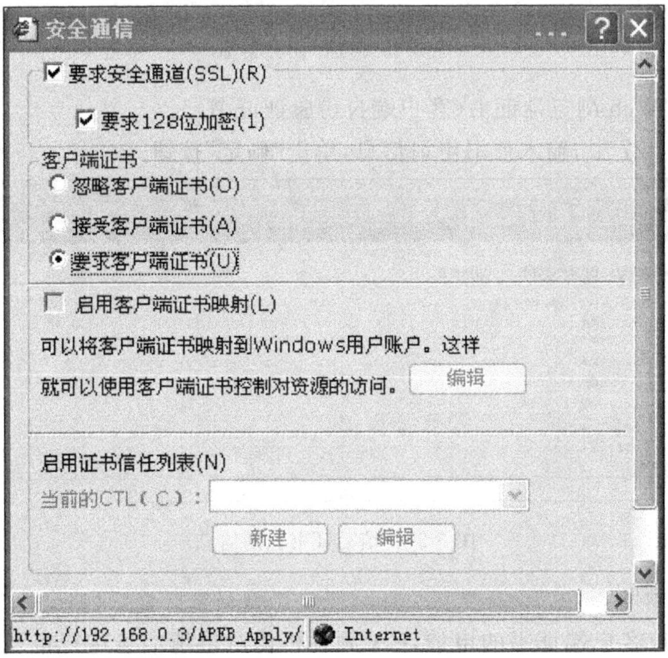

图 5-24 客户端证书

(1)申请客户端证书

①在图 5-25 中,单击“申请一个证书”,出现如图 5-26 对话框。

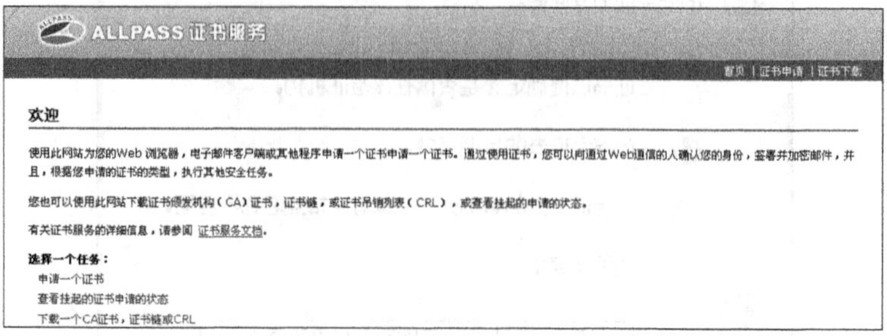

图 5-25 申请客户端证书

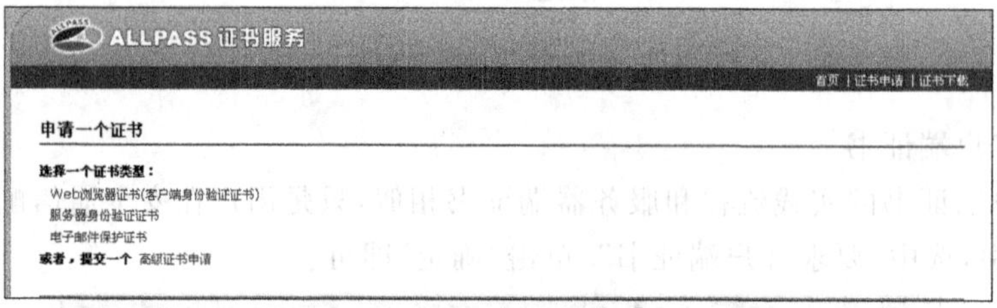

图 5-26 选择证书类型

②选择“Web 浏览器证书(客户端身份验证证书)”。

③在图 5-27 中,输入证书申请信息,单击“确定”按钮。

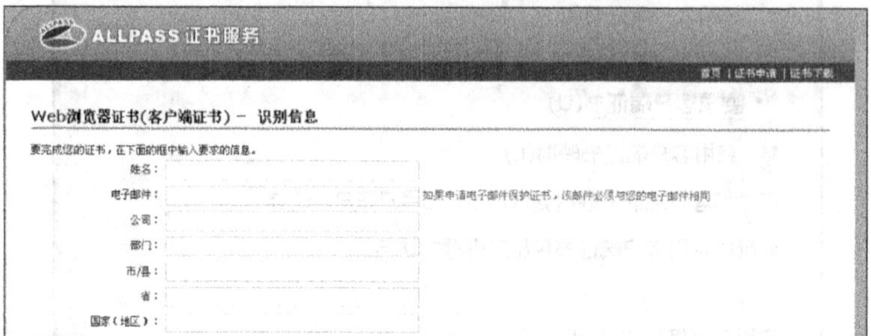

图 5-27 填写证书识别信息

(2)CA 颁发

对于用户客户端证书的申请,CA 颁发机构对申请信息进行审核并颁发数字证书,如图 5-28 所示。右击用户申请信息条,选择“颁发”,证书即颁发成功。

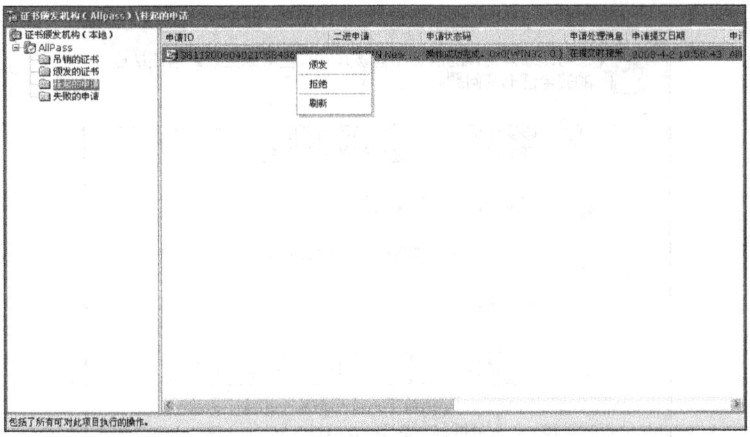

图 5-28　CA 证书颁发

(3)CA 下载

对于经 CA 颁发机构审核并颁发的数字证书,用户可以及时地进行下载。

根据申请时间和申请类别,选择查看申请状态,如图 5-29 所示。经过审核且已颁发的证书,在图 5-30 中,单击“下载/安装证书”即可。

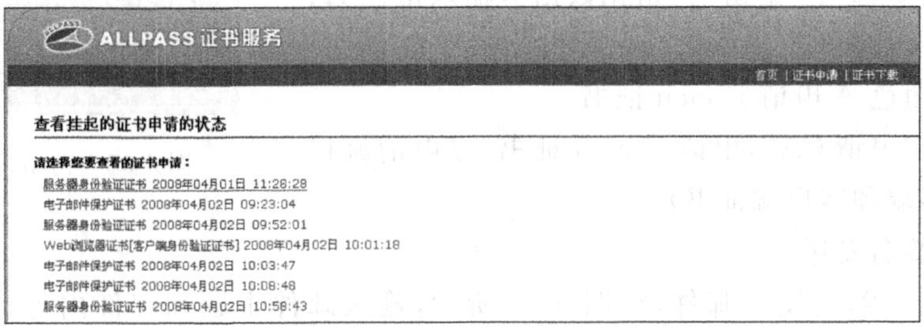

图 5-29　查看挂起的证书申请状态

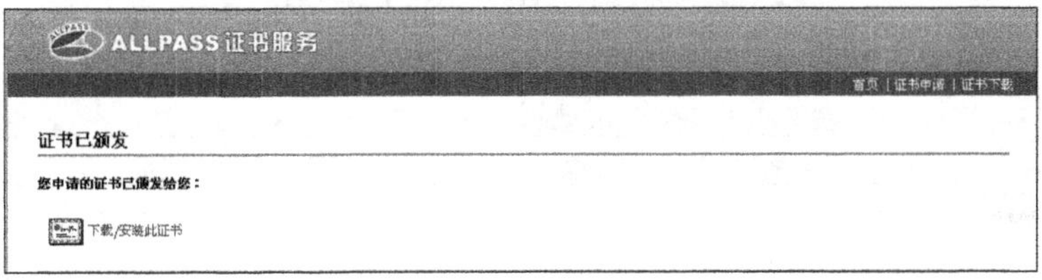

图 5-30　下载/安装证书

(4)测试

单击“测试”,页面将弹出如图 5-31 所示安全警报对话框,提醒用户是否使用安全证书访问。

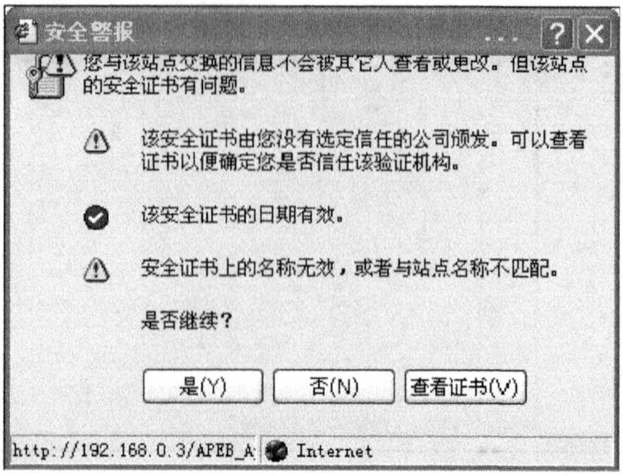

图 5-31　测试证书

图 5-32　初始化数据

选择“是”，即通过安全通道访问网站。

3. E-mail 保护证书

(1)初始化数据

在图 5-32 中，单击“初始化数据”，输入角色 A、B 的 E-mail 地址。

(2)角色 A 申请 E-mail 证书

单击“申请 CA”，申请 E-mail 证书。（申请流程同服务器端和客户端证书）

(3)签名发送

角色 A 签名发送邮件，如图 5-33 所示，输入邮件主题和邮件内容，选择“签

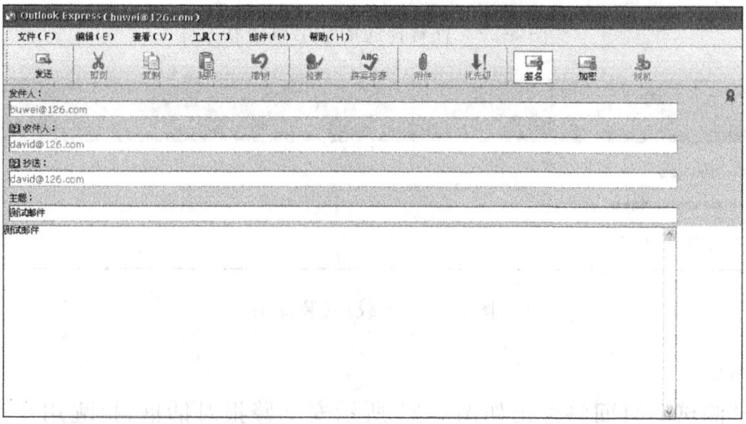

图 5-33　发送邮件

名”,单击“发送”按钮。

(4)角色 B 接受信件

角色 B 获取角色 A 公钥来接受信件,如图 5-34 所示,单击邮件主题,查看邮件,系统提示此邮件为签名邮件,单击“继续”按钮进行邮件查看,如图 5-35 所示。

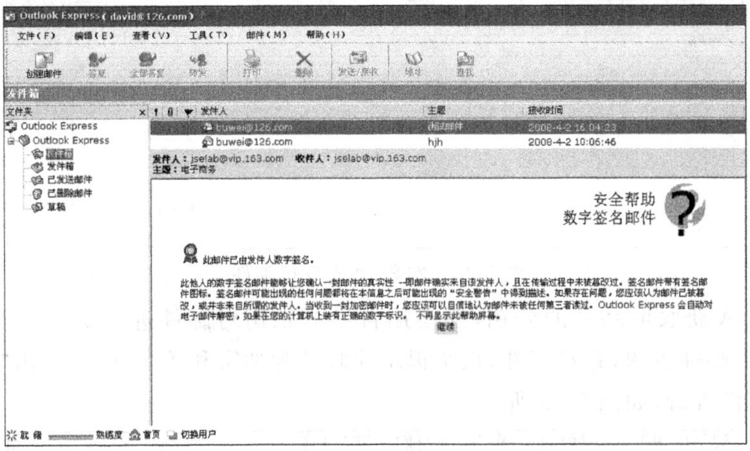

图 5-34 接收邮件

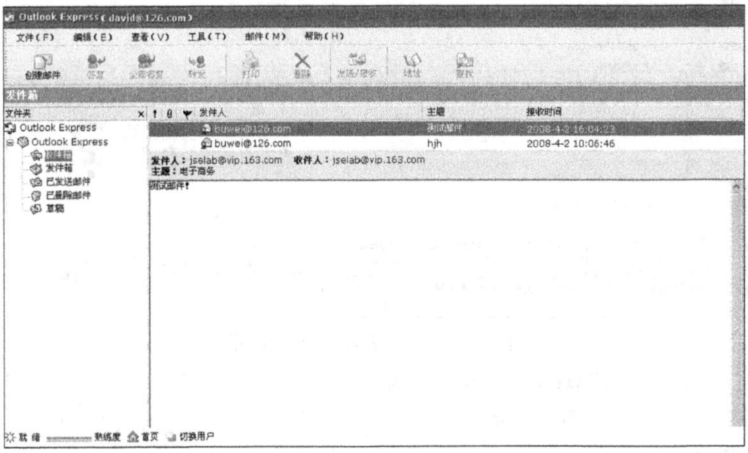

图 5-35 查看邮件内容

(5)角色 B 申请 E-mail 证书(申请流程同服务器端和客户端证书)

(6)签名、加密发送

角色 B 发送签名且经过角色 A 公钥加密的邮件,如图 5-36 所示。输入邮件主题和内容,选择“加密”和“签名”,单击“发送”按钮。

(7)角色 A 接受信息

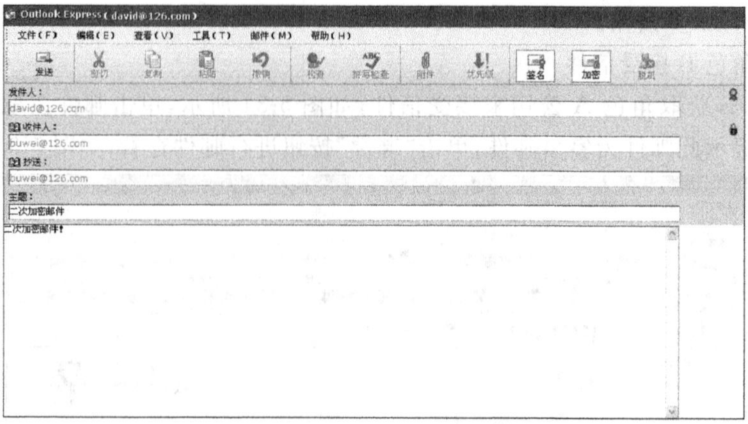

图 5-36　签名、加密发送邮件

角色 A 获取角色 B 的公钥，并使用自己的私钥对邮件进行解密。如图 5-37 所示，单击邮件主题，查看邮件，系统提示此邮件为加密和签名邮件，单击“继续”按钮进行邮件查看，如图 5-38 所示。

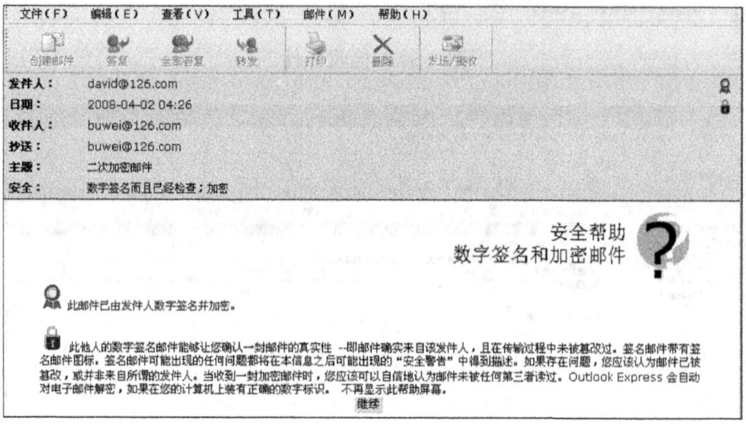

图 5-37　数字签名和加密提示

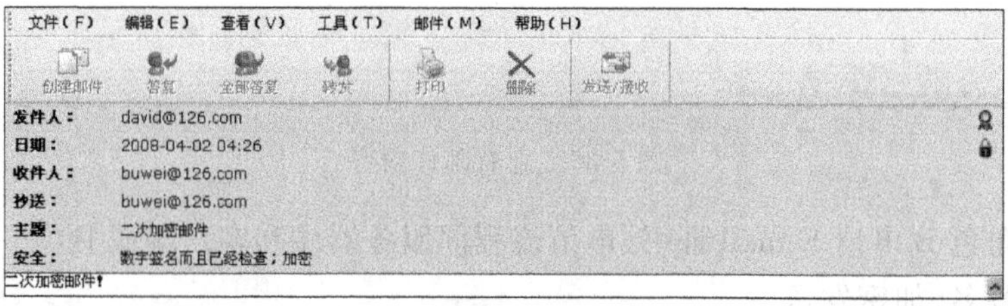

图 5-38　查看邮件内容

角色 A、B 通过使用对方的公钥来加密邮件，再使用各自的私钥来解密邮件，从而来查看邮件信息。

5.7.2 信用认证实践

【实践目的】

了解信用认证的认证知识，熟悉信用认证实施的流程，理解信用认证对于企业和个人的意义。

【实践流程图】

信用认证，就是指认证机构对"被认证公司是否合法存在"、"被认证公司是否合法经营"、"被认证公司是否遵守商业道德"的认证。如图 5-39 所示为信用认证流程图。

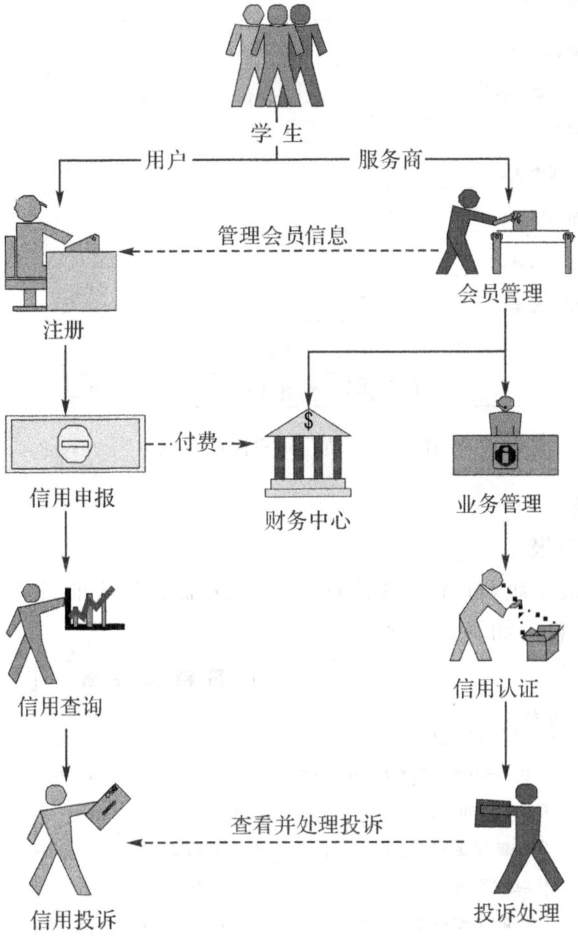

图 5-39　信用认证流程图

【实践步骤】

1. 用户角色

(1)会员注册

首次登录系统需要注册，点击“注册”按钮，进入会员注册界面，如图 5-40 所示，按照要求填写注册成为会员。

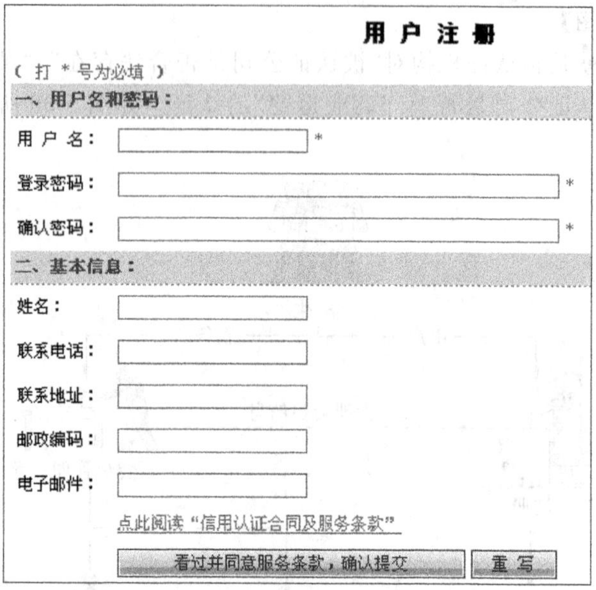

图 5-40　填写用户注册信息

(2)信用申报

• 企业信用申报

进入企业申报系统，首先选择认证类型。详细了解认证条件、评定程序及收费、服务标准等信息。如图 5-41 所示。

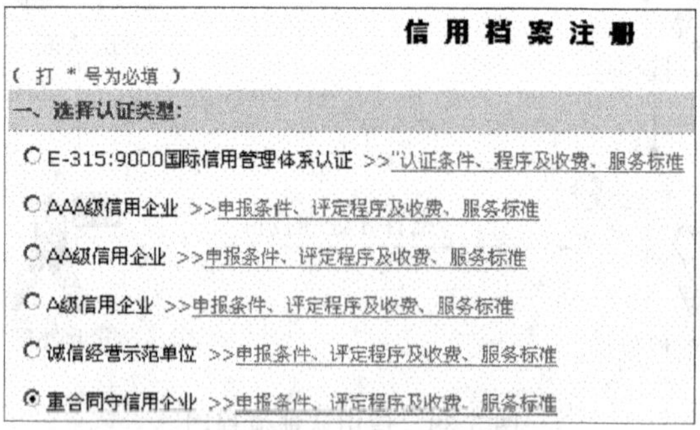

图 5-41　选择申报类型

在了解认证要求后，填写企业基本资料和联系人信息，确认信息并提交。提交后签订信用管理体系评级认证合同，认真阅读合同。阅读后盖上章，提交。申报成功等待审核，如图 5-42 所示。

图 5-42　申报成功

• 个人信用申报

进入个人申报系统，填写个人信息，提交后签订合同，等待审核。

(3)信用查询

• 企业信用档案查询

进入企业信用档案查询系统，选择查询方式输入相关信息，查询。如图 5-43 所示。

图 5-43　企业信用查询

• 个人信用档案查询

进入个人信用档案查询系统，选择查询方式输入相关信息，查询。如图 5-44 所示。

(4)信用法规

查看相关信用法规。

图 5-44　个人信用查询

(5)认证知识

了解相关认证知识。

(6)公开投诉

会员对于一些不讲信用或者违法行为的企业可以投诉。进入投诉中心，填写相关投诉的内容提交即可。会员提交投诉后还要待后台管理员的审核，如果用户所说的情况属实，那么企业的信用将会被取消或者使企业信用降低；如果用户所说的情况不属实，则投诉无效。

2. 服务商角色

(1)会员管理

学生以服务商的角色登录后台系统，管理会员信息，如图 5-45 所示。管理会员信息资料、会员状态的控制、密码重置等。

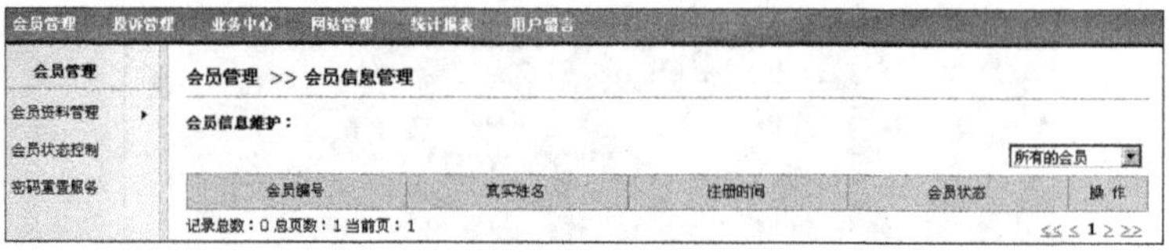

图 5-45　会员管理后台

(2)投诉管理

对会员提交的投诉信息进行核实并处理。服务商在后台可看到用户在前台提交的投诉信息。服务商对这些信息进行审核，确定这些信息是否真实。如果是真实的，那么被投诉的企业的信用将会降低或者是企业信用将要被重新评定。

(3)信用认证

根据提交的企业信用认证的信息，对企业的信用作出评估，从而得到企业的信用认证的结果。在前台，用户只要缴费后即可查询到企业的认证信息。

(4)网站管理

在首页上显示的信用法规、信用知识、新闻动态等信息，需要服务商后台的管理。服务商在后台对这些信息进行添加、删除、修改等操作，如图 5-46 所示。

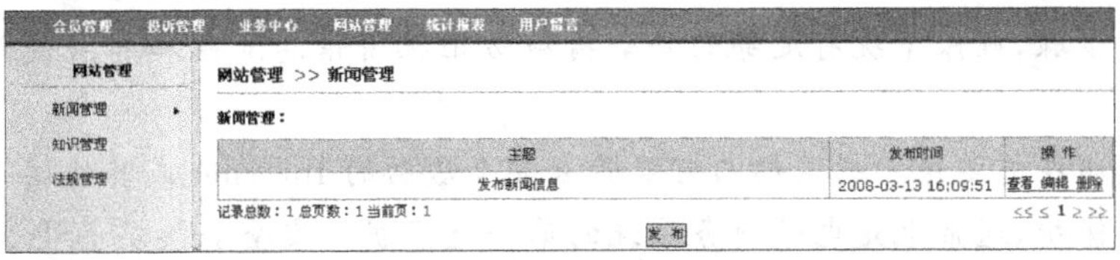

图 5-46　网站管理后台

(5)统计报表

对用户缴费情况等进行统计。

(6)用户留言

查看用户的留言，并对用户的留言进行回复。

5.7.3　电子签章实践

【实践目的】

学习并掌握电子签章的制作过程、电子签章与数字证书的绑定以及电子签章在电子合同签订过程中的使用过程和操作方法。

【实践流程图】

实践流程如图 5-47 所示。

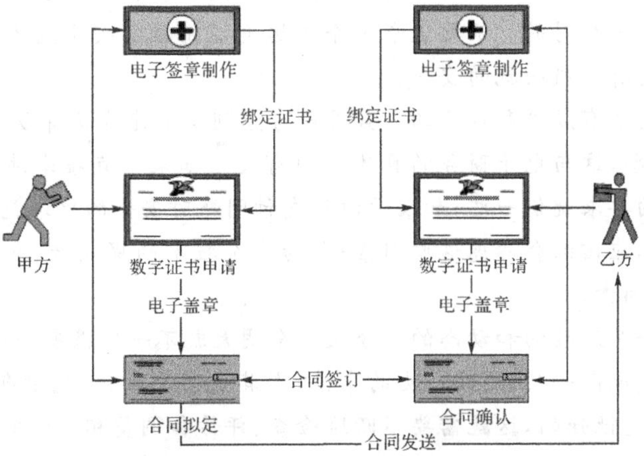

图 5-47　电子签章流程图

【实践步骤】

实践步骤详见本书所附光盘。

本章小结

安全是电子商务的核心和灵魂，任何在Internet上开展业务的机构都必须采取积极的步骤，确保系统有足够的安全措施防止机密信息泄露和非法侵入所造成的损失。

防火墙在需要保护的网络与可能带来安全威胁的Internet或其他网络之间建立了一层保护，通常也是电子商务系统的第一道保护。安全套接层SSL加密方法仅仅实现了传输加密和数据完整性，相当于在两台计算机之间建立一个安全的通道。而电子商务的要求则更高一点，例如用户通过与商家联网，进行支付和交易时，商家不应该知道用户的账户等信息，显然SSL协议不能防止商家的欺诈，也不保证交易各方身份的真实性和不可否认性。SET通过认证中心和认证签名确认交易各方的真实身份，利用数字签名保证交易的不可否认性。加密技术包括公开密钥和私有密钥技术。公开密钥加密可以解决密钥的发布问题，但运算速度比私有密钥加密慢得多。私有密钥因速度快并且效率高而广泛用于大多数商业通信中，但其安全性则要比公开密钥技术欠缺。数字证书既提供了完整性控制，又提供了用户认证，作为可信的第三方的认证中心可为用户和组织提供数字证书。许多技术各有所长也各有不足。

因此，在正确看待电子商务的安全问题时，特别需要注意以下几个方面：

第一，安全是一个系统的概念。安全问题不仅仅是一个技术性的问题，而且还与社会道德、行业管理以及人们的行为模式都紧密地联系在一起。

第二，安全是相对的。不要追求一个永远也攻不破的安全技术。没有一劳永逸的安全，也没有一蹴而就的安全。

第三，安全是有成本和代价的。如果能考虑到安全速度就得慢一点，把安全性保障得更好一些，这与电子商务的具体应用有关。如果不直接牵涉到支付等敏感问题，对安全的要求就低一些；如果牵涉到支付问题对安全的要求就要高一些。作为一个经营者，应该综合考虑这些因素；作为安全技术的提供者，在研发技术时也要考虑到这些因素。

第四，安全是发展的和动态的。今天安全明天就不一定很安全，因为网络的攻防是此消彼长、道高一尺、魔高一丈的事情，尤其是安全技术，它的敏感性、竞争性以及对抗性都是很强的，这就需要不断地检查、评估和调整相应的安全策略。

思考与练习

1. 什么是防火墙？它有哪些特点？

2. 简单说明防火墙的体系结构。

3. 什么是加密技术？对称密钥加密技术和非对称密钥加密技术的基本原理是什么？

4. 简要解释对称密钥加密技术和非对称密钥加密技术的区别。列举各自的优缺点。每种算法对用户有什么限制？请解释原因。

5. 请说出 SET 协议的具体内容和特点。

6. 请说出数字签名的具体流程。

7. 简述 VPN 的优点。

8. RSA 算法的主要原理是什么？它的优点主要体现在哪里？

9. 数字证书的主要内容包括哪些？

10. CA 认证中心有什么作用？简述它在电子商务交易中的重要性。

11. 进入 VeriSign 认证中心，网址为：http://www.verisign.com。申请一个免费数字标识、一个电子邮件数字签名。

12. 从 VeriSign 网站领取一个临时证书。收到证书后，将公开密钥打印出来。

13. 进入中国电子邮政安全证书管理中心，网址为：http://www.chinapost.gov.cn。申请一个个人名义的数字证书。

14. 发送签名电子邮件两封，发送加密电子邮件两封。

15. 描述计算机犯罪领域的概况。简要描述计算机犯罪专家为法庭提供证词的案例。列举三个可为读者提供这个领域信息的网站。

16. 如果你手头没有什么专用安全软件工具，那如何手动检查系统出现的安全问题。

第 6 章

电子商务物流

本章导读

物流是伴随着商品交换和资源配置的出现而产生的，在人类的经济社会发展中起着重要的作用。在全球经济化的推动下，资源配置已经从一个企业、一个地区、一个国家扩展到整个世界，物流在国民经济中的占有比重逐渐扩大，已经成为现代经济的重要组成部分和国民经济的一个新的快速增长点。传统物流业已经从原来的"货物配送"发展到集物流、信息流、资金流、商流于一体的全方位服务的现代物流阶段。现代物流通过现代化的运输手段和信息技术的充分运用，有效降低了物流成本，提高了物流的综合效率，在全球贸易中发挥着越来越大的作用。电子商务物流则是现代物流的重要组成部分和新的发展方向，成为新兴电子商务发展的重要支撑环境之一。

本章的教学内容包括三部分：物流的形成与它的基本定义、物流的分类与它的功能、电子商务与物流的关系。在第三部分里面，着重介绍电子商务发展过程中物流的变化、电子商务对物流各功能环节的影响、电子商务环境下的物流信息技术应用，然后对电子商务物流的概念与特征进行描述。本章最后提供仓储和运输两个物流实践，目标是通过实践了解物流信息平台运作流程，熟悉仓储管理流程和运输、配送管理流程。

开篇案例——安得物流的发展历程

1. 安得物流系统的现状

隶属于美的集团的安得物流有限公司（以下简称安得）创建于 2000 年 1 月，是国内最早开展现代物流集成化管理、以现代物流理念运作的第三方物流企业之一。经过 8 年的快速发展，安得已经拥有遍布全国的 30 多个物流中心、100 多个网点、1700 人以上团队规模、万台长期可调车辆、100 多万平方米的仓储面积、24×7 的物流服务以及国内首家由具有实际业务与运作实力的第三方物流公司而孵化的第四方物流公司。安得以专业化、规模化的物流公司形象跻身行业前列，并具备全国性的综合物流服务能力。

2. 安得物流系统的建设经验

安得现在拥有“安得物流供应链管理信息系统(ALIS)”、“安得网络办公平台”、“安得物流资源管理系统”等多个物流管理信息系统。它们组合形成了安得强壮的信息中枢并搭建起高效、价值、科学的运作管理体系。但其建设过程却是经历了多年的一波三折才获得的。公司成立之初的信息系统应用相对落后，主要表现在信息传递慢，不能按客户要求进行送货；没有好的监控手段，管理部分失控；信息传递容易失真，造成大量操作错误；无法对管理的资产状况实时汇总，造成大量的错单；工作效率低下，人员膨胀，成本控制难度大等传统物流企业经常能够碰到的一些问题。于是公司首先开始寻找物流软件开发商实施物流信息管理系统，经过将近一年的努力，系统终于投入使用。由于业务变化快，原来的需求与现实业务管理存在较大差距，公司不得不花很大的气力修改完善系统以保证基本的业务管理。然而很快又发现财务管理、经营分析、数据加工等方面的功能与实际不断变化的业务需求差异越来越大，该系统基本上只能完成简单的仓储、运输的记账功能，仍然远远满足不了业务和管理的要求。

2002 年，安得决定升级信息系统，当时市场上几乎找不到类似的管理软件，经过反复筛选，最终决定由国内一家著名的软件开发商为安得开发信息系统。因为第三方物流是一个全新的行业，加之安得的业务十分复杂，定制化程度很高，经过近一年的需求调研与开发，该项目仍以失败告终。经过第一轮信息化的洗礼，安得人在信息化建设方面积累了一定的经验。在这种情况下，安得决定自行组建开发团队，开发自己需要的系统。从此安得踏上了“我的系统我做主”的征程。在自主开发信息系统的过程中，安得体会颇深。

首先，信息系统开发必须有公司高层的充分支持。软件是一个管理思想的载体，系统中体现的管理思想是公司现有管理思想的总结与提升。高层所具备的业务前瞻性是技术人员无可比拟的，一个有高层参与开发的系统，才会与企业的发展相适应。在这一点上，安得的高层领导极具前瞻性。

其次，信息系统开发是一个长期的过程，需要全公司人的紧密配合。在系统开发初期，公司内形成一个良好的信息技术应用基础，通过计算机、网络的配备，推行计算机办公等，促进信息技术应用环境的形成。同时，规范公司的运作流程与管理。信息系统应用实际上就是将公司的规范与管理采用另外一种形式要求大家遵照执行，如果没有规范的流程与管理，软件开发和实施的进度将大大延迟于预期，而且效果也不好。

再次，系统开发，应以框架为基础，整体设计、分步开发、分步实施。信息系统采用的技术框架决定整个系统的性能、扩展性、灵活性等。在开发信息系统时，与公司的发展阶段相结合，首先解决公司迫切需要解决的问题，如信息流和资金流的问题；然后再考虑监控点、决策分析、客户服务、计划管理等。系统开发采用模块化方式，开发完成一个模块实施一个模块。避免求大求全，软件以用为本，因为片面追求功能全面或者技术先进，会带来投资浪费、项目周期加长、系统复杂性增加、应用性降低、实施难度增大等问题。

再就是利用财务管理控制业务流程。物流信息系统的核心是资金流、信息流和物流的"三流统一"的管理。在系统实施过程中常遇到"如何保证系统运作的各个环节能按规定及时进行数据的录入与操作"等问题，这点初看起来好像可以通过制度规范进行，但是在实际实施过程中往往不是那么简单。物流业务在发生过程中，总是涉及资金与费用，如果安得对资金进行有效的控制，则系统中就会有一只无形的手促使各环节按规定进行操作，这就是系统的驱动力，保证系统即使脱离制度规范也仍然能自动进行。与此同时，资金流的管理对于公司经营的分析具有更重要的意义，也是公司责任制考核与管理的一个重要依据。

最重要的一点是，公司要充分认识到企业信息化的长期性。信息系统的开发不可能一步到位，必须持续改进，这也是安得选择自主开发的一个重要原因。系统应用的程度可以反映公司的管理能力高低，系统的发展历程也可以反映公司管理发展的历程。当信息系统成为公司核心控制与管理手段时，系统的维护、升级需要不断持续进行，这要求公司必须有长期投入的打算，并非项目完成就可以缩减人员甚至解散项目团队。2004年公司自主研发、具有自主知识产权的安得物流管理信息系统（ANNTO Logistics Information System 2.0，ALIS 2.0）的第一个模块——仓储系统正式上线。至今已经有订单系统、运输系统、配送系统、财务系统、人力资源系统、合同管理、保险管理、接口系统、决策分析、计划管理等多个模块先后上线启用，为公司持续发展发挥着不可估量的作用。同时，采用自主开发的模式，直接为公司节省100多万元的软件费用。

3. 安得物流的特色

安得物流的特色是强力整合公路、铁路、航空、水运的运输资源，实现多种运输方式最佳组合，高效的协调机制和信息集成，实现客户需求与社会运输资源的最佳配合。为满足不同客户需求，特别拥有500多台各类用途的专用车辆（如专业冷藏车、操作百吨以上超大型设备的车辆等），能够提供各种专业化的物流服务。安得在中心城市建立的RDC为客户提供B2B、B2C的配送服务并提供进出口货物报关、报检、查验、缴纳关税和结关放行的一条龙服务，实现网点间的实时互动，保证业务动作流畅，并全国范围内的动态资源配置。

如今安得物流高效的信息处理手段，始终保持行业前列。目前公司的ALIS

系统在设计上追求灵活和完美的架构，在运用过程中追求信息准确性、完整性和实时性，缔造了安得物流强壮的信息中枢、搭建起安得物流精益、科学、高效的运作管理体系。ALIS包括安得、客户与供应商三大平台，涵盖了电子商务、计划、接口、订单、仓储、运输、配送、核算、报表、决策分析等功能模块。ALIS安得平台的网络办公功能成为内部管理的有效手段，通过集成短信、文件审批、知识管理、资源管理等功能，为公司信息的快捷传递起到了十分重要的作用，成为网络化运营不可或缺的工具。

除了个性化的物流服务、健全的物流服务网络等特色外，安得物流还针对物流信息的特点，在不能完全GPS电子手段的情况下，安得物流建立了综合信息处理的呼叫中心。安得呼叫中心案例还荣获了“美国供应链管理专业协会最佳案例奖”。

6.1 物流的概念

运输、仓储等物流活动与人类生产、生活活动密切相关，但人们对物流这一概念的认识相对较晚，其形成和出现为人类社会的发展注入了新的活力。

6.1.1 物流的产生

物流最原始、最根本的含义是物的实体运动。因此可以说，物流的历史存在和人类历史一样久远。人类社会出现商品生产之后，生产和消费便逐渐分离，诞生了联结生产和消费的中间环节——流通。随着工业文明的崛起，社会生产和消费规模越来越大，流通对生产的反作用就越来越突出。产需分离越来越大，分工越来越彻底，就必须依靠流通来弥合越来越大的分工和分离。这就促使流通的迅速发展，物流也就在这一发展中成长起来。

20世纪初开始，源于美国的物流概念是实物配送(Physical Distribution，PD，或实物分配)，其实物是指与产品销售有关的输出物流，不包括物料供应(输入物流)。随着经济危机的频繁发生，企业界开始重视物流管理在经济发展中的作用，逐步实行输出物流(PD)和输入物流(Material Management)一体化的物流管理制度，称之为现代物流。物流的概念就产生于这个时期。美国销售协会对物流的定义是：“PD是包含于销售之中的物质资料和服务于从生产地点到消费地点流动过程中伴随的种种经济活动。”第二次世界大战期间，美国在军火的战时供应中采用了Logistics Management(后勤管理)这一概念，对军火的运输、补给、调配等进行全面管理，对战争的胜利起到了保障作用。第二次世界大战后后勤学逐渐形成了单独的学科，并不断发展为“后勤工程”(Logistics Engineering)、“后勤分配”(Logistics of Distribution)等学科。后勤管理的方法后来被引入到工业部门和商业部门,成为“工业后勤”和“商业后勤”。其定义中包括下列一些业务活动:原材料的流通,产品分配、运输,购买与库存控制,储存,用户服务,等等。这时的后勤已经等同或接近于现代物流。

20 世纪 50 年代末,PD 概念被介绍到日本,目前使用的“物流”一词,是日语“物的流通”的简称。当时日本正处于经济的高速成长期,生产规模的迅速扩大导致流通基础设施严重不足。于是加强道路、港口和铁路等流通基础设施建设,实现运输手段的大型化、专用化和高速化,以提高货物的处理能力以及商品供应效率就成为当时的迫切任务。当时对“物的流通”(PD)最一般的理解是,物流是商品流通的一个侧面,与其相对应的概念是商流,两者共同构成商品的流通活动。商流的任务是完成商品所有权从卖方到买方的转移,而物流的目的是完成商品实体从卖方到买方的转移,克服商品生产和消费之间存在的空河和时间距离,创造空间效用和时间效用。在日本,物流最初是指销售物流,即站在个别企业的角度看,限制在销售领域的范畴。以后扩展到采购供应和生产领域。

1962 年,德鲁克(Druker)在《财富》杂志上发表的一篇题为“经济的黑大陆”的文章中指出,消费者所支出的商品价格中约 50%是与商品流通活动有关的费用,物流是降低成本的最后领域。由此在企业经营决策者层面上,对物流的认识普遍得到提高,开始把寻求成本优势和差别化优势的视角转向物流领域,物流被视为“第三利润的源泉”,对物流各项功能活动的管理由过去的分散管理开始向系统化、集成化方向转变。通过物流功能的最佳组合,在保证物流服务水平的前提下,实现物流总成本的最低化成为现代物流的重要特征。

6.1.2 物流的定义

从不同的角度或不同的背景去理解物流,可以得出很多不同的物流定义。1985 年,美国物流管理委员会给出的物流定义是:物流是以满足客户需求为目的,以提高原料、在制品、制成品以及相关信息的从供应到消费的流动和存储的效率和效益而对其进行的计划、执行和控制的过程。

2001 年 7 月颁布的《中华人民共和国国家标准物流术语》国家标准中,物流(Logistics)的定义是:物流是指物品从供应地向接收地的实体流动过程。根据实际需要,将运输、储存、装卸、搬运、包装、流通加工、配送、信息处理等基本功能实施有机结合。

另一种简单的提法是,物流是物质资料从供给者到需求者的物理性运动,主要是创造时间价值和场所价值,有时也创造一定加工价值的活动。

1. 时间价值

“物”从供给者到需要者之间有一段时间差，由于改变这一时间差创造的价值，简称“时间价值”。时间价值通过物流获得的形式有以下几种：

(1)缩短时间创造价值。缩短物流时间，可获得多方面的好处，如减少物流损失，降低物流消耗，增加物的周转，节约资金等。现代物流学着重研究的一个课题，就是如何采取技术、管理、系统等方法来尽量缩短物流的宏观时间和有针对性地缩短微观物流时间，从而取得高的时间价值。从全社会物流的总体来看，加快物流速度，缩短物流时间，是物流必须遵循的一条经济规律。物流和一般力学运动的一个重大区别就是它不是简单地按自然科学规律所发生的运动，而是能动地取得时间价值的运动形式。

(2)弥补时间差创造价值。经济社会中，需要和供给普遍地存在着时间性差异。可以有很多例证，例如，粮食生产有严格的季节性和周期性，即使人类已有了改造自然的能力，创造人工条件使粮食种植不受季节影响，但周期性仍是改变不了的。这就决定了粮食的集中产出，但是人们的消费是一年 365 天，天天有所需求，因而供给和需求之间出现时间差。又如，水泥厂一旦点火，生产就必须连续进行，每时、每天都在生产产品，但是其消费却带有一定时间的集中性。尤其在地球南北两个近极区，建筑施工有很强季节性，存在适合施工季节的集中需求，这也出现了时间差。再如，凌晨磨制的鲜豆浆在上午出售，前日采摘的菜、果在次日出售等，都说明供给与需求之间存在时间差，可以说这是一种普遍的客观存在，正是有了这个时间差，商品才能取得自身最高价值，才能获得十分理想的效益。但是商品本身是不会自动弥合这个时间差的，如果没有有效的方法，集中生产出的粮食除了当时的少量消耗外，就会损坏掉、腐烂掉，而在非产出时间，人们就会找不到粮食吃；如果没有有效的方法，集中施工季节就会出现水泥供给不足，造成停工待料，而其他不消费季节生产出的水泥便会无处可放，最终损失掉。物流便是以科学的系统方法来弥补或者改变这种时间差，以实现其“时间价值”。

(3)延长时间差创造价值。缩短时间创造价值讲的是物流总体和不少具体物流遵循“加速物流速度，缩短物流时间”这一规律，以尽量缩小时间差来创造价值，尤其是对物流的总体而言，更是要遵循这一规律。但是，在某些具体物流中也存在人为地、能动地延长物流时间来创造价值的情况。作为一个特例，配合待机销售的物流便是一种有意识地延长物流时间、有意识增加时间差来创造价值的。

2. 场所价值

“物”从供给者到需求者之间有一段空间差异。供给者和需求者之间往往处于不同的场所，由于改变这一场所的差别，创造的价值被称为“场所价值”。物流创造场所价值是由现代社会产业结构、社会分工所决定的，主要原因是供给和需求之间的空间差，商品在不同地理位置有不同的价值，通过物流将商品由低价值区转到高价值区，便可获得价值差，即“场所价值”。有以下几种具体形式：

(1)从集中生产场所流入分散需求场所创造价值。现代化大生产的特点之一，往往是通过集中的、大规模的生产以提高生产效率，降低成本。在一个小范围集中生产的产品可以覆盖大面积的需求地区，有时甚至可覆盖一个国家乃至若干个国家。通过物流将产品从集中生产的低价位区转移到分散于各处的高价位区有时可以获得很高的利益。例如，现代生产中钢铁、水泥、煤炭等原材料生产往往以几百万吨甚至几千万吨的大量生产规模聚集在一个地区，汽车生产有时也可达百万辆以上，这些产品、车辆都需通过物流流入分散需求地区，物流的“场所价值”也依此决定。

(2)从分散生产场所流入集中需求场所创造价值。与上面相反的情况在现代社会中也不少见，例如粮食是在一亩地一亩地上分散生产出来的，而一个大城市的需求却相对大规模集中，一个大汽车厂的零配件生产也分布得非常广，但却集中在一个大厂中装配，这也形成了分散生产和集中需求，物流便依次取得了场所价值。

(3)甲地生产流入乙地需求创造场所价值。现代社会中供应与需求的空间差比比皆是，十分普遍，除了大生产所决定的之外，有不少是自然地理和社会发展因素决定的，例如农村生产粮食、蔬菜而与城市消费不在同一地点，南方生产荔枝而与各地消费不在同一地点，北方生产高粱而与各地消费不在同一地点等。现代人每日消费的物品几乎都是在相距一定距离甚至十分遥远的地方生产的。这么复杂交错的供给与需求的空间差都是靠物流来弥合的，物流也从中取得了利益。这就是与一般力学运动十分不同的取得“场所价值”的运动。

3. 加工附加价值

物流也可能创造加工附加价值。加工是生产领域常用的手段，并不是物流的本来职能。现代物流的一个重要特点是根据自己的优势从事一定补充性的加工活动，这种加工活动不是创造商品主要实体，形成商品主要功能和使用价值，而是带有完善、补充、增加性质的加工活动，这种活动必然会形成劳动对象的附加价值。虽然在创造加工附加价值方面，物流不是主要责任者，其所创造的价值也不能与时间价值和场所价值比拟，但这毕竟是现代物流有别于传统物流的重要方面，更是有别于简单力学运动的重要方面。

从上述不同类别的物流定义描述可以看出，物流并不是“物”和“流”的一个简单组合，不是指实物基本运动规律，也不是从哲学意义研究运动的永久性。“物”和“流”的组合，是一种建立在自然运动基础上的、高级的运动形式。其互相联系，也不是在单纯物体与物体之间寻找运动的规律，而是在经济目的和实物之间、军事目的和实物之间，甚至在某种社会目的和实物之间，寻找运动的规律。因此，物流不仅是上述限定条件下的“物”与“流”的组合，而且更重要的在于，是限定于军事、经济、社会条件下的组合，是从军事、经济、社会角度来观察物的运动，达到某种军事、经济、社会的要求。而这一要求主要是通过创造的时间价值和场所价值来体现的。从定义的描述看，也不排除物流在创造一定加工附加价值方面的贡献。

6.2 物流的分类

根据物流的需求和物流在社会再生产过程中的地位与作用等不同角度，可以将物流划分为不同类型。在物流研究与实践过程中，针对不同类型的物流，需要采取不同的运作方式、管理方法等；针对相同类型的物流活动，可以进行类比分析、规模整合等。

1.按照物流系统性质分类

(1)社会物流。社会物流是物流的主要研究对象，是指以全社会为范畴、面向广大用户的超越一家一户的物流。社会物流涉及在商品的流通领域所发生的所有物流活动，因此社会物流带有宏观性和广泛性，所以也称之为大物流或宏观物流。伴随商业活动的发生、物流过程通过商品的转移，实现商品的所有权转移这是社会物流的标志。

(2)行业物流。顾名思义，在一个行业内部发生的物流活动被称为是行业物流。在一般情况下，同一个行业的各个企业往往在经营上是竞争对手，但为了共同的利益，在物流领域中却又常常互相协作，共同促进行业物流系统的合理化。

国内外许多行业均有自己的行业协会或学会，并对本行业的行业物流进行研究。在行业的物流活动中，有共同的运输系统和零部件仓库以实行统一的集配送；有共同的新旧设备及零部件的流通中心；有共同的技术服务中心进行对本行业操作和维修人员的培训；有统一的设备机械规格、采用统一的商品规格、统一的法规政策和统一的报表等。行业物流系统化的结果使行业内的各个企业都得到相应的利益。

(3)企业物流。在企业经营范围内由生产或服务活动所形成的物流系统称为企业物流。企业作为一个经济实体，是为社会提供产品或服务的。不同类别的企业其物流的内容是不相同的。一个生产企业的产品生产过程，从采购原材料开始，按照工艺流程经过若干工序的加工变成产品，然后再销售出去，形成一个复杂的物流过程；而一个商业企业，其物流的运作过程包括商品的进、销、调、存、退等各个环节；而一个运输企业的物流活动从按照客户的要求提货、将货物运送到客户指定的地点并完成交付。

2. 按照物流活动在企业中的作用分类

对企业物流可以进行进一步的细分。

（1）供应物流。为生产企业提供原材料、零部件或其他物品时，物品在提供者与需求者之间的实体流动。

（2）生产物流。生产过程中，原材料、在制品、半成品、产成品等在企业内部的实体流动。

（3）销售物流。生产企业、流通企业出售商品时，物品在供需方之间的流动。

（4）回收物流。不合格物品返修、退货和周转使用的包装容器从需方向供方返回形成的物品实体流动。

（5）废弃物物流。将经济活动中失去原有使用价值的物品，根据实际需要进行收集、分类、加工、包装、搬运、存储等，并分送到专门场所时形成的物品实体流动。

3. 按物流作业执行者分类

按照物流具体工作时的执行者进行分类，可以衍生出多种新的类别。

（1）自营物流。企业自身提供物流服务的业务模式（需方物流即第一方物流、供方物流即第二方物流）。

（2）第三方物流。由供方和需方以外的物流企业提供物流服务的业务模式。物流渠道中的专业化物流中间人，以签订合同的方式，在一定期间内，为其他公司提供的所有或某些方面的物流业务服务。

（3）第四方物流。它是指一个供应链的集成商，对公司内部和具有互补性的服务供应商所拥有的不同资源、能力和技术进行整合和管理，提供一整套供应链解决方案，又称之为“总承包商”或“领衔物流服务商”。提供物流方面的咨询。

另外，也有人将从事物流业务培训的一方称为第五方物流。

4. 按物流活动地域范围分类

（1）区域物流。它是区域性再生产过程或服务过程形成的物流。其主要流动范围以本区域为主。例如快餐配送等基本上是本地化的物流服务。

(2)国内物流。国内物流包括区域物流和城乡物流两类。区别物流包括行政区域物流和经济区域物流,城乡物流包括城镇物流和乡村物流等。

(3)国际物流。不同国家(地区)之间开展的物流。

6.3 物流的功能

物流的功能涉及运输、仓储、包装、装卸搬运、流通加工、配送、信息服务等。

1. 运输功能

运输是物流的核心业务之一,也是物流系统的一个重要功能。选择何种运输手段对于物流效率具有十分重要的意义,在决定运输手段时,必须权衡运输系统要求的运输服务和运输成本,可以从运输机具的服务特性作判断的基准:运费,运输时间,频度,运输能力,货物的安全性,时间的准确性,适用性,伸缩性,网络性和信息等。

2. 仓储功能

在物流系统中,仓储和运输是同样重要的构成因素。仓储功能包括了对进入物流系统的货物进行堆存、管理、保管、保养、维护等一系列活动。仓储的作用主要表现在两个方面:一是完好地保证货物的使用价值和价值;二是为将货物配送给用户,在物流中心进行必要的加工活动而进行的保存。随着经济的发展,物流由少品种、大批量物流进入多品种、小批量或多批次、小批次物流时代,仓储功能从重视保管效率逐渐变为重视如何才能顺利地进行发货和配送作业。流通仓库作为物流仓储功能的服务据点,在流通作业中发挥着重要的作用,它将不再以储存保管为其主要目的。流通仓库包括拣选、配货、检验、分类等作业并具有多品种、小批量,多批次、小批量等收货配送功能以及附加标签,重新包装等流通加工功能。根据使用目的,仓库的形式可分为:

(1)配送中心(流通中心)型仓库。具有发货,配送和流通加工的功能。

(2)存储中心型仓库。以存储为主的仓库。

(3)物流中心型仓库。具有存储、发货、配送、流通加工功能的仓库。

物流系统现代化仓储功能的设置,以生产支持仓库的形式,为有关企业提供稳定的零部件和材料供给,将企业独自承担的安全储备逐步转为社会承担的公共储备,减少企业经营的风险,降低物流成本,促使企业逐步形成零库存的生产物资管理模式。

3. 包装功能

为使物流过程中的货物完好地运送到用户手中，并满足用户和服务对象的要求，需要对大多数商品进行不同方式、不同程度的包装。包装分工业包装和商品包装两种。工业包装的作用是按单位分开产品，便于运输，并保护在途货物。商品包装的目的是便于最后的销售。因此，包装的功能体现再保护商品、单位化、便利化和商品广告等几个方面。前三项属物流功能，最后一项属营销功能。

4. 装卸搬运功能

装卸搬运是随运输和保管而产生的必要物流活动，是对运输、保管、包装、流通加工等物流活动进行衔接的中间环节，以及在保管等活动中为进行检验、维护、保养所进行的装卸活动，如货物的装上卸下、移送、拣选、分类等。装卸作业的代表形式是集装箱化和托盘化，使用的装卸机械设备有吊车、叉车、传送带和各种台车等。在物流活动的全过程中，装卸搬运活动是频繁发生的。因而它是产品损坏的重要原因之一。对装卸搬运的管理，主要是对装卸搬运方式、装卸搬运机械设备的选择和合理配置与使用以及装卸搬运合理化，尽可能减少装卸搬运次数，以节约物流费用，获得较好的经济效益。

5. 流通加工功能

流通加工功能是在物品从生产领域向消费领域流动的过程中，为了促进产品销售、维护产品质量和实现物流效率化，对物品进行加工处理，使物品发生物理或化学性变化的功能。这种在流通过程中对商品进一步的辅助性加工，可以弥补企业、物资部门、商业部门在生产过程中加工程度的不足，更有效地满足用户的需求，更好地衔接生产和需求环节，使流通过程更加合理化，是物流活动中的一项重要增值服务，也是现代物流发展的一个重要趋势。

流通加工的内容有装袋、定量化小包装、拴牌子、贴标签、配货、挑选、混装、刷标记等。流通加工功能其主要作用表现在：进行初级加工，方便用户；提高原材料利用率；提高加工效率及设备利用率；充分发挥各种运输手段的最高效率；改变品质，提高收益。

6. 配送功能

配送是物流中一种特殊的、综合的活动形式，是商流与物流的紧密结合。从物流来讲，配送几乎包括了所有的物流功能要素，是物流的一个缩影或在某小范围中物流全部活动的体现。一般的配送集装卸、包装、保管、运输于一身，通过这一系列活动完成将货物送达的目的。特殊的配送则还要以加工活动为支撑，所以包括的方面更广。但是，配送的主体活动与一般物流却不同，一般物流是运输及保管，而配送则是运输及分拣配货，分拣配货是配送的独特要求，也是配送中有特点的活动，以送货为目的的运输则是最后实现配送的主要手段，从这一主要手段出发，常常将配送简化地看成运输中的一种。从商流来讲，配送和物流不同之处在于，物流是商物分离的产物而配送则是商物合一的产物，配送本身就是一种商业形式。虽然配送具体实施时，也有以商物分离形式实现的，但从配送的发展趋势看，商流与物流越来越紧密的结合，是配送成功的重要保障。

配送功能的设置，可采取物流中心集中库存、共同配货的形式，使用户或服务对象实现零库存，依靠物流中心的准时配送，而无需保持自己的库存或只需保持少量的保险储备，减少物流成本的投入。配送是现代物流的一个最重要的特征。

7. 信息服务功能

现代物流是需要依靠信息技术来保证物流体系正常运作的。物流系统的信息服务功能，包括进行与上述各项功能有关的计划、预测、动态（运量、收、发、存数）的情报及有关的费用情报、生产情报、市场情报活动。财物流情报活动的管理，要求建立情报系统和情报渠道，正确选定情报科目和情报的收集、汇总、统计、使用方式，以保证其可靠性和及时性。

从信息的载体及服务对象来看，该功能还可分成物流信息服务功能和商流信息服务功能。商流信息主要包括进行交易的有关信息，如货源信息、物价信息、市场信息、资金信息、合同信息、付款结算信息等。商流中交易、合同等信息，不但提供了交易的结果，也提供了物流的依据，是两种信息流主要的交汇处；物流信息主要有物流数量、物流地区、物流费用等信息。物流信息中库存量信息不但是物流的结果，也是商流的依据。

物流系统的信息服务功能必须建立在计算机网络和信息技术基础之上，才能高效地实现物流活动一系列环节的准确对接，真正创造“场所效用”及“时间效用”。可以说信息服务是物流活动的中枢神经，其主要作用表现为：缩短从接受订货到发货的时间，库存适量化，提高搬运作业效率，提高运输效率，使接受订货和发出订货更为省力，提高订单处理的精度，防止发货、配送出现差错，调整需求和供给，提供信息咨询，等等。

6.4　电子商务与物流的关系

大家都知道电子商务与物流间有着密切的关系，对这个关系把握最宏观的一个观点:"物流是电子商务的重要组成部分。"然而电子商务对物流产生的影响则是全方位的,从物流业的地位到物流组织模式,再到物流各作业、功能环节,都将在电子商务的影响下发生巨大的变化。从物流业来看,物流业的地位大大提高、供应链短路化、第三方物流成为电子商务环境下物流企业的主要形式;从物流的两个作业环节——采购与配送——的角度分析,采购将会更方便、价格更低,配送的规模与地位将大大提高,并且成为商流、信息流与物流的汇集中心;从物流的各功能环节看,库存集中化得到实现;库存集中导致运输集中,运输被划分为一次运输与二次运输,更为方便的"多式联运服务"被广泛提供;开环流动的信息成为物流作业的主要依据。

6.4.1 电子商务发展过程中物流的变化

1. 物流业整体地位提升的行业变化

电子商务将商务、广告、订货、购买、支付、认证等实物和事务处理虚拟化、信息化,使它们变成脱离实体而能在计算机网络上处理的信息,越来越多的信息处理和越来越精简的实体处理必然导致产业的大重组,原有的一些行业、企业将逐渐压缩乃至消亡,将扩大和新增一些行业和企业。产业重组的结果将凸显两大类行业的重要地位,即包括制造业和物流业的实业和包括服务、金融、信息处理等的新兴服务业。在实业中,物流企业会更加得到强化。因为它在电子商务环境里必须承担更重要的任务:既要把虚拟商店的货物送到用户手中,而且还要从生产企业及时进货入库。物流公司既是生产企业的仓库,又是用户的实物供应者。物流企业成了代表所有生产企业及供应商对用户的唯一最集中、最广泛的实物供应者。物流业成为社会生产链条的领导者和协调者,为社会提供全方位的物流服务。可见电子商务把物流业提升到了前所未有的高度,为其提供了空前发展的机遇。

2. 供应链管理的管理模式变化

(1)供应链短路化。在传统的供应链渠道中,产品从生产企业流到消费者手里要经过多层分销商,流程很长,由此造成了很多问题。电子商务缩短了生产厂家与最终用户之间供应链上的距离,改变了传统市场的结构。企业可以通过自己的网站绕过传统的经销商与客户直接沟通。虽然目前很多非生产企业的商业网站继续充当了传统经销商的角色,但由于它们与生产企业和消费者都直接互联,只是一个虚拟的信息与组织中介,不需要设置多层实体分销网络(包括人员与店铺设施),也不需要存货,因此仍然降低了流通成本,缩短了流通时间,使物流径路短路化。

(2)供应链中货物流动方向由"推动式"变成"拉动式"。传统的供应链由于供销之间的脱节，供应商难以得到及时而准确的销售信息，因此只能对存货管理采用计划方法，存货的流动是"推动式"的。它有几个明显的缺点：第一是缺乏灵活性，销路好的商品，其存货往往可得性差，销路不好的就积压；第二是运转周期长。在电子商务环境下，供应链实现了一体化，供应商与零售商、消费者由互联网连在一起，通过 POS、EOS 等供应商可以及时且准确地掌握产品销售信息与客户信息。此时存货管理采用反应方法，按所获信息组织产品生产和对零售商供货，存货的流动变成"拉动式"，消除了上述两个缺点，并实现销售方面的"零库存"。

3. 第三方物流成为物流业主流的组织形式变化

电子商务的跨时域性与跨区域性要求相关的物流活动也具有跨区域或国际化特征。在 B2C 形式下，如 A 国的消费者在 B 国的网上商店用国际通用的信用卡购买了商品，若要将商品送到消费者手里，对于小件商品(如图书)，可以通过邮购；对于大件商品，则是通过速递公司完成交货。目前这些流通费用一般均由消费者承担，对于零散用户而言流通费用显然过高。如在各国成立境外分公司和配送中心，利用第三方物流，由用户所在国配送中心将货物送到用户手里，可大大降低流通费用，提高流通速度。在 B2B 形式下，第三方物流公司提供的一票到底、门到门的服务，可以大大简化交易，减少货物周转环节，降低物流费用。一般的网上商店不可能投资建设自己的全球配送网络，甚至全国配送网络都无法建成，所以他们对第三方物流的迫切要求是很容易理解的。

电子商务时代的物流重组需要第三方物流的支持和发展。第三方物流将随着电子商务的深入应用发展成为将来整个社会生产企业和消费者的"第三方"。

6.4.2　电子商务对物流各功能环节的影响

电子商务的发展对物流的各个环节和各个功能都产生了积极的影响，从而促进了物流本身的变革。

1. 采购

传统的采购极其复杂。采购员要完成寻找合适的供应商、检验产品、下订单、接取发货通知单和货物发票等一系列复杂繁琐的工作。而在电子商务环境下，企业的采购过程会变得更加广泛、简单和顺畅。通过使用 EDI 等手段，大大降低采购过程中的劳务、印刷和邮寄等费用，通常至少节约 5%～10%的采购成本。特别对于很难接触更多客户的中小型企业来说，通过因特网采购为它们打开了一个大门，由此能够接触到更大范围的供应厂商。

2. 配送

配送在其发展初期主要以促销手段职能来发挥作用。在电子商务广泛应用前，配送存在的根本原因是为了促销，这也决定了配送的层次和地位。而在电子商务时代，B2C的物流支持都要靠配送来提供，B2B的物流业务会逐渐外包给第三方物流，其供货方式也是配送制。没有配送，电子商务的物流体系就无法流转，因此电子商务的命运与配送业紧密关联在一起。另外电子商务使制造业与零售业实现"零库存"，实际上是把库存转移给了配送中心，因此配送中心成为整个社会的仓库。而现代化的物流配送中心又把原来三流分立的物流、商流和信息流有机地结合在一起。从某种程度上说，电子商务时代的物流方式就是配送方式，由此可见配送业的地位。

3. 实体物流网络

物流网络可划分成线路和结点两部分，相互交织连接就形成了物流网络。电子商务对物流网络产生的变化包括：

(1)仓库数目的减少，库存集中化。配送与JIT(Just In Time)的运用已使一些企业实现零库存生产，配送中心的库存将取代社会上千家万户的零散库存。

(2)物流结点的主要形式将是配送中心。仓库的专业分工将其分为两种类型，一类是以长期贮藏为主要功能的"保管仓库"，另一类是以货物的流转为主要功能的"流通仓库"。在电子商务环境下，物流管理以时间为基础，货物流转更快，制造业都实现"零库存"，仓库又为第三方物流企业所经营，这些都决定了"保管仓库"进一步减少，而"流通仓库"将发展为配送中心。

(3)综合物流中心将与大型配送中心合二为一。物流中心被认为是各种不同运输方式的货站、货场、仓库、转运站等演变和进化而成的一种物流结点，主要功能是衔接不同运输方式。综合物流中心一般设于大城市或核心地区，不仅数目会恨少，而且主要衔接铁路与公路运输。配送中心是集集货、分货、集散和流通加工等功能为一体的物流结点。

4. 运输

电子商务环境下的运输原理并没有发生大的改变，但运输组织形式受其影响，却有可能发生较大的变化。

(1)一次运输与二次运输。物流网络由物流结点和运输线路共同组成，结点决定着线路。传统经济模式下的各个仓库位置分散，物流的集中程度比较低，使得运输也很分散，像铁路这种运量较大较集中的运输方式，为集中运量而不得不采取编组而非直达方式(只有煤炭等大宗货物例外)。

在电子商务环境下,库存集中起来,而库存集中必然导致运输集中。随着城市综合物流中心的建成,公路货站、铁路货站、铁路编组站被集约在一起,物流中心的物流量达到足够大,可以实现大规模的城市之间的铁路直达运输,运输也就被划分成一次运输与二次运输。"一次运输"是指综合物流中心之间的运输,主要由中央仓库到配送中心的运输。"二次运输"是指物流中心辐射范围内的运输,是从配送中心到用户的末端运输,它由当地运输组织(即运输组织人员、运输范围,服务对象都在当地区域范围内)来完成。这也是运输的一个发展趋势。

(2)多式联运。电子商务的本质特征之一就是简化交易过程,提高交易效率。多式联运在电子商务环境下将得到很大的发展。这是由于互联网使企业联盟更加容易实现。而运输企业之间通过联盟,可扩大多式联运经营;其次多式联运方式为托运人提供了一票到底、门到门的服务方式。多式联运与其说是一种运输方式,不如说是一种组织方式或服务方式。它很可能成为运输所提供的首选服务方式。

6.4.3 电子商务环境下的物流信息技术应用

电子商务环境下的现代物流技术应用主要是信息技术的应用,这些应用使传统物流管理信息系统的流程由闭环变为开环,一些模块功能也发生了很大的变化。

早期的信息管理以物流企业的运输、保管、装卸、包装等功能环节为对象,以自身企业的物资流管理为中心,与外界信息交换很少,是一种闭环管理模式。现代物流企业注重供应链管理,以客户服务为中心。它通过加强企业间合作,把产品生产、采购、库存、运输配送、产品销售等环节集成起来,将生产企业、配送中心(物流中心)、分销商(零售点)网络等经营过程的各方面纳入一个紧密的供应链中。此时的信息就不是只在物流企业内闭环流动,信息的快速流动、交换和共享成为信息管理的新特征。

物流管理信息系统中的模块功能的变化在以下几个模块表现得非常明显:

(1)采购。在电子商务的环境下,采购的范围扩大到全世界,可以利用网上产品目录和供应商供货清单生成需求和购货需求文档。

(2)运输。运用地理信息系统(GIS)、全球定位系统(GPS)和射频识别(RFID)等技术,使得运输过程更加合理,路线更短,载货更多,而且运输由不可见变为可见。

(3)仓库。条码技术的使用可以快速、准确而可靠的采集信息,极大提高了成品流通的效率,而且提高了库存管理的及时性和准确性。

(4)发货。原先一个公司的各仓库管理系统互不联系,从而造成大量交叉运输、脱销及积压。而在电子商务环境下,各个仓库管理系统实现了信息共享,发货由公司中央仓库统筹规划,可以消除上述缺点。发货同时发送相关运输文件,收货人可以随时查询发货情况。

(5)交易过程无纸化。通过电子商务实现了整个交易过程的无纸化。

上述流程中涉及物流技术常用的地理信息系统(GIS)、全球定位系统(GPS)和射频识别(RFID)等技术。限于篇幅,本教材不再展开其中的内容,读者可以参考相关的教材。

6.4.4 电子商务物流的概念与特征

电子商务的本质是商务,商务的核心内容是商品的交易,而商品交易会涉及四方面:商品所有权的转移,货币的支付,相关信息的获取与利用,商品本身的转交等。即商流、资金流、信息流、物流。其中信息流既包括商品信息的提供、促销行销、技术支持、售后服务等内容,也包括诸如询价单、报价单、付款通知单、转账通知单等商业贸易单证,还包括交易方的支付能力、支付信誉等。商流是指商品在购、销之间进行交易和商品所有权转移的运动过程,具体是指商品交易的一系列活动。资金流主要是指资金的转移过程,包括付款、转账等过程。

在电子商务环境下,商流、资金流与信息流这三种流的处理都可以通过计算机和网络环节实现。物流作为四流中最为特殊的一种,是指物质实体的流动过程,具体指运输、储存、配送、装卸、保管、物流信息管理等各种活动。对于少数商品和服务来说,可以直接通过网络传输的方式进行配送,如各种电子出版物、信息咨询服务等。而对于大多数商品和服务来说,物流仍要经由物理方式传输。

十年前电子商务刚刚兴起的阶段,人们对物流在电子商务中的重要性认识不够,对于物流在电子商务环境下应发生变化也认识不足,认为对于大多数商品和服务来说,物流仍然可以经由传统的经销渠道。但随着电子商务的进一步推广与应用,物流能力的滞后对其发展的制约越来越明显。物流的重要性对电子商务活动的影响被越来越多的人所注意。对电子商务物流这一概念的再认识和重新定位是近些年的一项热门研究和推广工作。

所谓电子商务物流,是建立在信息技术、自动化技术和现代管理模式基础上通过电子商务运行环境建立起来的现代物流形式。因此可以认为,电子商务和现代物流之间,既可以认为现代物流是电子商务的重要组成部分,也可以认为电子商务是现代物流的重要支撑部分,它们之间应该是相辅相成的,谁也离不开谁。从另一个角度来分析,他们之间更多的是体现互相服务的性质,而四流之间的相互服务功能则是它们的共性特征。关于电子商务物流互为依存的具体特征可以在以下两个方面进一步解释。

第一,电子商务最本质的成功是将商流处理信息化,信息处理电子化。实现了在网上进行商品或服务的买卖。这种买卖,是商品或服务所有权的买卖,也就是商流。一般观点认为商流要靠物流支持，所以就有"物流是电子商务的重要组成部分"。但是物流和商流之间并不只是支持与被支持的关系，像废弃物回收与退货就是两个例子。另外，因此对于物流与商流的关系应该是相对应的关系。

第二，网络经济将商流、资金流信息化，将信息流电子化，把商务、广告、订货、购买、支付、认证等实物和事务处理虚拟化、信息化，也就是所谓的虚拟经济。而物流是实体的位置转移，其关系是"虚实相应"。

进一步的综合，商流可以包括服务(此处的"服务"不包含物流服务)所有权的转移，而服务的真实"交付"，即消费并不是物流的内容，但这也是一种"虚实相应"关系，把服务消费与实物位移合并在一起，这也是现代物流与电子商务称"虚实相应"的因素所在。

6.5　物流实践

6.5.1　仓储实践

【实践目的】

了解仓储中心所涉及的行业类别、专业知识的概念，学习仓库、库区的设置，客户管理，出入库的操作以及劳务方面的运作，掌握如何对仓库货物进行合理有效的管理工作。

【实践流程图】

实践流程如图 6-1 所示。

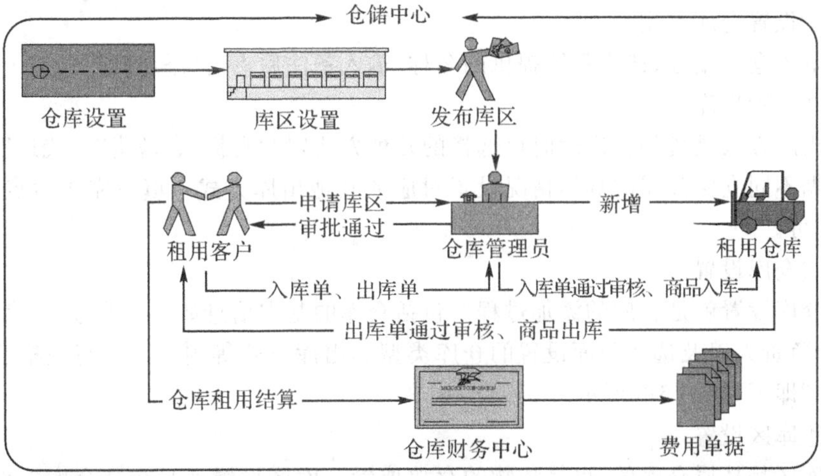

图 6-1　仓储验流程图

【实践内容及步骤】

1. 系统设置

学生作为仓储角色登录仓储系统平台后首先要进行系统设置。

首次登录要先设置仓储公司的基本信息，这也是进入仓储管理系统的第一步。填写完毕后点击“保存”按钮，提交仓储公司设置，如图 6-2 所示。

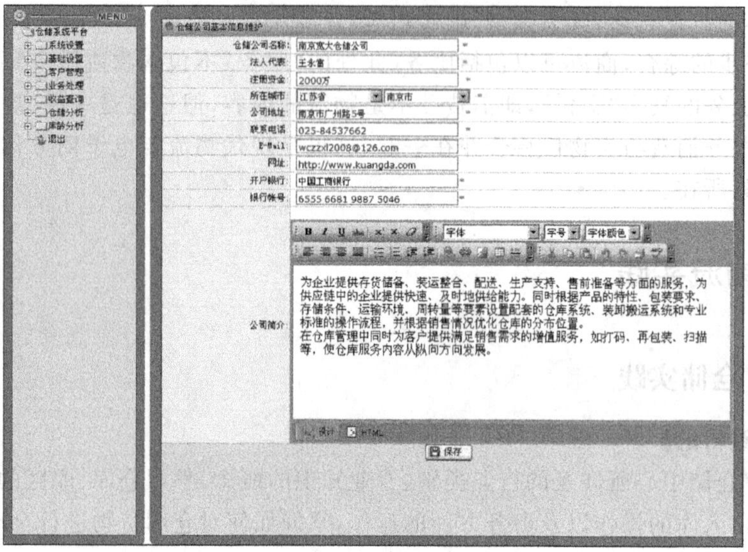

图 6-2　仓库公司设置界面

2. 基础设置

系统设置完毕后要进行基础设置。

①设置仓库类型

输入仓库编号、选择系统提供的名称，输入备注后点击“添加”即可。

②设置出库方式

出库方式是货物在出库时可选择的几种方式，如“自提”、“送货”、“代运”等，也可根据不同仓储公司的具体情况设置对应的其他出库方式。填写完毕后点击“添加”即可。

③仓库设置

仓库设置就是仓库的添加过程。包括仓库的基本信息如仓库编号、仓库名称、地址、负责人以及选择前面设置的仓库类型和出库方式等内容。填写完毕后点击“添加”即可，如图 6-3 所示。

④库区设置

库区是从属仓库的，也是货物的存放位置。库区设置就是在某仓库下设置库区的编号、名称、容积、出租价格等。填写完毕后点击“添加”即可。

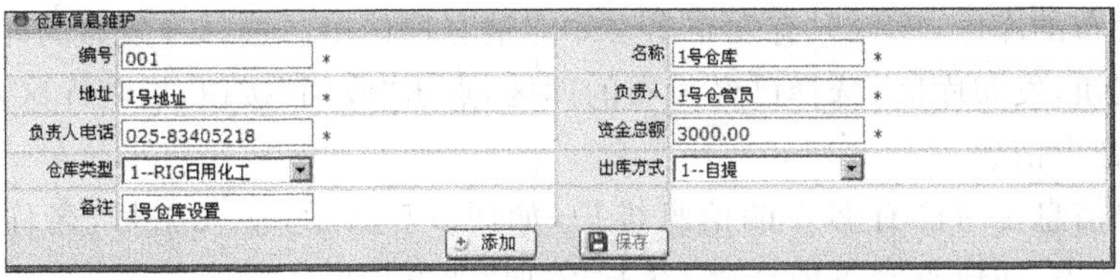

图 6-3　仓库信息维护界面

⑤劳务价格

劳务价格既是在仓库管理中产生的与人员活动相关的费用，如包装费、上货架费等，在此系统中计价类别一般以重量计算，当货物的体积(立方米)/重量(千克)＞50 时以体积计。填写完毕后点击“添加”即可。

⑥入库类型

入库类型就是货物在入库时采取的什么方式，如预定入库、调整入库、盘点入库、包装入库、报废入库等内容。填写完毕后点击“添加”即可。

⑦出库类型

出库类型是与入库类型相应的，也是基于类似的设置。填写完毕后点击“添加”即可。

3. 客户管理

客户管理主要是对仓库需求方的管理，包括与仓库需求方发生的活动。

(1)发布库区

如图 6-4 所示，这里的库区即是在基础设置中所添加的所有库区，其中蓝色(有关颜色的区别读者可以从光盘或网络中确认)的是已经发布出去的，灰色的是

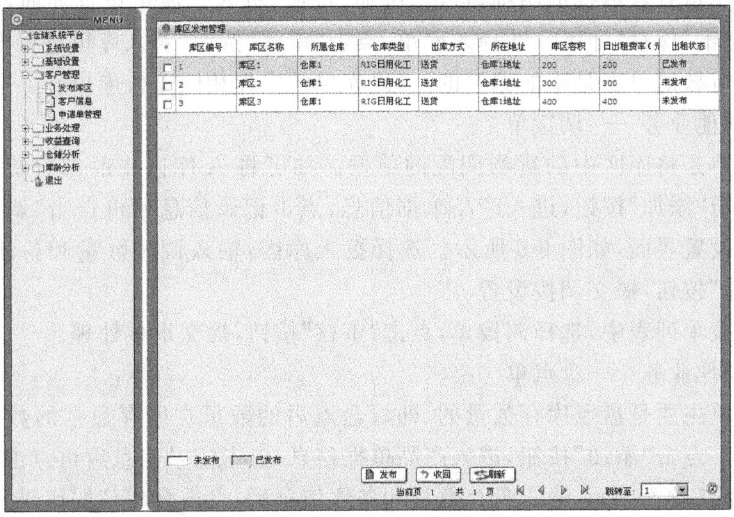

图 6-4　库区发布管理界面

还没有发布的库区，库区只有发布出去才能被客户使用。选择未发布的库区，点击“发布”按钮，发布库区；选择已经发布的库区，点击“收回”按钮，取消库区发布。

(2)客户信息

客户信息是对已有客户的信息维护，如图 6-5 所示，输入编号、名称、登录口令、法人代表、注册资金等信息后，点击“添加”即可。

图 6-5　客户信息维护界面

(3)申请单管理

申请单管理是对库区的申请方管理，不同的颜色对应相应的状态。对于要处理的单据先选择“通过”或者“拒绝”然后点击“审批”即可。

注：审批后的单据是可以修改的，即可以重新审批进行状态更新，但是“审核”后的单据是不能修改的。审核通过的库区就可以给需方用来存储货物了(先进行审批后进行审核)。

4.业务处理

(1)出入库

入库单可查看单据的明细，点击“添加”按钮，进入入库单设置界面，输入入库单信息，点击“保存”即可。选择入库单，点击“审核”按钮，对入库单进行申请处理，但是已经审核的单据是不能编辑的。(出库单的操作相同于入库单)

(2)其他业务——调拨单

调拨单是将库区中的货物调配的单据。如可将 A 库区中的部分货物调到 B 库区。点击“添加”按钮，进入产品单据信息，点击记录信息后再点击“调拨”按钮，进入调拨设置界面，如图 6-6 所示。选择拨入库区，输入调拨数量和备注信息后，点击“保存”按钮，提交调拨设置。

在调拨单列表中，选择调拨单，点击“审核”按钮，提交审核处理。

(3)其他业务——盘点单

盘点单主要是盘点库存数量的，即看盘点后的数量在库存显示的数量是多了还是少了。点击“添加”按钮，进入产品单据信息，点击记录信息后再点击“盘点”按钮，进入盘点设置界面，输入盘存数量和备注信息后，点击“保存”按钮，提交盘点设置。在盘点单列表中，选择盘点单，点击“审核”按钮，提交审核处理。

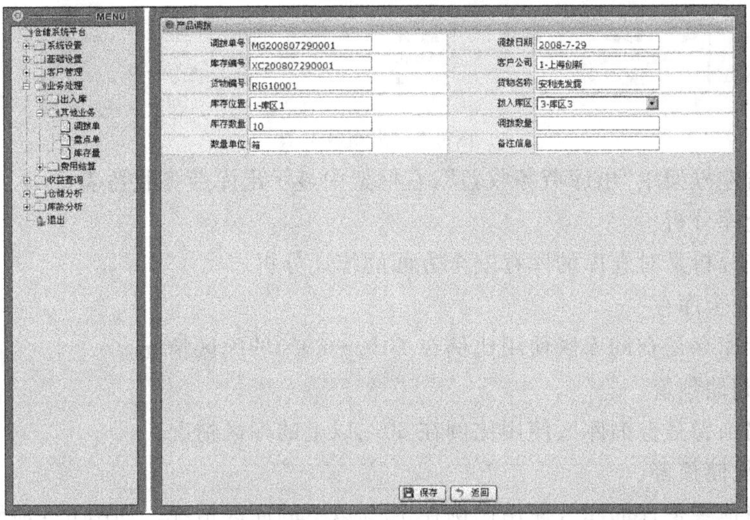

图 6-6　产品调拨设置界面

(4)其他业务——库存量

库存量是对库存的查询和整理操作。点击“整理”按钮可把已经发完货的单据自动删除掉。

(5)费用结算——费用单据

显示的是出库、入库、出租的相关费用单据,如图 6-7 所示。对未交费的单据可点击“催费”向采购商催收费用。

费用结算

序号	单据编号	制单日期	单据名称	客户公司	费用金额	单据状态	明细	操作
1	MB200807290001	2008-7-29	出租费用单	上海创新	600	未缴费	查看	催费
2	MB200807290002	2008-7-29	入库费用单	上海创新	0	未缴费	查看	催费
3	MB200807290003	2008-7-29	出库费用单	上海创新	0	未缴费	查看	催费
4	MB200807290004	2008-7-29	入库费用单	苏州科技	0	未缴费	查看	催费
5	MB200807290005	2008-7-29	入库费用单	上海创新	200	未缴费	查看	催费
6	MB200807290006	2008-7-29	出租费用单	上海创新	1200	已缴费	查看	催费
合计					2000			

图 6-7　费用单据列表

5. 收益查询

收益查询主要是对仓库的出租费用和一些劳务费用的统计查询。

(1)出租收益

点击左框架中“出租收益”,右框架中显示出租收益表,如图 6-8 所示。

(2)劳务收益——入库劳务收益

点击左框架中“入库劳务收益”,右框架中显示入库劳务收益表。

(3)劳务收益——出库劳务收益

出租收益

序号	单据编号	制单日期	单据名称	客户公司	费用金额
1	MB200807290001	2008-7-29	出租费用单	上海创新	600
2	MB200807290006	2008-7-29	出租费用单	上海创新	1200
合计					1800

图 6-8 出租收益表

点击左框架中“出库劳务收益”，右框架中显示出库劳务收益表。

6. 仓库分析

仓储分析是对仓库的库存安全方面的统计分析。

(1)安全库存

安全库存是查询库区使用比例在 10％～60％的库区情况。

(2)超储预警

超储预警是查询库区使用比例在 60％以上的库区情况。

(3)低储预警

低储预警是查询库区使用比例在 10％以下的库区情况。如图 6-9 所示。

低储预警

序号	库区编号	库区名称	所属仓库	库区容量	已用容积	使用比例(<10%)
1	1	库区1	仓库1	200	1	0.5%
2	2	库区2	仓库1	300	0	0%
3	3	库区3	仓库1	400	0	0%

图 6-9 低储预警列表

(4)统计分析

统计分析是对以上三种情况的柱状图显示。

7. 库龄分析

主要是查询仓库库区的年限，主要分按年分析和按月分析两种。

(1)按年分析

点击左框架中“按年分析”，右框架中显示按年分析表，如图 6-10 所示。

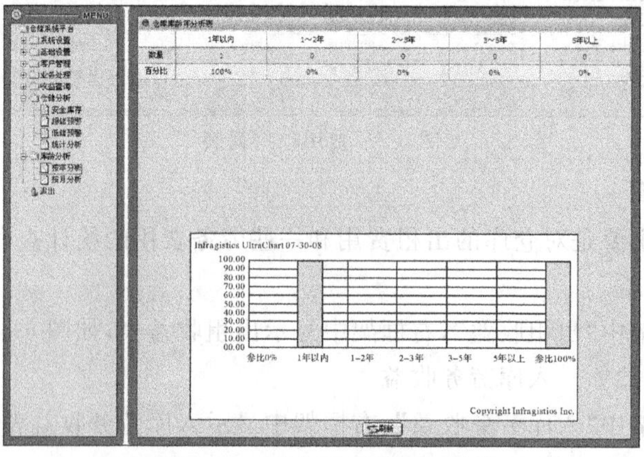

图 6-10 (按年分析)库龄分析

(2)按月分析

点击左框架中“按月分析”,右框架中显示按月分析表。

6.5.2　运输实践

【实践目的】

了解运输流程、订单的管理,掌握配车和配货的规律和条件,学习如何监控车辆的途中状态,体会整车运输和零担运输的区别。

【实践流程图】

实践流程如图 6-11 所示。

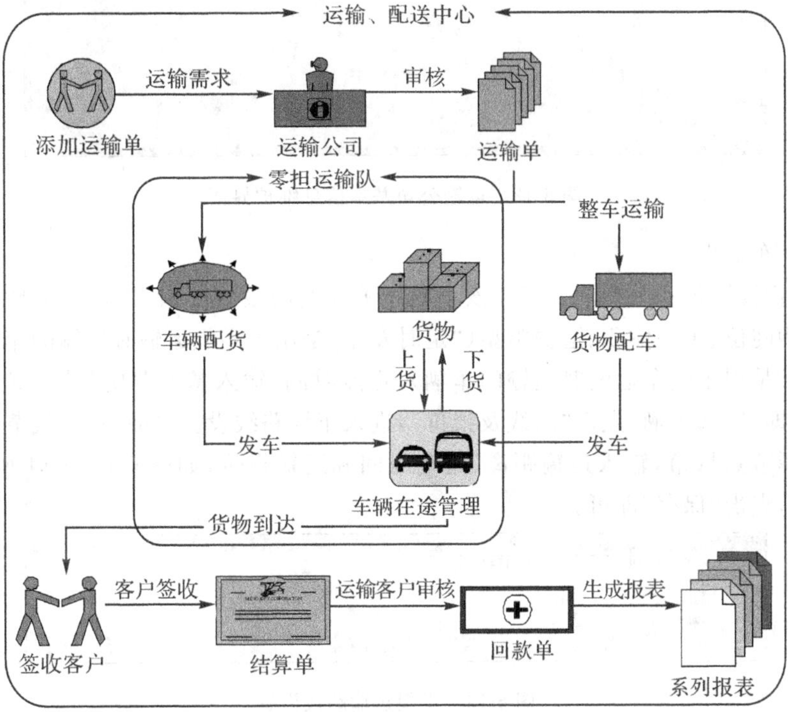

图 6-11　运输中心实践流程图

【实践内容及步骤】

1. 基础设置

学生作为运输角色登录运输管理平台后首先要进行基础设置。

(1)公司基本信息。学生进行实验时,第一次登录该模块需要设置该运输公司的信息,填写好后单击“保存”即可,如图 6-12 所示。

(2)驾驶员设置

输入驾驶员姓名,选择性别,输入驾龄、联系电话,填写好后单击“保存”即可。

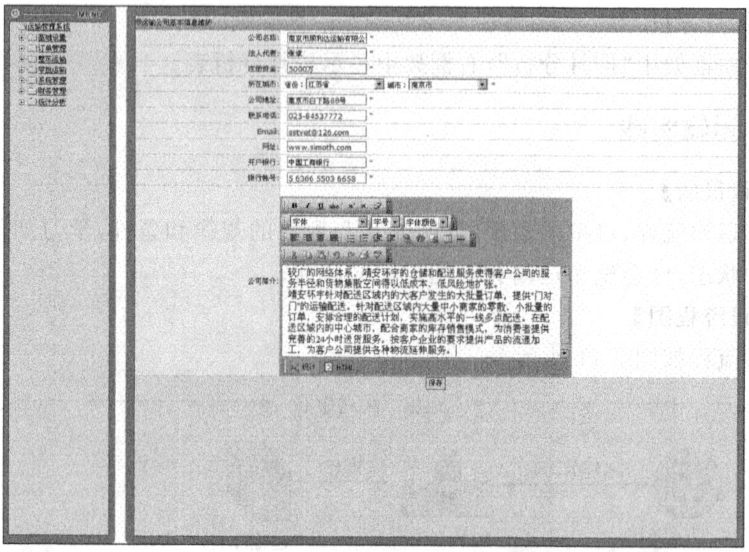

图 6-12　运输公司基本信息维护界面

(3)车辆设置

车辆设置包括车型的设置和该车辆相关线路的设置。输入车牌，选择车辆型号、车辆吨位、车辆体积、运输类型("定时发车"是用于零担运输时运输的车辆，"即时发车"是用于整车运输时运输的车辆)、定点时间，输入基本费用，设置好后单击"保存"即可；选车辆，点击"路线及报价"，进入车辆路线设置界面，在路线节点录入栏，选择节点城市，输入运输距离、运输时间和运输报价，如图 6-13，6-14 所示，设置好后，点击"保存"即可。

图 6-13　零担运输路线设置

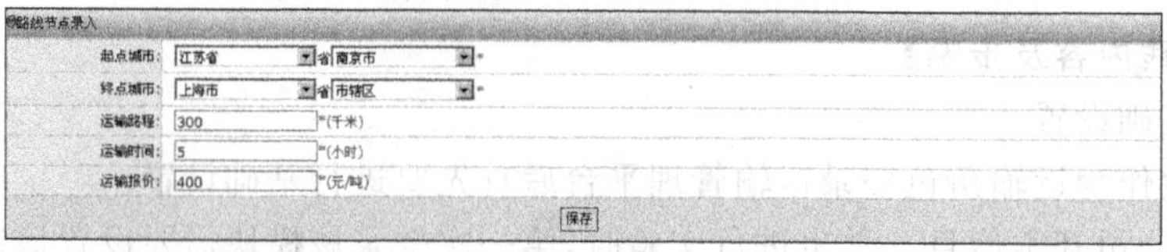

图 6-14　整车运输路线

(4)途中状态设置

途中状态设置是车辆运输下在途管理中的状态选择。填好状态名称(如加油、吃饭、休息等)后单击“保存”即可。

(5)费用名称设置

填好费用名称(如加油费、过路费、过桥费等)后单击“保存”即可。

2.订单管理

(1)新增发货单

点击“新增”按钮,进入发货单明细设置界面,如图 6-15 所示,设置托运方信息、收货方信息、运输方式后单击“确定”即可。下方自动弹出该发货单的货物明细设置界面,输入货物名称、货物数量、货物总重量和货物总体积,点击“保存”即可。

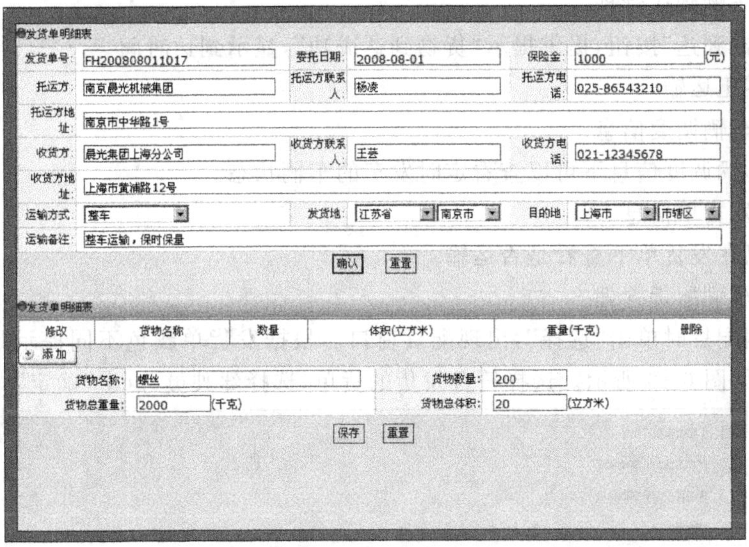

图 6-15　发货单明细表

(2)发货单确认

选择发货单后点击“查看”按钮,进入发货单明细查看界面,点击“确认”或是“拒绝”即可。

(3)发货单查询

选择发货单后点击“查看”按钮,进入该货单运输情况查看界面。

3.整车运输

(1)车辆调度信息

在车辆调度信息下可以查看即时发车的车辆状态。

(2)运输配车信息

如果是未发车的运输单,在货物配车下会提示“未发车”,单击“未发车”进行配车设置界面。点击“配车优化”,选择合适的车辆,选择驾驶员后点击“确定配车”即可。

(3)车辆发车管理

对于配好车的发货单单击“发车”,系统将记录发车时间。如果运输车辆显示“未配车”则不能发车。

(4)车辆在途管理

单击“管理”按钮,进入运输状态设置界面,选择车辆的到达城市、设置到达时间并选择车辆目前的状态,单击“保存”即可。点击“费用管理”添加费用信息。

(5)车辆到达管理

单击“到达”按钮,提供提示“货物到达成功”,显示到达时间。

4.零担运输

(1)车辆调度信息

在车辆调度信息下可以查看定时发车的车辆状态。

(2)发货单信息

可以在发货单下查看是否运输。

(3)车辆配货管理

车辆配货时单击“选择”,出现配货窗口。根据发货单颜色不同提示是否适合该辆车,如图 6-16 所示。选择符合发货的货单,选择驾驶员,点击“确定”即可。

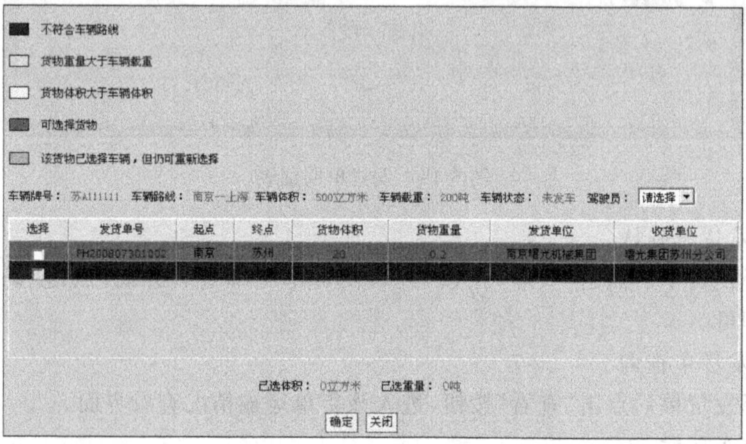

图 6-16　配货管理界面

(4)车辆发车管理

发车时单击“发车”,系统将记录发车时间。

(5)车辆在途管理

单击“车辆管理”,选择节点城市设置好状态并保存,对于该节点可以记录相关费用,记录费用时选择节点城市并单击“费用管理”记录相关费用。到所到的节点城市有货物下载时,到站可以上货的发货单变为绿色;到货的发货单将变成红色提示下货,下货时填写物品损坏率并单击“确定”即可,如图 6-17 所示。

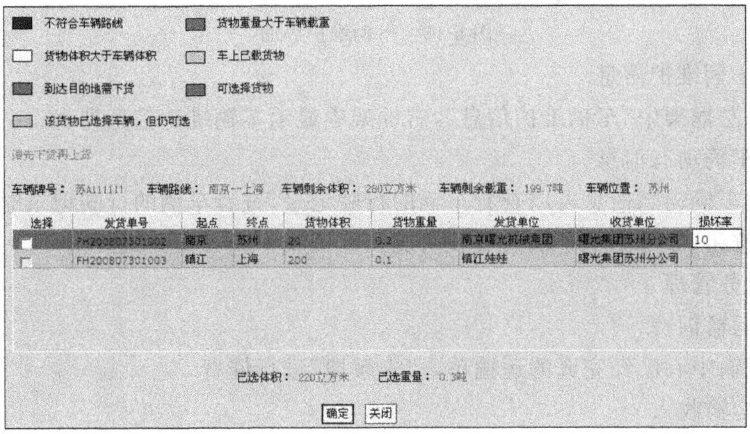

图 6-17 下货设置界面

(6)车辆到达管理

单击“到达”按钮,提供提示“货物到达成功”,显示到达时间。

5. 系统管理

(1)员工事务名称

输入员工事务名称,点击“保存”即可。

(2)员工事务设置

设置员工状态时单击“开始”进行设置,进行事务设置;点击“结束”结束事务。

(3)员工事务列表

点击左框架中“员工事务列表”,右框架中显示员工事务列表。

(4)车辆维护名称

车辆维护名称的设置是为车辆维护做准备的。设置时输入维护名称单击“保存”即可。

(5)车辆维护操作

某车辆需要维护时,单击“维护”,如图 6-18 所示,选择保养项目以及开始时间和结束时间并单击“开始”即可。

图 6-18　车辆维护界面

(6)车辆维护信息

点击左框架中"车辆维护信息",右框架中显示车辆维护信息列表。

(7)车辆动态信息

通过车辆动态信息可以查看车辆的行驶记录,查看车辆的行驶记录时单击"详细信息"按钮,即可浏览车辆的行驶情况。

6.财务管理

(1)运输催费

对运输中心已经完成的运输单击"未缴费"进行催费。

(2)运输收入

对于"已催费"的运输单同时转化为运输收入。

(3)运输成本

运输中心通过运输成本统计运输中产生的费用。单击"查看"可以浏览费用明细。

7.统计分析

通过图表反映供应商的运输额。输入起始日期和终止日期,点击"查找"按钮,查看该段时间内的运输状况,如图 6-19 所示。

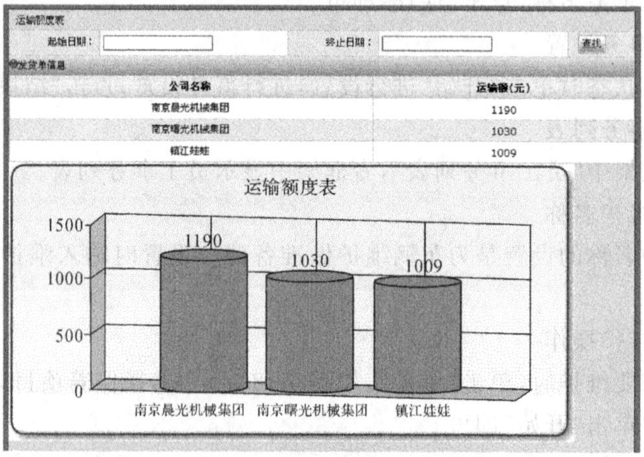

图 6-19　运输额度表查看界面

本章小结

物流在国民经济发展中的重要性已经非常清楚，人们经历了差不多一个世纪的时间在不断探索挖掘物流这个利润源泉的种种办法，而电子商务才经历了短短的十来年时间，因此电子商务物流的发展一定是围绕着电子商务这一目标中心展开，物流对电子商务发展所起的作用是整体性的并反过来促使现代物流的核心也成为电子商务的一个有机组成部分。因为它的作用至少包括了以下几个方面：

①提高电子商务的效率与效益，也同时扩大了电子商务的业务与市场范围。

②能够协调电子商务的目标，同时起到了促进电子商务的快速发展。

③集成电子商务中的商流、信息流与资金流。

④实现基于电子商务的供应链集成。

思考与练习

1. 什么是物流？物流所涉及的功能包括哪些？

2. 请描述物流的时间价值体现。

3. 按照在企业中的作用，物流可以分成哪几类？

4. 按物流作业的执行者进行分类，可以分成哪几类？

5. 请说出什么是第三方物流？与传统物流形式相比，它的作用主要体现在什么地方？

6. 请描述电子商务与物流的基本关系？进一步可以从电子商务环境下通常说有商流、资金流、信息流以及物流这样的四个流来细分，请介绍物流与其他三个流之间的联系。

7. 请说明电子商务发展过程中物流行业所发生的主要变化。

8. B2B、B2C、C2C这些都是电子商务的不同类别，请考虑这些模式的物流运作有什么相同点，又有什么不同点。

9. 请输出全球定位系统（GPS）在电子商务环境下物流信息技术的几个应用例子。

10. 观察一下你所在的城市或区域，有哪些物流公司存在于你的视野中？这些公司的哪些业务与电子商务有紧密的关联？它们有第三方物流公司吗？请举出实例，同时需要说明你是通过什么手段得出这些信息或结论的。

11. 请结合一个连锁超市设计出该超市物流管理系统的大概流程，要说明包括哪些主要功能模块，以及与电子商务关联的主要功能。

12. 浏览一些物流速递公司的网站，看看它们是如何构建物流信息平台的，并说出它们的共性和特性。

13. 进入 http://www.ihaier.com/网站，了解什么是“物流推进本部”？海尔物流的运作模式是什么？都包括哪些内容？海尔是如何发挥物流的核心竞争力的？

第7章

电子商务服务与应用

本章导读

电子商务的应用已经渗透到各行各业，无论是传统服务业、传统制造业，还是新兴行业都在通过电子商务各种形式的应用为客户提供更好的服务并产生更高的效率。据艾瑞咨询统计，2006—2007年由政府采购、流通、制造、能源、电信、金融、媒体、交通、邮政、卫生、教育等行业的电子商务交易份额超过5%。这表明传统行业参与电子商务的热情不断，重工业、制造业网上采购比例不断增加，网上金融业务不断扩张，行业电子商务呈现出蓬勃发展的势态，同时以宽带环境下双向互动为特征的个性化服务也呈现出快速发展的势头。特别是电子商务服务业的兴起，标志着电子商务领域已经向专业化发展并成为新兴产业发展的巨大动力。

在金融、物流、旅游、咨询等传统服务业领域，电子商务的应用具有先天优势。这些领域的一个共同特点是对信息的依赖程度高，有的服务内容本身就是信息服务，有的需要进行大量的信息处理，为服务提供分析依据，提高了资源利用效率，提高了企业自身经营效率，也为客户提供更为便利的服务。本章在介绍了电子商务服务概念的基础上，介绍了电子商务在就业职业市场、房地产、旅游等行业的典型应用，同时也介绍了电子商务在网络传媒、网络娱乐等领域基于Web 2.0的最新发展和应用。通过本章学习，使读者从一个新的层面上了解电子商务，深入了解传统行业的信息化应用和实施模式以及电子商务催生的新兴的服务模式。

开篇案例——旅游电子商务服务的成功定位

携程网(www.ctrip.com)1999年初由几位留学生创立于上海，10月接受IDG的第一轮投资；次年3月接受以软银集团为首的第二轮投资，2000年11月收购国内最早、最大的传统订房中心——现代运通，成为中国最大的宾馆分销商，并在同月接受以凯雷集团为首的第三轮投资，三次共计吸纳海外风险投资近1900万美元；2001年10月携程网实现赢利；2002年4月收购了北京最大的散客票务公司——北京海岸航空服务公司，并建立了全国统一的机票预订服务中心，在商旅城市提供送票上门服务。作为中国领先的在线旅行服务公司，携程网成功整合了高科技产业与传统旅行业，向超过 1900 万会员提供集酒店预订、机票预订、度假预订、商旅管理、特约商户及旅游资讯在内的全方位旅行服务，被誉为互联网和传统旅游无缝结合的典范。携程网的营业额从 2006 年的 5.79 亿元增长到 2007 年的 14 亿元。根据 2008 年 3 月的数据显示，携程的市值达到 33.5 亿美元，是同在纳斯达克上市的 e 龙的 7 倍，同样高过了规模远大于己的新浪、搜狐和盛大。

携程网就像新浪、搜狐等网络门户整合了传统媒体新闻产品与资源一样，通过中间市场把供应商和消费者连接起来。通过携程网这个信息平台，建立了旅游需求方和酒店、旅行社和航空铁路等供给方的双方数据库。一边笼络庞大的会员卡客户群体、一边向酒店和航空公司获取更低的折扣、自己获取中间的佣金。携程扮演着航空公司和酒店的"渠道商"角色，业务核心以机票、酒店预订为主，靠发放会员卡吸纳目标商务客户，同时后台依赖庞大的电话呼叫中心作预订服务。

7.1 电子商务服务

我国著名的电子商务专家梁春晓对电子商务服务和相应的电子商务服务业有一个简明的描述。他指出，如果将"电子商务应用"与"电子商务服务"比作市场经济中的需求与供给，那么前者是指一个个具体的机构和个人如何采用电子商务方式实现商务目标，如采购、销售或获取商务信息等；后者是指如何提供一定的服务以满足这些需求，如域名注册、虚拟主机、网络广告发布、商务信息搜索、信息咨询、认证和支付等服务。所有提供电子商务服务的企业的集合就是电子商务服务业，或称电子商务服务产业、电子商务服务行业。

综观互联网发展，商务活动一直是驱动互联网发展的强大力量。1995 年，互联网上的商务信息量首次超过科教业务信息量，这是互联网此后形成爆炸性发展的标志，也是电子商务产生并从此得到大规模应用的标志。随着电子商务发展而形成的相应各种类型的服务应运而生，在各个行业形成了各具特色的电子商务服务业。近年来，全球电子商务服务业发展十分迅速，对经济活动的影响越来越大，正在重构全球经济格局，加速信息社会进程，并对未来信息社会的形成、结构和演化产生重要影响。电子商务促进社会分工进一步细化，基于网络的电子商务交易服务、业务服务、技术服务的服务模式和服务产品不断创新，服务规模逐渐扩大，成为国民经济新的增长引擎。

7.1.1　电子商务服务业的内涵

可以在两种既密切相关又有所区别的意义上使用“电子商务服务业”的概念：一是指一切为电子商务应用服务的企业的集合，如提供电子商务咨询服务的企业；二是指一切通过网络或采用电子商务方式提供服务的企业的集合，如远程教育公共服务企业。前者以电子商务为服务目的，后者以电子商务为服务工具。

电子商务服务业是为电子商务应用提供服务的，因此电子商务应用方面的需求有多大，作为供给的电子商务服务业的范围就有多大，甚至更大，因为供给可能创造原先并不存在的需求。电子商务服务业涉及机构和个人的商务、工作和生活的各个环节、层面和范围。对于企业电子商务应用，就是说要提供全面、强大的电子商务应用支持服务，包括网络、硬件和软件等技术支持，也包括营销推广、应用集成、信用、支付、物流和咨询等全方位的商务服务。

7.1.2　电子商务服务的特征

电子商务服务是随着电子商务的发展而兴起的，是电子商务应用的规模不断扩大、影响不断深化的结果。如果说起初企业要应用电子商务就必须自己从事注册域名、购买（或者租用）服务器、购买虚拟主机、制作网页等工作的话，那么电子商务服务业的兴起则意味着这一切都可以通过专业化的电子商务服务平台来完成；如果说起初网上商店要开通网上支付就必须与各家银行分别洽谈、签约而且未必成功的话，那么电子商务服务业的兴起则意味着只要与一家网上支付平台合作就可以了。电子商务服务业的兴起，标志着电子商务领域的专业化水平有了质的飞跃。在我国，这个阶段开始形成的时间大致是 2003 年前后。一直领军我国电子商务服务业的中小企业电子商务平台——阿里巴巴就从这一年开始赢利。

从现代服务业的角度看，电子商务服务业以互联网等计算机网络为基础工具，以营造商务环境、促进商务活动为基本功能，是传统商务服务在信息技术——特别是计算机网络技术条件下的创新和转型，是基于网络的新兴商务服务形态，位于现代服务业的核心位置。电子商务服务业营造商务环境、促进商务活动的作用，来自通过技术进步及相应的制度进步降低商务成本，也来自对商务模式创新和商业生态的积极作用。电子商务服务所产生的效率可以体现在多个方面，例如：

- 基于网络优势，降低交易前的商务信息搜寻和发布成本，降低交易中和交易后的商务成交成本和交割成本，特别是无形商品。
- 基于电子商务服务商的规模化、专业化，降低单个电子商务应用者的应用成本，如人力资源成本等。
- 基于信息的聚合、积累和挖掘，降低与交易风险相关的商务成本。

• 基于电子商务服务平台所营造的良好环境，促进商务模式创新和商业生态的培育和构建。

7.1.3 电子商务服务的分类

按行业范围划分，可以分为综合性电子商务服务和行业性电子商务服务。前者不区分行业，为所有行业厂商和所有产品、服务提供交易服务，如阿里巴巴、慧聪网等；后者专注于某一行业或产品、服务，如中国化工网等。

按交易环节划分，可以分为全程交易服务和专项交易服务。前者为交易全程提供交易服务，后者专注于某一个交易环节，如市场调查、采购、分销或售后等。

此外，还可以按服务对象（是厂商还是个人消费者）、交易品（是有形还是无形）、服务媒介（是线上还是线下）、地域（是地方还是全球）等划分。

电子商务服务平台是电子商务服务业的核心，也是电子商务服务业越来越重要的表现形式。按服务类型划分，电子商务服务平台大致分为三种类型：

(1)电子商务交易服务平台。提供网络营销、网上销售、网上采购和交易信息发布等交易服务，如阿里巴巴、慧聪网等。

(2)电子商务业务服务平台。提供基于网络的研发设计、现代物流、财务管理、人力资源、管理咨询和技能培训等服务，如金算盘全程电子商务平台等。

(3)电子商务技术服务平台。提供网络基础设施和技术支持，以及基于网络的信息处理、数据托管和应用系统等 IT 外包服务，如中国万网等。

7.2 旅游电子商务

旅游是一个传统的服务行业，也是电子商务应用比较成功的典型行业之一。旅游电子商务涉及网上询价、报价、预订、支付、配送（服务）等一系列商务活动的过程。从电子商务的类别来说，旅游电子商务也分为企业—游客（B2C）和企业—企业（B2B）两种主要模式。

由于我国旅游电子商务服务的统计体系还不完善，其规模目前还没有一个统一的数据。根据相关行业协会、咨询机构发布的调查报告或研究报告中的数据显示，2006 年我国旅游电子商务服务的 B2C 营收约在 15 亿～20 亿元，相对于我国 2006 年旅游业 8935 亿元的收入来说，所占的比率大约在 0.1%～0.2%之间。另外我国旅游电子商务服务的 B2B 还处于刚刚起步阶段，但众多旅行社和航空代理、酒店、景点之间的交易给旅游 B2B 带来了巨大潜力。携程 2006 全年收入达到 8.34 亿元，同比增长 46%，稳居市场首位；e 龙 2006 年全年收入达 2.56 亿元，这两家公司的收入合计达 10.9 亿元，占我国旅游网上预订市场份额一半以上，而且收入中酒店和机票预订的比例非常高，携程酒店和机票预订收入比率高达

93.5%，e 龙酒店和机票预订收入比率高达 97%。

以易网通、遨游网、芒果网、里程网、9588 网、快乐 e 行网、易休网、同人网等正以各自的特色和目标市场在削弱市场领导者的地位；中青、浙江海内外、浙江新世界等传统旅游服务商也通过自身的在线服务来培养忠诚客户；在线旅游搜索服务商 Qunar 的出现使得在线旅游预订服务商的价格竞争处于信息对称状态，给中小在线旅游预订服务商提供了一个非常好的业务拓展机会，搜索平台也大大削弱了携程、e 龙等大型在线旅游预订服务提供商的平台作用，从而也促使领先在线旅游预订服务商不断丰富自身产品和提高服务质量。

欧美旅游发达国家在旅游电子商务服务方面已经非常成熟。笔者 2000 年在美国期间，就多次利用多个网站开展旅游活动，包括预订自助游的线路、旅店、航班等，特别是通过发布有效时间和目的地的求购机票信息获得了数以百计的网络洽谈机会并最终拿到了非常便宜的机票。美国 2006 年旅游电子商务服务规模达到了 788 亿美元，在线预订份额占总预订量的比率从 2004 年的 35%上升到 2006 年的 47%，预计 2007 年将达到 53%。因此不管从总量上还是市场份额上，我国和美国等发达国家相比还存在巨大的差距。

与欧美旅游发达国家相比较，中国的旅游电子商务需要重视的突出问题有如下几点：

(1)总体发展水平低。从我国旅游电子商务 B2C 和 B2B 两个平台的发展来看，还处于发展初期。B2C 的发展虽然相对于 B2B 更早地受到了消费者的接受和国内外资本的关注，但是 B2C 市场的服务比较单一，仍以酒店、机票预订为主要收入来源，而且预订方式并没有完全网络化，电话预订、网下支付仍占据很大份额。这一方面说明了我国消费者的大额网络消费习惯仍然没有形成，而且在上网人群中具有度假消费能力的消费者的比例还很小。

(2)B2B 市场发展落后于 B2C 市场，很大程度是由于传统的旅游服务提供商并没有实现网络运营，上网旅游服务企业较少，这也是华夏旅游网的网上交易平台逐渐没落的原因，随着 B2C 的高速发展带给传统旅游服务商的压力，网络营销开始被旅游服务企业接受。

(3)旅游企业的电子化程度亟待提升。大多数旅行社特别是中小旅行社在企业网站建设方面很多没有足够的重视也达不到很好的效果。旅游企业网站是虚拟商店的“门脸”和“货架”，“货架”上必须有琳琅满目的商品才能吸引客户。其次，要利用互联网传输信息量比一般广告大的优点，以生动的语言和动人的形象充分展示各种产品的内涵和优点。网页设计要有特色，网上信息要经常补充修改，还要运用各种手段提高网站的被访率，以提高宣传效果。特别是要充分利用 Web 2.0 手段建立网上交流的环境来吸引潜在的客户。一个比较成功的旅游门户网站是“青旅在线”。

(4)优秀旅游电子商务资源流失。从各大旅游电子商务企业的投资背景看，具有发展前景的优秀旅游电子商务企业往往受到国际资本的青睐。携程、e龙、易网通都为纳斯达克和伦敦上市公司，在其股东中我们可以看到很多国际资本的身影，如携程股东之一的乐天是日本领先的电子商务企业，全球在线旅游巨头Expedia已经持有e龙52%的股份成为其控股股东，易网通股东中也有美国胜腾的背景，中青旅的遨游网也是和美国有方国际旅游服务集团共同投资成立，同程网也受到了软银赛福、IDG等国际风投的青睐，等等，国际资本对我国旅游电子商务的投资促进了我国旅游电子商务行业的发展，同时也使得我国优秀旅游电子商务资源流失。

(5)旅游电子商务服务产品标准缺失。标准化是IT时代的特征，从我国旅游电子商务行业的发展特点我们可以看到，比较容易标准化的酒店、机票预订成为发展最为迅速的业务，但是旅游度假服务产品是个性化产品，行业标准的缺失导致旅游度假产品的销售仍以线下销售为主，至今还没有较快的发展，e龙甚至已经退出度假产品的网上销售，标准的缺失也阻碍了旅游B2B交易平台的发展。

(6)电子商务软环境不完善。包括了各项法律法规和电子认证、电子合同、数字签名、电子凭证、电子支付等辅助交易手段还处于起步阶段，一些辅助交易工具的标准还并不统一，导致旅游电子商务表面化，实际仍以线下交易为实现手段。

随着我国现代化国际化进程的加快和人民生活水平的快速上升，旅游市场规模将越来越大，基于数字环境的旅游电子商务应用也会成为旅游的主流市场。图7-1描述了国家"十一五"开展的数字旅游建设的一个总体框架。

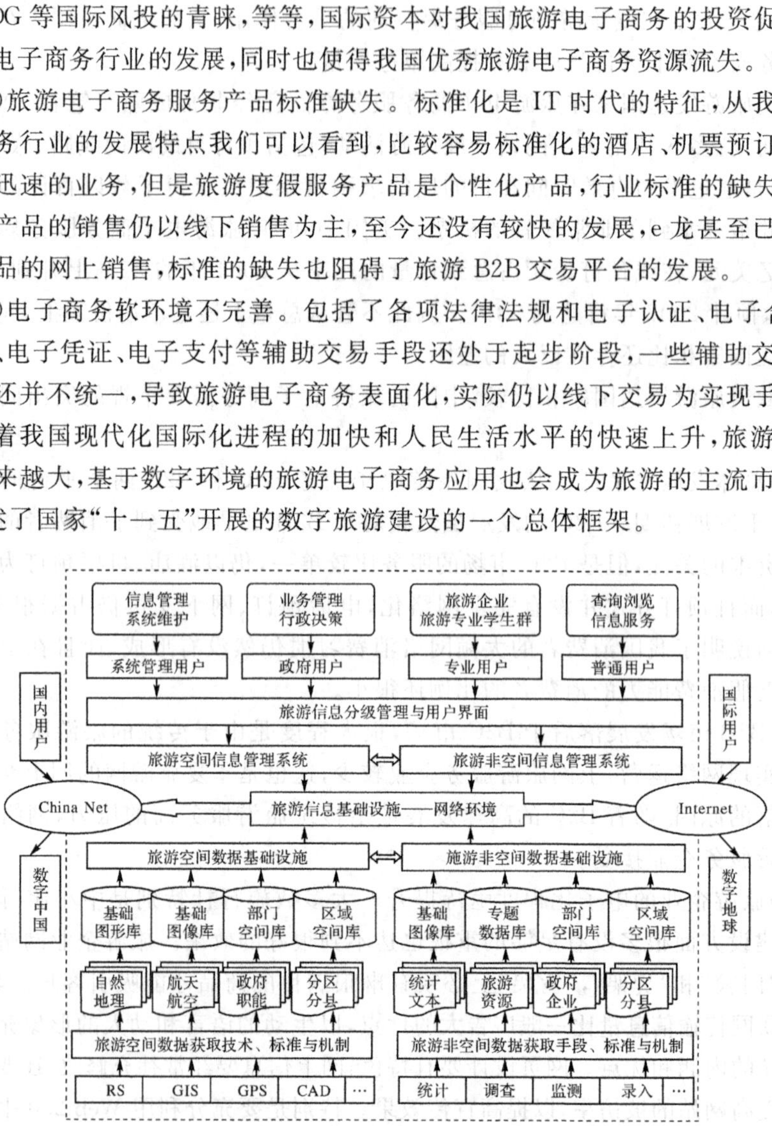

图7-1 数字旅游电子商务系统框架

7.3　网上人才市场

网上人才市场是人才进行流动的网络场所，是通过信息技术和互联网技术来实现人才与用人单位之间进行的交换行为，实现人才在数量、质量、时间和空间上与生产资料优化配置以及对人才进行交流和调节。它作为电子商务在人才市场体系中的一种应用，有其方便、快捷、互动、经济及全球性等特点。用户无论身居何方，只要在互联网上输入网址，即可足不出户逛遍人才市场，获取所需信息，真正实现了人力资源的共享。

7.3.1　网上人才市场的功能

我国网上人才市场从20世纪末起步，最初仅作为报纸招聘和现场招聘会的补充，只是一种较为简单的信息发布平台。近年来随着网络应用技术的发展，开始有了脱胎换骨的变化。例如中华英才网在2002年，约有29万家企业在网上发布过招聘广告，2003年上升到48万家，2004年增至80万家，2005年130万家，2006年达到200万家，年平均增长率达到62.12%，增长势头十分可观。与传统场地招聘相比，网上人才市场不必像有形的人才市场那样，供需双方要直接“面对面”地交流，它不受时间和空间的限制，具有多项优点。因此网上招聘受到了越来越多用人单位和求职者的青睐。网上招聘以其范围广、无区域和时间限制，快捷、高效、省时省力、费用低等诸多优点，受到不少求职者的青睐。据统计，截至2005年底，我国各类人才中介机构共建立人才网站近1700个，举办网上人才交流会近1800场，人才网站访问量达到30亿人次。并一直以40%的速度在增加。

网上人才市场集所能提供的服务功能主要包括：

(1)招聘猎头。提供包括网络招聘、报纸招聘、校园招聘、猎头服务、招聘外包等服务，帮助企业高效准确地锁定目标，用最短的时间、经济的成本找到最合适的人才，让求职者方便、快捷、有效地找到满意的工作。

(2)培训测评。为企业定制各种公开课程、内部培训、实战模拟及专业测评方案，帮助企业员工迅速提高职业水平和综合素质。

(3)人事外包。提供从员工招聘到退工的一站式服务与咨询，帮助企业更好地管理人力资源，节约成本。

7.3.2　网上人才市场的类别

网上人才市场按照其服务的区域、受众群体范围、专业等可分为以下几种类型：

(1)综合性网上人才市场。它是网上职位信息最为集中的地方,涉及行业广,职位多,职位信息分布的地域也比较广,通常可以查询到全国各主要城市的招聘职位信息。知名企业的招聘信息尤其集中。如前程无忧网(http://www.51job.com)、智联招聘网(http://www.zhaopin.com)、中华英才网(http://www.chinahr.com)等都属于这种类型的网站。

(2)门户网站中的招聘频道。门户网站的招聘频道与专业类招聘网站合作的趋势日益明显,如网易招聘频道与易之易工作网合作,新浪招聘频道与中华英才网合作等,双方实现了资源互补。如网易(jobs.163.com)、搜狐(jobs.sohu.com)、新浪(jobs.sina.com.cn)等。

(3)区域性网上人才市场。它为区域经济服务,地域特征明显,这类网站通常有较强的政府背景,以发布当地企业或周边地区企业的职位信息为主,对当地人事人才政府反应灵敏、及时。如浙江人才网(http://ww.zjrc.com)、南京人才市场(http://www.njrsrc.com)、上海招聘网(http://www.shjob.cn)、北京人才网(http://www.bjrc.com)。

(4)行业网上人才市场。利用自身优势,专门收集和提供行业内企业的招聘信息,行业内的专业技术岗位比较集中,为行业内的企业和人才提供专业化和个性化服务。如 CSDN 人才频道(http://job.csdn.net),中国房地产人才网(www.51rencai.com)、纺织服装人才网(www.texhr.com)、建筑英才网(www.buildhr.com)等。

(5)服务于某一求职群体的网站。该类网站以某一特定求职群体为服务对象,提供针对性很强的就业信息。以求职者性别、资历、工作方式、身份、所在企业类型等为分类标准。如服务于大学生的招聘网站——中国高校毕业生就业服务信息网(www.myjob.edu.cn)、上海高校毕业生就业信息网(www.firstjob.com.cn),以及一些特色招聘网站,如中国女子人才网(www.cwmrc.com)、退役军人择业网(www.8181.com.cn)、外企人才在线(www.fescochina.com)等。

特别值得一提的是成立于 2005 年 8 月总部位于杭州的新农门网(www.chinaxnm.com)作为中国第一个面向农民工的公共信息服务平台,将企业用工需求、进城务工农民的工作需求和培训要求、中专技校毕业生的职业服务需求、地方政府和媒体对流动人口信息的引导服务要求等紧密结合起来,从高层次上引导农民工合理流动并开展各项服务和维权信息,获得政府、企业和农民工的欢迎。

7.3.3 网上人才市场的优势

与传统人才市场相比,网上人才市场具有更为开放的市场形势、更加丰富的信息内容,能够提供更方便、快捷、高效的服务。

(1)信息内容丰富。网上人才市场汇集了各招聘单位的信息以及求职者应聘信息,具有传统人才市场无法比拟的信息量。除人才供求信息外,网上人才市场一般还提供政策法规、市场介绍、求职指导等相关信息,信息量大,而且时效性强。

(2)信息查询搜集十分便捷。招聘网站都有完备的搜索功能,求职者可以利用此功能快速准确地查找到行业、职位、工作地点、薪水等信息。而参加集市招聘会则大多需要通过地毯式的"排查",才能找到适合自己的职位,费时费力。同时求职者在网上找到适合自己的职位后,可以很方便地先查看招聘单位的简介,浏览公司网站,对企业进行一番考察后再决定是否投简历。而在招聘会现场,由于人多,求职者匆匆递上简历后只能离去,通常没有时间更多了解求职单位。

(3)网上交流方便、快捷、有效。网上人才市场没有时间限制,24 小时开放,供需双方可随时通过传输材料进行交流;同时网上人才市场也没有空间限制,供需双方通过网络即可进行实时交流,节省了时间和费用。

(4)网上人才市场打破了市场信息的分割封闭,实现了市场信息的共享,有利于统一开放的人才市场的形成。通过互联网,各地区和单位实现了信息共享,各自的信息拥有量及覆盖面都一下子扩大许多倍,供需双方可以在更加丰富的信息中进行交流,信息的利用率和交流的成功率大大提高。信息共享还为更大范围内人才资源的合理配置提供了信息条件。

7.3.4　网上人才市场存在的问题

然而,网上人才市场和其他兴起互联网行业一样,有着来自互联网虚拟平台的先天之痛。

(1)假冒伪劣现象比较严重。网上人才市场在体现特有优势的同时,也有一些不法分子趁机设置网上招聘陷阱,致使不少求职者受到经济乃至名誉上的损失。如通过收取押金、培训费等骗取钱财,利用求职者个人资料进行违法活动、招聘设计人员、骗取其设计作品或方案。

(2)招聘信息"水分"较多。传统招聘会的招聘信息也会掺水,网上招聘会的招聘信息"水分"相对更多。一般来说,一些实力较为雄厚的招聘机构举办的网上招聘会在信息的真实性上较有保证,但在信息的有效性上可就难说了。一些网站为充人气,吸引求职者,对已经过期的信息也不及时删除,因此求职者看到的招聘信息有可能是已经失了效的。

(3)缺少互动,信息反馈少。因为缺少与用人单位面对面沟通的机会,求职者在投递简历后便常常陷入被动等待,甚至无法确知自己的简历有没有成功到达招聘人员的简历库,有没有被"关键人物"看到。另外,参加传统招聘会后求职者通常在一周之内就能得到反馈,而网上招聘会的等待期相对更长,经常是简历发出后数十天才接到反馈，有些甚至石沉大海，根本杳无音信。

（4）个人信息容易泄露。把个人资料挂在网上公开，或通过网络投递简历，都可能导致个人信息的泄露，被一些商业机构用作他途的情况时有发生。特别现在的"人肉搜索"很多也通过网上人才市场作为首选的场所。

作为求职者不但要防止个人资料泄露，另一方面，更要面对形形色色的"骗子"，与充满诱惑的陷阱。求职者网上求职时一定要找正规网站，同时做好相关核对和调查工作。首先，一定要通过正规网站求职；其次，学会甄别招聘企业真伪，网络搜索该公司信息，了解公司背景，是否真的在招聘；再次，更要辨别招聘信箱是否该公司邮箱，如果招聘者列出联系信箱是个人信箱，多半是虚假信息。最后，在招聘与应聘双方未见面之前，公司不会预先让求职者缴纳任何费用。

7.3.5 网上人才市场的发展趋势

随着网络求职成功率的不断提高，越来越多的企业和个人都会选择网络招聘。虽然我国网上人才市场与发达国家市场份额还有很大差距，但网上人才市场的发展将是大势所趋。

（1）国际化进程趋势。国际化战略合作已成为网络招聘的必然趋势，国外网络机构将逐步把多年来形成的先进理念和成功经验带入中国市场，携手国内网上人才市场机构，打造符合中国市场特色的网上人才市场。如网上人才市场第一大鳄的 Monster 以 5000 万美元收购中华英才网 40%的股份，一度在业内引起不小的反响。Monster 和中华英才网实现全面战略合作，结合自身的优势与国际接轨，为中国的网上人才市场带来新的飞跃。国内的人才服务机构也将通过学习国际先进的管理方法，广泛采用新兴的互联网技术，强化自身的创新能力，建立长期的竞争优势，使网上人才市场更加规范、安全性更加可靠。

（2）资本加剧竞争趋势。大量国外资金的注入带动中国网上人才市场新的纷争。Monster 注入 5000 万元资金收购中华英才网 40%股份，澳大利亚 Seek Ltd. 以 2000 万元资金收购智联招聘 25%股份。这些都反映了随着中国加入国际化市场竞争，大量国际公司看好中国市场，纷纷将资金投向具有良好发展潜力的机构，中国网上人才市场一时群雄崛起，形成新的争霸格局。因为有了资本，网上人才市场机构就能够花费大量的预算投放广告来提升市场知名度。无论是报纸的平面媒体、电视、电台广告，还是地铁站、车站灯箱等公共场合设施，现在到处都可以见到招聘网站的广告。从影响力来讲，这是传统的招聘会市场等其他招聘形式所远远不及的，也非常有效。通过这些公开渠道，大幅度地增加了其网站的点击量，企业登录数也越来越多，网站所赖以生存的广告收入及会员制会费收入均有不同程度的增长。

(3)市场细分和整合趋势。细分和专业化服务将是网上人才市场未来的趋势之一,而其根本动力是能提供更加符合用户需求的本土化、专业化服务。网上人才市场用户数量的增长使得市场需求结构导向发生了变化,用户需求的多样化和互联网的发展导致用户选择的多样化,使得用户越来越挑剔,对传统人才市场的满意度在降低。如何在共性需求下尽量满足用户个性化需求是企业必须思考的问题。在这样一种情况下,随着市场需求的多样化,网上人才市场也在细分,从行业到地域、到专业领域,因为即使一个细分的市场也已经足够庞大,能够支撑起服务公司的运营。

另一方面网上人才市场作为互联网的主要应用服务之一,也将与其他行业一样不断加剧市场集中化的程度。传统模式下的网上人才市场企业将面临整合,未来剩下的一定是专注细分和模式创新的强者。

(4)创新服务模式趋势。从电子商务起步的 20 世纪 90 年代末到现在,网上人才市场的模式没有发生太大的变化,基本按照国外网上人才市场鼻祖的 Monster 模式,即建立一个中介平台,找企业收费。雷同的网上人才市场模式,使产品处于同质化竞争局面。近年来出现了 vault. com 为代表的个人收费的模式、以 linkedin. com为代表的 Web 2.0 浪潮中产生的融合社会网络概念的模式、专业的工作搜索引擎模式以及 indeed、simplyhired 等垂直职位搜索引擎等,这些新模式正在成为网上人才市场的未来发展方向。

7.4　房地产电子商务

7.4.1　房地产电子商务的内容与优势

房地产电子商务就是电子商务理念和技术在房地产业中的应用。具体可以定义为房地产企业、政府机构、金融企业、个人消费者为了跨越时空限制,提高商务活动效率,以电子信息技术搭建的平台为媒介,借助强大的电子信息数据,从而方便、快捷、安全的实现相关的房地产交易和相关服务的一种贸易形式。房地产电子商务应用范围已包括房地产材料采购、房地产营销业务、房地产中介、物业管理等领域。

作为电子商务本身,它能给房地产开发商或代理商带来诸多优势,如可以降低采购成本、减少库存、提高库存管理水平、缩短生产周期、减短对实物基础设施的依赖等。同时电子商务使交易的透明度大大增加。有效地降低了由于信息不对称而造成的资源浪费。另外房地产开发商或代理商还能利用更加及时准确地了解国家有关政策法规,为其准确预测未来房地产市场需求确定投资开发的方向提供了重要依据。

对房地产中介而言电子商务实现了跨越城市地域房源信息共享可以直接与开发商、投资业主进行信息沟通，使服务更加专业化。企业的房地产信息发布、交易双方签订租赁合同、购销合同以及收缴款额、上交表单供房地产管理部门登记备案和请求房地产管理部门向消费者颁发房产证书等手续都可再用信息技术处理。这样大大提高了交易效率，降低交易成本。另外在电子商务的应用过程中还可以通过企业网页的广告和便捷、高效的服务提高企业的品牌和知名度，为企业树立良好的社会形象增强企业在消费者心目中的信誉度。

7.4.2 房地产电子商务的模式

(1)B2B 模式。B2B 房地产电子商务是指在两个组织之间发生的所有电子商务交易。具体是指房地产企业之间，房地产企业同政府、银行、代理商、建筑材料供应商、广告策划商以及第三方物业服务企业之间通过房地产交易平台进行的电子商务交易。包括购买、采购、供应商管理、渠道管理、销售活动、支付管理以及售后服务。通过这样的平台使得企业供应链管理更加有效和便利，很大程度上降低了管理经营成本。B2B 房地产电子商务涉及的面非常广，从房地产的开发、开始建造，直到房屋的最终装潢，涉及众多房地产行业的相关企业。目前 B2B 房地产电子商务已经主要运用在建材以及装潢等行业。

(2)B2C 模式。B2C 房地产电子商务是指企业与消费者之间通过房地产企业进行的各种商务活动。具体包括房地产销售、消费者检索、企业信息查询、房地产信息查询、常见问题解答、相关法律咨询、产权办理、售后服务和物业服务等。B2C 房地产电子商务是电子商务交易模式中最基础的交易模式，直接面向广大消费者，运用十分广泛。该模式贯穿于房地产生命周期的整个过程，如个性化的房地产开发、房地产网络营销、房屋装潢、物业管理、网上购房等。

B2C 类的电子商务直面消费者，这样就为开发商以前对传统媒介的广告投入形成了一个有效的衔接，强化了客户对品牌的忠诚度；同时该模式有利于企业通过网络与客户互动，沟通并培养特定的客户群体，向客户传递最新信息，提供及时有效的商业服务。

(3)C2C 模式。C2C 房地产电子商务是指两个或两个以上客户相互间的交易。这些交易不一定有第三方存在。具体是指个体消费者之间通过房地产电子商务平台进行各种商务活动。包括二手房交易、房屋租赁、房地产拍卖、权证代理、价格评估等。C2C 房地产电子商务与传统的二手房市场相比，不再受时间和空间的限制，广泛方便的比价、议价、竞价过程可以节约大量的市场沟通成本。另一方面参与的群体庞大，选择的范围更广。

(4)G2C/G2B 模式。G2C/G2B 房地产电子商务指政府对消费者/政府对企业的电子商务活动。房地产是个比较特殊的行业,如建设部、国土资源部,还有工商行政部门和司法监察部门等。随着政府电子政务的开展,这些与房地产相关的政府部门也通过网络为房地产机构、房地产公司及个人提供多种房地产服务。如国土局为房地产开发商进行注册,建立信息库。再如网上规划方案的审批、审计税收、银行贷款、房地产市场政策发布和市场的监督投诉等。

7.4.3 国内房地产电子商务应用

房地产电子商务的应用范围基本可以覆盖房地产建设、材料采购、房地产营销、房地产中介和物业管理等领域。

(1)设置信息交流与管理平台,优化企业内部管理。企业网站结合企业内联网建设、智能化综合布线系统和电子商务解决方案的实施,使企业内部信息交流通畅、迅捷,可以实现信息透明化、管理跨域化和经营全球化,同时降低企业内部资源损耗、减少成本,最终使企业的运作经营达到最优化。

(2)建立发展商形象网站,树立企业品牌形象。房地产开发企业的品牌形象至关重要。以往开发商主要通过报纸、电视等传统媒介来建立自己的品牌形象。现在通过建设网站,宣传企业形象,介绍开发商实力和经营理念,使客户对品牌产生认同。同时企业信息能够实时传递,与公众即时互动沟通,弥补了传统媒介的单一性、弱反馈性和不可预见性。

(3)提供增值配套服务,增加项目的附加值。项目的附加值越高,在市场上就越有竞争力,越受消费者欢迎。发展商通过建设数字化社区,让消费者体验从网上社区服务到网上超市,从社区 BBS 系统到网上生活杂志的数字化生活新模式,充分认可物业的高附加值。发展商还可以建设网上装修顾问系统,为消费者提供个性化、互动化的网上咨询服务,对每一种户型都提供多种档次的装修方案,客户可观看不同的装修效果图和材料说明、参考报价,自由选择不同装修方案组合。

(4)创新销售手段,增强销售能力。房产销售管理和售楼促销系统的建设,可以实现网上实景浏览、小区规划展示、在线选房和按揭理财等多方面的功能。发展商以电子地图结合三维动画技术,展示楼盘的基本资讯,包含社区内环境、社区智能化、会所及周围环境、市政、商业、文化设施。客户可以在网上身临其境地观看楼盘样板房和各种现场实景,通过网站及时更新的图像,了解楼盘的建设进度;可查看平面布置、户型、装修效果等资料;可上网查询楼盘的销售情况并随时下单;还可查询各种按揭方式的付款情况,以便安排资金确定合适的置业投资方式。

(5)开发新的媒体资源,提高广告效益。传统媒体广告投入有"效果递减"的现象,即同样的广告效果越来越差。电子商务的方案实施,能将广告投入效果的"纵向窄幅递减”，转化为“横向宽幅叠加”，迅速提高人气，缩短楼盘售罄周期，加快资金周转，使业务进入良性循环。

7.4.4 国内房地产电子商务发展趋势

我国房地产电子商务发展的总体趋势为：

(1)专一化趋势。专一化网站比较好地满足了上网者的个性化方面的深层要求，受到人们的欢迎。今后电子商务网站将从六个方面满足个性化要求：制定信息的个性化、选择商品的个性化、发挥潜在能力的个性化、参与评论和发表见解的个性化、业务扩展的个性化和深度服务的个性化。我国现已建立的中房预警系统、国房景气指数等就是专一化代表。

(2)融合化趋势。通过优势互补来达到共赢就是融合的目标。如搜房网与联通上海分公司合作 WAP 电子商务，又与新浪网和搜狐网结成战略合作伙伴关系，使搜房网一跃成为中国房地产电子商务网站中的名牌。这种融合，是对市场的扩展和网站服务领域延伸的深度发展。

(3)区域化趋势。我国幅员辽阔，经济发展的不平衡性，地区自然条件、生活水平、文化风俗的差异性，以及房地产本身的地域性，都使房地产电子商务表现出较强的区域特征。这种以区域房地产经济为特点的网站将成为房地产电子商务的主要方向。

(4)大众化趋势。大众化是网络经济和电子商务发展的必然要求。如我国每年流动进城的暂住人口超过 4000 万人，房屋租赁市场仅仅这类人群就有着巨大的大众化市场。

7.5 基于 Web 2.0 的电子商务信息服务

7.5.1 Web 2.0 的概念

Web 2.0 是由 O'Reilly 媒体公司总裁兼 CEO 奥莱理(O'Reilly)在 2004 年 10 月的 Web 2.0 会议开幕式中提出来的。这个概念指出，网络泡沫的破裂，不只是一个结束，也是一个开始。奥莱理与其他在网络的繁荣过程中受益的技术与风险投资公司的高层认为，尽管有很多公司倒闭，但互联网发生了变化，变得比其他任何时候都更重要。在这个变化的过程中，新一代公司的服务和技术正在悄然改变着网络世界，令人激动的新应用程序和网站正在以令人惊讶的规律性涌现出来。更重要的是，那些幸免于当初网络泡沫的公司，看起来有一些共同之处。

互联网实验室(2006)认为：Web 2.0 是一套可执行的理念体系，实践着网络社会化和个性化的理想，使个人成为真正意义的主体，实现互联网生产方式的变革从而解放生产力。实践Web 2.0的成型的应用元素包括博客(Blog)、RSS(简易聚合)、开放式API.S(开放式应用程序接口)、Wiki(维客)、Tag(分类分众标签)、Soeial bookmark(社会性书签)、SNS(社会网络)、AJAX(异步传输)等，底层是XML和接口协议，而这些应用又都是在一些Web 2.0体系下的理论和思想指导下形成的，包括六度空间理论、长尾理论、社会资本、去中心化等。

从服务的角度看，Web 2.0是一种以XML、RSS、AJAX等技术为基础，融合了Web 1.0的应用模式及新出现的Blog、SNS、Wiki等多种多对多互动应用服务，来满足不同用户社会化、人性化需求的服务平台。Web 2.0是互联网的一次理念和思想体系的升级换代，由原来的自上而下的由少数资源控制者集中控制主导的互联网体系转变为自下而上的由广大用户集体智慧和力量主导的互联网体系，其内在的动力来源是将互联网的主导权交还个人从而充分发掘了个人的积极性，使他们参与到体系中来，广大个人用户所贡献的智慧和个人联系形成的社群的影响就替代了原来少数人所控制和制造的影响，从而极大解放了个人的创作和贡献的潜能，使互联网的创造力上升到了新的量级。

Web 2.0具有以下一些显著的特点：

(1)用户互动性。在Web 2.0的世界，用户不但旁观，而且参与互动。一方面，用户自己发布信息，另一方面，信息用户希望自己发布的信息被周围亲近的朋友关注、期望被更有权威的人关注、炫耀自己拥有的或者自己知道的，或者说共享、交流等社会性需求能在网络中得到满足。所以用户希望网络内容能跟着人走，同时，网络内容又能够被用户自由的组合，也就是说，用户能够自由的借助内容媒介，创建起一个个的社群，发生各种社会性互动行为，希望能通过网络以自身辐射出一个私有的可信赖的交际网络。

用户在利用网络时，并不只是需要了解网络的信息，更多的是希望别人能系统地了解自己，能在网络上表达自己，更希望参与到网络中去，能自己管理、维护、存储、转移、利用每天产生和消费的微内容。而单纯的论坛、个人主页等都要通过复杂的内部机制才能让有质量的内容显示出来，用户之间无法非常便利地进行交流。在Web 2.0环境下，用户信息要求的参与互动性就更加明显。因而Web 2.0采用一种鼓励用户参与和贡献的架构，改变了以往那种“只读”的属性，将网站变成可读写的服务。在Web 2.0中，以个人为中心，个人深度参与到互联网中，人人既是信息的阅读者，同时也是信息的发布者、传播者、修改者。

Web 2.0信息环境下，信息用户的需求呈现出个性化、参与互动性、社会性这些特点。这是一个革命性的变化。Web 2.0的这种用户互动性，为网络共同体的创建提供了更为优越的环境。

(2)开放性。Web 1.0 的内容是封闭的，其突出代表是门户网站。用户可以在门户网站阅读自己喜欢的内容。但上面的内容是由网站工作人员创造或编辑的。用户对内容没有自主权。而相对的，Web 2.0 则是开放的。一方面，网上的内容大多是由用户来创造的，网站景气与否，完全取决于用户的付出，使用户可以方便地共享自己的智慧，这是智慧的开放，我们可以这样说：Web 2.0 是利用集体智慧、将互联网变成某种意义上的全球大脑；另一方面，由于采用了 RSS 聚合的方式，Web 2.0 脱离了网站本身的束缚，用户可以用自己喜欢的方式阅读网上的资源，使得网络资源更加开放。

(3)用户贡献数据。现在每一个重要的互联网应用程序都由一个专门的数据库驱动：Google 的网络爬虫，Yahoo! 的目录（和网络爬虫），Amazon 的产品数据库，eBay 的产品数据库和销售商，MapQuest 的地图数据库，Napster 的分布式歌曲库。正如瓦里安（Varian）在 2007 年的私人对话中谈到的"SQL 是新的 HTML"。数据库管理是 Web 2.0 公司的核心竞争力，其重要性使我们有时候称这些程序为"讯件"(infoware)而不仅仅是软件。

拥有数据成为 Web 2.0 公司的重要资源。许多案例告诉我们，对数据库的掌控导致了对市场的支配和巨大的经济回报。很多时候，数据资源非常昂贵，而由于用户的参与，Web 2.0 公司以更便捷的方法得到了珍贵的数据。例如，Amazon.com利用其用户来评注数据，以至于十年之后，是 Amazon 而不是 Bowker，成为图书文献信息的主要来源，一个学者、图书管理员和消费者的参考书目来源。而像维基百科全书这样的开放数据项目的网站，更是因为用户提供的数据而存在。Web 2.0 使企业可以依靠用户聚合来达到临界规模，并且将聚合的数据融入系统服务中的公司。

(4)个性化。个性化是 Web 2.0 环境下用户信息需求的最大特点之一。由于传统的门户网站用庞大的编辑体系组织内容，几乎将所有的东西一网打尽，但对特定的用户来说却只是一个"信息过载"的负担，所以信息用户希望有定位清晰、针对特定用户群的网络来为自己服务。也就是说在此环境下用户希望可以按照自己的目的和要求，在某一特定的网上功能和服务方式中，自己设定网上信息的来源方式、表现形式、特定的网上功能及其他网上信息服务方式等。希望网络能通过对用户个性、兴趣、心理和使用习惯的分析，主动地向自己提供其可能需要的信息服务，能够满足用户的信息需求，用户可以在互联网上定制自己关心和感兴趣的内容，网络隔一定的时段给用户进行一次推送服务，让用户能随时获取信息，而不是在网站上不停地输入相同的关键词进行搜索。用户希望网络在研究用户的个性、习惯、兴趣、知识结构、心理倾向、信息需求和行为方式的基础上，通过自助服务，使用户接触到所需的相关信息和感兴趣的知识内容，以节约查找时间，提高效率，满足个性化服务需求。Web 2.0 打造了个性化时代，真正实现了与个性化的人进行心灵的沟通，突破了其实质是与计算机交流的 Web 1.0 时代。

7.5.2　基于 Web 2.0 的电子商务模式

随着互联网"草根主义"的蓬勃兴起，厂商们都意识到客户时代的来临，明白"以客户为中心"的理念更符合经济规律与商业本质，电子商务的成功几率将会更多更大。Web 2.0 重新定义了信息分享的方法，颠覆了未来信息社会必须有一个核心的理念，能让所有人更好地分享信息。

传统的电子商务基本上是现实商务模式的网络化，只是简单地依靠网络提供的便利节约成本、提高效率，缺乏重大创新与突破。而 Web 2.0 的理念就是开放、参与、分享，创造是其本质。在电子商务领域引入 Web 2.0，不是技术的简单应用，而是这种"以客户为中心"的经营理念的更新，给电子商务带来全新的模式。

1. 博客＋SNS 企业专区电子商务模式

SNS(Social Network Service)，即社交网络服务或网络社交平台。它的理论依据是哈佛大学心理学教授 Stanley Milgram 在 1967 年创立的六度分隔理论，即"你和任何一个陌生人之间所间隔的人不会超过六个"。也就是说，最多通过六个人你就能够认识任何一个陌生人。按照六度分隔理论，通过 SNS，每个个体的社交圈都会不断放大，最后成为一个大型社会化网络。

博客＋SNS 企业专区电子商务模式是以博客为代表的 Web 2.0 技术的电子商务模式。它有别于传统的 B2C、B2B、C2C 模式。它通过 Blog，每个企业乃至每个人都可以建立自己的 Blog，介绍每个企业自己的相关情况，吸引同行职业相关的人来接近自己，同时也了解他人从而建立良好的双赢关系，而能使职业相关者建立起企业专区，即博客＋SNS 电子商务模式。

建立企业专区可使博客＋SNS 服务成为开展业务的商家的中介商店＋BSP(博客提供商)，让广告客户成为博客＋SNS 社区的用户，产生可持续赢利的商业模式。

由于企业专区的用户面向的也是企业用户，所以网络资料必须是真实的，这样才能形成真正有效、可信的商务人际关系。所以企业专区网络要求用户进行实名登录，以确保真实性，这是其他交友网络做不到的。

企业专区是企业深化品牌形象、拓展网络营销、加强客户关系、传播企业文化、培育公共关系的一个平等、开放、多元的信息交互和市场营销平台。公共企业博客可以在以下几个方面发挥作用：消费者沟通、品牌打造、市场调查、新产品测试、广告测试、售后服务、媒介关系处理等。因此，对企业而言，它是一个有效的市场营销渠道;对社会公众而言,它是一个自由、平等、开放的了解企业、发表见解和与企业交流对话的渠道。

2. 博客+Tag电子商务模式

Tag的一般定义为:Tag是有表征含义的关键词(One-Word Descriptors),它用于标注个人喜欢的电子资源,如网页、博客、音乐等。Delliciolus是支持Tag功能的一个书签管理网站。当用户通过该网站把自己喜欢的网页的链接加入个人收藏夹时,网站提示用户用Tag标注这些网址,并进行分类管理。当用户再次登录Delliciolus来访问自己的收藏夹时,就可以方便地访问收藏夹中分类整理过的网址。这不仅使个人收藏夹的管理更加方便,也使用户可以搜索系统中被标注为同一Tag的所有网址,从而共享其他用户的收藏夹资源。这类电子商务模式至少具有以下两大类的功能。

(1)利用博客+Tag实现分众分类的管理模式。利用博客+Tag技术为企业的信息交换、共享带来极大的便利。Tag的基本功能是实现分众分类的思想。Tag的自发性使得用户可以根据自己的兴趣和需要随意地对资源进行不同的分类管理。这种分众分类的管理模式可以适应同一用户对各类资源的不同需要,也可以适应不同用户对同一资源的不同需要。与其他分类模式相比,分众分类的管理模式具有更大的灵活性和适应性。正是由于他们不断地创作标签,才能够使那些复杂、繁多的数据能够按照用户的意愿进行分类。

用户在定制某产品前,首先就是要找到一个与自己需求相似的他人定制的某产品。而标签则能够很快地让用户找到这一台某产品。这是因为Tag创作的标签相对于原有的搜索和分类,具有无法比拟的优势。

在物流供应链中,上游供应商是建材批发企业的生命线,因此建材批发企业必须每时每刻了解供应商的确切报价,以及供应商的库存情况、供应商的产品质量以及供应商的供货时间等。在传统的电子商务环境下,建材批发企业运作的模式可以通过搜索引擎或行业网站搜索供应商,从而获得千百条左右的条目。然后再仔细的逐条浏览后,就可以发现其中只有很小一部分确实是建材供应商,然后浏览每一家供应商的网站,查询报价、质量、库存、供货时间,最后做出选择。这样做业务,工作量确实是太大了。另一个严重的问题是,即使是最好的搜索引擎和行业网站,也只能覆盖部分的供应商。

Web 2.0下的电子商务模式,利用博客+Tag实现分众分类的管理,建材批发企业将会发现他们的工作变得轻松多了。假设所有参与电子商务的建材供应商都提供了基于Web 2.0技术的电子商务平台,那么建材批发企业只需要登录到该类型的网站,在那里查询所有提供建材的供应商,然后登录并录入需求,即可得到对应的报价、质量、库存等。博客＋Tag技术将使整个过程完全可以由计算机自动完成。同时，在查询完各家的报价之后，系统可以自动的进行比较，选出其中报价最低者，并向其发出订单。

(2)博客＋Tag进行市场预测。Tag为社会市场预测和引导消费提供了必要的信息。由于Tag代表了个体的兴趣和爱好，因此某个时段的所有Tag代表了该时段用户群体所关注的信息，某个时段Tag集中的方向则预示着人们关注的焦点。因此，我们可以通过统计Tag及时了解和掌握最新的社会需求信息，从而做出有针对性的社会市场预测和引导，从而为产品的市场开发提供依据。

Tag技术代表了一种新的组织和管理在线信息的方式。它不同于传统的、针对文件本身的关键字检索，而是一种模糊化、智能化的分类。这更加符合用户使用的顺滑感和提高检索结果的相似程度，将会极大地促进用户查询数字文件的能力。当Tag作为一种全新的技术和理念出现在我们面前的时候，Tag的影响将超出技术和理念为我们设定的范围，它将深刻地影响着我们的思维方式和营销模式方式，同时给整个社会带来深远的影响。

7.5.3 Web 2.0的典型应用

这里介绍几种典型的Web 2.0应用，包括博客(Blog)、维客(Wiki)、社会网络服务(SNS)和播客(Podcasting)。

1. 博客(Blog)

(1)博客概念。“博客”一词是从英文单词Blog翻译而来。Blog是Weblog的简称，而Weblog则是由Web和Log两个英文单词组合而成。Weblog就是在网络上发布和阅读的流水记录，通常称为“网络日志”，简称为“网志”。博客门户兴起后，博客应用从网络日志转变为个人传播、深度沟通、娱乐休闲等全方位的互联网新应用。中文“博客”一词最早是在2002年8月8日由著名的网络评论家王俊秀和方兴东共同撰文提出来的，源于英文单词Blog/Blogger。

Blog通常的表现形式是一个网页，由简短且经常更新的帖子(Post，作为动词，表示张贴的意思，作为名字，指张贴的文章)构成，这些帖子一般是按照年份和日期倒序排列的。

Blog绝不仅仅是一种单向的发布系统，它有着极其出色的交流功能。在以往的几种网络交流方式中，BBS过于公共化，而E-mail和即时通信工具IM则有很明显的私人性质，Blog的出现则将公共性和私人性很好地结合起来。

Blog(Weblog)是管理个人微内容的一种工具，可以帮助你管理个人的终身学习、生活和工作中点点滴滴的体验，并与网络上千千万万的人们共同分享知识，建立良好的社会人际关系。你可以为了不同的目的创建自己的一个或多个 Blog。

简言之,Blog 就是以网络作为载体,简易迅速便捷地发布自己的心得,及时有效轻松地与他人进行交流,再集丰富多彩的个性化展示于一体的综合性平台。

与其他网络交流方式相比,Blog 有 4 个特点:

①博客的自由性。通过 CSS(Cascading Style Sheets)与 DHTML 的相结合,博客的界面呈现高度开放的自由模式,作者只需要具备初步的电脑知识就可以对博客的外观和视觉设计上发挥自己的想象力,甚至博客结构也能够由作者自己设计打造。

②博客的社会化。博客分散在全世界的各个角落里,丝毫不受地域或者文化的限制,全世界的博客们都可以讨论共同有兴趣的话题。作者可以自由发表自己的观点、图片视频等任何文字或者多媒体信息,读者也可以根据作者的观点提出自己的反馈。每个人都是作者,每个人也都是读者,博客就是一个多人共同创作的地图。

③博客的高速传播性。由于博客的信息发布比任何一种媒体都来得容易,基本上只要是会打字的人都可以在网络上发布自己的媒体产品。最新的 RSS(Really Simple Syndication)是一种用来分发和汇聚网页内容的 XML 格式。读者可以通过下载 RSS Reader 软件订阅博客,可以从浩如烟海的信息海洋中很快地检索到自己需要的信息。RSS 的运用使通过博客传播的信息更加快速高效。因此,一条信息,或者一个媒体产品通过博客可以以飞快的速度进行传递,如果从传播速度和传播功能来看,博客是一种非常好的营销工具。

④博客的爆炸性。博客的最大特色就是无限制的分步。博客当中的"引用"功能,能够把你刚刚发布的观点以极高的速度转引到别的博客当中。同样的信息,在多个博客当中进行交叉曝光,其影响力必然提高数倍。而真正使博客具有爆炸性的是博客的"群族"性,即博客作者总喜欢把自己感兴趣的东西聚集在一起与其他人一起分享,许多的博客链接在一起就成为一个有共同价值观和理念的社会网络,一旦有新的事件在这个"群族"中爆发,通过博客链接在一起的这个网络就会迅速地产生传播效应,凝结成一股很强大的舆论力量。台湾学者杨镇远对这种爆炸性的看法是:网络世界使我们的地球成为地球村,博客就是这个村子里最强有力的传媒,只要村子有新鲜事发生,通过博客的"口耳相传"瞬间就能传遍全村。

(2)Blog 的商业运营模式。

①VIP 增值服务。VIP 会员增值服务是博客的运营模式之一。BlogBus 是国内采用付费会员增值服务的运营模式的代表。早在 2004 年 6 月,BlogBus 便率先推出 VIP 收费服务。BlogBus 会员费为每年 120 元人民币,如果一次性交多年年费,将有折扣优惠。VIP 会员可以享受的服务有:存放图片、音频、视频等文件的无

限空间,干净统一、无广告的 Blog 视觉效果,独立域名,与自己 Blog 地址绑定,个性化模板,协助搬迁所有站点等。

在国外,有很多针对于每一个博客进行收费的博客网站。比如美国的 Six Apart就拥有 100 多万个的付费博客用户,其旗下的 Typepad 提供完全付费的 Blog 服务,用户如果想获得 Typepad 提供的一个 Blog 空间以及相关的服务,需要每年支付 50～100 美元。但由于中国的互联网现状,这种收费方式在中国似乎行不通,因为收费将会吓走大多数习惯于免费服务的中国网民。BlogBus 的分级收费似乎不失为 Blog 收费的一个解决方案。图 7-2 所示为 BlogBus 首页,它把 VIP 放在了一个比较醒目的位置。

图 7-2　BlogBus 首页

②移动博客。移动博客(Moblog)是另一种增值服务模式,是指用户通过 PDA、手机等移动数码产品上传自己的文章、图片、视频等媒体产品,浏览其他人的博客或发表回应。使用这种服务的博客用户需要付费给博客托管服务商以及移动服务商。目前在移动博客上获利成功的案例是韩国的赛我网。中国提供一冬播客功能的博客网站有万蝶移动博客(http://www.pdx.cn,手机访问 http://wap.pdx.cn),博客中国(http://mo.blogchina.com),魅力网络(http://www.fotolog.com.cn),掌上博客(http://www.goblog.com.cn)等。万蝶移动博客用户规模最大,博客用户有几万人,所发网志数量最多,有几十万篇。其次是魅力网络。万蝶移动博客的网志主要是通过手机 WAP 和彩信发布,呈现形式多样化。掌上博客提供的手段最全,能够通过 WAP、彩信、短信、Web 发布浏览等,并且是

这里面提到的网站中唯一一家通过移动梦网收费的，其他都是免费提供服务。但是，掌上博客收费的方式效果不明显，用户少。万蝶移动博客因为其主要定位在手机上网用户，加上其WAP的强势，每个月有不少WAP的广告收入。其他移动博客还没有产生收入。图7-3所示为万蝶移动博客手机版，其页宽较窄，适合于手机浏览。

③广告出售。出售广告是互联网1.0时代门户网站的主要经济来源。博客继承了这种传统的网站营利模式。网络广告具备了许多传统媒体广告当中不可比拟的优势。比如网络广告的发布没有地域和时间的限制，传播范围极其广泛，而且采用了多媒体、超文本格式为载体，通过图像声音文字传送多感官信息，使受众能身临其境般感受商品或服务；不仅如此，互联网广告更可以精确的明确访问量以及用户查阅的时间分布与地域分布。广告主可以据此评估广告效果和广告策略，把握未来广告投放的目标。也相当于为自己在传统媒体上投放广告做一次调查；而最重要的就是网络广告的投放成本要比传统媒体小得多。

图7-3　万蝶移动博客手机版

目前国内博客的广告模式有两种。一是在自己的门户主页分割板块出售广告，二是在文章、评论之间添加广告。美国Amazon有一种特别的广告模式：如果博客用户在Amazon上看了某本书，把这本书转到自己的博客中作宣传，如果有人因为这个连接而购买了这本书，那么这个博客用户就可以获得一定的佣金。而博客阅读者对这本书的评论又进一步促使更多人购买这本书。

④营销平台。在传统的营销当中，一样产品的投入通常需要达到上百万元费用投入到前期的新闻发布会，大型路演等造势活动当中，在这之后还需要有较长一段时间的"产品发酵时间"，最后才能逐渐占领市场。而博客媒体的优势在于，网站所吸引的眼球是呈几何倍数增长式的，信息传播更快，也更新。博客的媒体产品传播者和受众之间身份互换，交流也是最频繁和最快速的。再加上我们前面分析过的博客的聚合性，会把有同样消费心理倾向的人群聚合在一个虽然看不见，但的确存在的维度当中。

为了进行前期公关，市场人员通常采取两种手段。一是可以根据博客聚合的"群族"进行分析定位，锁定专业的目标人群，然后通过博客的媒体传播宣传自己的产品。例如，国内的BlogBus就曾经尝试把正要上市的某款轿车宣传广告嵌入到自己的博客模版当中,也并不强行向用户推销,但却也取到了不错的宣传效果。二是市场人员也可以通过在博客中发布信息测试消费者对新产品、新品牌的反应程度。企业更是可以通过对博客聚合当中的监控第一时间获取广大消费者对于新品牌的意见、建议,针对上万消费者的建议随时改变自己的产品质量和行销策略。

⑤企业博客公关。公关是帮助组织建立并维持与群众间的双向沟通、了解、接纳及合作,参与处理组织面临的各种问题与纠纷,帮助组织了解公众舆论并做出反应,促进公众了解组织和事实真相,帮助组织随时掌握并有效利用变化的形势,预测发展趋势等的一种行为。

现在越来越多的企业把开设企业博客当成一种企业整体形象公关的工具。博客公关应用的最根本的依据,是博客的写作者和阅读者会形成一个人际关系联结的群体。他们可能具有相似的职业领域、具有相近的职业领域,或者具有某种相近的爱好。相对于一个群体而言,写作者是一个意见的领袖、一个意见发布的核心。因此,他们对于特定商品、服务乃至特定企业的看法对于这个小群体而言具有相当的辐射与渗透作用,他们的意见往往被很快接受并再次传播开来,他们的知识结构和消费观念会形成一种潜在的文化影响力,潜移默化地推动着人们的消费行为的形成与改变。如果企业能通过这样的博客将自己的消息在读者毫无察觉的情况下传递出去的话,可以起到更好的效果。因为根据爱德曼公关集团的一项调查表明,读者对于从博客中获取的信息的相信程度远远大于从传统媒介那里获取的信息。

博客公关主要有两种途径,一是选择一个合适的 BSP 平台开设公关博客。按照 BSP 的品牌形象、主要受众以及行业当中的排名选择。然后与 BSP 商合作,组织 BSP 当中知名的博客,在暗中为自己的公司企业形象进行维护。然后与 BSP 商以及博客作者进行收益分成,目前国内的博客作者基本都属于无偿写作,因此企业其实只需要付出一些微薄的公关费用就可能获得博客的"病毒式传播"效果。发布的信息主要就以产品的图片、视频、或者试用心得为主,故意散布一些小道消息或者独家消息。还有一种选择是企业在自己的网络上开设博客。这种沟通方式相对于冰冷的企业主页而言,显得更亲切轻松,更加人性化。企业管理者或者普通员工都可以在博客上发表自己对企业文化的感受,不论是牢骚还是赞美,理性的读者自然会对企业更加有认同感。

2. 维客(Wiki)

(1)Wiki 的定义。Wiki 是一种基于网络的信息共享工具。Wiki 站点支持面向社区的协作式写作,可以有多人维护,每个人都可以自由地创建、创作和修改自己的意见,是一种分享知识的全新模式。它遵循"客观"、"自由"、"开放"、"协作"等理念,允许成员针对其中的主题或条目进行创作、修改、扩展或深入的探讨,从而使得更为客观的内容不断呈现出来。

举例来说，用户可以在 Wiki 中定义一个“维基”的词条（如果尚无人定义的话），并写下用户对这个词条的解释和理解。网络上成千上万名用户都可以参与到这个词条的解释和理解中。而用户，作为词条创建者，有权删除一些明显看上去就是不合理的信息，也可以邀请更多的人来参与这个词条的管理以分担用户的工作量。Wiki 的编撰是非常严谨的，如果是从网络上大段拷贝过来的文字，将由于版权原因而不被接受。而且，基于网络超链接的特性，词条与词条之间的互动极强。也正是因为如此，Wiki 中的先驱者 Wikipadia. com 目前已经有七种语言版本，百万篇文章，是大英百科容量的 3 倍。与 Blog 类似，Wiki 再次将传播者和接受者重叠起来。

与 Blog 相比，Wiki 有其显著特点和价值。首先，Wiki 注重协作性，主题相对明确，内容关联性很强，组织紧密。而 Blog 站点虽然也会有一个主题，但内容往往比较松散，一般不会去刻意地控制内容的相关性。其次，Wiki 关注的不是个性化，而是信息的完整性、充分性和权威性。而 Blog 注重的是个人的思想，个性化是 Blog 的最重要特色。第三，Wiki 通常由一系列随时可以再编辑的条目构成，并多按照主题分类和组织。而 Blog 通常由一系列经常更新的流水记录构成，并按照日期倒序排列。第四，Wiki 是多数人写、多数人看，每个人既是阅读者，同时又可以是书写者。而 Blog 是一个人或少数人写、多数人看，阅读者被动接受，只能在文后添加评论。

(2)Wiki 的产生与发展。最早的 Wiki 系统，是 1995 年 3 月 25 日美国俄勒冈州的电子工程师坎宁安(Cunningham)开发制作的一个面向社区的协作式写作系统(http://c2. com/ppr)。坎宁安将其作为“波特兰模式知识库”(Portland Pattern Repository)的模式定义和讨论的交互性场所，以此来方便模式社区(Pattern Community)的交流。在建立这个系统的过程中，坎宁安最先提出了 Wiki 的概念，而 Wiki 这个名字则是他在看到一辆名为 Wiki Wiki Bus 的机场巴士后受到的启发(Wiki 一词来源于夏威夷语的“wee kee wee kee”，原意“快点快点”)。

世界上第一个 Wiki 网站，是 1995 年 5 月 1 日发布的“模式名单的革新”网站。这个网站是对“波特兰模式知识库”的一个自动补充。网站发布之初，便立即在“模式社区”中获得成功。

1996—2000 年间，Wiki 的功能不断得到丰富，概念也得到了一定程度的传播，先后出现了许多类似的软件系统和网站。不过这些较早出现的网站，基本都限于 IT 类、工程开发类等小范围内的应用。

Wiki 的真正繁荣，是在 2001 年 1 月由 Jimmy Wales 和 Larry Sanger 创建的 Wikipedia(维基百科全书，http://www. wikipedia. org)的成功。维基百科的发展

速度惊人，当年 9 月达到 1 万个条目。2002 年 10 月 24 日，用户 Ghyll 在工具软件的帮助下撰写了 Wikipedia 里第一个有意义的中文条目，Wikipedia 中文版由此开始运行。一年后维基百科拥有了 2 万多条目，平均每月增加 1500 条。至 2007 年 9 月，维基百科英文条目的积累超过了 200 万条，超过有 233 年历史的《大英百科全书》条目数(《大英百科全书》拥有约 120 万个条目)。

除在线百科全书类之外，用 Wiki 建立的网站和主题社区的内容还涉及商业、旅游、法律、翻译、计算机、美食、健康养生、体育运动、新闻娱乐等，已经走入了人们工作、学习和生活中的诸多角落。

(3)Wiki 的应用。

①在线百科全书。基于 Wiki 技术的在线百科全书可以由任何喜欢它的人编写和维护。如果有人对某一条目做了不正确或不适当的修改，其他人就能把页面恢复到以前的样子，或者保留变化，但要进行进一步的编辑。一个网站可能有数千人维护(或至少在他们比较擅长的某些领域)，进行事实核对并在必要时进行编辑。维护的人越多，网站的内容质量一般越高。

在线百科全书中最著名的应用案例就是维基百科全书(Wikipedia. org)。如今，维基百科全书已经涵盖 125 个语言版本，总词条数超过 330 万条。这已经远远超出了人类有史以来编撰的任何大百科全书，而且现在每个月的访问量有 25 亿次，全部由维基百科社区的成员免费编写。据 Wikipedia 的创始人威尔士称，为英文 Wikipedia 供稿或者编辑文章的人有数十万之多，其核心团队大约有 200 人，在这个核心内圈之外还有一个约 2000 人的核心队伍，每个月他们每人都有 100 次以上的编辑。在这个核心之外，还有大约 1 万人，他们每人至少会进行 5 次编辑。尽管 Wikipedia 的每一个词条编辑得并非都是毫无瑕疵，但它的每一个词条都在变得越来越好。

虽然中国的百科类 Wiki 站点起步比较晚，但还是发展出不少形式与维基百科全书相同的网站主要有网络天书(http://www. cnic. org)、天下维客(http://www. allwiki. com)、维库(http://www. wikilib. com)等。网络天书是国内第一个维客站点，属于综合性词典类网站。该站内容对 Wiki 的延伸稍多，文章的发挥空间比较自由。而天下维客致力于建设开放的电脑、网络知识库，提供丰富的学习专题和相关知识点。图 7-4 所示为网络天书局部截图。

此外，也有一些有别于维基百科全书的 Wiki，例如互动维客(http://www. hoodong. com)，是中国第一家拥有自主知识产权的中文 Wiki 系统。它采用了一些 Ajax 技术，给用户一种全新的界面体验。互动维客的条目主要是关于餐厅、酒店、景点、生活等内容，是一部涉及生活、休闲、娱乐和旅游等方面的知识库。图7-5 所示为互动维客局部截图。

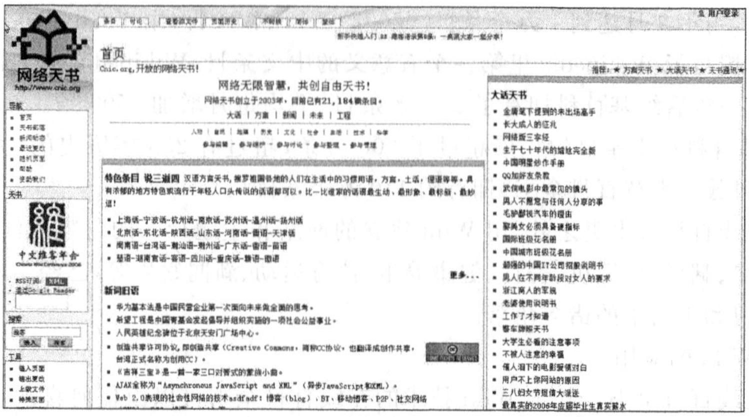

图 7-4　网络天书首页

图 7-5　互动维客首页

百度百科(http://baike.baidu.com/)是另一个比较有代表性的 Wiki 系统。它的交互设计很成功，编辑很简单直接，没有晦涩难懂的功能，而且引入了 Tag 式分类体系，让内容的再组织变得很方便。与互动维客一样，百度百科允许网民注册后共同编写文章，但不能匿名创建条目。与常见的 Wiki 系统相比，百度百科的注册管理更为严格，创建好的条目还需要管理员审核，从某种程度上打消了用户的积极性，在一定程度上限制了自由贡献。此外，由于百度百科审查系统对文章转贴过于宽松，导致站内粘贴了大量非原创文章。有看法认为百度百科更接近网摘的变种，与 Wiki 推崇的文章协作区别较大。图 7-6 所示为百度百科局部截图。

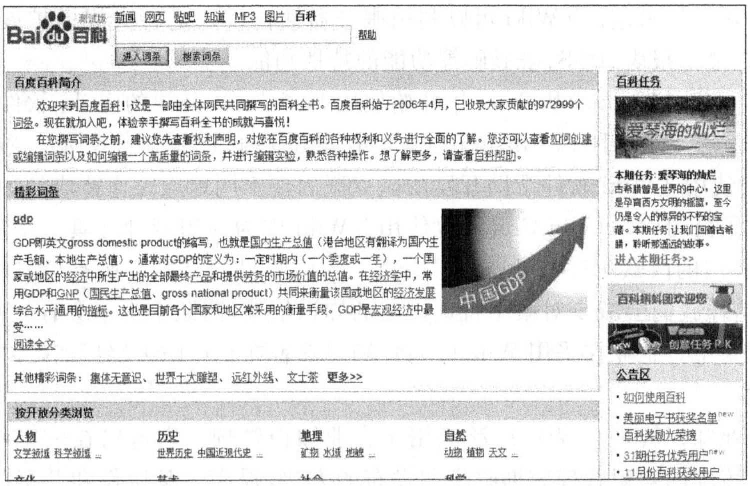

图 7-6　百度百科首页

②商业活动协同。对所有的公司来说，尤其是一些大的公司，一个最基本的挑战是要确保在组织内部和部门之间流动的信息尽可能减少延误。Wiki 是企业人际交流与沟通的理想平台。Wiki 比其他一些协作应用程序和组件容易部署，成本也更低。Wiki 非常简单，就连非技术背景的员工也能使用。

大企业在信息传递的过程中，容易破坏信息的准确性和完整性。如在微软这样的大企业中，信息从上至下大致需要通过 5 个管理层。据统计，当信息传达到最底层时，大概要衰减 80%的内容。Wiki 技术的发展和完善，极大便利了企业上下左右突破时空与障碍限制的交流沟通。由于 Wiki 在信息传播上具有的公开性、迅即性、直接性、存储性及纠错补遗及时性等特点，在关键的信息准确性和完整性环节上，优于其他传播方式，保障了企业对内部人际交流沟通的有效管理。目前 Google 就是利用 Wiki 系统进行内部的交流沟通，其创始人佩奇说："Wiki 上涂涂改改的便捷非常适合现代管理制度下的职员交流，Wiki 可以打破企业内部各层隔阂，让那些靠压制手段来管理的主管们被群体智慧淹没。"

由于企业对使用 Wiki 系统促进内部沟通的需求，市场上出现了一批企业级 Wiki 软件。Socialtext 是最早将维基技术商业化的公司之一。在加速项目周期运转、帮助组间沟通方面，Socialtext 被证明是一种比电子邮件更有效的技术。Socialtext所倡导的是一种"商业开源"的思想。目前，该公司已实现了赢利，并获得了业内的广泛关注。JotSpot 也是率领企业 Wiki 解决方案的领头羊，由 Excite 的共同创建人创办，是 Wiki 与数据库的交集。通过提供表格和与外部数据的集成等额外的特性，JotSpot 能够克服 Wiki 在处理文本文档功能上受到限制的问题。TWiki 公司开发的开放源代码的 TWiki 软件被迪斯尼、SAP 和摩托罗拉这样声名赫赫的公司广泛采用。TWiki可以利用服务器插件模块进行大规模扩展，增加处理像日历、电子报表、RSS、条形码等功能的特性功能。

诺基亚公司(Nokia)从2004年开始使用Socialtext公司的Wiki软件，用来推进“洞察力和远见”团队(Insight & Foresight)内部的信息交流。雅虎公司(Yahoo!)使用TWiki软件帮助开发团队克服因在不同地点工作造成的各种问题。米其林中国公司(Michelin China)也使用TWiki作为知识管理工具。米其林中国公司IT部门的西默耐特(Simonnet)写道：“我们的目的是共享所有信息、程序，设置文件，这样我们会减少对某个特定员工的知识依赖，团队中也不会有人将文件留在个人目录中。”企业在采用Wiki时，将Wiki部署在企业防火墙后面，并且只作为正式用途。

③企业知识管理。Wiki广泛应用于企业知识管理。它可以在一定程度上替代或改进传统的知识管理数据收集和发布的方法，提高交叉协作和共享的速度和质量，从而提高员工和客户的满意度。例如，在项目管理和规格控制方面，使用Wiki可以更加方便直观地展现公司每个项目现在的状态；拉近公司人员对现有项目、技术的理解；记录公司人员所遇到过的问题，给以后再遇到的人提供解决方案参考等。

Wiki还能解决文件管理的问题。由于电子邮件通过不同的路径发送，有时电子数据表格和Word文档传来传去，结果没人知道最新版本究竟在谁手中。有时在需要会议记录的时候，把会议记录储存在自己硬盘中的行政人员出去度假了。有时营销决策改变了，却没有告知网络管理员更新公司内部网上的信息。Wiki这种协同工具，能解决上述问题。

TechOne(科首)是一家高科技企业，客户在工作或家居事务中使用TechOne的产品。TechOne经常需要让客户通过电话、电子邮件，或者是发起聊天式的会议等方式进行双向交流，以便及时了解客户遇到的新问题。

TechOne委任最优秀的技术支持代表收集和综合新的问题，并提出解决办法。与此同时，这些技术支持代表还需要把问题和解决办法的信息传递给市场和产品开发领域的专家，以便得到他们的同意或者是改善，然后再将答案发布到公司的知识管理工具系统里，让所有的技术支持代表都能获得这些信息帮助客户。

传统的知识管理方法在开始时是成功的，但随着公司的发展，TechOne不得不面对这种知识管理方法的问题。由于技术问题越来越多，越来越复杂，从收集到新问题到将解决方案发布到知识管理系统的时间，从最初的两个星期发展到数个月。这就导致TechOne公司越来越不能跟上客户需求的步伐。此外，由于技术支持代表不能发现真正的问题，而专家们又不能站在客户的立场解决问题，技术支持代表最后只能自己去寻求答案，而不是求助于知识管理工具。这导致的结果是，客户在遇到问题后，经常会得到不一致甚至是相互冲突的反应和答案，从而导致客户满意度下降和客户流失。

Wiki 有效地解决了 TechOne 的知识管理问题。TechOne 的技术支持代表将客户的问题和他们提议的答案直接发布在 Wiki 系统上，所有的技术人员都可以在第一时间搜索到这些信息，各领域的专家也可以通过 Wiki 检查所发布信息的准确性。如果另外某个代表认为他有更好的答案，或者是专家们认为他们有一个更好的角度，Wiki 可以重新写入并进行编辑，可以在 Wiki 上看到整个版本的历史演变过程。

得益于 Wiki 的帮助，TechOne 的技术支持代表们可以更加及时地得到解决方案，用更加准确的解决方案为客户提供支持，从而提高了客户满意度。

④专题信息库。以 Wiki 系统为基础的专题信息库，在世界范围内得到广泛的应用，几乎涵盖了旅游、法律、翻译、计算机、美食、健康、运动、娱乐等所有能够想到的领域。

World66 网站(http://www.world66.com)是借助 Wiki 搭建的全球性旅游信息网的代表，内容涉及全世界 2 万个以上旅游地区，文章条目数超过 8 万条，包括景点介绍、气候、交通、餐饮、住宿、娱乐等多个方面。与传统的旅游信息网相比，World66 具有更大的互动性，因为其信息每个人都可以编辑或添加。因为每个旅游爱好者都可以参与编辑，这个网站的信息更新也更加及时。图 7-7 所示为 World66 的香港旅游介绍，其中的图片和文字都允许编辑。

图 7-7　World66 香港旅游介绍

EEmap(eemap.org)是一个中国的地图维客(map+wiki)系统，也是多功能互动地图平台。它提供类 GE 地标分享、免费标点、地图搜索、地图引用等服务，是一种全新的人人可共同编辑的人性化趣味地图，还是一种在线玩具和人性化社区。

地图和 Wiki 的结合是对 Wiki 应用模式的一种新尝试。2006 年底，网络天书的创始人叶群峰和四五个伙伴开始创建 EEmap，目前测试版基本完善。为了提高数据的有效性、系统的安全性，EEmap 采取了邀请注册的方式。

EEmap 与百度地图、丁丁地图等的不同之处在于，EEmap 的数据大部分都是客户提供的。叶群峰将 EEmap 定位为分享平台，而不是信息搜索平台。在这个平台上，用户可以自主添加关于某一区域的各种图文信息，各自之间相互修改充实，使得内容逐渐完善。图 7-8 为 EEmap 中西湖十景的地图和网友编辑的平湖秋月的介绍。

图 7-8　EEmap 中西湖十景地图

3. 社会网络服务(SNS)

(1)SNS 的定义。SNS 全称是 Social Networking Service，中文直译是“社会网络服务”。在大众眼中，SNS 已经成为与网络交友同义的一种概念，但实际上 SNS 已经远远超越单纯的社会网络服务的概念，通过参与者自主创造的内容与平台体系，SNS 的应用已经能够扩展到互联网上的多个层面。

在中国 SNS 技术的发展还是刚刚起步，比较火的 SNS 类网站(Social Networking Site)主要是网络交友类站点。其实 SNS 类型的交友网站和传统的交友网站还是有着一定的区别的，首先 SNS 网站的理论基础是六度空间理论。所谓六度空间理论，是 1967 年由美国社会心理学家米尔格兰姆在美国实验后提出，其精髓是:"你和任何一个陌生人之间所间隔的人不会超过六个,也就是说,最多通过六个人你就能够认识任何一个陌生人。"其交友模式是通过朋友去认识朋友的传递型模式。而传统的交友网站交友模式通常是个人对个人的,通过一点向外辐射的模式。

SNS除了能够帮助人们找到朋友、合作伙伴,还能够帮助用户实现个人数据处理、个人社会关系管理、信息共享和知识分享,最终帮助用户利用信任关系拓展自己的社交网络。由于用户能通过传递的模式形成一个一个的私人圈子,能达到"人以群分"的效果,因此,能达成更有价值的沟通和协作,从而带来丰富的商业机会和巨大的社会价值。这类网站从2005年开始在中国出现,有"联络家"、"占座网"和"校内网"等。

各类SNS网站的发展,正在逐步改变着人们对互联网的使用习惯,尤其是商务SNS已经获得广大商务人士的青睐。根据我们的统计,经过短短一年的发展,目前中国SNS商务社区的总体注册用户数量已经达到24.5万人。

然而,现有的大多数SNS网站尚不能摆脱赢利模式的困扰,目前采用的免费政策显然并非长久之计,设想中的网络广告、会员收费等方式是否能够经受住市场的考验,还需要时间来检验。因此,面对正在启动的中国SNS市场,企业如何挖掘市场潜力,选择适当的赢利模式,迅速将概念转化为实实在在的收入,成为当前业界最为关注的问题。

(2)SNS运营模式。SNS的概念迅速流行,出现了很多定位于帮助用户拓展人脉、扩大商务往来、积累社会资本的商务类SNS网站,但结果却不尽理想。从2005年开始,近百家SNS网站先后在国内创立。这些网站在2005年迎来发展热潮,但进入2007年遭遇用户活跃程度低、广告赢利模式发展迟缓等共同难题,部分SNS网站不得不关闭,其中一个例子就是位于南京的SNS网站优友地带(UUZone)。优友地带成立于2004年,曾融资1000万美元,用户数超过300万个,优友地带客户端UUTong,同时支持类似Skype的"PCtoPhone"功能。优友地带用户可通过电脑以低得惊人的价格给任何地方的人打电话。即便这样,它也难以逃脱关闭的命运。在大浪淘沙中生存下来并发展壮大的网站,有着自己的鲜明特色。

①商务人脉资源平台。以行网(http://www.xing.com)为例。行网是全球最大商务社交网站。这个网站创立于2003年11月,在成立仅3个月后就实现了现金流为正,次年就实现赢利,成立3年后就在德国法兰克福证券交易所公开上市。2006年12月,行网登录法兰克福证券交易所时的发行价为30欧元,融资额达7500万欧元。根据行网2007年第二季度的财务报表,期内其实现营收429万欧元,EBITDA(扣除利息、税项、折旧及摊销前赢利)为89万欧元。行网以全球独一无二的多语言社交平台,在全球拥有16种语言的网站,注册会员数约350余万

人。2005 年 10 月，行网正式进入中国，在短短一年的时间里，其高价值的活跃会员数量已经接近 20 万人。

行网以商务人士为主要服务对象，提供拓展商务人脉资源的平台，并且不断向会员推出富有价值的商务增值服务。根据行网自己的调查，行网有 20% 的用户实现了交易，有 60% 的用户在行网上找到了新的东西，有 80% 的会员认为行网对于自己的商业关系网络的拓展有作用。因此，相对以娱乐休闲、情感等为目的的 SNS 网站而言，行网能带来更大价值。行网对会员收费，这保证了其现金流。由于成功采用了会员费制商业模式，行网不需要在网站中插入商业广告。图 7-9 为行网首页。

图 7-9　行网首页

联络家(www. linkist. com)是中国的老牌商务网站。面对 SNS 网站间激烈的竞争，为了打造一个适合中国人人际交往文化的 SNS 交友网站，中国的老牌商务网站“联络家”(www. linkist. com)对其网站进行了改版和重新定位，更加注重信息传递的私密性，以减少信息和人际的骚扰，增进实在的信任，使用户通过信息的分享和交流保持持久的联系，以求使“联络家”更符合中国人的人际交往特征。

②校友资源平台。除了商务人士，SNS 另一个流行的服务人群是校园范畴。一个人青年时代大部分时间是在读书，那个时候信任的朋友最多，回忆最美好，因此校友是一个比较紧密的人际关系。

国内校园 SNS 的共同特点是，专注做校园，只对大学生开放，提倡实名制，保证真实性和安全性，不注册则无法看到任何站内信息。此外，各个校园 SNS 网站还开发有个性 Blog、方便的聊天功能、论坛群等。每个用户在校园 SNS 上都有自己的档案和个人页面。用户可以在自己的个人页面上登入真实姓名、上传个人照片、并填写个人信息。通过点击这些信息的链接，可以进入对应的群体页面，从而很方便地结交到与自己有同样特征的同龄人。

这些校园 SNS 网站有着明确的用户定位，即素质较高、有活力的大学生，因此用户间的交流自然而然形成了一种对等关系，有着心理上的接近，彼此交流更容易、更真诚。由于把在校大学生作为它的目标对象，采用实名制，其用户密集性弥补了普通分类信息网站缺乏统一主题、用户缺乏共同特征的这一缺陷。

以校内网(www. xiaonei. com)这个在 2005 年 12 月创建并迅速在大学生间流行的网站为例。与其他校园范畴的 SNS 网站一样，校内网采取严格的身份验证措施，以保证用户身份的真实性，并获得用户信任。对于高中生用户，需根据校内网所发放的注册码注册，没有注册码的人注册进入后成为待审核状态，需寻找同校同学，并发送加入高中网络的申请，待身份被认证后方能成为正式用户。对于大学生用户，必须提供所在学校域名下的邮箱地址或开通院校的 IP 地址。对于公司用户，目前只允许通过公司邮箱注册。

由于校内网的用户主要是重点高校的在校大学生，因而其用户群的文化层次与个人素质均较高，且兴趣爱好与关注热点具有相当程度的一致性。这些因素促进了用户交流。因此，相对于其他同类网站用户素质的良莠不齐，校内网具有一个较为健康的基础平台。这种健康的交流环境也在一定程度上保证了用户免受无关信息打扰，进一步加强用户信任。图 7-10 所示为校内网用户登录后的首页。

图 7-10　校内网登录后首页

4. 播客(Podcasting)

(1) Podcasting 的定义。当前对于 Podcasting 一词并无统一定义。Podcasting,源自苹果电脑的“iPod”与“广播”(broadcast)的合成词,中文译名为播客,原指一种在互联网上发布文件并允许用户订阅 feed 以自动接收新文件的方法,或用此方法来制作的电台节目。Podcasting 在互联网上流行用于发布音频文件。其与其他音频内容传送的区别在于,它允许个人进行创建与发布,使人人可以说出他们想说的话。Podcasting 自 2004 年下半年在欧洲出现,并迅速在互联网上流行。自 2005 年上半年开始,Podcasting 发展到视频领域。

播客颠覆了传统的被动收听观看广播节目和电视节目的方式。首先,播客在创作节目方面是主动的。传统广播、电视在多数国家是被严格控制的,主体多局限于国家专业的媒介组织。与之相比,“播客”不用经过层层审批,不必为争取到一个清晰的无线电波段而煞费苦心。播客们是主宰自己作品唯一的决策者。每个人都能通过简单的申请注册自己的播客,开辟个性的空间。播客的操作十分简单,对设备也没有特殊要求,只要需要麦克风、摄像头和连接因特网的电脑就能录制。第二,接收广播、视频是主动的。用户可自由订阅、收听播客节目,不必像传统广播、电视一样必须将就电台的节目表,可以完全按照自己的时间安排随意收听节目。由于这些特点,从国内第一个播客网站土豆网建立起,在一年的时间中,播客中国、播客天下等各类播客网站、播客频道纷纷开通,大批播客节目广泛传播。

(2)Podcasting 的商业模式。目前,播客网站仍处于成长期,即便是最大的视频播客 YouTube(youtube. com)也未能实现赢利。但是,大致可以看到几类播客的商业运作模式。

①插入广告。国内的一些主流播客网站已经开始尝试插入广告以获得利润。与普通大众媒体的受众相比,播客的观众由于收看共同的节目形成群体,可以通过网络彼此交流沟通,比普通大众媒体的受众更具粘合力。网络群体里志同道合的人经常聚集在一起讨论共同的话题,广告主针对这部分群体投放有针对性的广告,会得到更好的广告投放效果。

土豆网(toodou. com)是一个近日来备受关注的中国播客网站,创建于 2005 年 4 月。土豆网风格类似国外播客网站 YouTube(youtube. com),个人用户可以在土豆网上发布和共享视频。在很短的时间里,土豆网发展到了 16000 个频道,50000 每天次浏览,15 万个注册用户,掀起了一股互联网高潮的趋势。图 7-11 所示为土豆网首页。

2006 年 3 月,土豆网推出了 Toodou Ad,运用技术在视频作品中加载 Flash 技术设计播客广告片,并根据点击量获得收益分成;广告插在用户视频作品中的开

图 7-11 土豆网首页

头或结尾。中国播客网也推出了很类似的“播众广告计划”。对于广告主而言，他们最关心的是他们的广告是否可以准确地到达目标受众，而避免无效的传播。土豆网正好可以解决这个问题。根据用户观看的节目，土豆网可以分辨出用户的喜好，并根据用户的喜好，对广告投放进行细分。

②增值服务。增值服务的赢利方式，主要有向会员提供增值服务和无线增值服务两种。在中国比较通行的是无线增值服务方式。一些播客网站与无线增值服务提供商进行合作，为手机提供音频或视频服务。2006 年 7 月 15 日，土豆网与上海东方一龙移动信息公司签订合作协议。手机网络一旦建成，用户可以通过手机连接到互联网，订阅土豆网的节目。中国手机 3G 时代即将到来，未来手机用户可以通过手机进行视频点播，对于视频网站而言，一个独具特色的视频网站的建立，将会成为 3G 时代的领军者，对于中国的播客们来说，预示着巨大的商机。

③内容提供。与传统电台、电视台合作，是播客网站的一个收入来源。例如 NBC 及 ABC 同时开播了其新闻频道的播客项目。这两家广播公司提供的大部分都是经过编辑的现有电视节目的播客版本，外加一些播客格式的特制内容。此外，许多世界国际广电媒体网站甚至报刊网站，如美国 ESPN、美国公众电台(WGBH)、加拿大广播公司(CBC)、英国国家广播公司(BBC)等均已提供播客节目。在中国台湾，台湾中广流行网、Hito radio、News98、ICRT、台中电台、高雄港都电台等岛内北中南知名广播电台，也相继推出播客节目。

土豆网也为上海电视台节目提供片源，共同开拓市场。电视台不需要付费，但是，如果今后土豆网规模扩大，成为个人短片的“集散中心”，而且观众希望看到此类个性化的作品，那么电视台付费买片并非不可能。

7.6 电子商务服务与应用实践

7.6.1 旅游电子商务实践

【实践目的】

了解电子商务在旅游业方面的发展情况，熟悉旅游网的使用功能和使用流程。

【实践流程图】

实践流程如图 7-12 所示。

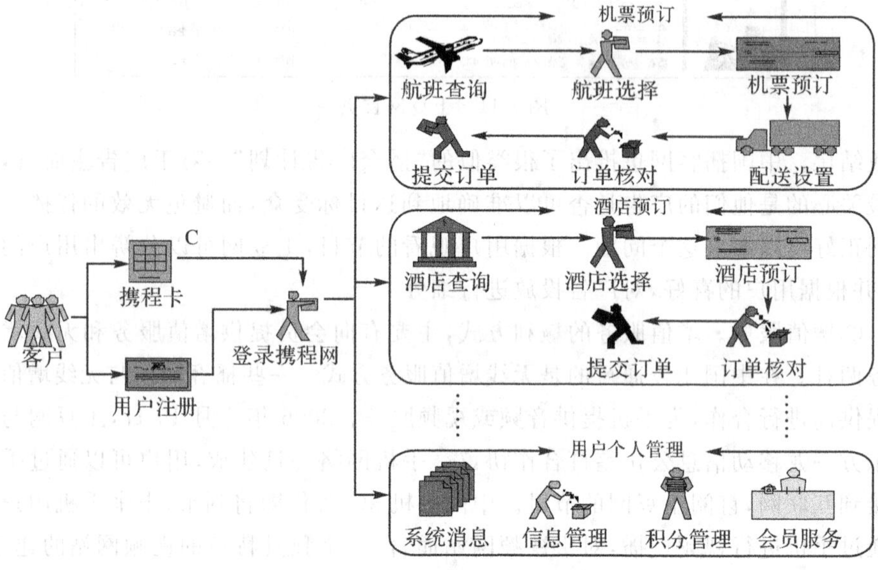

图 7-12　旅游电子商务实践流程

【实践步骤】

1. 注册用户

(1)登录携程旅行网，在浏览器中输入地址 http://www.ctrip.com。

(2)点击“注册”按钮，进入注册界面。系统提示：“如果你已经刚得到一张携程卡，请直接以卡号为登录用户名，不需要再注册”。点击“我要注册”，登录用户注册界面，如图 7-13 所示。

图 7-13　新用户注册

(3)“输入用户注册信息”→“完成”，系统提示用户注册成功，点击“继续”按钮，进入用户个人信息管理界面。

(4)用户个人管理包括系统消息的查看、个人信息内容的管理、积分的管理以及会员服务信息。点击左框架中的目录信息，在右框架中将显示相关的信息查看界面或管理界面，如点击左框架目录结构中的“积分来源”，右框架中显示积分来源记录信息，如图 7-14 所示。

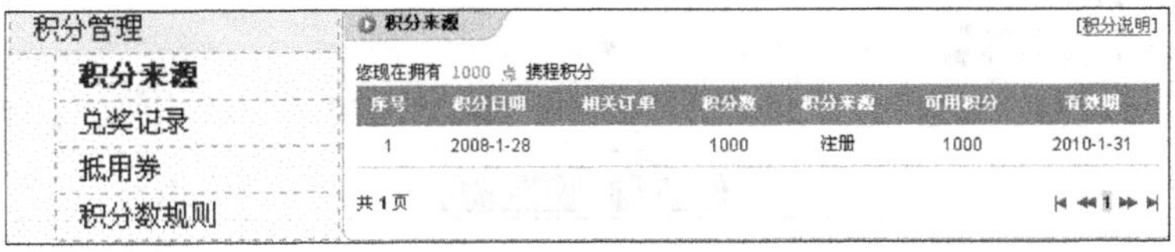

图 7-14　积分管理

2. 酒店预订

①点击“酒店”标签，显示酒店信息查询界面。

②酒店分为国内酒店和海外酒店两种，下面以国内酒店的预订为例。在国内酒店标签，显示国内酒店的查询界面，如图 7-15 所示。

③输入查询条件，点击“查询”按钮。

④系统将搜索并显示所有满足查询条件的酒店信息。查看具体的酒店信息，点击记录信息后面的“预订”按钮，进入预订信息填写界面。

⑤输入入住信息和联络方式，点击“下一步”按钮，进入预订信息核实界面，如图 7-16 所示。

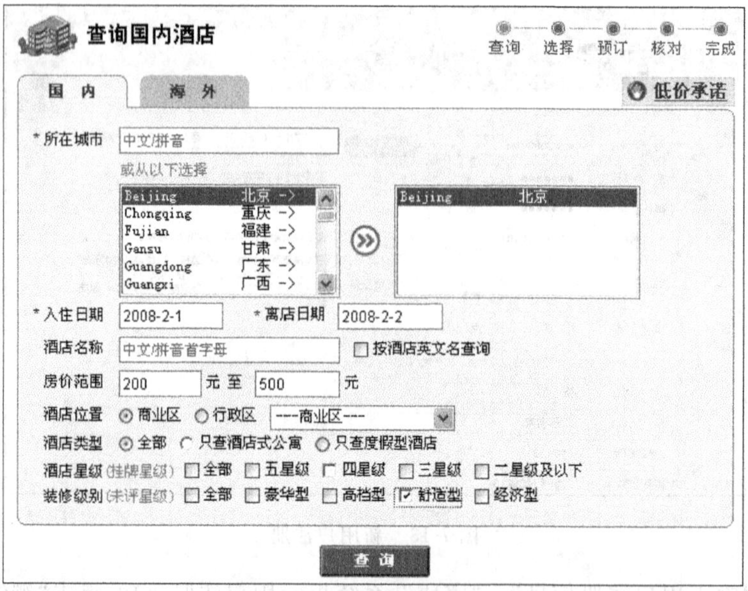

图 7-15 酒店查询

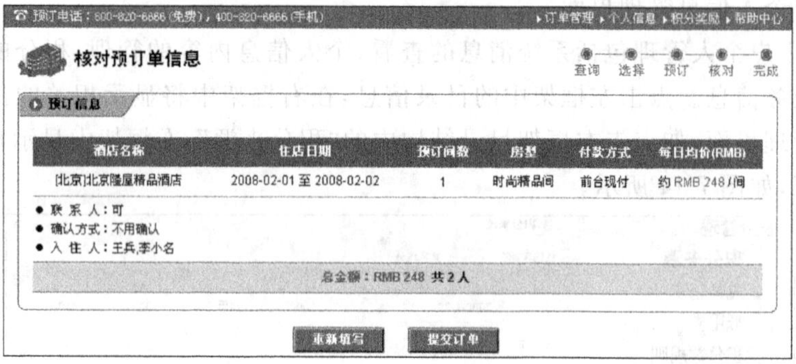

图 7-16 核对酒店预订单

⑥核对预订信息，如果发现错误，点击“重新填写”，进行预订信息的修改，确认无误后，点击“提交订单”按钮，提交预订信息。

3. 机票预订

机票也分为国内机票和国际机票两种，在这里我们以国内机票的预订为例。

①点击“国内机票”标签，显示国内机票查询界面，如图 7-17 所示。

②输入机票查询信息，点击“查询并预订”按钮。

③系统将搜索并显示所有满足查询条件的所有航班信息，查看具体的航班信息后，选择航班，点击“下一步”按钮，进入登机信息填写界面。

④输入登机人信息和联系人信息，点击“下一步”按钮。进入配送信息设置

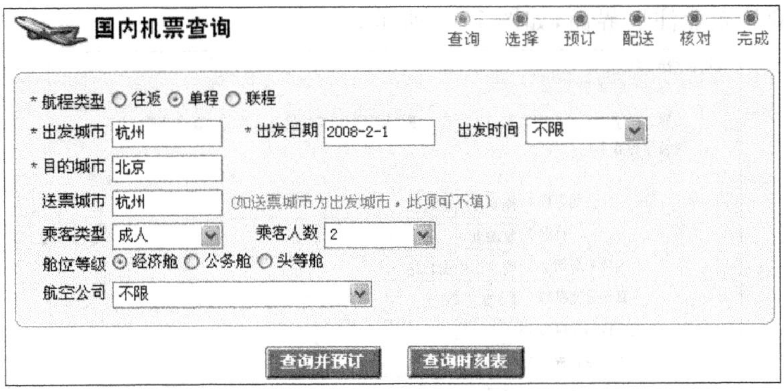

图 7-17　机票查询

界面。

⑤输入配送信息，包括出票时间、配送方式、支付方式，点击“下一步”按钮。进入用户机票信息核对界面，如图 7-18 所示。

图 7-18　核对机票预订单

⑥核对用户机票预订信息，在确认无误后，点击“提交订单”按钮，机票预订完成。

4. 商旅管理

(1)点击“商旅管理”标签，显示商旅管理主界面。为公司客户提供全方位、专业的商旅管理服务，并且在网上提供动态、实时查询。

(2)首先，了解商旅管理的服务项目及解决方案等信息后，点击“欢迎加入”按钮，进入商旅企业注册界面，如图 7-19 所示。

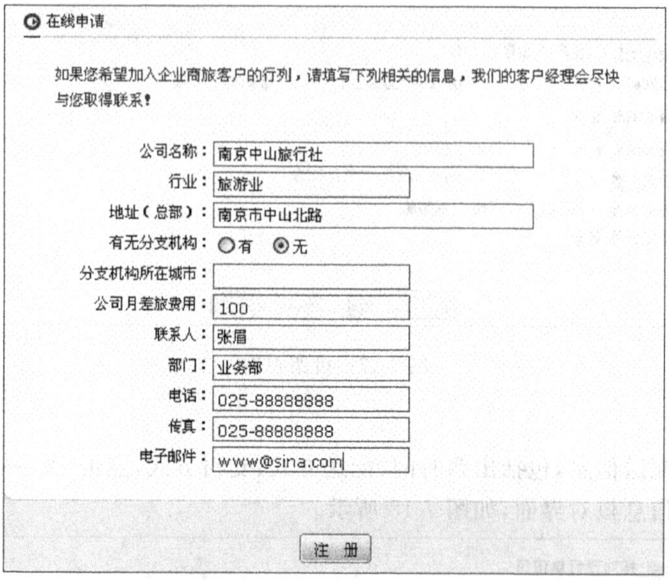

图 7-19　注册商旅企业

(3)输入企业信息，点击“注册”按钮。系统提示“您的申请已成功提交！我们的客服人员会尽快与您联系”。

5. 其他信息

(1)度假

为会员提供对国内外旅游线路的查询及预订服务，并可为会员度身定制旅游线路。

(2)目的地指南

为会员提供最全、最完整的旅游目的地信息，包括景点、住宿、餐饮、购物、娱乐、交通等各方面设施资料。

(3)社区

一片属于网友们自己的天地，在这里会员可以发表自己的观点，组织自己的活动。

(4)VIP 特约商户

携程卡隆重推出增值服务，让会员每天都能感受到真正的增值乐趣。

7.6.2　博客实践

【实践目的】

了解并熟悉博客开通和博客管理的方法，掌握博客提供的功能。

【实践流程图】

实践流程如图 7-20 所示。

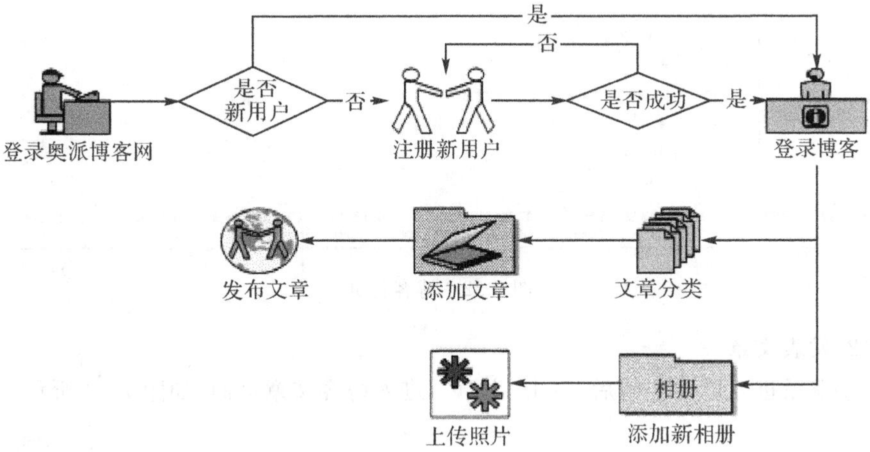

图 7-20　博客实践流程

【实践步骤】

1. 用户注册

①访问 http://blog.studyeb.com，点击“我要注册”，进行用户注册，如图7-21所示。

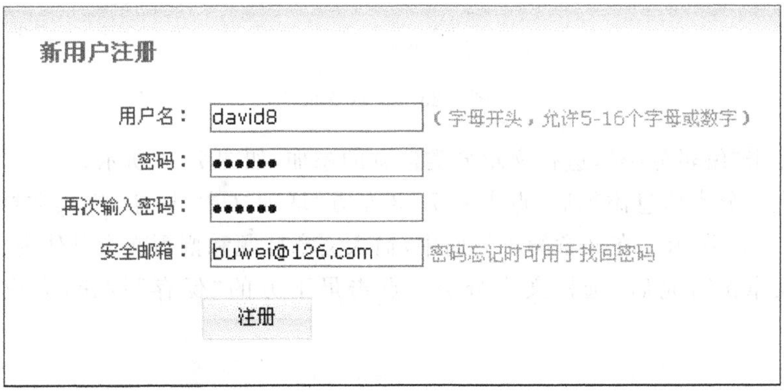

图 7-21　用户注册

②成功注册为奥派电子商务博客网用户后，在首页输入用户名和密码，单击“登录”，进入博客空间，如图 7-22 所示。

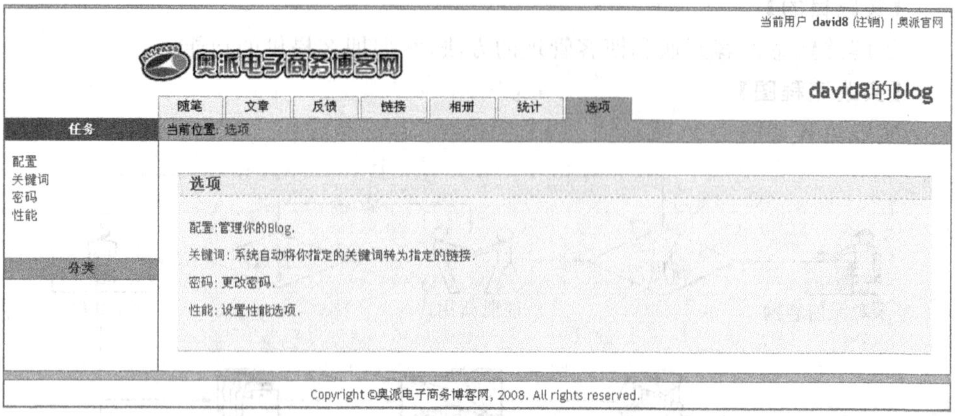

图 7-22　博客首页

2. 发表文章

①登录进入博客空间后，点击“文章”，进入博客文章页面，如图 7-23 所示。

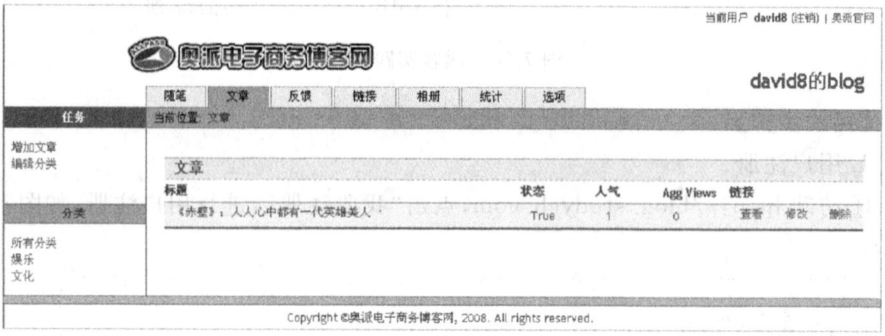

图 7-23　文章首页

②点击“编辑分类”，进行文章分类信息的添加，如图 7-24 所示。

③文章分类信息添加后，点击图 7-23 左方“增加文章”按钮，进入文章编辑界面，如图 7-25 所示。在文章编辑界面中，输入文章标题和撰写文章具体内容。

④文章撰写完后，选择文章分类。点击最下方的“保存”按钮，完成文章的发表。

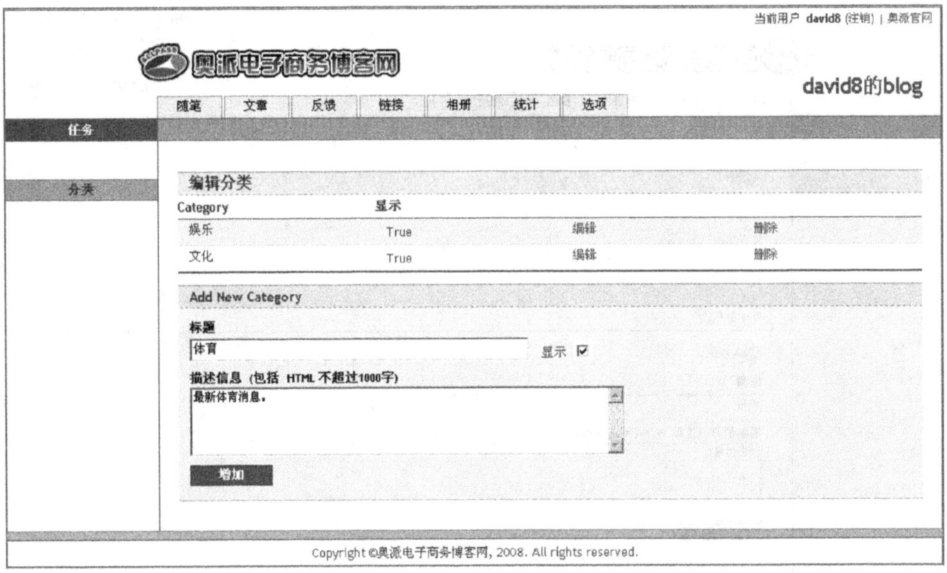

图 7-24　添加文章分类

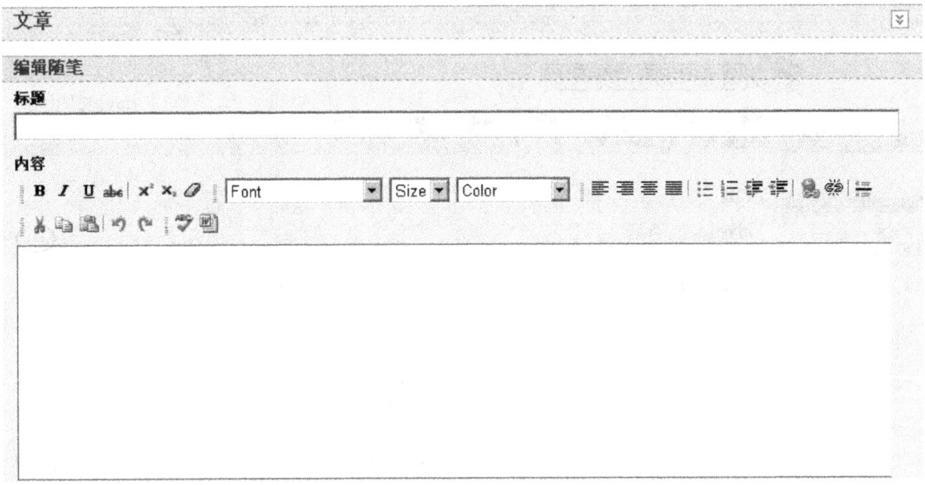

图 7-25　撰写文章

3. 相册管理

①登录博客空间后，如图 7-26 所示，点击菜单栏中的“相册”，输入相册名称和相册描述信息，单击“ADD”进行新相册的添加，如图 7-27 所示。

②单击“体育”分类，进行体育分类照片的上传。

③单击图 7-27 中椭圆形位置，选择照片的存放路径，编辑照片描述信息，如图

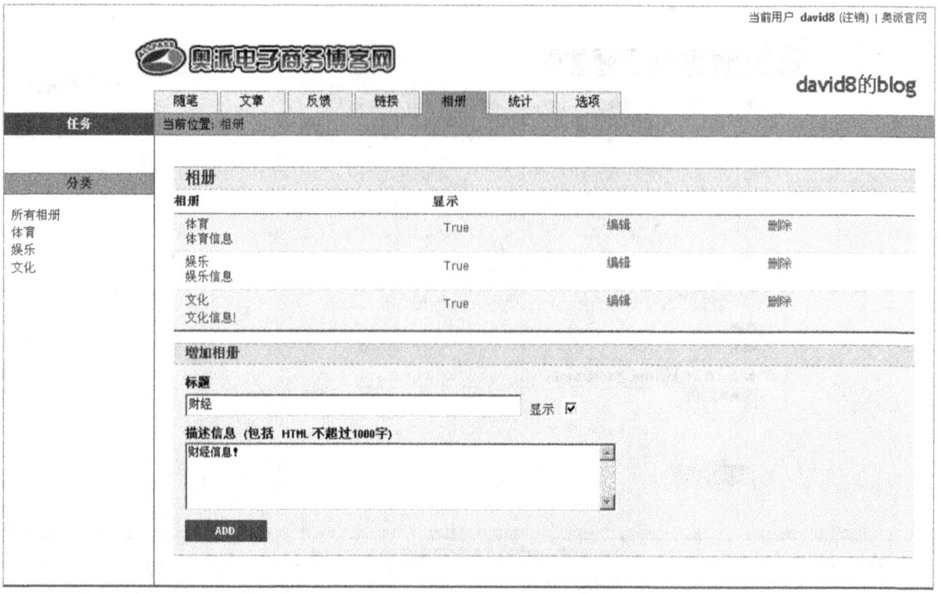

图 7-26　相册首页

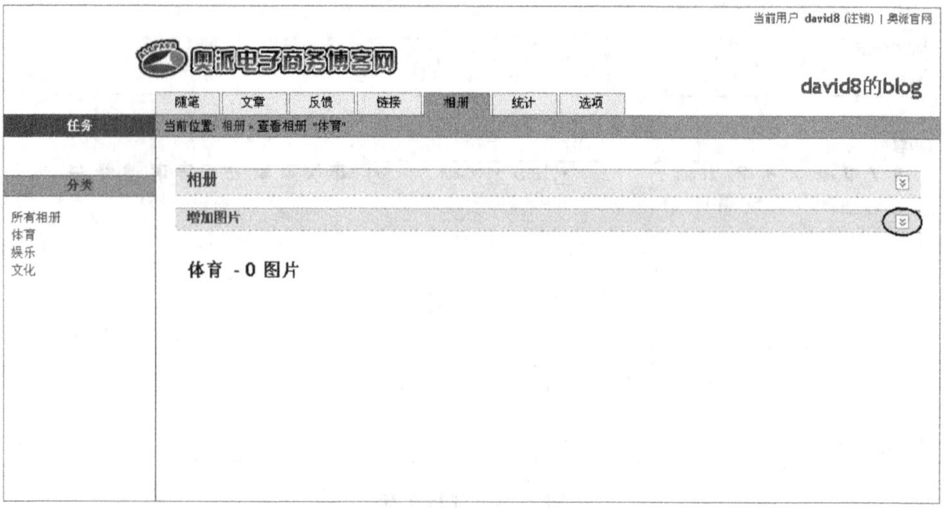

图 7-27　添加相册

7-28 所示，单击“增加”按钮就可以上传照片。

④照片上传成功后，还可以对照片进行编辑和删除操作，如图 7-29 所示。

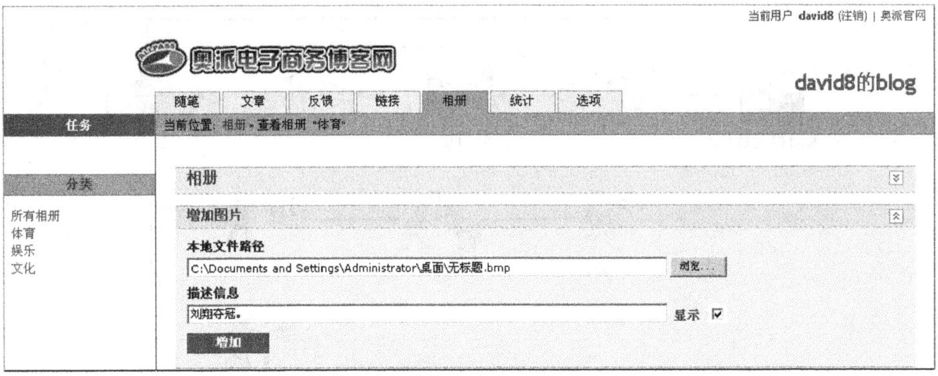

图 7-28　增加图片

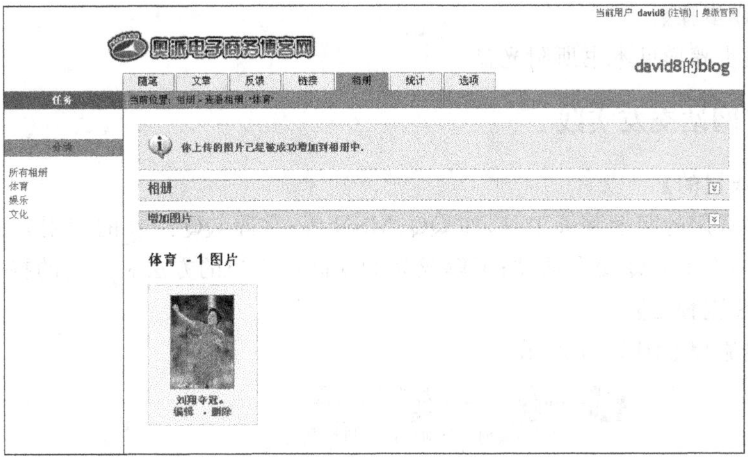

图 7-29　图片编辑

7.6.3　网上人才市场实践

【实践目的】

了解并掌握在网上人才市场会员注册的流程，了解并掌握网上人才市场个人简历维护流程和操作，了解并掌握在网上人才市场进行职位的搜索。

【实践流程图】

实践流程如图 7-30 所示。

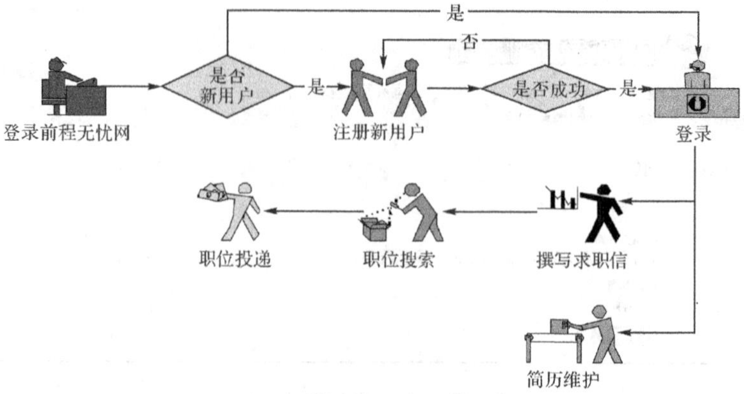

图 7-30　网上人才市场实践流程

【实践步骤】

实践步骤详见本书所附光盘。

7.6.4　网站交友实践

【实践目的】

了解常用的网上聊天工具,如 QQ、MSN 等;掌握 QQ 交友的使用方法和注意事项;了解网上 QQ 交友活动;了解成为 QQ 高级用户的方法和享受的特殊服务。

【实践流程图】

实践流程如图 7-31 所示。

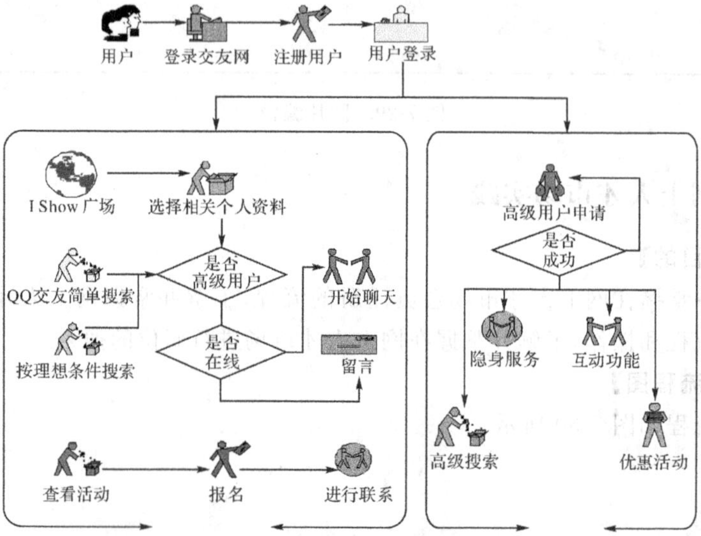

图 7-31　网站交友实践流程

【实践步骤】

实践步骤详见本书所附光盘。

7.6.5　Wiki 实践

【实践目的】

通过对 Wiki 实验的学习，了解 Wiki 是一种超文本系统，同时这种超文本系统支持面向社群的协作式写作，同时也包括一组支持这种写作的辅助工具，同时 Wiki具有使用方便、有组织、可增长、开放、可观察等优点；熟悉百科全书系统的使用流程，掌握百科全书的阅读流程。

【实践流程图】

实践流程如图 7-32 所示。

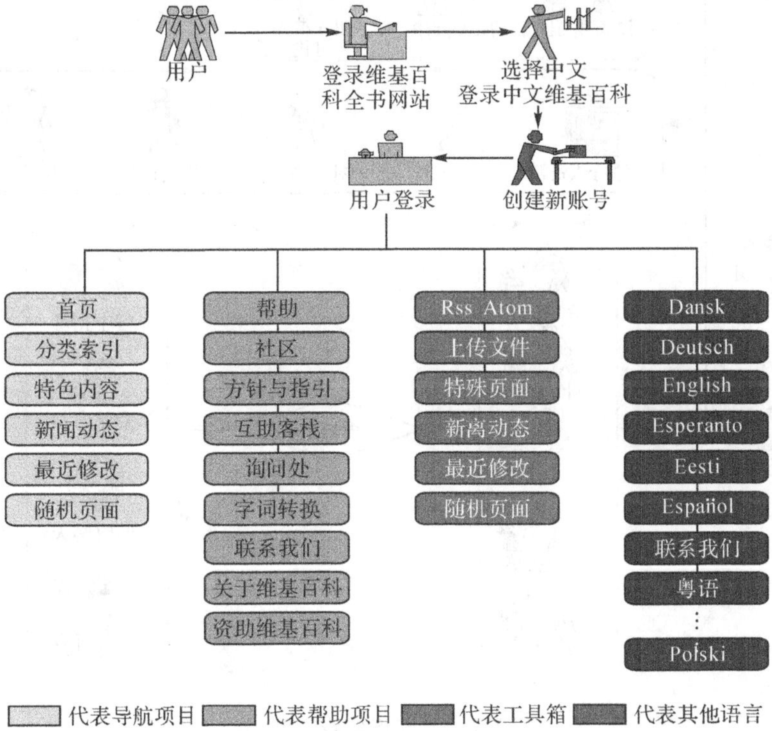

图 7-32　Wiki 实践流程

【实践步骤】

实践步骤详见本书所附光盘。

7.6.6 SNS 实践

【实践目的】

了解常用的 SNS 网站和运营模式，了解 SNS 网站运营的流程。

【实践流程图】

实践流程如图 7-33 所示。

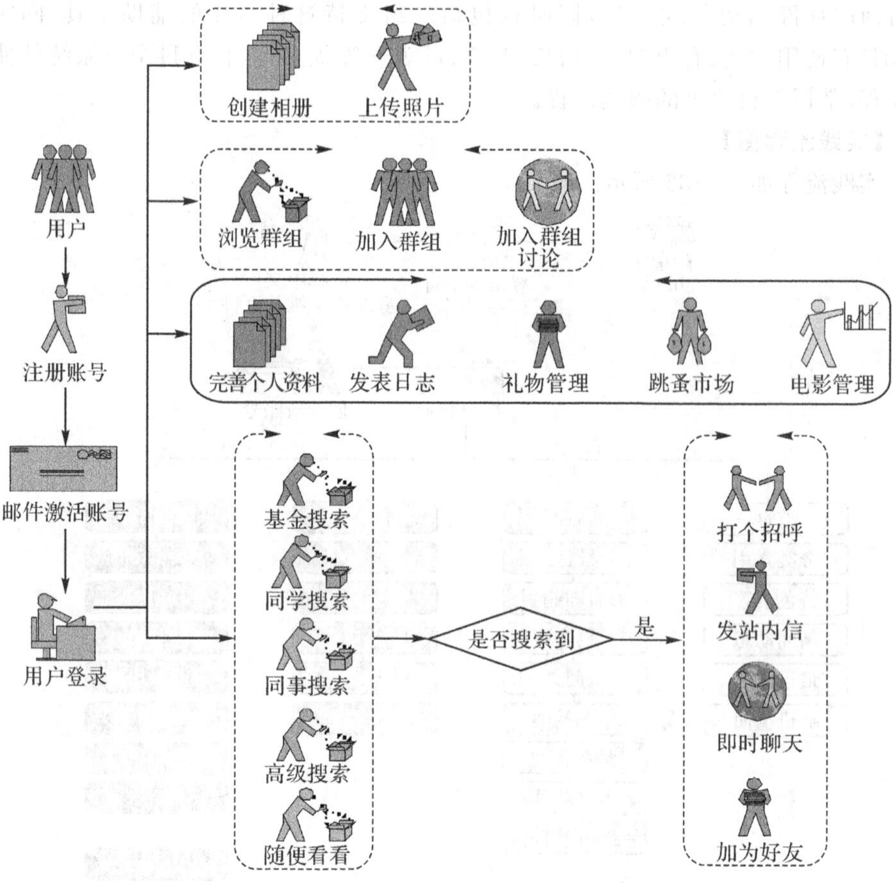

图 7-33　SNS 实践流程

【实践步骤】

实践步骤详见本书所附光盘。

本章小结

本章围绕着电子商务应用的两大方面展开。一是基于传统行业特别是服务业的电子商务应用，介绍了旅游、人才市场、房地产三种不同类型的典型电子商务应用情况。二是基于新兴技术特别是 Web 2.0 的电子商务活动，主要介绍了基于 Web 2.0 的电子商务模式以及博客、维客、SNS、播客等四个典型 Web 2.0 应用模式。

从这些内容再进行延伸，实际上可以看到整个服务业的中国电子商务应用发展趋势和新兴技术在电子商务领域的直接或间接的作用。虽然目前这些行业和领域的电子商务应用比例还非常小。例如在旅游行业，2006 年中国网上旅行预订用户较 2005 年增长 72.1%，达到 275 万人，但仍然仅仅占中国网民总数的 2%，与中国上亿规模的长短假日旅游者来说更是一个零头，因此有理由相信，电子商务在这些领域的应用和发展近几年将会是飞跃性的。

思考与练习

1. 请指出携程网的赢利模式。另外与传统的行业、同类的网络平台比较，它的竞争优势主要体现在什么地方？

2. 你一定参加过一些旅游活动，一些相关的网络支持环节至少包括网上预览旅游目的地景点信息、旅行社联系、交通到达线路分析或预订、网上旅游经费支付、自驾车路线图设计和打印，甚至征集旅游同伴等。请指出你认为旅游电子商务应该包括哪些内容，目前做得很成功的有哪些，同时也对旅游电子商务最需要改进或创新的地方提出建议。

3. 旅游商品一直被认为是旅游经济活动过程中的一项支柱产业，在旅游电子商务日趋活跃和日渐成为主流的今天，请指出如何开展和促进旅游商品的网络营销。

4. 网上人才市场目前是如何开展有效的服务来吸引社会大众的。在人才流动更趋广泛和频繁的今天，它应该有哪些变化？

5. 什么是 Web 2.0？请描述基于 Web 2.0 的电子商务模式的概念。

6. 什么是博客？它的作用和特点是什么？它与电子商务有什么联系？

7. 什么是维克？它的作用和特点是什么？它与电子商务有什么联系？

8. 什么是社会网络服务，它的作用和特点是什么？它与电子商务有什么联系？

9. 什么是播客，它的作用和特点是什么？它与电子商务有什么联系？

10. 观察一下你身边的人直接参与过哪些电子商务活动？给他们的生活带来

了哪些便捷之处?

11. 描述 Web 2.0 的概括、核心理念、典型应用,并列举至少三个 Web 2.0 应用的代表网站。

12. 进入百度百科网站,并创建一个自己的词条,体会百度百科是如何在网络环境里进行知识管理的。

13. 比较一下智联招聘和中华英才网的区别? 如果你要进行网上应聘,你会选择哪个网站? 为什么?

14. 在你选择的招聘网站上申请两个工作职位,并向该职位招聘单位发送求职信和个人简历。

第 8 章

电子商务创业实战

本章导读

随着互联网和信息技术的快速发展，电子商务作为一种有效的商业模式已经慢慢地渗透到人们的生活中去，由于这种模式自身特有的优点如无需支付高昂的实体商铺租金、无需大量的库存、交易的方便快捷等，为个人和团队创业带来了新的契机。在本章中将使读者全面运用前面所学知识，综合网站建设、网络营销、物流、网络支付、团队管理等知识，进行真实的电子商务运作，深入理解电子商务的资金流、信息流和物流。本章将提供几个电子商务实战的训练项目，除了详细描述平台构建和网上开店两个典型项目以外，在光盘和网站里提供更多的实战项目。

8.1 B2C 平台的构建与运营

8.1.1 运作思路

(1)运作团队可进入本书配套站点 http://www.studyeb.com 下载创意用品库，利用该站点提供的商品进行 B2C 平台的构建和运营。

(2)运作团队可考虑在节日期间运作，如在情人节运用该平台开花店(团队自己与合适的花店谈判并进行合作)，在校园内进行推广。

(3)团队可考虑与校园内教育超市结合并合作，选择适合网上销售的商品进行运营，在校园内开展电子商务。

(4)团队也可自己考虑运作其他商品，开展不仅仅包括校园范围的电子商务。

下面我们将以此为基础，一步一步搭建专业有效的 B2C 电子商务平台，并运用已学的电子商务知识进行平台的运作。

8.1.2 实战目的

通过 B2C 平台的运作和运营，学会电子商务平台的构建流程及运作的有效方法和手段,真实体验电子商务创业。

8.1.3 实战流程

实战流程如图 8-1 所示。

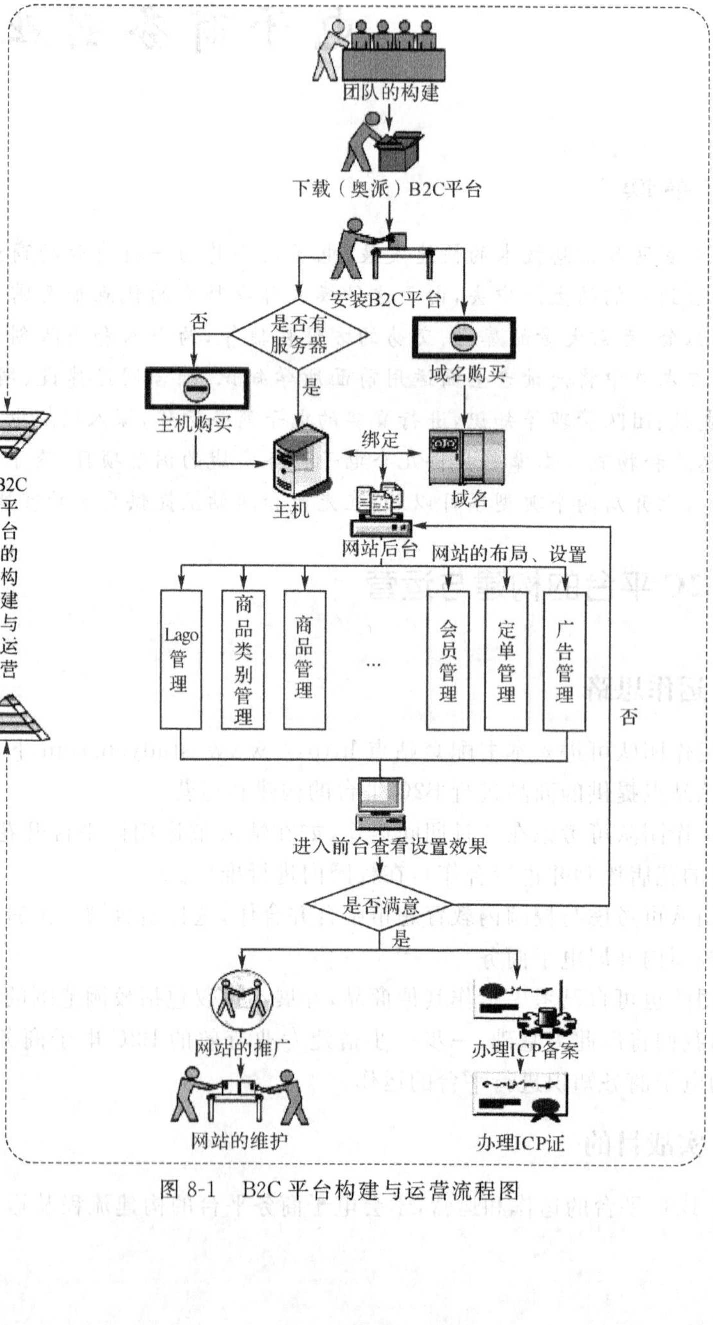

图 8-1 B2C 平台构建与运营流程图

8.1.4　实战内容

1. 团队的构建

B2C平台的成功运作和运营，一个团结、有效且团队成员相互配合、互补、各司其职至关重要，要实现完整的电子商务还会涉及很多方面，除了买家、卖家外，还要有银行或金融机构、政府机构、认证机构、配送中心等机构的加入才行。在本平台运作中至少需要以下团队成员，如图 8-2 所示。

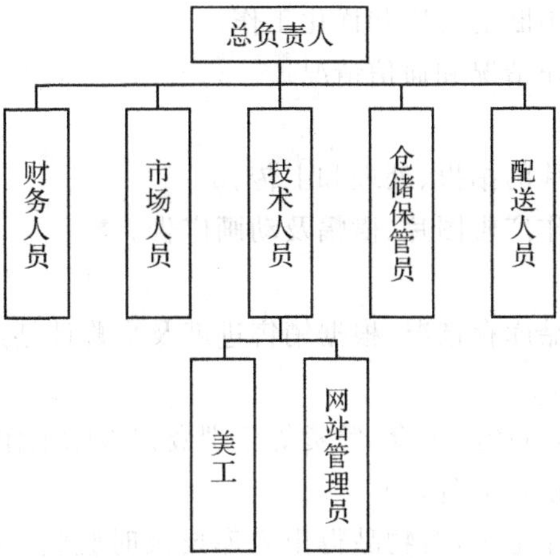

图 8-2　团队组织结构图

B2C平台的正常运营需要团队成员各负其责，协力合作。各个相关人员主要职能如下：

(1)总负责人

①对于 B2C 平台的发展方向、经营方针进行决策。

②随时或定期听取其他人员的工作汇报，并保持对他们工作的指派和监察。

③保证 B2C 平台的正常运营和赢利。

④调配网站的资金运作。

⑤处理一些特殊订单(低价单、大客户、特殊行业用户、特殊行业的交易)。

(2)财务人员

①负责公司网站相关的财务管理和会计核算工作。

②负责网站年度财务收支预算的编制和执行。

③负责网站的各项收支、审核、结算工作。

④做好财务档案材料的收集、整理及归档工作。

⑤反映和监督网站的资金运用，分析、考核财务状况和财务成果，提高资金的使用效益，不断改善经济管理。

(3)技术人员

• 网站管理员

①网站日常设备管理和商品信息的发布。

②用户信息的收集和及时的反馈。

③网站页面形式和内容的更新。

④网站设备、技术的不断更新换代。

⑤网站需要进行不断的推广和优化工作。

⑥检查网站的运作情况和通信情况。

• 美工

①对网站商品图片的拍摄、处理和上传。

②为网站广告制作广告图片、横幅及动画广告。

(4)仓储保管员

①掌握各系列产品库存情况，根据销售进度及采购计划进度，确保产品正常进出库。

②做好各类台账，对产品进仓、验货等整理登记入账工作，以便统计和核查。

③组织人员做好接货准备。

④核对产品出入库记录，对物品得出入库要及时验收、登记账簿，做到账物相符，发现问题及时反馈。

⑤负责对仓库进行分区管理，各类物品要分区放置，摆放整齐，做好标识，井然有序。

⑥加强管理，搞好仓库安全(防火、防盗、防破坏)工作，防盗报警器得设防工作。

⑦对贬值、不完整和不合格产品提出处理意见。

⑧认真、仔细、负责做好配送中心的出样、送货提成统计明细。

(5)市场人员

①产品的销售。

②客户跟踪和维护。

③产品客户及产品市场信息的反馈。

④接受客户的投诉。

⑤负责制订需销售产品的销售计划。

⑥负责组建和管理销售队伍、销售产品，制定相应销售管理制度。

⑦负责制定销售预算。

⑧负责签订销售合同和有关合同资料的收集、归档工作。

⑨负责调查、收集相关产品市场销售信息。

⑩负责跟踪销售合同的执行、跟进销售货款回笼、负责货款的追缴。

(6)配送人员

①根据产品发货通知单,编制送货签收单。

②负责对发出产品包装箱标识的编写及分类,合理安排产品运输装配顺序。

③查承运车辆是否符合运输要求,办理运输资料登记手续和交运手续。

④核对产品发货通知单的产品型号、数量,安排货物装载。

⑤产品发出后,及时将发货信息传递(发电子邮件)给有关办事处。

⑥跟踪运输途中的信息,并及时反馈。

⑦督促各承运单位对产品送货签收单的及时返回。

2. B2C 平台的下载、安装

(1)服务器的选择和配置

服务器的选择,一般都要从稳定可靠性、合适够用、扩展性、易于管理等几个方面进行考虑,在校园网内进行运作该电子商务平台,由于学校资源较好,网速也较快,一般电脑配置达到 CPUP4 2.8/硬盘 80G/内存 1G 即可,一般的学生机即可达到该要求。

在服务器操作系统上选择 Windows 2000/2003 Server 即可,并安装防火墙、入侵保护系统。并配置独立公网 IP(非以 192.168 开头的 IP 即为外网 IP,学校 IP 资源较为丰富,与管理员联系即可)。

(1)安装的先决条件

• IIS 的安装

①首先在光驱中放入 Windows 系统安装盘(这里我们以 Windows 2003 为例)。

②点击"开始"→"设置"→"控制面板",打开"添加或删除程序"。如图 8-3 所示。

③选择"添加/删除程序 Windows 组件",弹出一个"Windows 组件向导",选中"应用程序服务器",点击"详细信息"。如图 8-4 所示。

④在应用程序服务器列表中,请至少选中"Internet 信息服务(IIS)","启用网络 COM+访问"和"应用程序服务器控制台",点选"Internet 信息服务(IIS)",点击"详细信息"。

⑤在 Internet 信息服务(IIS)列表中,至少选中"万维网服务"和"公用文件",点选"万维网服务"并再次点击详细信息。

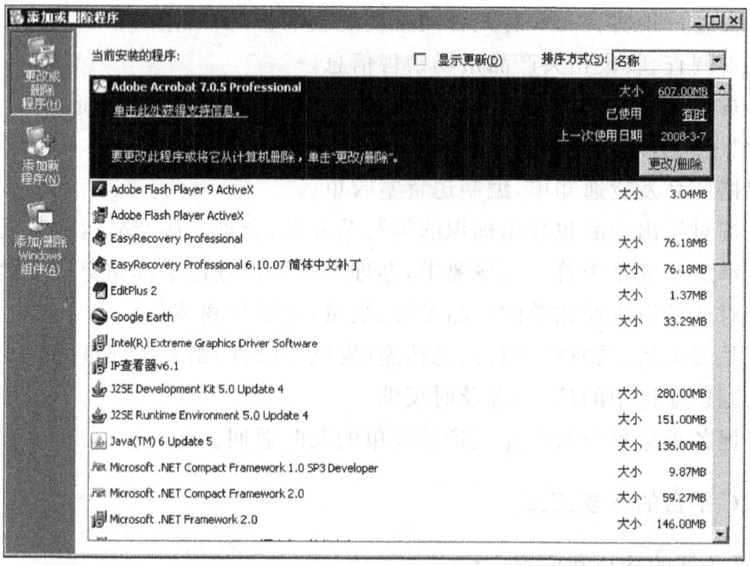

图 8-3　添加或删除程序界面

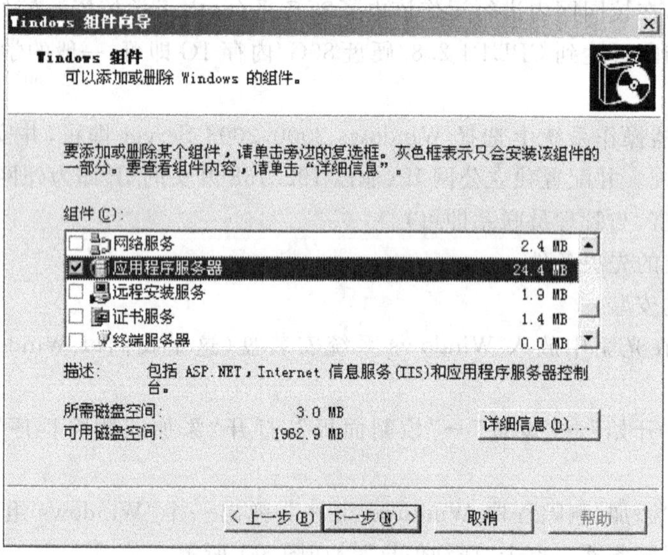

图 8-4　安装选择界面

⑥在需要选中"Active Server Pages"、"万维网服务"和"在服务器端的包含文件"。

⑦选择完成后点击"确定"按钮，并点击"下一步"。如图 8-5 所示。

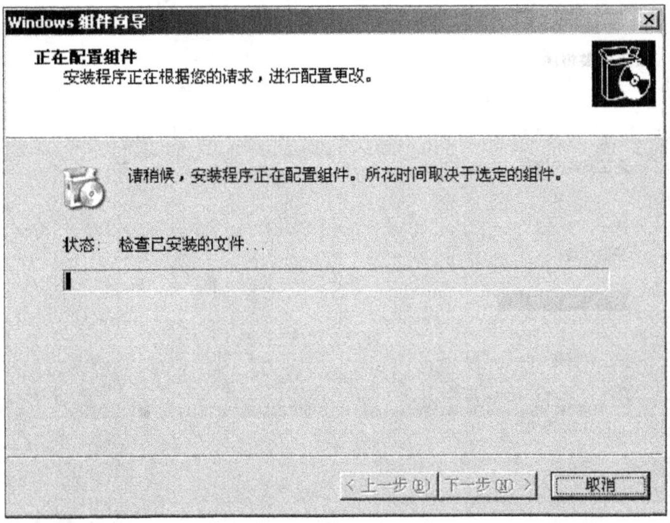

图 8-5　IIS 安装界面

⑧安装完成。

• Framework 2.0 的安装

①点击 Framework 2.0 安装程序文件(该软件在本书配套光盘里有附，也可进入 http://www.studyeb.com 下载)，选择"是"。如图 8-6 所示。

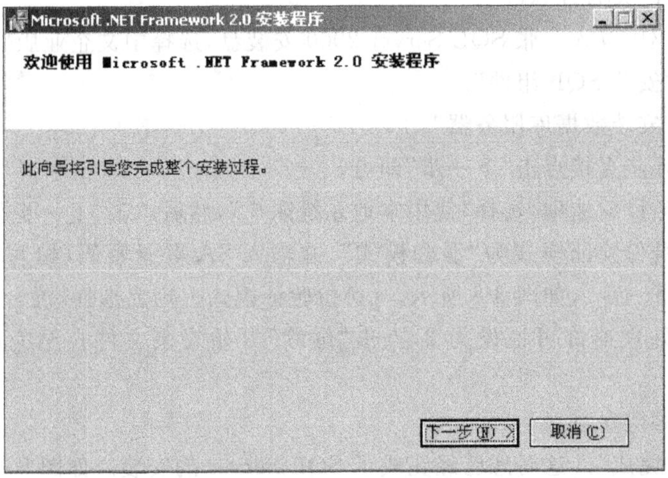

图 8-6　Framework 2.0 安装向导

②同意协议，点击"安装"。

③软件安装。如图 8-7 所示。

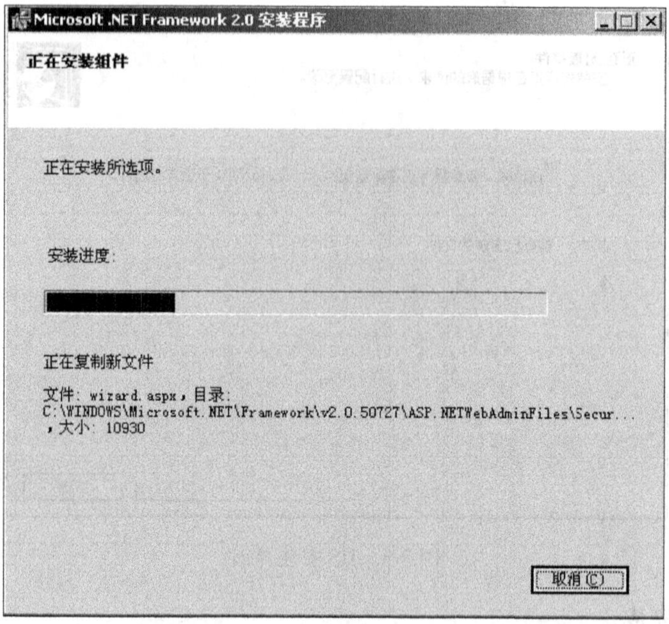

图 8-7　Framework 2.0 安装界面

④安装完成，点击“确定”。

• 数据库 SQL Server

①在光驱中放入一张 SQL Server 2000 安装盘，选择中文企业版安装。

②选择“安装 SQL 组件”。

③选择“安装数据库服务器”。

④以下几步直接点击“下一步”即可。

⑤在服务设置选项，选择“使用本地系统账户”，然后点击“下一步”。

⑥选择身份验证模式为“混合模式”，并输入 SA 登录密码(填写您易记的密码)后点击“下一步”，如图 8-8 所示。(身份验证模式一定要选择“混合模式”)

⑦建议处理器许可证设为 2，点击“继续”开始安装文件直至完成，如图 8-9 所示。

⑧下面等待安装。

⑨点击“完成”。这时您已经完成了 SQL Server 的安装。如图 8-10 所示。

(3)B2C 平台安装文件获取

• 从奥派电子商务实训平台网站下载安装文件。

①登录“奥派电子商务应用实训平台”软件，“电子商务运用”→“电子商务实战”→“B2C 平台下载”。

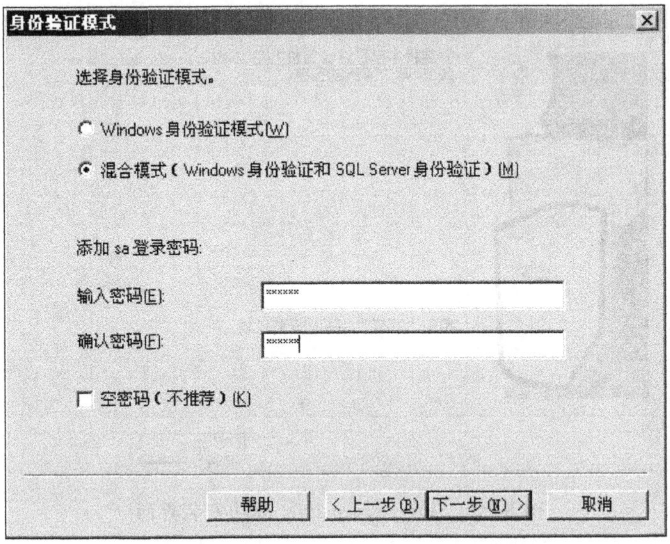

图 8-8　身份验证设置界面

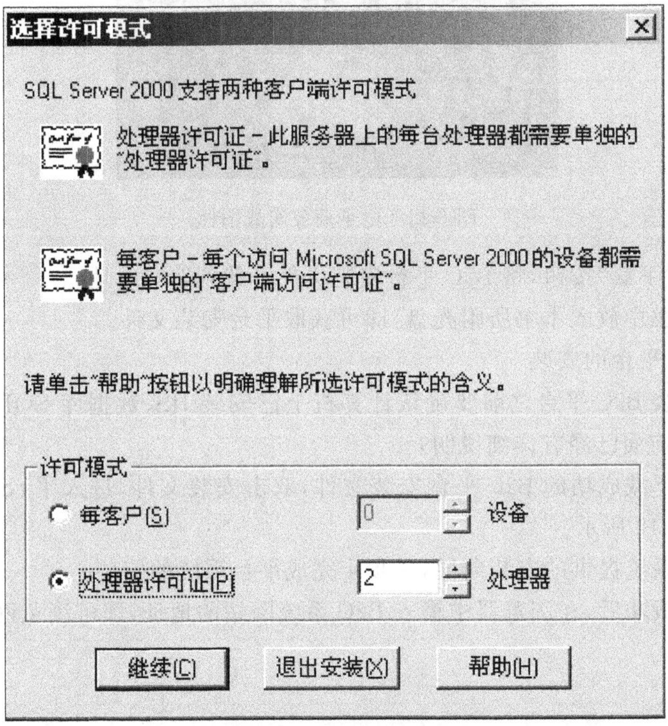

图 8-9　许可模式设置界面

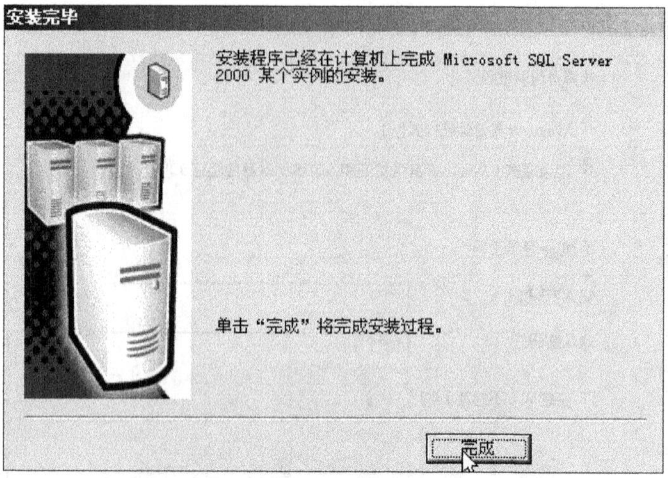

图 8-10　SQL Server 2000 成功安装界面

图 8-11　电子商务实战图标

②点击"下载"按钮，将 B2C 平台安装文件下载到客户本地。

• 在光驱中放入本书所附光盘，即可获取平台安装文件。

(4)B2C 平台的安装

①在安装 B2C 平台之前要确认计算机上已安装 IIS、数据库 SQL Server 和.net 框架。(前面已经有详细说明)

②找到下载成功的 B2C 平台安装文件，双击安装文件，进入平台系统的安装界面，如图 8-12 所示。

③按照系统提供的安装向导，一步步完成平台系统的安装。

④安装成功后，在浏览器中输入 B2C 系统网站的地址，即可浏览网站。

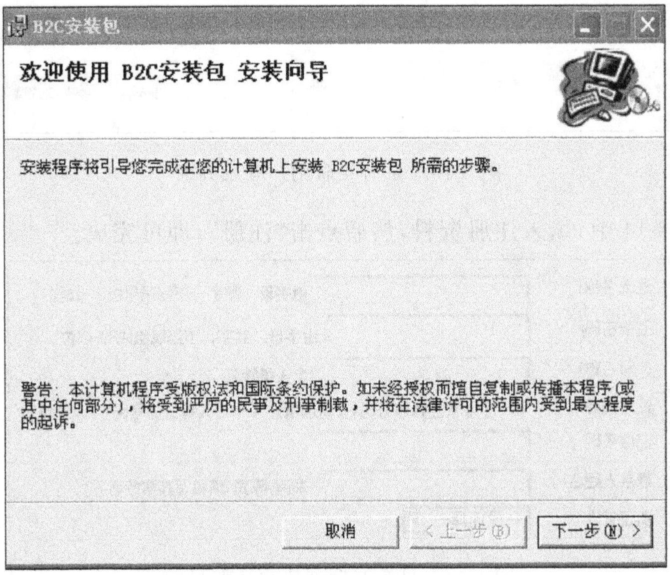

图 8-12　B2C 安装向导

3. 域名解析

(1)域名的购买

B2C 平台初步建完后，我们需要为我们的平台申请一个域名，通过该域名能使客户方便有效地访问到我们的站点，在选取域名的时候，要遵循两个基本原则。

(1)域名应该简明易记，便于输入。

这是判断域名好坏最重要的因素。一个好的域名应该短而顺口，便于记忆，最好让人看一眼就能记住，而且读起来发音清晰，不会导致拼写错误。此外，域名选取还要避免同音异义词。

(2)域名要有一定的内涵和意义。

用有一定内涵和意义的词或词组作域名，不但可记忆性好，而且有助于实现我们的营销目标。例如企业的名称、产品名称、商标名、品牌名等都是不错的选择，这样能够使企业的网络营销目标和非网络营销目标达成一致。

域名可通过域名提供商如万网(http://www.net.cn)或易为互联(http://www.Ewaydns.com)等购买。下面以易为互联提供的域名注册为例，来详细介绍一个完整的域名购买过程。

- 首先请登录会员，如果您还没有申请会员，请按以下步骤申请：

①点击网页上方的“注册”按钮进入注册页面，如图 8-13 所示。

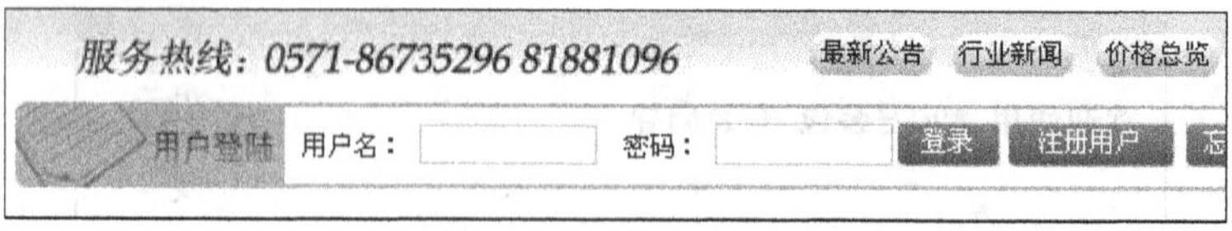

图 8-13　易为互联用户登录界面

②在图 8-14 中，填入注册资料，然后点击“注册”，即可完成。

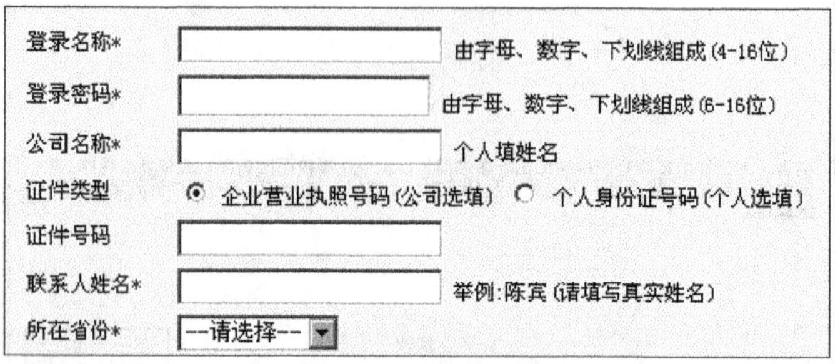

图 8-14　易为互联新用户注册界面

③申请完成以后，请输入您的用户名称和密码登录本站，如图 8-15 所示。

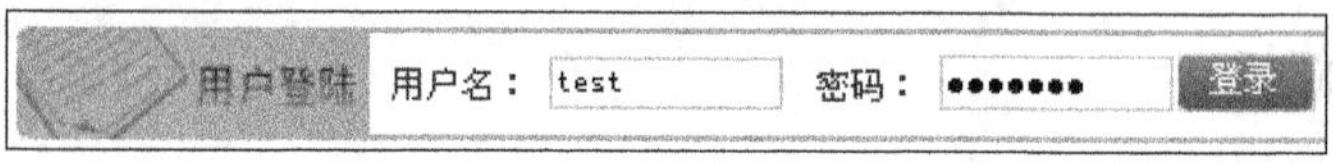

图 8-15　用户登录

• 进行域名查询，选择您需要的域名。

①点击本站左上角的“域名注册”进入域名查询页面。如图 8-16 所示。

图 8-16　易为互联首页菜单

②输入您需要查询的域名，如ebcoo.com，那么请输入 ebcoo，然后选择.com 后缀，如图 8-17 所示。

③点击“搜索按钮”，即将显示查询结果，如图 8-18 所示。

• 选择您需要的域名并提交订单。

①请选择您需要的域名，然后点击“注册”按钮进入资料填写页面，如图 8-19，8-20，8-21 所示。

图 8-17　域名查询界面

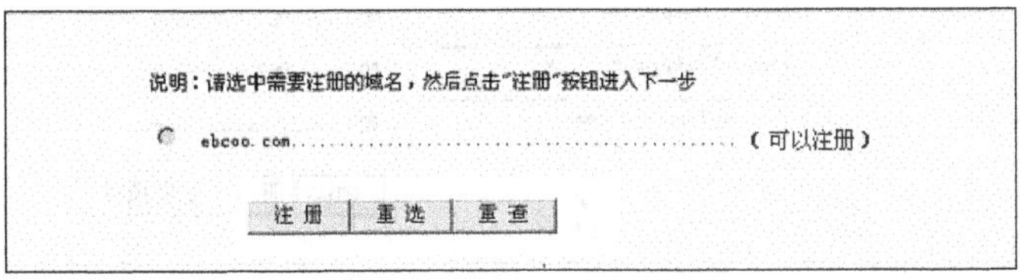

图 8-18　域名查询结果

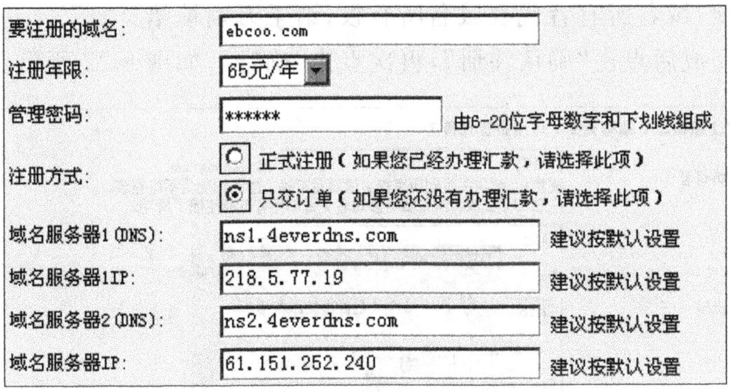

图 8-19　域名注册信息

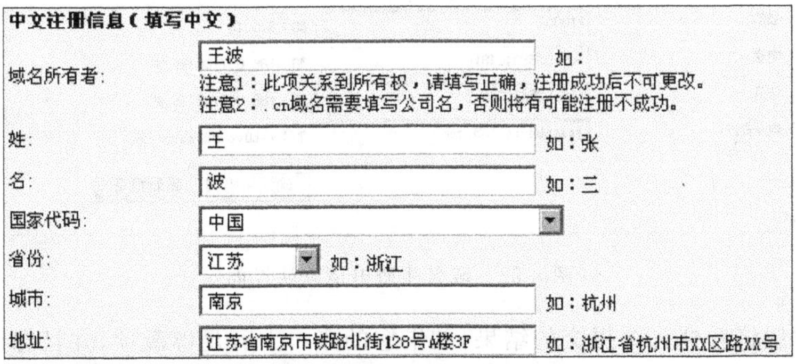

图 8-20　域名注册联系人中文信息

图 8-21　域名注册联系人英文信息

注意事项：域名所有者代表域名所有权，请千万别填错。

②填写完成后点击“确认注册”，再次点击“确定”，如图 8-22 所示。

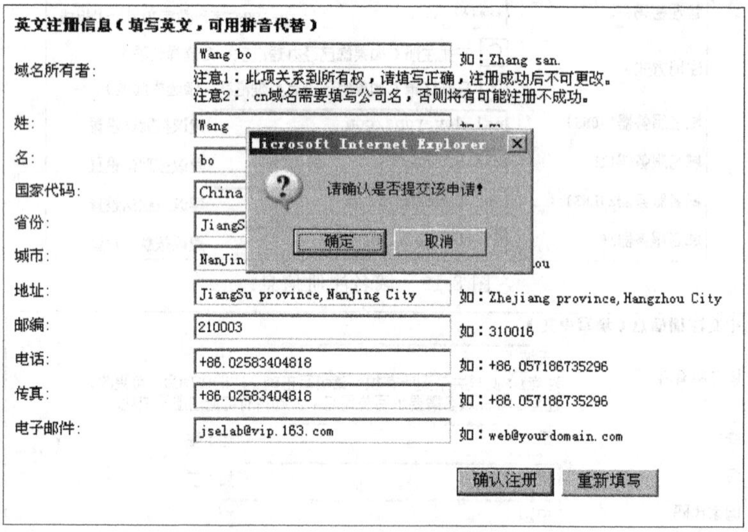

图 8-22　域名注册申请确认界面

此时您将看到订单提交的结果，如果您的账户上有足够款项，并且您选择的注册方式是“正式注册”，那么域名将马上注册成功并扣除注册款项，如果您选择的注册方式是“只交订单”，那么域名并没有真正生效，只是提交到了我们的申请订单里，这时，您需要按“汇款方式”办理汇款，并通知我们，我们将马上为您办理后续事宜。

(2)域名解析

域名申请好之后下面要做的就是将域名解析到我们的服务，以便用户方便地访问我们的 B2C 商务平台。

域名解析就是域名到 IP 地址的转换过程。IP 地址是网路上标识您站点的数字地址，为了简单好记，采用域名来代替 IP 地址标识站点地址。域名的解析工作由 DNS 服务器完成。这里还是以易为互联提供的域名解析为例，来详细介绍一个完整的域名解析过程。

现以域名 ebcoo. com 为例，把域名 www. ebcoo. com 进行解析，假设服务器的 IP 地址为 202. 102. 79. 129，解析完成后，还得在服务器上绑定才会生效，我们将可以用 www. ebcoo. cn 来访问网站。

①首先请进入域名管理。(登录会员→英文域名管理→在列表中找到ebcoo. com 并点击“域名解析”)，对于新申请的域名，您将看到如图 8-23 所示的图例。

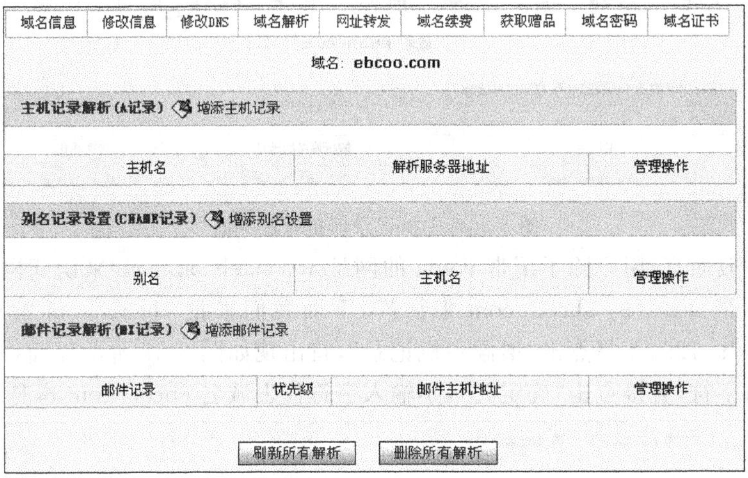

图 8-23　域名解析管理界面

②我们首先来解析 www. ebcoo. com 到 IP:202. 102. 79. 129。点击“增添主机记录”，然后在弹出的框内输入“www”，注意，不能输入“www. ebcoo. cn”。如图 8-24所示。

图 8-24　增添主机记录界面

③按“确定”，然后输入 IP 地址：202.102.79.129，如图 8-25 所示。

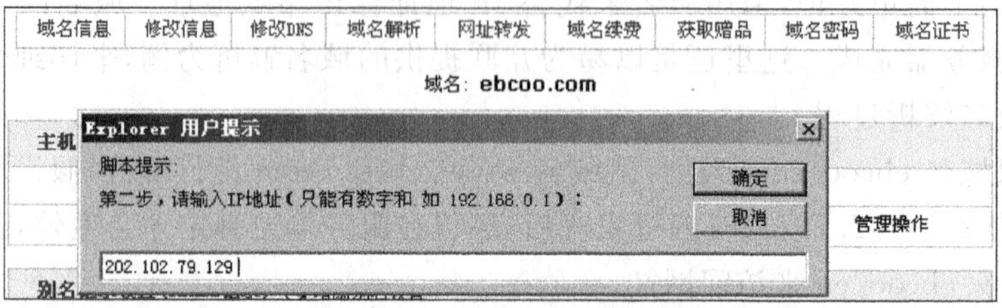

图 8-25　IP 地址输入界面

④再按“确定”，该解析就完成了，该解析实时生效，如图 8-26 所示。

图 8-26　主机记录解析管理界面

⑤一般而言，用户除了用带 www 的网址 www.ebcoo.com 来访问网站外，还喜欢用不带 www 的 ebcoo.com 来访问，下面我们来把 ebcoo.com 解析到 IP：202.102.79.129，还是点击“增添主机记录”，将出现如图 8-27 所示界面，此时不必输入任何字符，直接点击“确定”。（不输入字符代表域名 ebcoo.com 本身）

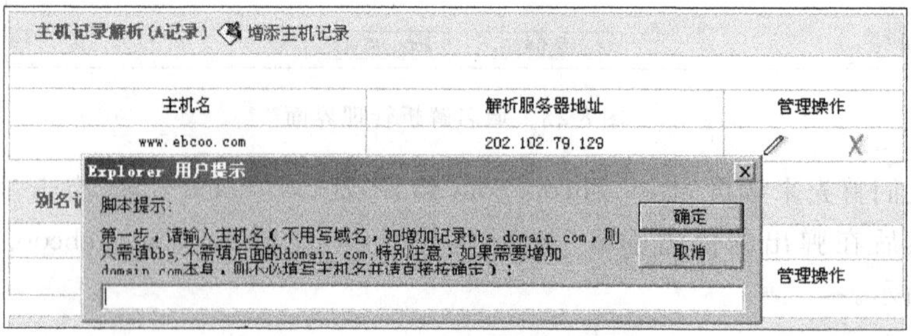

图 8-27　增添主机记录界面

⑥点击“确定”后又出现 IP 地址输入框，输入 IP：202.102.79.129，然后按“确

定”，如图 8-28 所示。

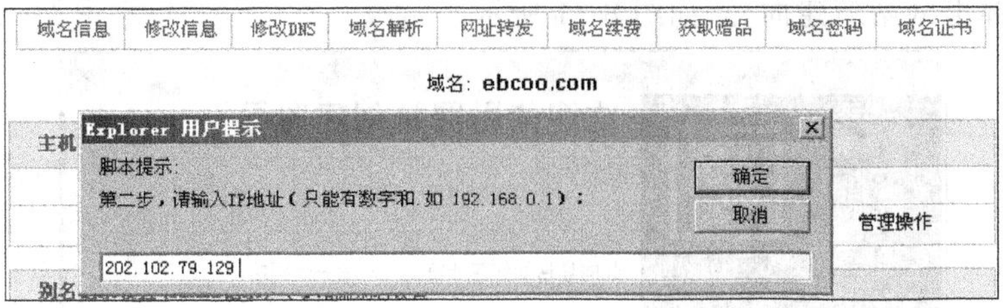

图 8-28　IP 地址输入界面

⑦按“确定”按钮后，该解析也完成了。将出现如图 8-29 所示界面。

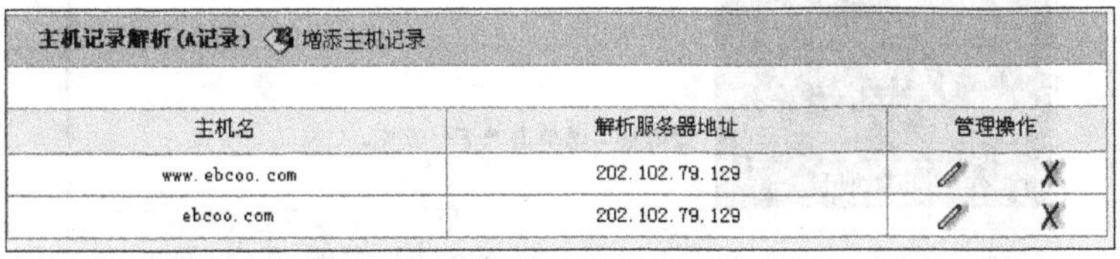

图 8-29　主机记录解析管理界面

这样，域名解析部分就结束了，然后在我们的服务器上绑定该域名即可。具体操作步骤如下：

①打开 Internet 信息服务(IIS)管理器，如图 8-30 所示。

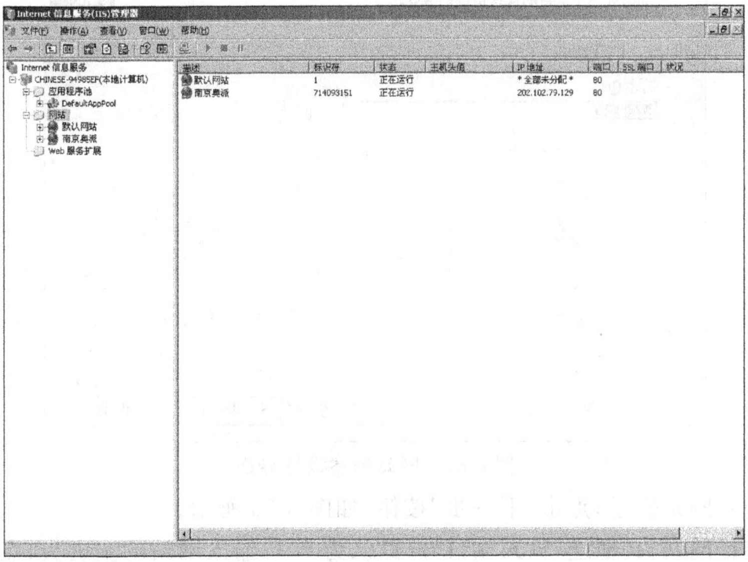

图 8-30　IIS 管理器

②右键点击“网站”,在弹出菜单中选择“新建”,在新建的菜单中选择“网站...”,弹出网站新建向导,如图 8-31 所示。

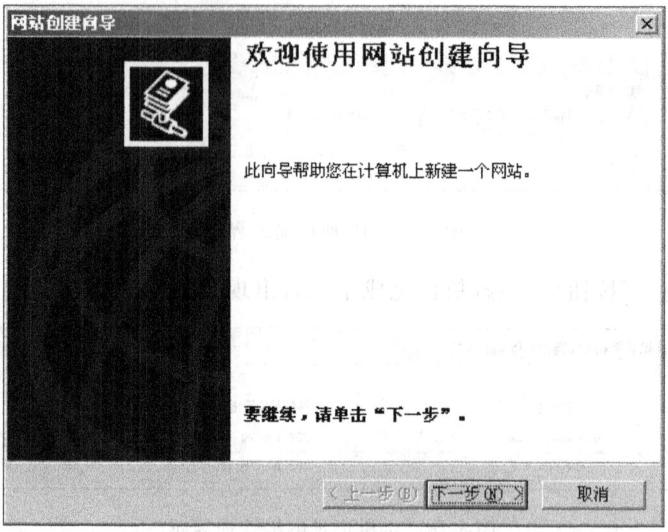

图 8-31　网站创建向导

③根据向导提示,点击“下一步”按钮,如图 8-32 所示。

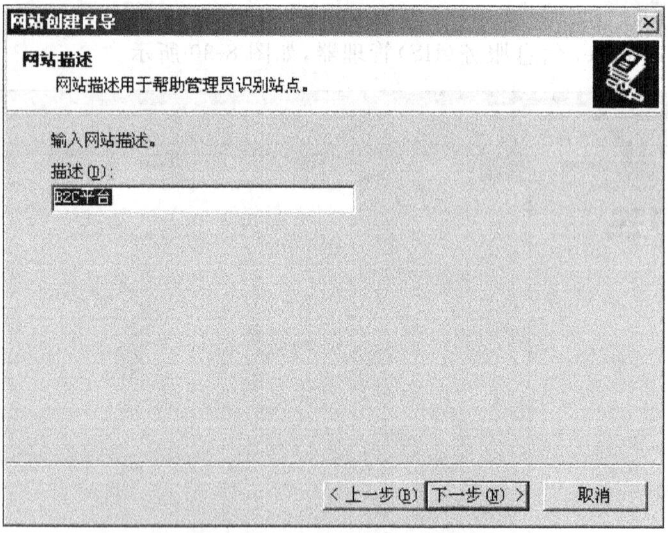

图 8-32　网站描述设置界面

④输入网站描述,点击“下一步”按钮,如图 8-33 所示。

⑤选择网站 IP 地址,输入端口号(默认为 80),输入网站的主机头,点击“下一步”按钮,如图 8-34 所示。

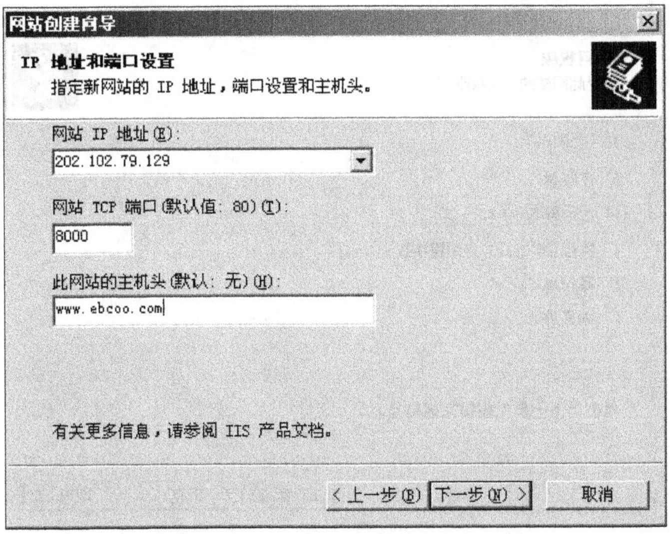

图 8-33　网站 IP、端口、主机头设置界面

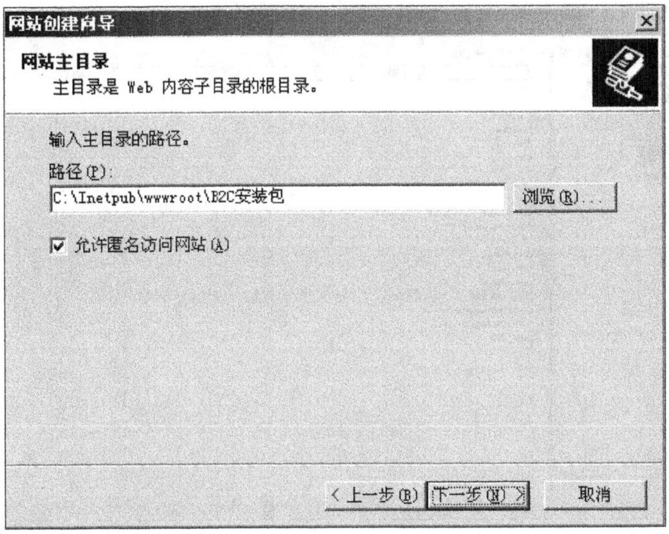

图 8-34　网站主目录路径设置界面

⑥点击“浏览”按钮，找到你的安装文件，点击“下一步”按钮，如图 8-35 所示。

⑦选中“运行脚本(如 ASP)(S)”，点击“下一步”按钮，进入完成界面，点击“完成”按钮即可。

⑧这时在网站一栏中出现“B2C 平台”，如图 8-36 所示。

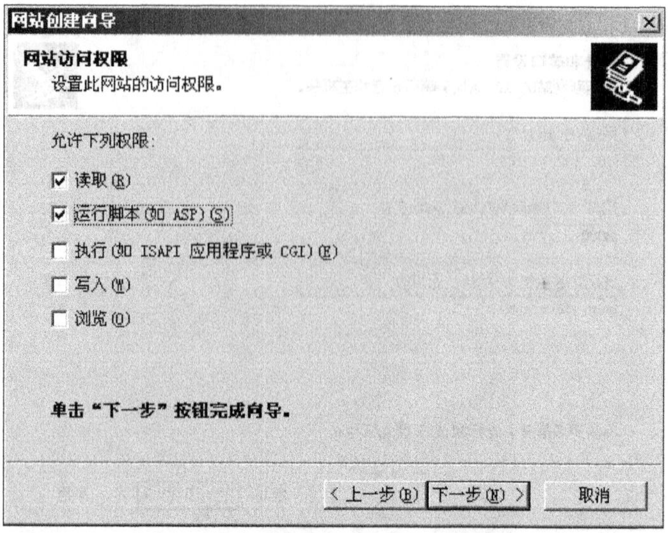

图 8-35　网站访问权限设置界面

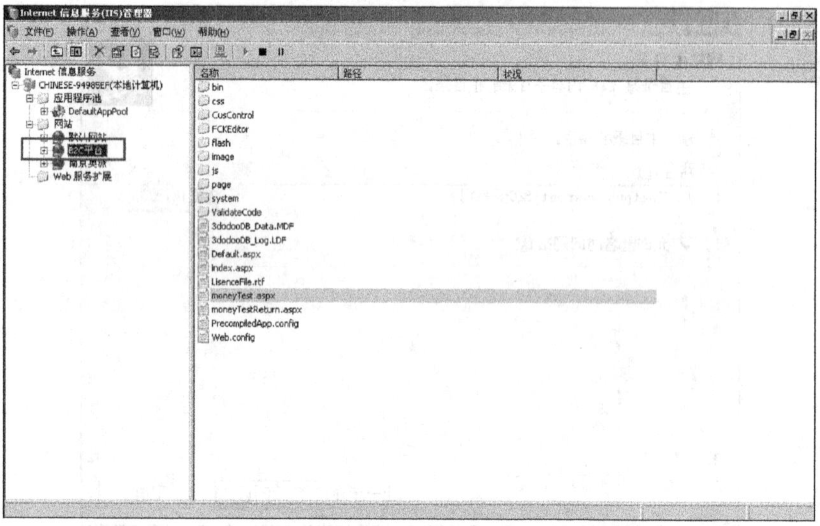

图 8-36　B2C 网站信息

⑨右键点击“B2C 平台”，下弹出的菜单中选择“属性”，打开属性对话框，如图 8-37 所示。

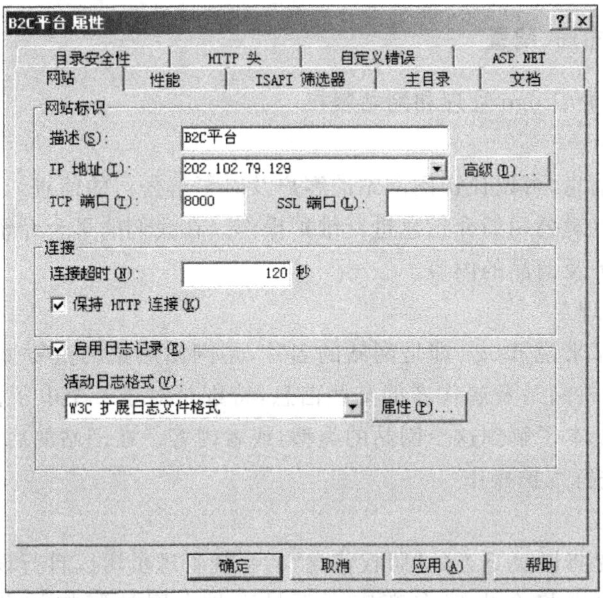

图 8-37　网站属性

⑩点击"高级..."按钮，如图 8-38 所示，可以查看信息，也可以点击"添加..."按钮，继续添加标识信息。

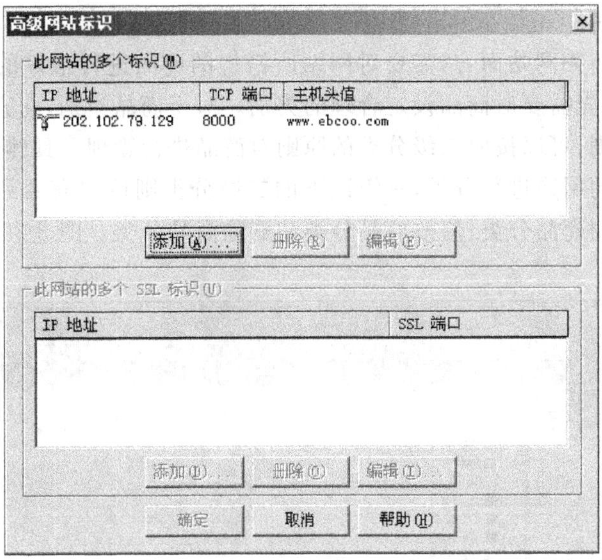

图 8-38　网站标识编辑界面

现在即可通过我们的域名访问我们的 B2C 平台了。

4. 网站的布局、配置

(1)公司简介、Logo 管理和网站版权

• 公司简介

公司简介信息,可以让访问网站的客户及时了解公司的信息。在网站的后台,系统管理员可以对公司简介信息进行维护操作。在我们的平台介绍可以写我们平台所提供的服务及商品的内容。

• Logo 管理

就一个网站来说,Logo 即是网站的名片,是网站形象的重要体现。一个好的 Logo 往往会反映网站及制作者的某些信息,特别是对于一个电子商务网站来说,客户可以从中基本了解到这个网站的类型,或者内容。在网站的后台,系统管理员可以对 Logo 进行维护操作。

• 网站版权

版权信息是指网页下方的“版权信息”。系统管理员可以自行设置网站的版权信息,设置后内容将会出现在商店页面最下端。网站版权信息设置格式为:Copyright ? 2008[使用者网站]All Rights Reserved。例如新浪网的网站版权信息设置为:Copyright ? 1996－2008 SINA Corporation,All Rights Reserved。

(2)商品管理

• 商品类别管理

对于电子商务网站而言,需要对网站所销售的商品进行很好的管理。要管理好待售商品,首先需要对商品设定合理的类别。对于商品类别,商家可以根据商品的通用管理规则,可以按照二级分类的原则对商品进行管理。具体分类办法为:一级分类按产品的用途进行分类,一级以下的二级分类则按照商品品牌划分。商品管理员负责添加商品分类、修改商品分类和删除商品分类。图 8-39 为商品类别管理界面。

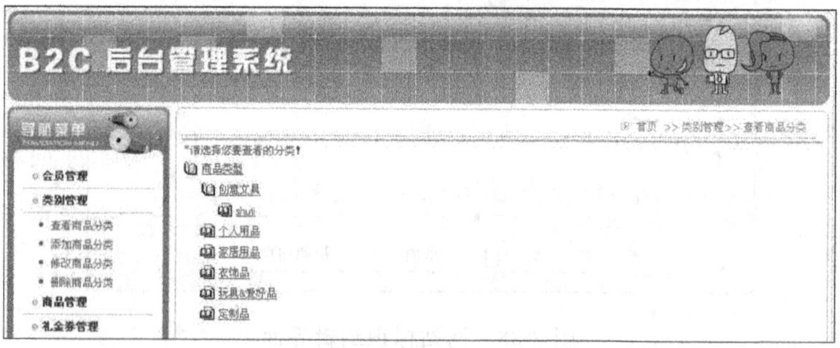

图 8-39　商品类别管理界面

• 商品管理

商品信息是客户进行网上购物的基础信息。作为商家，需要及时地更新网站上的商品信息，只有不断地更新网站上的产品，才能吸引更多的客户进行购买。商品管理员负责添加商品，商品的上、下架，添加品牌和修改删除品牌。图 8-40 为商品管理界面。

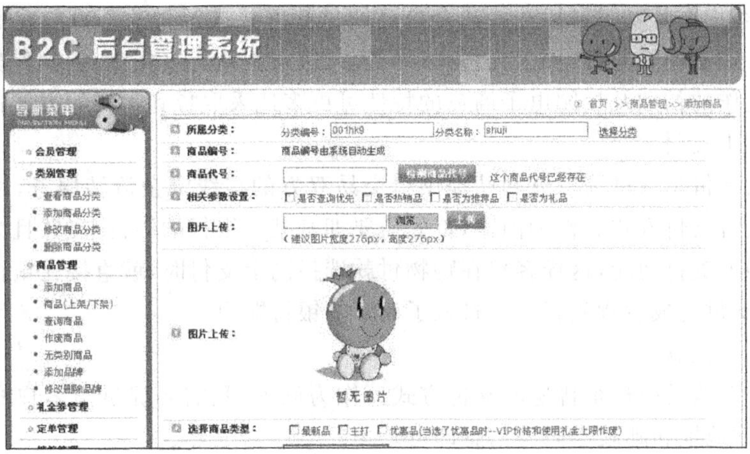

图 8-40　商品管理界面

(3)网站管理

• 部门管理

合理的管理结构，是一个网站办得是否成功的前提。一般的电子商务网站都分为以下几个部门。

市场部：负责商品的采购和销售管理。

物流部：负责对已售商品进行配送管理。

仓储部：负责商品的入库及出库管理。

财务部：负责财务收入和支出，建立完善的财务系统。

• 角色管理

通过对网站管理人员进行角色分配，进行角色管理，可以让人员分工更明确，从而可以提高整个网站的运营效率。

系统管理员：拥有管理最高权限，可以处理网站的所有业务，并且可以分配其他管理员的权限。

订单管理员：处理客户提交的订单，查询订单处理状况。

配送管理员：处理订单处理部门提交的送货单，进行商品配送，并且将回收的货款送交财务部分。

结算管理员：负责进行货款的入账。

商品管理员：负责商品库维护、综合信息维护。

仓库管理员：负责商品的入库和出库登记，查看商品库存情况。

(4)支付管理

客户在网站进行购物时，作为商家的我们需要提供各种便利的付款方式给客户，这样客户在购物时可以选择适合自己的付款方式进行付款。目前我们可提供的付款方式有以下几种：网上支付、邮局汇款、银行汇款、支付宝和货到付款。在我们平台运作的初期及校园电子商务的特性可更多地采取货到付款的方式进行。

• 网上支付

网上支付是通过第三方网站提供给交易双方的在线资金流转服务，网上支付是一种实时支付方式。作为商家，首先需要拥有某一银行的银行卡，并且为该银行卡开通网上支付功能，这样客户在购物付款选择网上支付时，就直接在银行站点进行支付，支付完成后货款就直接打入了商家的银行账户。

• 邮局汇款

邮局汇款是一种很普遍的支付方式。作为商家，只需要提供给客户商家的收款人、汇款地址和邮政编码等信息即可。

• 银行汇款

银行汇款是有效快捷的支付方式，同行可以实时到账。作为商家，只需要提供给客户开户银行、开户人以及开户账号等信息即可。

• 支付宝

支付宝作为第三方机构，解决了网上支付的安全问题，保障了交易双方的利益。作为商家，需要到支付宝网站注册一个企业的支付宝账户，商家在注册账户时要注意的一点是：企业类型的支付宝账户一定要有企业银行账户与之匹配。商家拥有了支付宝账户后，就可以通过支付宝来进行收款了。

• 货到付款

货到付款是指根据客户提交的订单内容及要求，物流人员将商品送达客户指定交货地点后，客户验收商品无误后，当时缴纳货款(现金形式)的一种结算支付方式。在学校内容开展电子商务，该支付方式将是一种可行及有效的支付方式。

(5)送货方式

客户在网站购买商品后，都需要选择商品的送货方式。作为商家，我们需要提供各种不同的送货方式供客户选择，这样客户可以根据自己的经济情况选择适合自己的送货方式。目前各大电子商务网站提供的送货方式有以下几种：普通包裹、快递包裹和 EMS 快递。由于我们平台是在校园内开展电子商务，所有可组织专门的物流团队，在校园内实现配送。

(6)会员管理

在电子商务网站管理中，会员管理主要是对已经注册为网站会员进行管理。在会员管理中，根据会员所处的状态的不同，将会员分为新进嘉宾、有效用户、成单用户和冻结用户。

图 8-41 为会员管理界面。

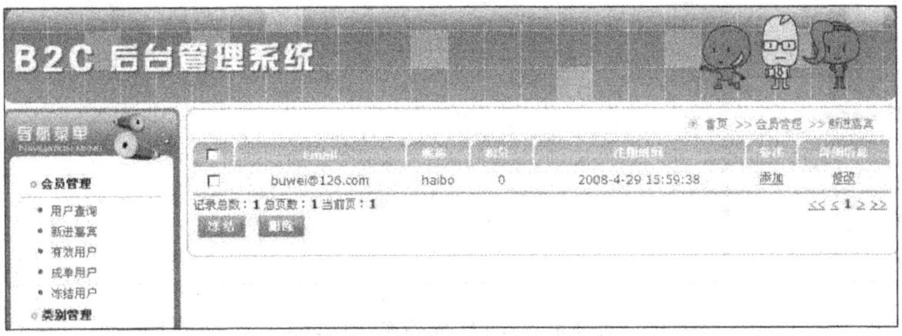

图 8-41　会员管理界面

新进嘉宾：新注册的网站会员，还没有通过网站系统管理员的审核。

有效用户：已经通过网站系统管理员审核，成为网站的正式会员。

成单用户：已经购买商品的会员信息，网站系统管理员可以查看成单用户信息。

冻结用户：对于一些提供虚假注册信息或者因为其他原因，网站系统管理员可以对这样会员进行冻结处理。

(7)订单管理

订单管理是客户关系管理的有效延伸，能更好地把个性化、差异化服务有机地融入客户管理中去，能推动网站的运营效益和客户满意度的提升。因此，商家在网站的实际运营过程中，就需要及时地处理客户的购物订单，这样才能让客户体会到我们的服务。

订单管理人员对于客户提交的购物订单，需要检查订单状态，对确认订单进行查看，对已经付款的有效订单进行确认，同时将无效订单进行删除；在确认有效订单时，订单管理员还需要查询商品的库存量。

(8)仓库管理

在电子商务网站管理中，仓库管理也是相当重要的一个环节。

首先，仓库管理员需要负责对市场部采购的商品进行登记入库，符合入库要求的商品才允许入库，商品入库的同时仓库管理员需要对商品是否完好进行检查。图 8-42 为商品库存管理界面。

其次，对于已经销售出去的商品，仓库管理员需要核实商品出库手续(比如商

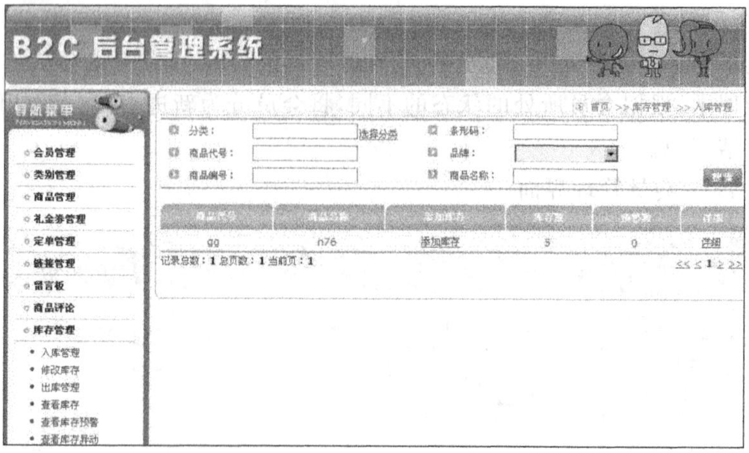

图 8-42　商品库存管理界面

品的配送单等),核实好出库信息后商品才可以出库。

再次,仓库管理员需要做的是保管好仓库商品以及定时的对仓库商品进行盘点。仓库管理员负责商品的入库管理、出库管理以及商品库存预警等操作。

5. 办理 ICP 备案

通过互联网向上网用户具有无偿提供公开性、共享性信息服务的活动,必须履行备案手续,否则国家通信局将关闭其网站。办理 ICP 备案可到信息产业部 ICP/IP 地址/域名信息备案管理系统上办理,有关操作过程如下。

(1)注册

①打开 IE 浏览器,输入网址登录网站(www. miibeian. gov. cn),如图 8-43 所示。

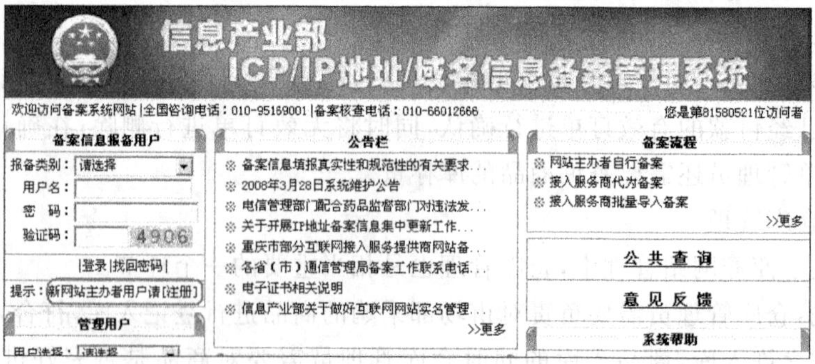

图 8-43　信息备案管理系统首页

②点击“新网站主办者用户请[注册]”中的“注册”字样，进入首先查看到使用声明。点击“接受”，进入如图 8-44 所示界面，查看“ICP 信息备案流程图”。

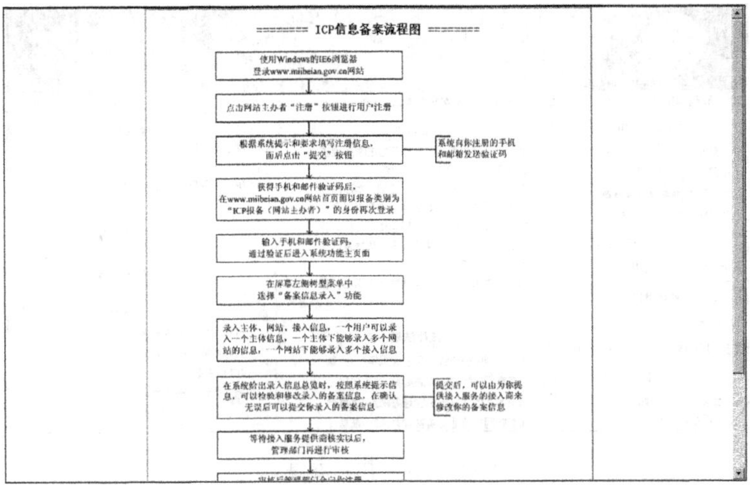

图 8-44 ICP 信息备案流程图

③点击“接受”，进入如图 8-45 所示界面。

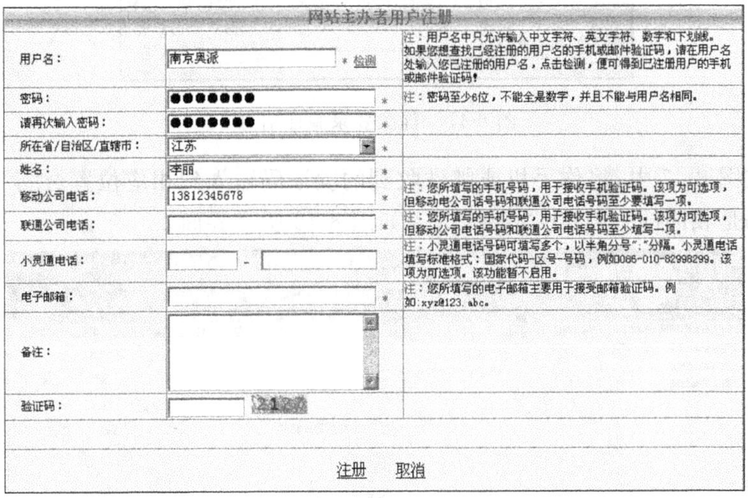

图 8-45 用户注册界面

④仔细阅读提示信息，并按照提示依次填写信息。填写完毕后，点击“注册”，然后再按“确定”即可完成注册。

(2)备案

①登录网站首页面，如图 8-46 所示，在“报备类别”中选择“ICP 报备(网站主

办者)”类别,然后在“用户名”和“密码”处输入您刚刚注册的用户名和密码,在验证码处根据屏幕提示输入正确的验证码。

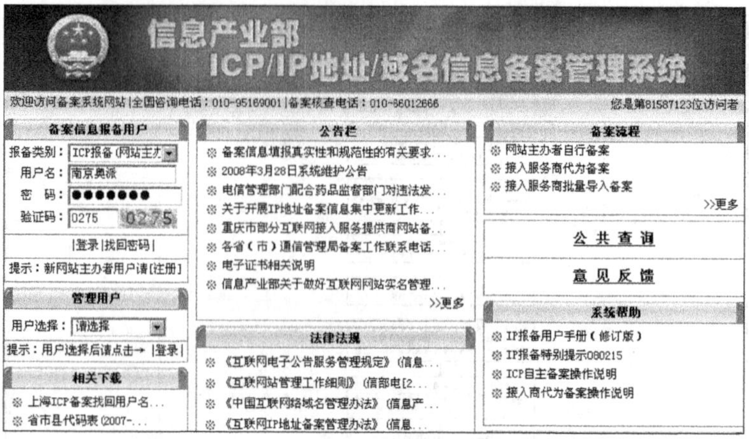

图 8-46 用户登录

②点击“登录”,进入如图 8-47 所示界面。

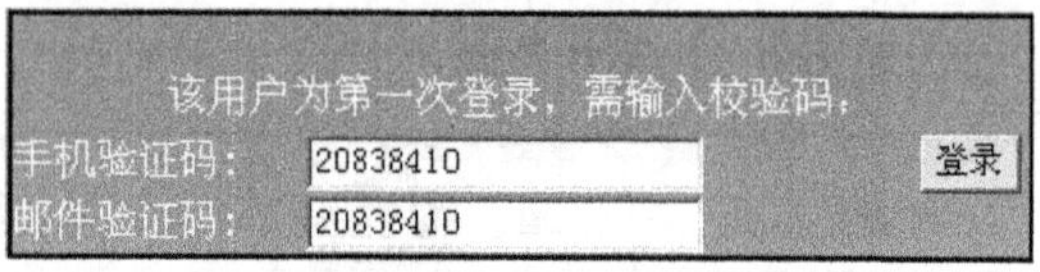

图 8-47 首次登录验证信息

③在图 8-47 中,将你手机或邮件收到的验证码输入到相应位置(注:手机和邮件验证码是相同的)。点击“登录”进入如图 8-48 所示界面。

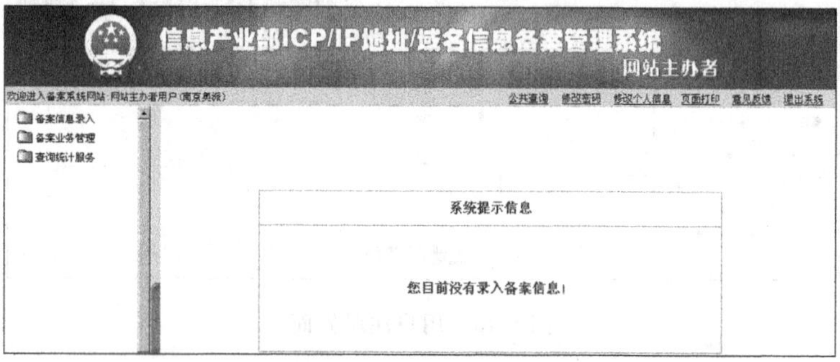

图 8-48 用户备案系统主界面

④在图 8-48 中,点击屏幕左侧树型菜单上的“备案信息录入”,点击“信息录入”菜单项,进入如图 8-49 所示界面,填写相关信息。填好后,点击“下一步”,按照

系统的要求完成相关内容的填写。

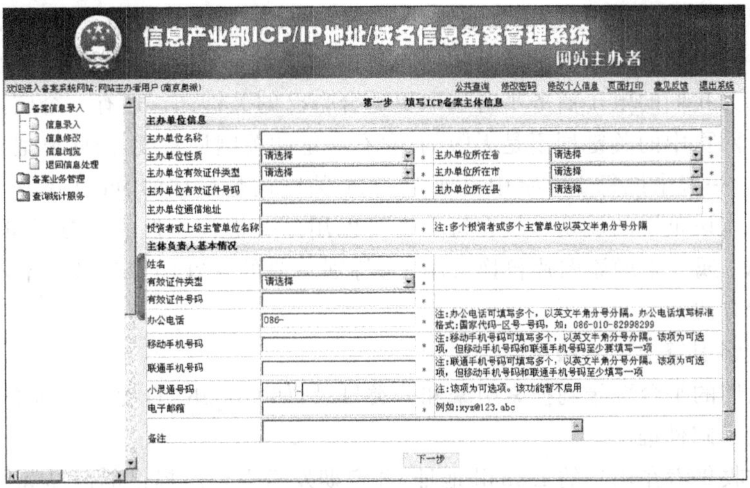

图 8-49 ICP 备案主体信息设置界面

⑤填好后可浏览你刚才输入的信息，如有错误可以点击“上一步”按钮返回上一步骤进行修改。如果确认无误后，点击“完成”按钮，完成备案信息的报备工作。

⑥用户的备案信息提交后，可以点击左侧树型菜单中“查询统计服务”→“备案进度查询”，查看自己的备案信息当前所处的阶段。

⑦左侧树型菜单的“备案业务管理”中，提供了“电子证书下载”、“注销主体申请”、“注销网站申请”三项功能。可根据需要进行相关操作。

6. 平台的推广及维护

(1)平台的推广

平台推广的目的是为了让尽可能多的潜在用户了解并访问网站，让客户获得所需的产品和服务信息，并最终形成购买决策，实现平台运作目的。对于本商务平台来说主要可采取以下推广策略：

• 搜索引擎优化

搜索引擎优化的目的是让搜索引擎更有效地找到网站并收录网站，使我们的电子商务平台更符合搜索引擎的收录规则，以获得客户在搜索引擎里更好的搜索效果。主要进行 HTML 标签优化和关键词优化，＜＞标签用法如下：＜name＝"keywords"content＝"要添加的电子商务网站关键词"＞＜name＝"deion"content＝"要添加的电子商务网站描述"＞。在设定关键词的时候尽量不要在每个页面都设置同样的关键词，应该尽可能在每个页面都有相应的适合网页内容的关键词。

除此之外关键词选取还可以借助一些相关软件来帮助企业选取关键词，或者通过搜索引擎查看访问者，这些都是通过什么关键词来搜索和企业相关的信息的，最后还可以参考企业竞争者的网站是如何设置网站关键词的，通过这些途径的综合应用更好地为我们的电子商务平台选取更适合自己的关键词。还有一个应该注意的就是一个网页中的关键词不是无限的，它有一定的关键词密度，因此要把握好关键词的密度，一般来说每 100 字中出现 1～2 个关键词是最佳的，可以获得更好的排名。最后应该重视的就是尽量在每一个可以用到关键词属性的地方尽量用上，比如使用 Alt 属性来增添图片替换文本，为特别重要的关键词专门做几个网页都是很有效的方法。

- 搜索引擎推广方法

将我们的平台登录到搜索引擎和分类目录，如 Google、百度、Yahoo！等。

- 电子邮件推广

通过收集潜在用户的 E-mail 地址，并定期发送平台所提供的商品和服务的信息或促销信息等，从而提高网站的有效访问量。

- 信息发布推广方法

包括向行业信息网站、其他电子商务平台、论坛、博客、社区等网络场所推广网站。

- 快捷网址推广方法

网络实名、通过网址，以及其他具有类似功能的快捷寻址服务。

- 网络广告推广方法

分类广告、在线黄页、网络广告媒体、无线通信工具等，由于该推广方法需要费用，而且可能成本较高，在网站建设初期不一定考虑。

- 综合推广方法

网上、网下各种方法的综合应用，由于我们的平台用户是我们的学生，所以可考虑在校园范围内组织活动并进行推广，该方法将是一个有效的推广手段。

(2)网站的维护

- 网页维护

网页维护主要包括以下方面：

①不断地添加新信息。

②修改、更新网页信息，确保信息的有效性和准确性，留住更多的访问者。

③对于已经没有价值以及过期的网页进行删除，同时也要对这些信息统一保存，方便日后查询。

④在进行这些网页信息更新的同时，还有对网页上的图片以及链接等进行仔细检查。

• 网站更新

网站发布运营之后，随着企业的发展，经营项目、经营环境和竞争优势的变化，网站需要及时进行更新。对于已经建成的网站，网站更新方式主要有以下几种：

①完善内容。所谓"完善"是指检查网站中的不专业、缺乏营销思想的地方，包括设计、推广、营销、技术、维护等。

②更换内容。网站在运营的过程中，由于不断推出新产品和新服务，这时就需要更新网站中的内容。只有不断地更新网站的内容，浏览者才会感觉到你的网站在不断的更新，不断有新内容可以浏览，这样，他们才乐意再次浏览你的网站。

③更换风格。一般来说，风格是一个网站的形象，风格最好不要频繁变动，但这并不意味着永远不变，对于浏览者而言，面对永远一致的网站，会产生厌烦的感觉。更换网站风格可以考虑半年一变或一年一变，最好是随着特别的节日或公司的项目变化，这样更容易宣传。

• 数据库的备份

对于平台来说，网站数据的完整性和安全性相当重要，而病毒、硬件故障、误操作、软件崩溃等经常发生的情况却时刻威胁着数据的安全，因而数据备份刻不容缓。当网站需要更新或添加新内容时，为了预防操作失误，把有用的资讯或者重要的内容误删，应及时使用后台辅助系统的"网站数据备份"功能，当网站需要恢复数据的时候，则只要通过系统备份和恢复方案就可以实现数据的安全性和可靠性。

8.2　网上开店

8.2.1　实战目的

了解并掌握在网上开设店铺的流程，掌握网上开店的具体操作步骤及运作方法。

本实战以亚洲最大的购物平台"淘宝网"为例，在网上进行网络店铺的开设。

8.2.2　实战内容及实战步骤

(1)注册淘宝会员

①登录淘宝网，如图 8-50 所示，点击页面顶部"免费注册"。

②进入注册页面，填写会员名和密码；输入一个您常用的电子邮件地址，用于激活您的会员名；将校验码添入到输入框中。

③仔细阅读淘宝网服务协议，同意条款后点击"提交"。

④此时，淘宝将发送一封确认信到刚才您所填写的电子邮箱中。

图 8-50　淘宝首页

⑤请登录该邮箱,完成您的淘宝会员注册。

(2)开通支付宝

支付宝是会员在淘宝网上进行交易的支付工具,它解决了买卖双方的后顾之忧,使得交易变得更加安全。

• 支付宝注册

①进入支付宝网站 https://www.alipay.com,如图 8-51 所示,点击“注册”按钮。

图 8-51　支付宝首页

②选择注册方式:有手机号码注册和 E-mail 注册两种。在这里我们以 E-mail 注册为例。

③选择使用 E-mail 注册流程。

④输入注册信息,如图 8-52 所示,请按照页面中的要求如实填写,否则会导致您的支付宝账户无法正常使用。

注意:支付宝账户分为个人和公司两种类型,根据自己的需要慎重选择账户类型。公司类型的支付宝账户一定要有公司银行账户与之匹配。

⑤正确填写了注册信息后,点击“确认注册”,支付宝会自动发送一封激活邮件到您注册时填写的邮箱中。(请确保注册时填写的 E-mail 真实有效)

⑥点击“保存并立即启用支付宝账户”以后即激活成功,如图 8-53 所示。

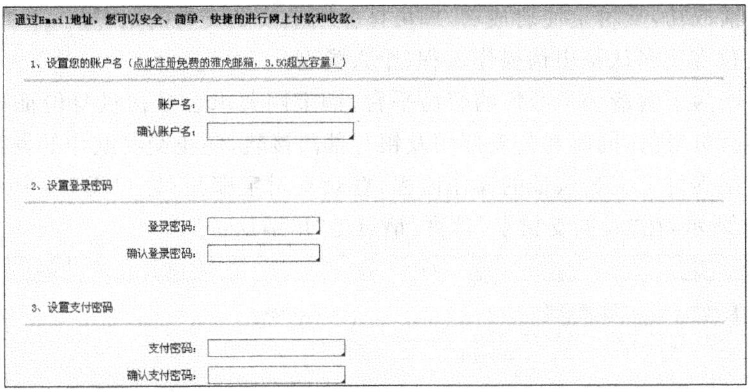

图 8-52　支付宝注册界面

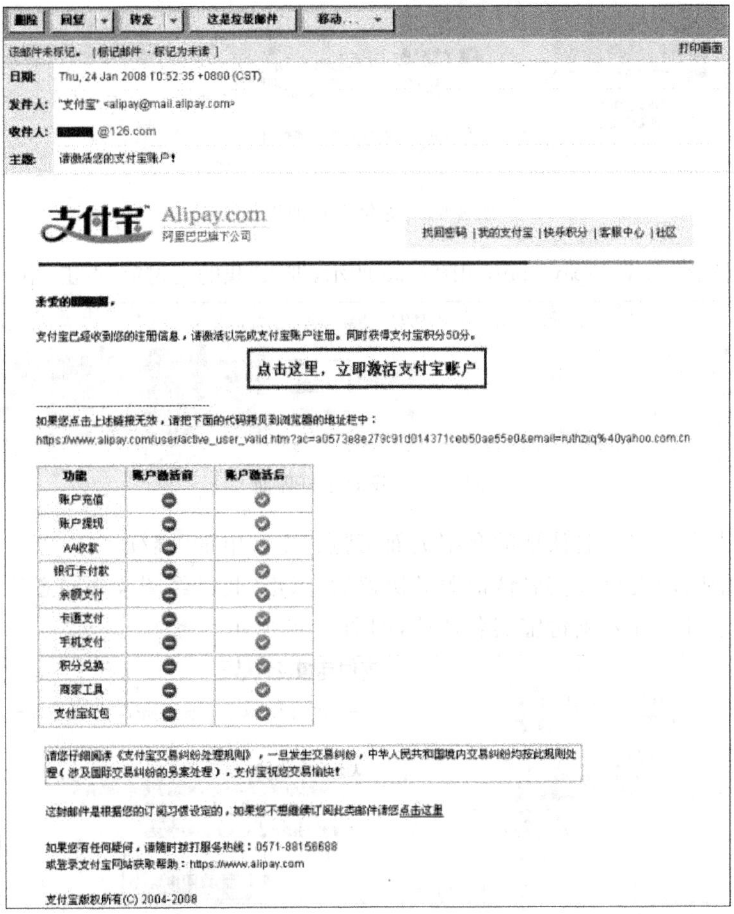

图 8-53　支付宝激活界面

⑦激活成功，支付宝注册成功，即可体验网上安全交易的乐趣。

• 支付宝实名认证申请操作流程(个人类型)

淘宝网为了营造一个诚信的交易平台，淘宝网要求会员提供身份证等有效证件来核实会员身份，同时与公安部门及银行部门接轨，防止交易欺诈的发生。

①申请支付宝实名认证的操作流程：登录支付宝账户(账户类型：个人账户)，如图 8-54 所示，在“我的支付宝”首页，请点击“申请认证”。

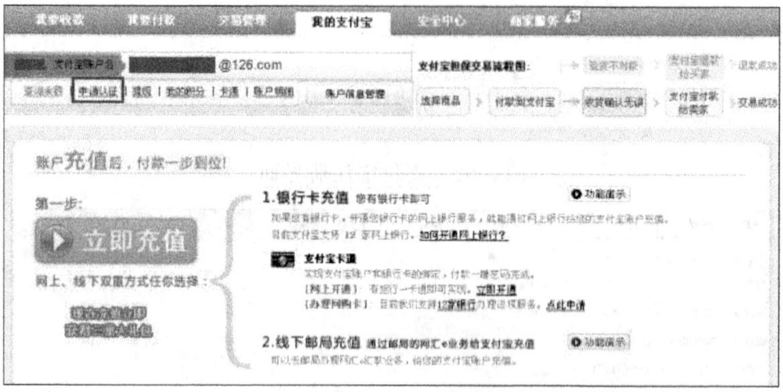

图 8-54　支付宝管理界面

或者登录 www. alipay. com，如图 8-55 所示，进入“我的支付宝”点击“申请认证”。

图 8-55　我的账户界面

②进入支付宝实名认证的介绍页面，请点“立即申请”继续。

③仔细阅读支付宝实名认证服务协议后，点击“我已经阅读并同意接受以上协议”按钮，才可以进入支付宝实名认证，如图 8-56 所示。

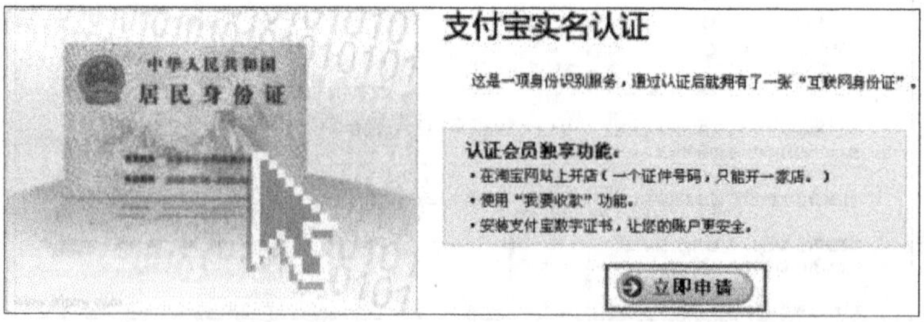

图 8-56　支付宝实名认证

④请正确选择您身份证件所在的地区，正确选择后才能顺利地完成您的支付宝实名认证。(此流程以中国内地用户为例)

⑤在 8-57 中，正确填写您的身份证件号码及真实姓名，点击“提交”继续。

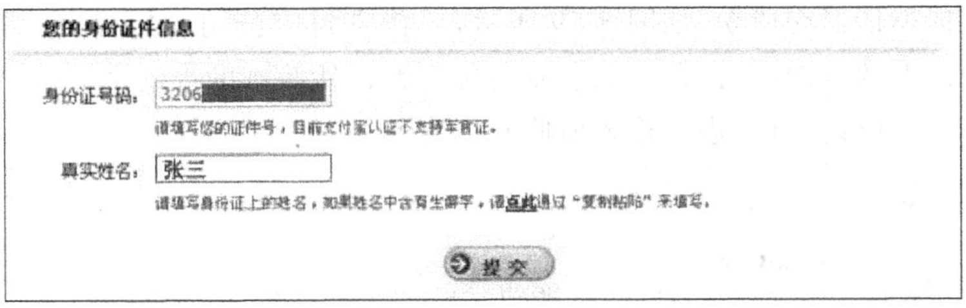

图 8-57　身份证信息设置界面

⑥在 8-58 中，正确填写“您的个人信息”和“您的账户信息”，填写银行账户信息时，如发现填写的个人信息与银行信息不相符，请“点此更换身份证件”进行修改。如果您的真实姓名中包含生僻字，请在银行开户名的下面的输入框中填写您

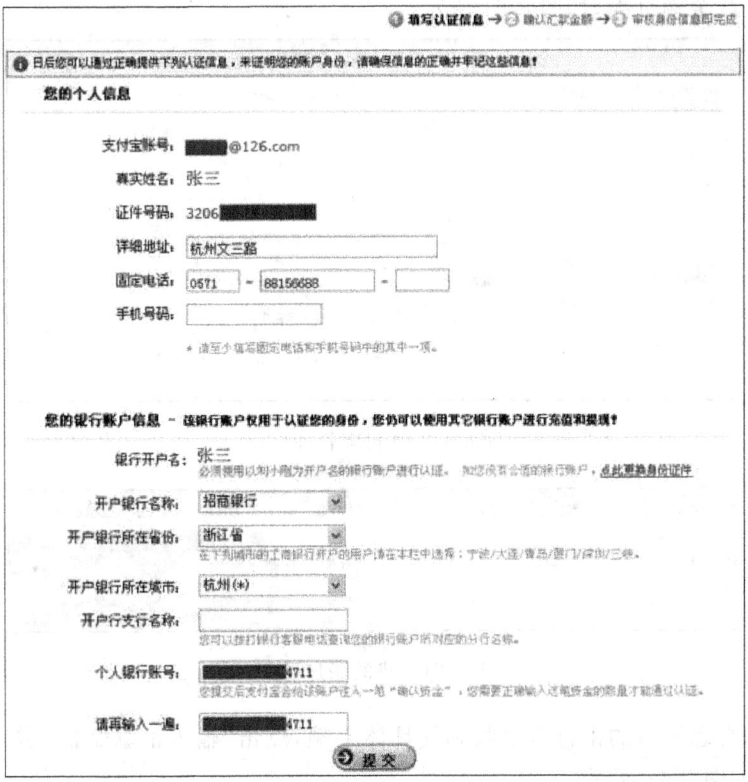

图 8-58　银行账户信息设置界面

的银行开户名。

⑦核对您所填写的“您的个人信息”和“您的银行账户”，确认无误请点“提交”保存所填写的信息。

⑧认证申请提交成功，如图 8-59 所示，等待支付宝公司向您提交的银行卡上打入 1 元以下的金额，并请在 2 天后查看银行账户所收到的准确金额，再登录支付宝账户，点击“申请认证”进入输入所收到的金额。

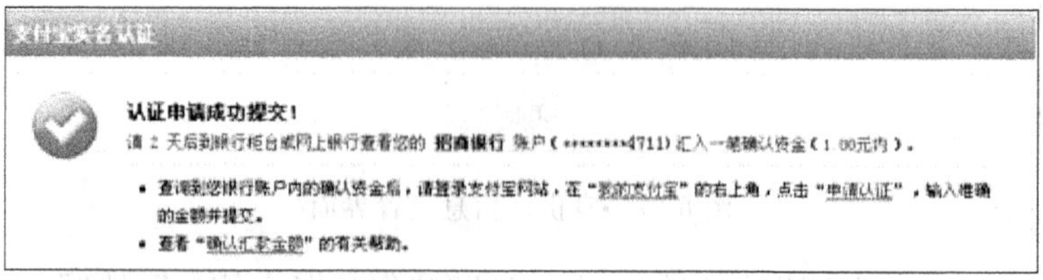

图 8-59　认证申请成功界面

⑨登录支付宝账户，如图 8-60 所示，在“我的支付宝”页面点击“申请认证”进入确认汇款金额页面，如图 8-61 所示。

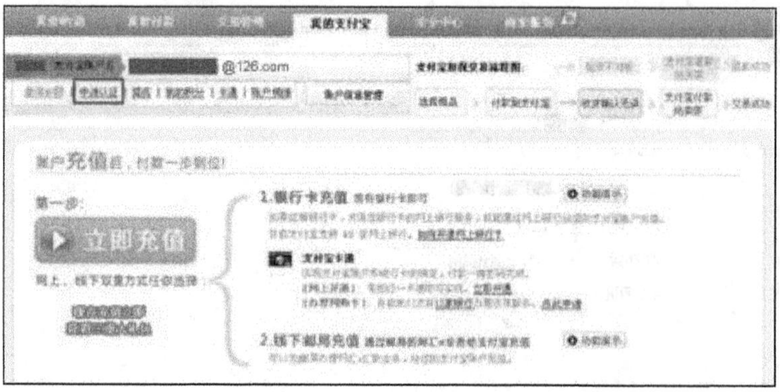

图 8-60　支付宝管理界面

图 8-61　我的账户界面

⑩查看您填写的银行卡上收到的具体金额，点击“输入汇款金额”进入输入金额页面，如图 8-62 所示。

⑪输入您收到的准确金额，点击“确定”继续完成确认。您有两次输入的机会，

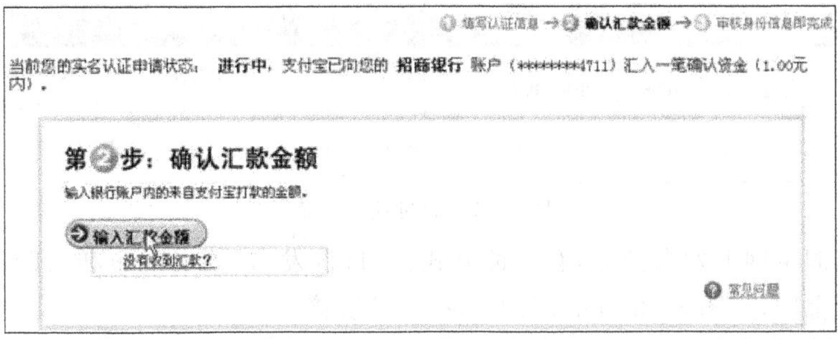

图 8-62　汇款金额确认界面

请正确填写您收到的准确金额，两次失败后需要重新提交银行账户进行审核，如图 8-63 所示。

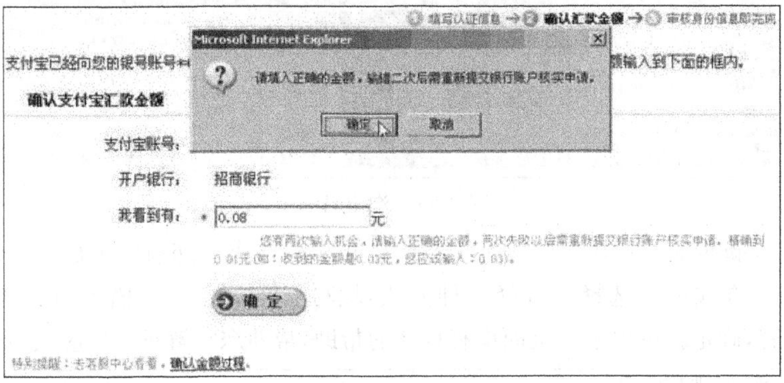

图 8-63　汇款金额输入错误时，系统提示信息界面

⑫输入的金额正确后，即时审核您填写的身份信息，如图 8-64 所示。

图 8-64　信息审核等待页面

⑬审核通过，即通过支付宝实名认证，如图 8-65 所示。

(3)开设网店

完成了淘宝会员以及支付宝账户的成功注册后，便可以在淘宝网开设属于自己的淘宝店铺了。按照淘宝网的规定，必须发布至少 10 件商品，才可以在淘宝网上开店。

- 发布商品

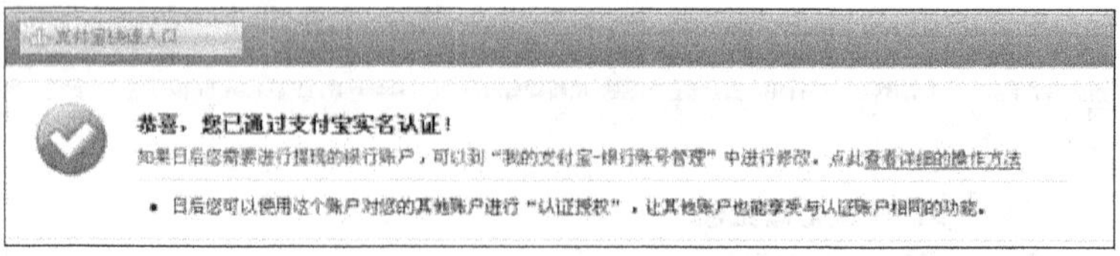

图 8-65　通过认证界面

①在淘宝网上发布商品，有三种方式：一口价发布、拍卖发布和团购发布。直接登录淘宝网，如图 8-66 所示，点击“我要卖”链接。

图 8-66　淘宝首页

②进入新页面，如图 8-67 所示，选择宝贝发布方式。您有“拍卖”、“一口价”和“团购”三种方式可以选择。选择一种方式，填写宝贝标题、宝贝描述、宝贝图片、宝贝运费等内容，确定就可以了。页面里有具体的帮助，帮助您了解每一项应填写的内容。

图 8-67　宝贝发布方式选择界面

③选择发布方式后，需要再选择出售宝贝的类目，类目需要与宝贝的属性类别等相对应，如图 8-68 所示。

④最后进入宝贝信息填写页面，请详细的填写宝贝信息，填写完并确认无误后进行提交，宝贝即成功发布了。

- 申请店铺

①淘宝会员在成功发布了 10 件商品后，便可以在淘宝网上申请网店了。进入我的淘宝的页面，单击“我是卖家”下面的“免费开店”，进入开店铺页面，如图 8-69 所示。

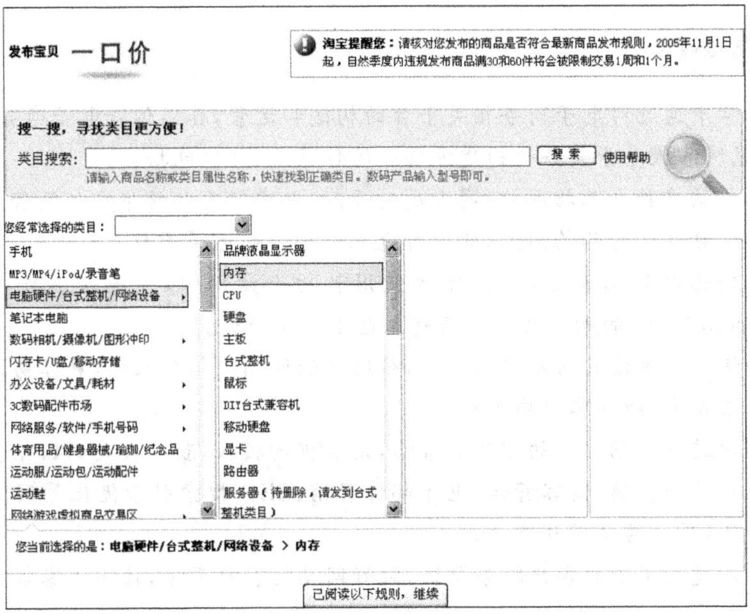

图 8-68　商品类目选择界面

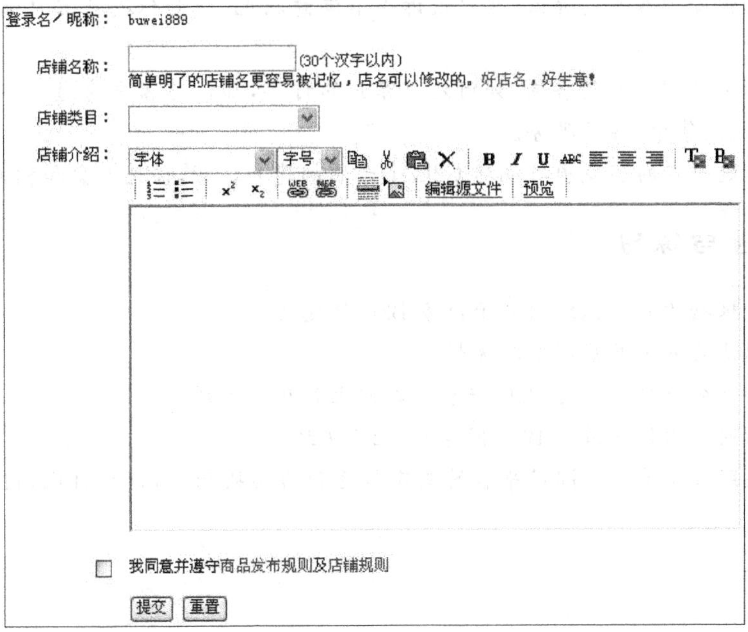

图 8-69　店铺设置界面

②输入相关信息，完毕后单击“提交”按钮即可。

本章小结

在本章中通过对电子商务相关平台的构建和运营，真实体验电子商务创业、实战，从而笼统掌握电子商务的构建方法和运作思路，具体包括：

- 如何构建独立购物网站、网上成功开店，并进行有效的推广与运营。
- 如何独立运营购物网站，处理好进、销、存、储、运等流程。
- 如何选择域名和空间，并学会使用教材光盘附带（或进入 http://www.studyeb.com 下载）的购物程序快速建立电子商务平台。
- 如何进行最佳的网站架构设计，帮助你的网站更符合人性，更容易让客户接受和产生信赖感，增加客户购买几率。
- 如何进行网站推广的方法和策略，用最少的投入，获得最大的回报。
- 应用论坛营销、博客营销、电子邮件营销、SEO 搜索引擎优化等网络营销的方法和技巧，帮助网站提升流量。
- 如何建立完整的客户服务系统，做好网站的客户服务，让回头客带来更多生意。
- 如何处理客户的异议，客户投诉等不满意状况，帮助你提升客户满意度，提升销售。
- 如何处理客户的咨询，如何处理客户的订单，如何与客户沟通，如何做好最有效的售前、售中、售后服务。

本章进一步的实战项目包括 C2C 平台的构建和运营，详见光盘和相关网站。

思考与练习

1. 请根据你的认识给出电子商务 B2C 的定义。
2. 你认为网上开店有哪些优势。
3. 详细分析自己构建 B2C 平台与在网上开店的差别。
4. 请列举出你知道的 B2C 网站和 C2C 网站。
5. 按照 8.1 节——B2C 平台的构建与运营为实战指导，建立自己团队的销售平台。

第9章

电子商务发展趋势

本章导读

本章对电子商务的进一步发展进行了宏观方面的介绍。首先从国家的角度介绍了通过制订电子商务“十一五”发展规划给出了从2006年到2010年期间的一些具体指标。然后针对移动商务、电子商务服务、现代物流、信用体系、标准体系、评测体系等涉及电子商务进一步发展的几个关键领域介绍了相关的情况。

9.1 “十一五”国家电子商务发展目标

国家《电子商务发展“十一五”规划》明确提出了电子商务发展的“十一五”总体目标，即到2010年，电子商务发展环境、支撑体系、技术服务和推广应用协调发展的格局基本形成，电子商务服务业成为重要的新兴产业，国民经济和社会发展各领域电子商务应用水平大幅提高并取得明显成效。具体的指标包括：

(1)网络化生产经营方式基本形成，企业间业务协同能力明显加强，网上采购与销售额占采购和销售总额的比重分别超过25%和10%。中小企业电子商务应用普及水平大幅提高，经常性应用电子商务的中小企业达到中小企业总数的30%。网络消费成为重要的消费形态。

(2)基本形成以第三方电子商务服务为主流的发展态势，基于网络的交易服务、业务外包服务和信息技术外包服务等电子商务服务业初具规模。

(3)模式创新、管理创新和技术创新能力显著提高，成果转化及产业化进程明显加快，自有品牌的电子商务关键技术装备与软件国内市场占有率超过40%。

(4)电子商务支撑体系基本满足应用需求，法律法规、人才培养、技术服务等基本适应电子商务发展的需要。企业管理人员五年内普遍接受信息化培训，掌握信息化基本技能。

与目前的现状相比，我们还有大量和艰苦的工作要做。例如中小企业应用电子商务的比率目前还只有2%，与30%的目标尚有很大的差距。为了完成“十一五”的目标，必须总结经验，包括成功的和失败的；梳理出行业发展模式和产业链运行规律，特别是为适合中国国情的电子商务发展创新环境的建设和为广大中小企业服务的创新模式的形成提供依据等。

9.2 移动商务

根据工业与信息化部2008年3月的统计，到2008年2月，中国移动电话用户达到5.65亿部，远远大于3个多亿的固定电话用户和2个多亿的互联网用户，移动商务的时代正在快速形成。所谓移动商务，就是指利用手机、掌上电脑、呼机等移动通信设备与因特网有机结合，开展电子商务活动。

移动电子商务与传统的电子商务相比，最大特点是“随时随地”和“个性化”。初期国内的移动商务还是较多停留在所谓的SP层面，即购买包括图片、铃声、游戏、赛事成绩在内的一些娱乐信息，近两年来，移动通信运营商们开始将客户的手机号码与银行卡等支付账户绑定，使用手机短信、语音、WAP、K-Java、USSD等操作方式，完成移动电子商务付费的个性化服务，涉及领域包括移动游戏、GPS跟踪、无线CRM、查缴手机话费、动感地带充值、个人账户查询、购买彩票、手机订报、购买数字点卡、电子邮箱付费、手机捐款、远程教育、手机投保、公共事业缴费等。

移动支付是移动电子商务的关键，在此基础上提供的个人信息服务、银行业务、交易、购物、娱乐等，都是移动电子商务发展的方向。

9.3 电子商务服务业

随着电子商务的广泛深入应用，越来越延伸出相关的增值服务，例如电子支付、电子认证、交易撮合、业务外包、业务咨询、虚拟主机、域名注册、代理发布等，所有这些工作目的就是使电子商务交易对象的双方能够在采购和销售等方面得到更方便和更便宜的服务。电子商务服务业是所有提供这类服务以及这些企业的一个通称。

电子商务服务业可以按照行业、环节、产业类别、服务对象、服务内容、服务平台等进行分类。一个电子商务服务企业可以开展其中的一个内容进行服务，也可以提供多样性的综合服务。阿里巴巴就是一个综合服务的电子商务服务企业。

未来几年，作为电子商务服务核心的平台建设将呈现以下的发展趋势：

(1)电子商务服务平台的规模将进一步扩大，就像超市和快餐店一样，越规模化和品牌化的企业将越有生存的机会。

(2)在服务的环节上，目前电子商务交易平台的服务环节主要集中在交易前的发布、搜索和排名等方面，越来越多的平台将向交易中和交易后进行延伸。

(3)在服务的范围上，目前大部分的电子商务服务和企业信息化管理是两张皮或者仅有单线单向的联系，电子商务服务平台正在将这两个领域紧密地联系起来，将会形成更多的个性化在线服务和通过保障企业信息安全前提下的服务功能共享机制。

(4)在现有的和不断新加入的电子商务服务平台的运行，将会出现更多的创新性的增值服务模式或功能，反过来又产生新兴的由小到大的电子商务服务平台，从而形成电子商务发展的良性生态环。

9.4 现代物流体系

产品和服务的递送是电子商务活动的三大环节之一，电子商务的进一步发展离不开一个高效、便捷的现代物流体系。

现代物流体系是充分利用铁道、交通、民航、邮政、仓储、商业网点等现有物流资源和宽带网络(如 IPv6)、电信、移动、广电、卫星(如 GPS)等天地结合、多网集成的信息传输系统，广泛采用先进的物流技术与装备特别是最后 1 公里乃至最后阶段 1 米(如 RFID、GIS 等)的各种技术手段，优化业务流程，发挥电子商务与现代物流的整合优势，大力发展第三方物流配送体系，从而有效支撑电子商务的广泛应用的集成化体系。图 9-1 是通过 IPv6 构架起来的一个“物联网”的示意。

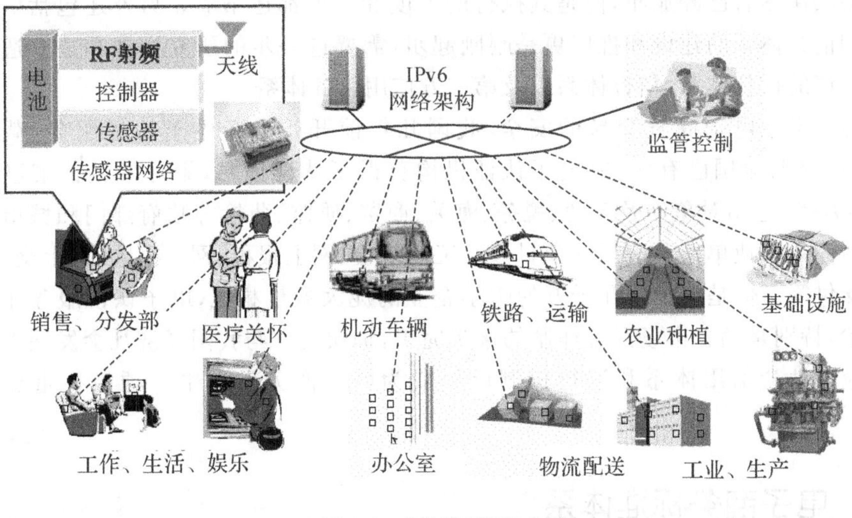

图 9-1 “物联网”示意图

9.5 电子商务信用体系

在欧美国家,每一个人都有自己的信用记录,即使买了一个面包没给钱,就会载入信用记录,完全有可能影响到贷款购房或是购车。因此很少有人欺诈。eBay的 Paypal 就是这种信用体系下的产物。

今天的阿里巴巴之所以能够有上千万个的用户和上千亿元以上的交易量,主要就是建立了适合中国国情的本土化的电子商务信用体系,在阿里巴巴和淘宝网的基础上通过发展诚信通和支付宝,从体制上来保障个人和企业的交易安全。例如诚信通作为一个交互式网上信用管理体系,它结合传统认证服务与网络实时互动的特点,将建立信用与展示产品相结合,从传统的第三方认证、合作商的反馈和评价、企业在阿里巴巴的活动记录等多方面、多角度、不间断地展现企业在电子商务中的实践和活动。如果某个企业在阿里巴巴上任何一个小动作,无论是好的还是坏的,诚信通都会像档案一样如实记录下来。这样的档案是公开的,谁都可以看得到。最近阿里巴巴又与招商银行合作,用诚信通的教育记录作为考核企业资质的一个标准,这种档案进一步加强了信用体系的作用。

从阿里巴巴一个企业的情况可以看出中国在信用体系建设方面努力的缩影。一个国家保障的电子商务信用体系建设是一项长期艰巨的工作。特别是中国的金融体制还在完善过程中,相关的法律法规还在制定过程中。有的像《电子签名法》这样的法律尽管已经颁布,但是其执行的力度和广度都还不够。另外还包括信任体系和信誉体系的建设和推广更是刚刚起步,需要进一步的研究挖掘和建立适合中国国情的信任体系、信誉体系以及第三方信用服务体系。

为了保证电子商务交易的安全,我国几年前开始推行电子认证服务,截至2007 年 12 月全国已有 26 家电子认证机构获得了认证证书,累计发放证书已有700 多万张,应用对象涉及工商、税务、海关、商贸、质监、药检等政府部门和城市网上交易的企事业单位。应用的项目涉及工商年检、网上报税、网上采购、网上交易、网上支付等。但是与全国几千万的中小企业的庞大数量相比,电子认证服务才刚刚开始,特别是随着市场经济体制的逐步完善,加快建立与我国经济社会发展水平相适应的社会信用体系和运行机制已经成为电子商务发展中一项极为重要的工作。

9.6 电子商务标准体系

标准化是电子商务发展的重要基础性工作。为了贯彻落实《国务院关于加快电子商务发展的若干意见》文件精神,建立健全我国电子商务标准体系,国家标准化管理委员会组织了编制工作领导小组和专家组,根据整体工作的部署,正在加快有关电子商务相关标准的建设工作。

表 9-1 是截至 2007 年 3 月我国已经颁布的 13 个国家电子商务标准,它覆盖了电子商务基本术语、电子商务协议、基于 XML 的电子商务以及电子商务业务过程和信息建模指南等四个方面。这里不包括一些与电子商务密切相关的专业性标准如物流、网络环境、射频识别等。

表 9-1 我国已经颁布并实施的电子商务标准

序号	标准号	中文标准名称	状态	实施日期
1	GB/T 18811—2002	电子商务基本术语	现行	2003—04—01
2	GB/T 19252—2003	电子商务协议	现行	2003—12—01
3	GB/T 19256.1—2003	基于 XML 的电子商务 第 1 部分:技术体系结构	现行	2003—12—01
4	GB/T 19256.2—2006	基于 XML 的电子商务 第 2 部分:协同规程轮廓与协议规范	现行	2007—03—01
5	GB/T 19256.3—2006	基于 XML 的电子商务 第 3 部分:消息服务规范	现行	2007—03—01
6	GB/T 19256.4—2006	基于 XML 的电子商务 第 4 部分:注册系统信息模型规范	现行	2007—03—01
7	GB/T 19256.5—2006	基于 XML 的电子商务 第 5 部分:注册服务规范	现行	2007—03—01
8	GB/T 19256.6—2006	基于 XML 的电子商务 第 6 部分:业务过程规范模式	现行	2007—03—01
9	GB/T 19256.9—2006	基于 XML 的电子商务 第 9 部分:核心构件与业务信息实体规范	现行	2007—03—01
10	GB/T 20538.1—2006	基于 XML 的电子商务业务数据和过程 第 1 部分:核心构件目录	现行	2007—03—01
11	GB/T 20538.6—2006	基于 XML 的电子商务业务数据和过程 第 6 部分:技术评审组织和程序	现行	2007—03—01
12	GB/T 20538.7—2006	基于 XML 的电子商务业务数据和过程 第 7 部分:技术评审指南	现行	2007—03—01
13	GB/Z 20539—2006	电子商务业务过程和信息建模指南	现行	2007—03—01

根据国家《标准化“十一五”发展规划》,“十一五”期间我国将制定总共 100 项电子商务国家标准,全面完善电子商务国家标准体系。这些电子商务标准主要包括:电子商务典型共性业务流程标准,电子商务元数据标准,B2B 电子商务各类信

息交换标准，电子支付标准，电子商务信用标准，电子商务管理标准等。

9.7 电子商务评测指标体系

为了全面了解和定期监测我国电子商务的发展状况，为国家信息化发展战略以及国家"五年"规划的制订和监测提供量化的科学参考依据，需要一个综合性的电子商务发展指标体系。这样的指标体系应该建立在系统性、完整性、可操作性、易量化性、可比性和客观性。

由周宏仁为组长的中国电子商务发展指标体系研究课题组按照国务院信息化工作办公室的要求于 2008 年初完成了中国电子商务发展指标体系的研究课题。课题成果借鉴国内外对电子商务测度的研究成果，将我国电子商务发展的指标体系从电子商务的就绪度、应用度和影响度等三个维度来设计。具体内容包括在图 9-2 中。

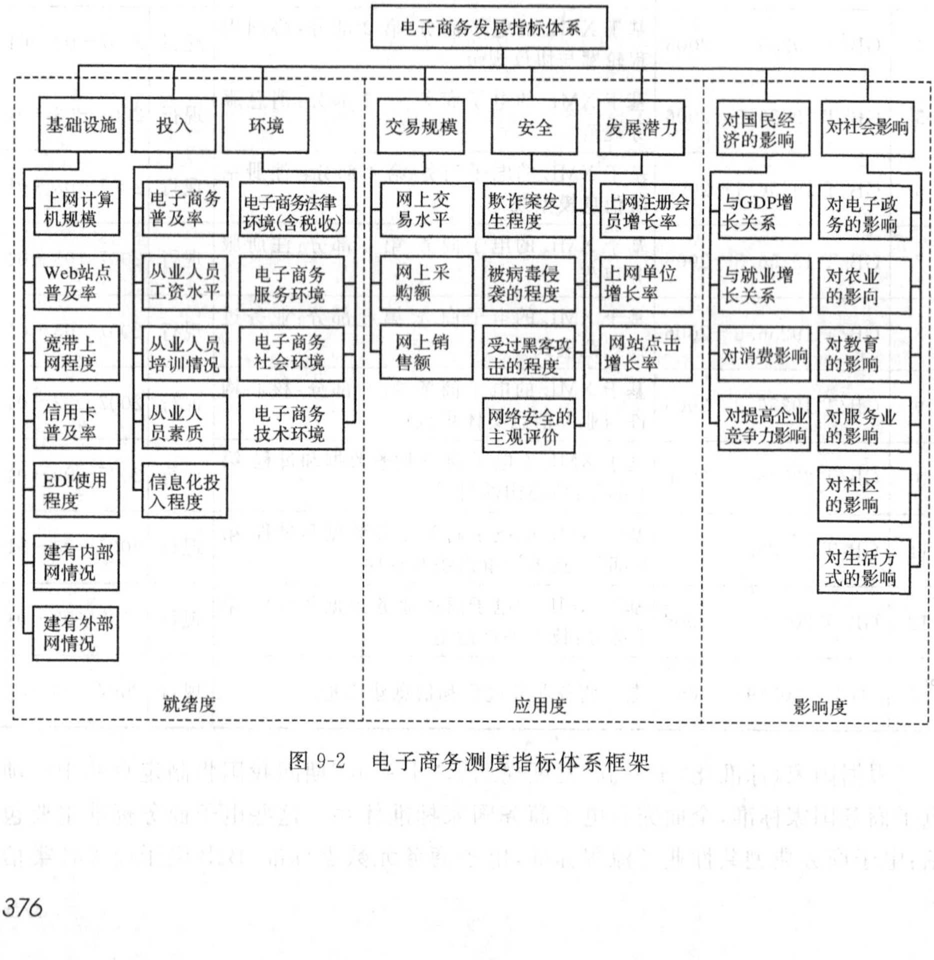

图 9-2 电子商务测度指标体系框架

本章小结

如果要给电子商务的发展趋势用最简单的言语来描述，我们认为那就是电子商务作为一个基于网络环境下的社会经济活动的手段和方式，正在越来越大众化和个性化。无论是作为主体的企业还是作为自然人的平常百姓，随着网络应用环境的深入而成为电子商务的服务对象。更多的电子商务创新模式会不断涌现，更多的不同模式的马云和阿里巴巴将会登场，就像计算机从 50 年前仅仅被人们看成是一个计算工具一样，未来的电子商务将作为电子服务的主体而成为服务世界的主旋律。

思考与练习

1. 什么是移动商务？请给出通过手机开展电子商务活动的两个实例。

2. 中国发展电子商务信用体系的主要障碍表现在哪些方面？

3. 针对中国广大中小企业发展过程中应用电子商务的需求，通过第三方服务对中小企业有哪方面的好处？

4. 电子商务的相关标准有哪些你认为已经得到了比较广泛的应用？哪些还没有制定出来？

5. 请简单地描绘未来十年内电子商务发展将会达到什么样的程度？

参考文献

[1]周宏仁等.中国电子商务发展指标体系研究.国务院信息化办公室,2007-12

[2]陈德人,李小东,冯雁.电子商务概论.杭州:浙江大学出版社,2002

[3]杨坚争.电子商务基础与应用(第五版).西安:西安电子科技大学出版社,2006

[4]赵燕平.电子商务基础与应用(第二版).北京:北京大学出版社,2008

[5]廖晓琪.中国电子商务报告(2004-2005年).中华人民共和国商务部.北京:经济科学出版社,2006

[6]李琪,彭丽芳.普通高等学校电子商务专业人才培养调研报告.教育部高教司"电子商务专业人才培养模式研究"课题组.北京:高等教育出版社,2007

[7]教育部高等学校电子商务专业教学指导委员会.普通高校电子商务本科专业知识体系(试行).北京:高等教育出版社,2008

[8]中华人民共和国商务部.电子商务模式规范.2007

[9]国务院办公厅.关于加快电子商务发展的若干意见(国办发〔2005〕2号).2005

[10]国务院.关于加快发展服务业的若干意见(国发〔2007〕7号).2007

[11]OECD. OECD Work on Measuring the Information Society. OECD,2005

[12]United Nations Conference on Trade and Development(UNCTAD). INFORMATION ECONOMY REPORT 2006:The development perspective,2006

[13]中国互联网络信息中心.中国互联网络发展状况统计报告.http://www.cnnic.cn,2008

[14]李志远.论保险电子商务平台的构建和支撑环境的培育.社科纵横,2006(6)

[15]于永达.我国电子商务应用环境研究.科学学与科学技术管理,2006(6)

[16]曾园根.基于电子商务环境下的供应链管理.景德镇高专学报,2006(2)

[17]陈立新.电子商务环境下店铺招商部门的流程重组.集团经济研究,2005(2)

[18]范守荣.企业发展电子商务的内部环境条件研究.商业研究,2005(5)

[19]董兴林.电子商务环境下现代物流发展模式研究.山东社会科学,2004(6)

[20]张鹏.国际电子商务发展环境分析.市场周刊(新物流),2007(2)

[21]石岩.我国电子商务发展环境分析.农业图书情报学刊,2005(3)

[22]时新荣.打造有利于电子商务发展的经济环境.天府新论,2003(1)
[23]靳昌松.我国企业发展电子商务的环境分析.黑龙江社会科学,2003(3)
[24]唐云锦.电子商务发展环境浅析.商业研究,2003(14)
[25][美]Philip Kotler,Gary Armstrong.市场营销原理.赵平,王霞等译.北京:清华大学出版社,2003
[26][美]拉菲·穆罕默德,罗伯特·菲谢尔等.网络营销.王刊良译.北京:中国财政经济出版社,2004
[27]李琪等.网络营销.长春:长春出版社,2000
[28]孔伟成,陈水芬.网络营销.北京:高等教育出版社,2002
[29]冯英健.网络营销基础与实践.北京:清华大学出版社,2004
[30]卓骏.网络营销的理论与实务.北京:科学出版社,2008
[31]瞿彭志.网络营销(第二版).北京:高等教育出版社,2004
[32]http://www.szqj.net/yingxiaodongtai/200807/12-6.html
[33]薛娟.电子支付市场四分天下.中国经济时报,2008-01-04
[34]百度百科.http://baike.baidu.com/view/1048954.htm
[35]中国投资咨询网.2007-2008年中国电子支付市场分析及投资咨询报告(上下卷).http://www.ocn.com.cn/reports/2006391dianzizhifu.htm
[36]AMTeam.org.第三方支付发展趋势与分析.http://www.amteam.org/print.aspx? id=527737,2006-06-22
[37]阳关机票网.网银在线支付流程.http://www.sunskyway.com/server/chinabank2.asp
[38]宋易.Q2第三方电子支付市场交易达171.34亿.易观国际,2007-09-13
[39]Laudon K C, Traver C G. E-Commerce: Business, Technology, Society. 3nd Edition, Addison Wesley,2006
[40]51报告在线.2008年中国网上银行市场研究报告.http://www.51report.com/research/detail/136618165.html,2008-01-03
[41]李红梅.浅议我国中央银行支付清算体系的建立与发展.新疆金融,2006
[42]陈凯迪,叶夏.移动支付模式及业务前景分析.商场现代化,2007(10)
[43]崔媛媛.移动支付业务现状与发展分析.移动通信,2007,31(6)
[44]李晓力,王昕.对我国当前移动支付产业链的分析.商场现代化,2007(7)
[45]祁明等.电子商务安全与保密.北京:高等教育出版社,2006
[46]祝凌曦等.电子商务安全.北京:清华大学出版社,北京交通大学出版社,2006
[47]周哲,饶有玲,王晓春.国际电子商务——电子商务条件下的国际贸易.南京:南开大学出版社,2004

[48]杨义先,孙伟,钮心沂.现代密码学新理论.北京:科学出版社,2002
[49]殷晓虎.电子商务的安全问题及对策研究:[硕士论文].西安科技大学,2006
[50]秦龙江,沈琳.基于数字签名的计算机防伪.计算机应用,2003(6)
[51]Rescorla&Schiffman. S-HTTP: Secure Hypertext Transfer Protocol. http://www.javvin.com/protocol/rfc2660.pdf
[52]http://www.ec.org.cn/
[53]http://www2008.org/CFP/index.html
[54]http://down.ciw.com.cn/Special/infosafeeight/Index.shtml
[55]赵林度.电子商务物流管理.北京:科学出版社,2006
[56]http://www.annto.com.cn
[57]安得物流是如何实现跨越式发展的.中国物流与采购网,2007—07
[58]顾穗珊,毕新华.电子商务与现代物流管理.北京:机械工业出版社,2007
[59]宋文官.电子商务概论.北京:清华大学出版社,2006
[60]浅析我国电子商务物流的发展及对策. http://www.eb126.com/lunwen/wllw/,2008—05
[61]B2B电子商务与供应链分析. http://www.eyunshu.com,2008—08
[62]严冬梅.电子商务物流与配送.北京:中国劳动社会保障出版社,2005
[63]张春法.基于网路背景的营销理论研究——理念、构造与模式.西安:西南交通大学出版社,2006
[64]张其翔,吕廷杰.商业模式研究理论综述.商业时代,2006(30):14—15
[65]陶纪明.服务业的内涵及其经济学特征分析.社会科学,2007(1)
[66]冯卫.服务分类标准化——服务业现代化管理的基础.世界标准化与质量管理,2001(9)
[67]刘志,杨翠兰.关于现代服务业内涵的理论探讨.青海师范大学民族师范学院学报,2007(5)
[68]郑吉昌.准确把握服务业发展特点.浙江经济,2006(7)
[69]张建华.现代服务业发展趋势研究.理论研讨,2007(9)
[70]李付梅.电子商务与金融流程整合.前沿,2007(4)
[71]王一强.浅谈电子商务下的金融创新.甘肃科技,2005(1)
[72]李红斌.我国电子商务的金融服务初探.山东经济,2001(7)
[73]李岩.网上银行——引领电子商务时代的银行变革——访中国工商银行电子银行总经理王刚.中国金融,2005(14)
[74]冯颖如.浅议我国旅游电子商务发展的现状与对策.北京工商大学学报(社会科学版),2002(5)

[75]杨丽.美国旅游电子商务研究.社会科学家,2001(11)
[76]徐瑞朝.携程电子商务模式组成要素分析.电子商务,2007(1)
[77]章宁等.电子商务模式研究.中央财经大学学报,2004(2):69—70
[78][美]保罗·H.蒂默斯.六大电子商务发展战略.北京:机械工业出版社,2001
[79]国家发展与改革委员会.《电子商务发展"十一五"规划》亮点透析[DB/OL],2007—06—25
[80]国家发展与改革委员会高技术产业司.http://gjss.ndrc.gov.cn
[81]国家发展与改革委员会政策研究室.http://zys.ndrc.gov.cn
[82]旅游运营网.中国旅游电子商务的现状与路向信息化时代的中国旅游电子商务:评析与展望.http://www.lwcj.com
[83]人民网.网络招聘的发展状况及趋势.http://www.people.com.cn/GB/43063/107687/107724/107988/6773361.html
[84]IDC中文资讯站.网上招聘简析.http://www.idcnews.net/html/website/20071226/38769.html
[85]支点网.浅析房地产电子商务的模式及应用.http://www.topoint.com.cn/html/e/2006/02/152461.html
[86]中国互联网协会.中国Web 2.0发展现状与趋势调查报告(简版)[EB/OL].http://www.internetdigital.org/report/,2007—03—20
[87]朱德利.Web 2.0及其信息传播思想.现代情报,2005(11):74—76
[88]余力,刘鲁,罗掌华.我国电子商务推荐策略的比较分析.系统工程理论与实践,2004(8):96—101
[89]刘伟.电子商务系统中的信息推荐方法研究.情报科学,2006(2):301—303
[90]张伟.Web 2.0及其教育应用展望.中国电化教育,2006(1):99—101
[91]程宏水.Web 2.0网络环境下情报信息交流研究.情报杂志,2007(5):31—33
[92]姜芳艽.Web 2.0的探讨.计算机工程与设计,2007(8):1818—1819
[93]武琳.Web 2.0时代信息交流模式分析.情报杂志,2006(3):10—12
[94]梁春晓.http://www.chinalabs.com/view/ZXKM0IS0.html
[95]徐天宇.电子商务系统规划与设计.北京:清华大学出版社,2005
[96]阿拉木斯.成功网商创业指南——网上开店法律应用百问.北京:法律出版社,2006
[97]令狐佳.电子商务系统分析与建设.北京:中国人民大学出版社,2006
[98]杨坚争.电子商务实验教程.北京:中国人民大学出版社,2002
[99]骆正华.电子商务系统规划与设计.北京:清华大学出版社,2006
[100]胡玫艳.电子商务基础实验.北京:科学出版社,2002

[101]李应全，黄立，周斌. 淘宝网开店做赢家. 北京：人民邮电出版社，2007
[102]施尼德詹斯等著. 电子商务运营管理. 曹青，王强译. 北京：中国人民大学出版社，2005
[103]周宏仁等. 中国电子商务发展指标体系研究. 国务院信息化办公室，2007－12
[104]赵燕平. 电子商务基础与应用(第二版). 北京：北京大学出版社，2008
[105]国务院办公厅. 关于加快电子商务发展的若干意见(国办发〔2005〕2 号). 2005－01
[106]国务院. 关于加快发展服务业的若干意见(国发〔2007〕7 号). 2007－03
[107]梁春晓. 电子商务服务业的体系、兴起和发展. 现代服务业战略研究，2007(1)
[108] http://gb.sac.gov.cn/stdlinfo/servlet/com.sac.sacQuery.GjbzcxListServlet